Christian Sigrist
Regulierte Anarchie

Dieser 1967 erstmals erschienene Beitrag zur Rechts- und Herrschaftssoziologie hat nicht nur die ethnologische, sondern auch die politische Diskussion in Deutschland beeinflußt. Sigrist untersucht die Mechanismen, die in den großen und differenzierten herrschaftslosen Gesellschaften Afrikas ein geregeltes Zusammenleben ermöglichen, die Bedingungen, unter denen in derartigen Gesellschaften Herrschaft entsteht, sowie die Schwierigkeiten, die den neuen Staaten aus der traditional archaischen Sozialstruktur erwachsen. Damit dient das Buch zugleich als Schlüssel für das Verständnis mancher aktueller Vorgänge im heutigen Afrika, die rein politologisch gesehen keinen «Sinn» ergeben.

Christian Sigrist, geboren 1935 in St. Blasien, promovierte 1965 und ist seit 1971 Professor für Soziologie in Münster. Seit 1978 ist er als agrarsoziologischer Berater des kapverdischen Ministers für ländliche Entwicklung tätig. Hauptarbeitsgebiete: Theorie der Übergangsgesellschaften, Befreiungsbewegungen, Agrar-, Rechts-, Entwicklungssoziologie, Anthropologie. Veröffentlichungen: *Indien* (1976); *Probleme des demokratischen Neuaufbaus in Guinea-Bissao und auf den Kapverdischen Inseln* (1977) u. a.; im Syndikat hat er zusammen mit Fritz Kramer herausgegeben: *Gesellschaften ohne Staat*. Bd. 1: Gleichheit und Gegenseitigkeit; Bd. 2: Genealogie und Solidarität (beide 1978).

CHRISTIAN SIGRIST

REGULIERTE ANARCHIE

UNTERSUCHUNGEN ZUM FEHLEN UND
ZUR ENTSTEHUNG POLITISCHER HERRSCHAFT IN
SEGMENTÄREN GESELLSCHAFTEN AFRIKAS

SYNDIKAT

Zum Umschlagbild: Dieses Photo wurde am frühen Morgen des Tages der Frau 1975 auf der Fähre von Bissau nach Bolama aufgenommen. Im Unterschied zu vielen Bildern der Kolonial- und Neokolonialethnologie ist es nicht gestellt. Es zeigt keine «Stammesmenschen» in ihrem abgeschlossenen Milieu, halbnackt womöglich, sondern Bürger eines neuen afrikanischen Staates, die zu einem Verwandtenbesuch auf die Bijagosinsel fahren, oder von einer Reise in die Hauptstadt zurückkehren oder nach Jahren der Emigration zu ihrer Heimatinsel zurückfahren. Die heitere Gelöstheit der Szene, die von der ungestümen Geste nicht zerstört, sondern nur kontrapunktiert wird, bringt zu bildlichem Ausdruck, was der Titel dieses Buches ankündigt. Der Mann, der «kämpferisch» den Dolch der auftauchenden Insel entgegenreckt, drückte damit die allgemeine Freude über die nach langen Kämpfen errungene Freiheit aus. Zugleich aber zeigt sich in dieser Geste die alte «Wildheit», die ein Segment der subjektiven Basis des antiportugiesischen Widerstandes gewesen ist.

CIP-Kurztitelaufnahme der Deutschen Bibliothek

Sigrist, Christian:
Regulierte Anarchie : Unters. zum Fehlen u. zur Entstehung polit. Herrschaft in segmentären Gesellschaften Afrikas / Christian Sigrist. – Frankfurt am Main : Syndikat, 1979.
ISBN 3-8108-0125-9

© Walter Verlag AG Olten, 1967
© dieser Ausgabe Syndikat Autoren- und Verlagsgesellschaft
Frankfurt am Main 1979
am Main 1979
Alle Rechte vorbehalten
Umschlag nach Entwürfen von Rambow, Lienemeyer und van de Sand
Satz: Druckerei und Verlagsanstalt Konstanz Am Fischmarkt
Druck: Poeschel & Schulz-Schomburgk, Eschwege
Bindung: Lachenmaier, Reutlingen
Printed in Germany
ISBN 3-8108-0125-9

Inhalt

Vorwort zur Neuauflage 1979 IX
Vorwort zur japanischen Ausgabe 1975 XXI
Vorwort zur Ersten Auflage 1967 XXVII
1. EINLEITUNG 13

2. DER BEGRIFF «SEGMENTÄRE GESELLSCHAFT» 21
2.1 *Durkheim* 21
2.2 *Evans-Pritchard und Fortes* 25
2.3 *Präzisierung der Definition der «segmentären Gesellschaft»* 30
2.4 *Segmentäre Prozesse* 31
    2.41 Segmentation 32
    2.42 Segmentäre Dynamik................... 45
2.5 *M. G. Smith – Klassifikation und Typologie* ... 48

3. INTEGRATIONSFORMEN SEGMENTÄRER GESELLSCHAFTEN 60
3.1 *Genealogische und territoriale Strukturen* 60
3.2 *Zur Integration einzelner segmentärer Gesellschaften* 64
    3.21 Amba 64
    3.22 Tiv 67
    3.23 Lugbara 73
    3.24 Tallensi 74
    3.25 Konkomba 81
    3.26 Nuer 82
    3.27 Staffelung von unilinearen Abstammungsgruppen in segmentären Gesellschaften 87
3.3 *Zwei notwendige Bedingungen für das Integrationsniveau segmentärer Gesellschaften* 93
    3.31 Wirtschaftsstufe 94
    3.32 Patrilinearität 95

4. POLITISCHE FÜHRUNG UND SOZIALE KONTROLLE IN SEGMENTÄREN GESELLSCHAFTEN 96
4.1 *Definitionen: Führung, Instanz, Zentralinstanz* 96
    4.11 Führer 96
    4.12 Bemerkungen zu Webers Herrschaftsbegriff 98
    4.13 Klassifikation von Sanktionen und Unterscheidung von Mitgliedern, Instanz, Zentralinstanz.................... 99
4.2 *Das «unvollendete Recht» segmentärer Gesellschaften* 105
    4.21 Hoebels Rechtsbegriff 105
    4.22 Kritik an Geigers «Vorstudien zu einer Soziolgie des Rechts» .. 106

INHALT

    4.23 Ausdrücklichkeit von Normen; primäre, sekundäre und tertiäre Normen 109
    4.24 Selbststeuerung als rechtlicher Mechanismus 112
    4.25 Segmentäre Autonomie und rechtliche Immunität 118
    4.26 Segmentäre Opposition und Limitation als rechtliche Gleichgewichtsabläufe 123
    4.27 Sanktionen gegen «abartige» Verbrecher 125
4.3 *Instanzen in segmentären Gesellschaften* 127
    4.31 Ethnographische Probleme 127
    4.32 Experten 129
    4.33 Öffentliche Instanzen in einzelnen segmentären Gesellschaften .. 131
          Amba (S. 131); Tiv (S. 133); Lugbara (S. 134); Nuer (S. 136); Tallensi (S. 142); Prozeß und Instanzen bei den Ekonda (S. 148)
    4.34 Häusliche Instanzen in segmentären Gesellschaften 151
          Amba (S. 151); Kiga (S. 153); Tiv (S. 154); Tallensi (S. 154); Zum patrilinearen Komplex segmentärer Gesellschaften (S. 155)

5. DETERMINANTEN DER AKEPHALIE 158
  5.1 *Übersicht über die wichtigsten Hypothesen* 158
  5.2 *Homogenitätshypothesen* 160
  5.3 *Ungleichheit in segmentären Gesellschaften* 162
    5.31 Ungleichheit der Geschlechter 163
    5.32 Technische Spezialisierung 167
    5.33 Ökonomische Ungleichheit 168
          Polygynie (S. 169); Viehbesitz (S. 173); Teilzwang (S. 176); Außerafrikanische Parallelen (S. 178); Reichtum und Herrschaft (S. 179)
    5.34 Fehlende Primogenitur 181
  5.4 *Das Gleichheitsbewußtsein als Determinante der Akephalie* 185
    5.41 Reaktionen gegen Prominente 186
    5.42 Abneigung gegen Befehle 188
    5.43 Neidvolle Verdächtigungen und ihre magischen Projektionen .. 190
          Amba (S. 190); Der *tsav*-Komplex der Tiv (S. 191)
  5.5 *Antiherrschaftliche Bewegungen* 198
  5.6 *Allgemeine Überlegungen zum Gleichheitsbewußtsein* 201

6. DIE ENTSTEHUNG VON ZENTRALINSTANZEN IN SEGMENTÄREN GESELLSCHAFTEN 204
  6.1 *Antiherrschaftlich-xenophobe Bewegungen in segmentären Gesellschaften* 204
    6.11 Yakan 204
    6.12 Nyabingi 208
    6.13 Deng 209
    6.14 Allgemeine Aussagen über Zentralisierung durch äußeren Druck 212
  6.2 *Nachkoloniale Bewegungen* 217
    6.21 Tiv 217
    6.22 Die Rebellion in den Mondbergen 218
    6.23 Die Unruhen im südlichen Sudan 220

INHALT

6.3 *Entstehung von Zentralinstanzen durch Klientelbeziehungen* 221
    6.31 Wanga 221
    6.32 Die Klientelhypothese 223
    6.33 Vugusu – ein Vergleich von Entstehungsweisen 226
6.4 *Die Entstehung politischer Herrschaft aus der Berufung fremder Führer* 229
6.5 *Die Bedeutung von Innovationen und Gefolgschaften für Entstehung und Perpetuierung von Herrschaftsformen: dargestellt am Beispiel der nilotischen Anuak – zugleich eine Bemerkung zum Herrschaftsvertrag* 232

7. ZENTRALISIERUNG UND SOZIALER WANDEL 240
7.1 *Traditionalismus segmentärer Gesellschaften* 241
7.2 *Wandel architektonischer Normen* 243
7.3 *Wandel von Verwandtschaftsnormen* 245
7.4 *Normsetzungskompetenz der Zentralinstanz* 248

8. UNIVERSALITÄT UND VARIABILITÄT DES GLEICHHEITSBEWUSSTSEINS 251
8.1 *Widerstand und Herrschaftsbegrenzung (Modifikationseffekt)* 252
8.2 *Rückbildung (Reduktionseffekt)* 256
8.3 *Legitimitätsglauben (Sublimationseffekt)* 260
8.4 *Pariagruppen (Projektionseffekt)* 261

ANHANG
    Abkürzungen 264
    Alphabetisches Literaturverzeichnis 264
    Erklärung einiger ethnologischer Begriffe 276

Vorwort zur Neuauflage 1979

Die Neuauflage der Regulierten Anarchie ist erforderlich geworden, weil die erste Auflage seit mehreren Jahren vergriffen ist und mich immer wieder Anfragen wegen des Buches erreichen.
Letzte Zweifel, ob diese Reprise erforderlich sei, räumte das Landeskriminalamt Düsseldorf aus: Nachdem es den Titel im Tagebuch eines Verhafteten gefunden hatte, ihn jedoch nicht im Buchhandel verifizieren konnte, keimte amtlicherseits der Verdacht, es handle sich um eine subversive Schrift, was nur durch Vorzeigen der 67er Ausgabe entkräftet werden konnte.
Auch Leuten dieses Schlages soll geholfen werden.

Nach langen Überlegungen und mehreren Gesprächen mit Freunden mußte ich mich überzeugen, daß eine von meinen heutigen Einsichten und Orientierungen ausgehende und die realen gesellschaftlichen Entwicklungen afrikanischer Gesellschaften weiterverfolgende «Überarbeitung» des Buches nicht zu verwirklichen ist. Ein Buch über segmentäre Gesellschaften würde ich heute ganz anders konzipieren. Darum habe ich mich auf die Korrektur von Druckfehlern beschränkt und lediglich auf Seite 228 der alten Ausgabe die unerträglichsten neokolonialen Sprachausfälle getilgt.
Einiges zu einer an sich notwendigen Revision des Textes habe ich bereits im 1972 geschriebenen Vorwort zur japanischen Ausgabe des Buches gesagt, das auch in diese Neuausgabe aufgenommen wurde. Allerdings krankt dieses Vorwort, wenn man so will, an dem Versuch, eine Harmonie zwischen der Regulierten Anarchie und der marxistischen Ethnographie und Geschichtsphilosophie herstellen zu wollen.
Inzwischen sind sieben Jahre vergangen, in denen zahlreiche Konfrontationen mit repressiven Instanzen und Interessen meine politische Identität in einer Weise bestimmt haben, daß ich mich von irgendwelchen abstrakten Rechtfertigungszwängen emanzipiert habe.

VORWORT 1979

Trotz eines Titels, der eigentlich den aktuellen antiautoritären Themen der Studentenbewegung entsprach, hat das Buch kaum Einfluß auf diese Bewegung gehabt. Das lag, abgesehen vom hohen Preis, sicher auch an der szientifischen Sprache, die der populistischen Grundströmung unter den Studenten zuwiderlief.

Um dieser politischen Wirkungslosigkeit abzuhelfen, veröffentlichte ich 1969 im *Argument* 50 einen Aufsatz («Der Begriff der Herrschaft und das Problem der Anarchie»), in dem ich – nicht ohne idealistische Naivität – versuchte, mit den in meiner Untersuchung gewonnenen Einsichten aktuelle Fragestellungen für «komplexe Gesellschaften» wie die BRD zu entwickeln und den Zusammenhang von «Regulierter Anarchie» und antiautoritärer Bewegung herzustellen. Mittelbar blieb das Buch also doch nicht folgenlos, wie mir zahlreiche Reaktionen auf jenen Aufsatz bewiesen.

Regulierte Anarchie war die erste systematische Rezeption der *social anthropology* und Versuch einer kritischen Auseinandersetzung in deutscher Sprache. Darum fehlten auch alle Voraussetzungen dafür, daß dieses Buch eine theoretische Debatte hätte auslösen können. Inzwischen haben sich die Rezeptionsbedingungen erheblich verbessert dadurch, daß Arbeiten jüngerer Ethnologen in letzter Zeit hierzulande ein gewisses öffentliches Interesse für Anthropologie geweckt haben. Vor allem aber sind mit der Syndikat-Edition der klassischen Texte der *social anthropology (Gesellschaften ohne Staat*, 2 Bde., Frankfurt 1978) die Diskussionsvoraussetzungen wesentlich verbessert worden.

In diesem Vorwort kann es nicht um die Begründung theoretischer Positionen gehen, sondern nur um die Klärung von Relevanzproblemen. Die Relevanz dieser Arbeit auf der vergleichsweise trivialen Arbeitsebene der politischen Ethnologie scheint mir unstrittig, auf sie werde ich darum nicht eingehen. Zu problematisieren bleibt jedoch nach wie vor der Beitrag, den eine solche Untersuchung zu einer allgemeinen Gesellschaftstheorie zu leisten vermag. In diesen Zusammenhang gehört auch die Frage, warum Thesen, wie sie diese Untersuchung vertritt, immer wieder Abwehrreaktionen hervorgerufen haben.

Sowohl in BRD- wie DDR-Rezensionen wurde versucht, eigene intellektuelle Hilflosigkeit angesichts einer unbequemen Theorie durch einen Entlastungsangriff auf wissenschaftlich und politisch nebensächlichem Terrain zu überdecken, indem mir der Rekurs auf

den Politikbegriff Carl Schmitts zum Vorwurf gemacht wurde. Nebensächlich ist der Vorwurf deshalb, weil Schmitts bekannter Essay lediglich benutzt wurde, um den für diese Arbeit zweitrangigen Begriff der politischen Einheit zu definieren – und dies obendrein mit einer kritischen Einschränkung.
Davon abgesehen nehme ich allerdings in Anspruch, nachdem das von Schmitt propagierte System meiner Familie genügend Schaden zugefügt hat, ungeniert brauchbare Einsichten zu übernehmen, ohne erneut mit Stammbaumanschuldigungen – wenn auch anderen Charakters – überzogen zu werden.
Dieses eigentümliche Ausweichverhalten spiegelt m. E. die Verunsicherung und Betroffenheit wider, welche die Behauptung, es gäbe herrschaftsfreie Gesellschaften, auslöst.
Während bürgerliche Autoren wie René König gegen diese These zu Felde ziehen, weil mit ihr das funktionalistische Gesellschaftsverständnis mit seiner Tendenz, bestehende Unterdrückungsstrukturen als Resultat ubiquitärer elementarer Mechanismen auszugeben, provoziert wird, löst bei Kritikern aus sozialistischen Ländern die »anarchistische« Tendenz des Buches Abwehr aus. Auch wenn sich die politische Kritik an bestimmten Sätzen der Einleitung festmacht und schließlich die angebliche struktur-funktionalistische Ausrichtung des Buches verwirft (und damit die im Buch geleistete Kritik des Funktionalismus übergeht), handelt es sich im wesentlichen doch um eine Reaktion auf die staatskritischen Implikationen.
Der Aussage, die bereits in meinem ersten Aufsatz zu diesem Thema enthalten war: daß Herrschaftslosigkeit nicht Ausdruck organisatorischen Unvermögens, sondern vielmehr gewollt sei (*Zeitschrift f. Ethnologie* 1962: 201), lege ich heute noch größeren Gewicht als damals bei. Dies nicht zuletzt deshalb, weil vielfach explizit bestritten wird, daß Stammesgesellschaften einen solchen politischen Kollektivwillen überhaupt aufbieten können. Diese auch von Evolutionstheoretikern der Frankfurter Schule vorgetragene eurozentrische Unterschätzung des Bewußtseinsniveaus von Stammesbevölkerung liegt vielleicht auch den anderen hier referierten Abwehrreaktionen zugrunde.
Das vorliegende Buch war gewiß nicht aus der Sichtweise des historischen Materialismus geschrieben. Auch heute liegt es mir fern, eine Konkordanz nachträglich herzustellen. Aber es scheint mir

sinnvoll, einige Probleme der marxistischen Herrschaftstheorie mit der Position dieses Buches zu vergleichen, nicht im Sinne eines Rechtfertigungsversuches, sondern eher mit der Absicht, Arbeitsperspektiven zu öffnen.

Es kann nicht im Ernst die Absicht einer solchen Untersuchung sein, auf der Grundlage ethnologischer Analysen die Heraufkunft einer «herrschaftsfreien Gesellschaft» weissagen zu wollen. Allenfalls können anthropologische Axiome, welche die Ubiquität herrschaftlicher Organisation behaupten, widerlegt und die Diskussion über den Abbau von Herrschaft und die Entwürfe einer progressiven Gesellschaft von falschen Anthropologismen freigehalten werden. Insbesondere können Überlegungen, wie sie hier angestellt werden, den Blick öffnen für alternative Organisationsformen, die nicht auf einer Fortführung der einmal durchgesetzten hierarchischen Organisationsprinzipien beruhen.

Entgegen allen Versuchen, Herrschaft zur Elementarstruktur aller menschlichen Gesellschaften zu hypostasieren, wird hier die Position vertreten, daß als Elementarformen menschlicher Vergesellschaftung Gleichheit, Gegenseitigkeit, Kooperation, Solidarität, Opposition, Normativität zu begreifen sind – daß politische Herrschaft aber nicht zu ihnen gehört.

Meiner Kritik an Dahrendorfs Aufsatz über «Amba und Amerikaner»[1] ging es um die Widerlegung solcher bürgerlichen Universalitätsthesen. Die Tatsache, daß Dahrendorf noch auf dem 16. Soziologentag in Frankfurt den Mißerfolg seines Versuches, ethnographische Materialien zur Stützung repressiver Spekulationen heranzuziehen, einräumte, zeigt, daß die Kritik wenigstens an einem Punkt das Wuchern funktionalistischer Mythen beenden konnte. Dies hindert nicht, daß inzwischen, mit der wachsenden Entliberalisierung und Instrumentalisierung der wissenschaftlichen Institutionen in Westdeutschland Herrschaft «zu einem Schlüsselbegriff für die Erklärung von Gesellschaft geworden ist», wie die Autoren Henner und Prigge in ihrem naiven Bändchen *Autorität und Herrschaft*[2] (S. 27) schreiben. Der *Regulierten Anarchie* wird dabei in schönstem Polizeideutsch vorgeworfen, sie habe «Anlaß gegeben»,

---

[1] Vgl. Eur. Archiv für Soziologie 1964.
[2] Von der Wissenschaftlichen Buchgesellschaft in der Reihe «Erträge der Forschung» 1977 publiziert.

daß «unmittelbare politische Forderungen nach Herrschafts-Entfernung für die eigene komplexe Gesellschaft» an den «endgültigen Beweis für die Möglichkeit von Herrschaftsfreiheit» angeschlossen werden (S. 87).
Auf der anderen Seite wendet sich meine Theorie gegen die Verharmlosung der Herrschaftsproblematik als eines Oberflächenphänomens. Im Vorwort von 1972 hatte ich noch gemeint, die *Regulierte Anarchie,* die in ihr entwickelte Typologie primitiver politischer Systeme in das ursprüngliche Marxsche Grundformationen-Konzept integrieren zu können. Das ist sicher möglich, aber nicht wesentlich. Die Bedeutung des «Formen»-Kapitels in den *Grundrissen* liegt nämlich nicht so sehr in der Typologie der Eigentumsformen, sondern prinzipiell in der Erkenntnis der weltgeschichtlichen Bedeutung negativer Prozesse, der sukzessiven Scheidung der Produzenten von den Bedingungen ihrer Produktion, wodurch die «Urbildung des Kapitals» geschieht: «seine Urbildung geschieht einfach dadurch, daß der als Geldvermögen existierende Wert durch den historischen Prozeß der Auflösung der alten Produktionsweise befähigt wird einerseits zu kaufen die objektiven Bedingungen der Arbeit, andererseits die lebendige Arbeit selbst gegen Geld von den freigewordenen Arbeitern einzutauschen. Alle diese Momente sind vorhanden; ihre Scheidung selbst ist ein historischer Prozeß, ein Auflösungsprozeß und es ist dieser, der das Geld befähigt, sich in Kapital zu verwandeln.» (Grundrisse, 406). Anschluß an die Grundformationstheorie bedeutet sicher, daß die Entstehung von Klassengesellschaften und nicht nur deren Herrschaftsaspekte zu untersuchen ist. Aber er bedeutet nicht, daß ahistorisch die Determinationsrichtung, wie sie die kapitalistische Produktionsweise kennzeichnet, auf die Übergangssituation reprojiziert wird.
Auch wenn ich die zugespitzte Formulierung von Pierre Clastre, der in seinem Sammelband *La société contre l'état* (Paris 1974) die politische Zentralisierung als den vorgängigen Prozeß bezeichnet, in dieser Allgemeinheit mit Skepsis betrachte, so gilt sie doch zumindest für zahlreiche Fälle der Entstehung von Klassenstrukturen.
Die Bedeutung von Herrschaftsverhältnissen für die gesellschaftliche Evolution, für die Ausbildung von Klassengesellschaften und ihre perennierende gesellschaftliche Funktion hat Marx in den «Formen» formuliert: «sie bilden notwendiges Ferment der Entwicklung und des Untergangs aller ursprünglichen Eigentumsver-

hältnisse und Produktionsverhältnisse, wie sie auch ihre Borniertheit ausdrücken. Allerdings werden sie im Kapital – in vermittelter Form – reproduziert und bilden so ebenfalls Ferment seiner Auflösung und sind Wappen seiner Borniertheit» (*Grundrisse*, 400).
Auf dieser Argumentationslinie erfolgt auch die bekannte allgemeine Aussage über das Verhältnis von politischer Gewalt und Ökonomie im Kapitel über »die sogenannte ursprüngliche Akkumulation«: «Diese Methoden beruhn zum Teil auf brutalster Gewalt, z. B. das Kapitalsystem. Alle aber benutzen die Staatsmacht, die konzentrierte und organisierte Gewalt der Gesellschaft, um den Verwandlungsprozeß der feudalen in die kapitalistische Produktionsweise treibhausmäßig zu fördern und die Übergänge abzukürzen. Die Gewalt ist der Geburtshelfer jeder alten Gesellschaft, die mit einer neuen schwanger geht. Sie selbst ist eine ökonomische Potenz» (*MEW* 23: 779). Die letzten beiden Sätze zeigen, daß Gewalt nicht nur in *einer* bestimmten Übergangsphase von Bedeutung gewesen ist. Um so auffälliger ist der Abfall in den Ökonomismus, den wir in Engels' *Anti-Dühring* feststellen, dessen Unzulänglichkeit Frantz Fanon[3] zurecht kritisiert, auch wenn nicht klar ist, warum er diesen irrigen Standpunkt, die Gewaltfrage reduziere sich auf die materiellen Mittel, als «pueril» apostrophiert.
Im *Anti-Dühring* läßt sich Engels von einem kleinbürgerlichen Popanz zu Behauptungen provozieren, die den Aussagen im *Kapital* konträr sind: «Die Gewalt spielt dabei gar keine Rolle. Es ist doch klar, daß die Einrichtung des Privateigentums schon bestehen muß, ehe der Räuber sich fremdes Gut aneignen kann; daß also die Gewalt zwar den Besitzstand verändern, aber nicht das Privateigentum als solches erzeugen kann» (MEW 20: 151). Zwar versucht Engels im gleichen Werk mit seinem Zwei-Wege-Schema eine »Erklärung der Herrschafts- und Knechtschaftsverhältnisse» (MEW 20: 166), in der diese einerseits aus der Verselbständigung der gesellschaftlichen Amtstätigkeit, andererseits aus Krieg und Sklaverei abgeleitet werden. Aber bei beiden Rekonstruktionen dominiert nicht nur der Produktivkraftansatz, sondern auch der integrative Arbeitsteilungsansatz.
Hier wird in mechanistischer Weise das Verhältnis von Ökonomie und Politik als determiniert gesehen; der Gestaltungsspielraum,

---

[3] *Die Verdammten dieser Erde.* Frankfurt 1967: 49.

den Gesellschaftssysteme aufweisen, wird unterschätzt, was sich z. B. an der banalen «Freistellungstheorie» (169) zeigt. Dieser einseitig integrative Ansatz geht von einem noch aus den frühen Schriften von Marx und Engels stammenden Vorurteil über «naturwüchsige Gemeinwesen» und «Waldursprünglichkeit der Zustände» (166) aus, den die Theorie der Produktiventwicklung als evolutiven Nullpunkt konstruiert. In dieser Sichtweise verschwindet das Verstehen von negativen Prozessen, von «Scheidungsprozessen» und «Widerstandsbewegungen» zugunsten integrativer Modelle. Die Entdeckungen der *social anthropology,* die in der *Regulierten Anarchie* referiert werden, erlauben es uns, die undialektische Verengung und die ahistorische Kupierung von Evolutionstheorien aufzuheben.

Schließlich aber erzwingen die Resultate dieser Arbeit eine neue Einschätzung des Gleichheitsbegriffs und dies durchgängig, d. h. sowohl für die Ebene subjektiver Vorstellungen wie für die Ebene objektiver Beziehungen.

Die klassische Werttheorie beruht auf der Gleichheitskategorie, insofern sie eine Theorie des Äquivalententausches ist. Marx macht nun bei der Erörterung von Aristoteles' Analyse der Wertform und ihrer Unzulänglichkeit, die er auf die damalige Produktionsweise zurückführt, folgende Aussage zur Gleichheitskategorie: «Das Geheimnis des Wertausdrucks, die Gleichheit und gleiche Gültigkeit aller Arbeiten, weil und insofern sie menschliche Arbeit überhaupt sind, kann nur entziffert werden, sobald der Begriff der menschlichen Gleichheit bereits die Festigkeit eines Volksvorurteils besitzt. Das ist aber erst möglich in einer Gesellschaft, worin die Warenform die allgemeine Form des Arbeitsprodukts, also auch das Verhältnis der Menschen zueinander als Warenbesitzer das herrschende gesellschaftliche Verhältnis ist.» (*MEW* 23: 74)

Die *Regulierte Anarchie* zeigt nun, daß Gleichheitsrelationen und Gleichheitsvorstellungen bereits in Stammesgesellschaften bestehen, daß es so etwas wie einen primären Egalitarismus gibt. Davon lassen sich abstrakte Gleichheitsvorstellungen und -relationen, wie sie dem Warentausch zugrunde liegen, unterscheiden. Auf der Basis dieser Unterscheidung ist die zitierte These richtig.

Das Beharren auf dem elementaren Charakter von Gleichheitsvorstellungen erhält seine gesellschaftliche Relevanz durch die Widersprüche, welche der Streit um die Gleichheitsproblematik in der

Arbeiterbewegung offengelegt hat. Dabei läßt sich ein Gegensatz zwischen den am babouvistischen Verteilungskommunismus orientierten Arbeitertheoretikern und den am Wertgesetz festhaltenden Begründern des wissenschaftlichen Sozialismus ausmachen[4]. Die Unterschätzung der Egalitarismus-Problematik begleitet den wissenschaftlichen Sozialismus durch seine gesamte Entwicklung. Sie wird praktisch, indem in den sozialistischen Ländern der Egalitarismus nicht nur theoretisch verworfen wird, sondern sich auch eine Gesellschaftspolitik durchsetzt, die Strukturen der Ungleichheit einplant oder zumindest zuläßt.

Freilich, selbst in der Kritik am kleinbürgerlichen «Gleichheitsgebäude» Dührings (*MEW* 20: 95) sieht Engels zunächst proletarische Gleichheitsforderungen als «naturwüchsige Reaktion gegen die schreienden sozialen Ungleichheiten» und begreift sie als «Ausdruck des revolutionären Instinkts». (*MEW* 20: 99) Proletarische Gleichheitsforderungen können aber auch aus Reaktionen gegen die bürgerliche Gleichheitsforderung entstanden sein. Engels kommt nun zu folgender Gesamtbewertung: «In beiden Fällen ist der wirkliche Inhalt der proletarischen Gleichheitsforderung die Forderung der Abschaffung der Klassen. Jede Gleichheitsforderung, die darüber hinausgeht, verläuft notwendig ins Absurde» (ebd.). Engels' Abschwächung der Gleichheitsproblematik im Anti-Dühring muß als folgenreich bezeichnet werden. Denn daraus läßt sich in der Tat ableiten, daß mit der Abschaffung der kapitalistischen Klassenunterschiede proletarische Gleichheitsaspirationen abgegolten seien, und von hieraus lassen sich nicht nur große Arbeitslohnspannen, sondern auch hierarchisierte Organisationsstrukturen legitimieren.

Im Zusammenhang mit der Egalitarismusthematik ist auch auf ein methodologisches Problem einzugehen: Christa Büttner hat über die *Regulierte Anarchie* das Idealismusverdikt verhängt, mit der Begründung, politische Strukturen würden hier auf Mentalitäten reduziert.

Hier wird aber doch vergröbernd interpretiert: zunächst heißt es (*Regulierte Anarchie*, S. 201) lediglich, daß die sozialökonomische Gleichheit von einem Gleichheitsbewußtsein *begleitet* wird. Die anschließend formulierte Absicht der «Präzisierung» versucht der

---

[4] Vgl. A. Brandenburg: *Theoriebildungsprozesse in der deutschen Arbeiterbewegung 1835-1850*, Hannover 1977.

Text dann durch die Aussage zu leisten, daß «soziale Gleichheit durch die Geltung von Gleichheitsnormen erreicht wird» (202). Dies wird dann allerdings nochmals zusammengefaßt: «Orientierung an Gleichheitsnormen in segmentären Gesellschaften reproduziert soziale Gleichheit.» (202 f.)

Der in der *Regulierten Anarchie* verwendete Herrschaftsbegriff definiert *politische* Herrschaft, um Herrschaftslosigkeit als Fehlen politischer Herrschaftsstrukturen bestimmen zu können. Es war aber nicht das Ziel des Buches, alle möglichen Beispiele für minimale Autoritätsverhältnisse zusammenzutragen. Vielmehr geht es um die Entdeckung von Mechanismen der Herrschaftsbildung und des Herrschaftsabbaus. Die so gefundenen Gesetzmäßigkeiten werden durch den Nachweis von Gesellschaften mit noch einfacherer Struktur nicht aufgehoben. Eine Theorie, die sich auf Gesellschaften von einfachster Struktur beschränkt, hätte sich mit allen Argumenten auseinanderzusetzen, die ich in der Einleitung von 1967 angeführt habe. Man könnte sie noch ergänzen durch das Argument, viele homogene, schwach differenzierte Wildbeutergruppen repräsentierten nur ein Rückzugsstadium, aber keineswegs ein Ausgangsstadium historischer Entwicklung.

Man kann darüber streiten, ob es sich dabei um eine Verengung des Herrschaftsbegriffs handelt oder ob Herrschaft sinnvoller Weise immer schon als politische zu verstehen ist. Freilich bedeutet diese Einengung einen Verzicht auf Fragestellungen, die in den letzten Jahren wieder Bedeutung erlangt haben. Dazu gehört insbesondere die Patriarchatsproblematik bzw. die Frage nach Herrschaftslosigkeit und Gleichheitsstrukturen in matrilinearen Gesellschaften, auf die in der *Regulierten Anarchie* nur abgrenzend eingegangen wurde[5]. Auch die Ältestenautorität und die Ausbeutung der «cadets» durch die Ältesten wäre stärker zu problematisieren.

In vorbildlicher Weise hat K. Habermeier in seiner Dissertation *Bäuerliche Gemeinschaften, kapitalistische Exportwirtschaft und Wanderarbeit in Afrika* (Karlsruhe 1977) diese komplexen Probleme ausgehend von Meillassoux' grundlegender Untersuchung über die Gouro (Elfenbeinküste) behandelt. Davon zu unterschei-

---

[5] Für eine im Ergebnis allerdings problematische, umfassende Darstellung der Herrschaftsproblematik s. J. Lapierre: *Essai sur le fondement du pouvoir politique*. Publications des Annales de la Faculté des lettres. Aix-en-Provence 1968.

den sind freilich die Beiträge von Pierre Bonté und Philippe Rey zum 21. Heft der Zeitschrift *dialectiques* («anthropologie tous terrains»), welche infolge ihres strukturalistischen Produktionsweisen-Ansatzes die segmentären Gesellschaften als Klassengesellschaften begreifen, vornehmlich wegen ihrer gerontokratischen Komponente. Dieser Ansatz ist bereits von seinen Definitionen her falsch, da sich Klassen biologisch selbst reproduzieren bis hin zum Extrem der Klassenendogamie. Die strukturalischen Produktionsweisentheoretiker tendieren dazu, die gesellschaftlichen Veränderungen, welche die politische Zentralisierung herbeiführt, zu unterschätzen. Ähnlich wie bürgerliche Völkerkundler tun sie die politische Differenz von Klassengesellschaft und Vorklassengesellschaft als Abstraktion ab.

Daß die Unterscheidung zwischen akephalen und zentralisierten Gesellschaften keine unrealistische Konstruktion ist, hat sich – von mir damals freilich unbemerkt – im antikolonialen Befreiungskampf in Guinea-Bissau gezeigt, wo die Mobilisierungsstrategie des PAIGC für die ländlichen Gebiete auf der Analyse Amilcar Cabrals basierte. Diese Analyse ging von einer Dichotomie akephaler und zentralisierter Gesellschaften aus und setzte bei den akephalen Stämmen als jenen mit dem höchsten Widerstandspotential an[6].

Eine späte und unerwartete Bestätigung der in der *Regulierten Anarchie* vorgelegten Theorie brachte die Arbeit eines Alttestamentlers: Frank Crüsemann kam in seiner Abhandlung *Der Widerstand gegen das Königtum. Die antiköniglichen Texte des Alten Testamentes und der Kampf um den frühen israelitischen Staat«* (Neukirchen 1978), ohne mein Buch gekannt zu haben, zu Ergebnissen, die er nachträglich als Verifikation meiner Thesen interpretiert und die es ihm erlauben, das vorstaatliche Israel als segmentäre Gesellschaft zu interpretieren. Daraus kann geschlossen werden, daß es sich trotz des primären Bezugs der *Regulierten Anarchie* auf afrikanische Gesellschaften nicht um eine «afrikanische» Theorie handelt und daß sie für komparative Untersuchungen geeignet ist.

Eine Bestätigung der Thesen zum Gleichheitsbewußtsein, insbesondere der Universalitätsthese, sehe ich auch in der mir bei Abfassung

[6] Für eine genauere Behandlung dieses Themas siehe meine Einleitung zu *Gesellschaften ohne Staat* und meinen Beitrag zu einem 1979 erscheinenden Reader, hrsg. von Evers und Elwert über Subsistenzreproduktion in Afrika.

des Buches nicht bekannten Schrift von J. Piaget, *Le jugement moral chez l'enfant* (Paris 1932, ⁴1969).
Die «staatsfeindlichen» Implikationen des Buches sind gewollt. Nicht im Sinne eines geschichtslosen Anarchismus, der die Notwendigkeit einer gut geordneten, zentralen Organisation für befreite Gesellschaften leugnet. Sehr wohl aber als Mahnung an meine afrikanischen Freunde, nicht den Staatsritualen und der Staatsvergötzung zu verfallen, sondern an der Basislinie festzuhalten und die im Befreiungskampf gefundenen Organisationsformen weiterzuentwickeln. Die historischen Erfahrungen mit den Exzessen der Staatsgewalt zeigen, wie wenig sie ihrem Anspruch gerecht wurden, an die Stelle feudaler «Anarchie» Leben und Eigentum sichernde Ordnung zu setzen. Dabei ist nicht nur an die faschistischen und imperialistischen Kriege und an Massenvernichtungen, wie sie nur Staatsapparate organisieren können, zu erinnern. Die von den Staatsapparaten im Interesse der multinationalen Konzerne betriebene Zerstörung von Umwelt und spontanen Vergesellschaftungen ist nur *ein* aktuelles Beispiel für «normale» Staatstätigkeit.
Die «Staatsillusionen» über Fähigkeit und Bereitschaft des Staatsapparates, die durch das chaotische Agieren der Einzelkapitale verursachten Verwüstungen zu kompensieren, müßten eigentlich zerstoben sein. Nicht staatliche Vernunft, sondern die ökologische Widerstandsbewegung hat hier lebenserhaltende Entscheidungen erzwungen, die der Legende nach vom Staat hätten getroffen werden müssen.
Man muß aber nicht erst die Schwelle des «Atomstaates» überschritten haben, um zu begreifen, welche menschenfeindlichen, Gesellschaft im einfachsten Wortsinn zerstörenden Metastasen der moderne Staat mit seinen computerisierten Überwachungs- und Verfolgungsagenturen hervorbringt. Die staatlich organisierte Paranoia spiegelt sich in den megalomanen Programmansprüchen des BKA-Präsidenten Herold, der die Computerisierung der Polizeitätigkeit mit ihrer «Verwissenschaftlichung» verwechselt und daraus die «Verfügung» der Polizei über «ein allen anderen Staatsorganen überlegenes Erkenntnisprivileg, Einsichten zu gewinnen in abweichende Verhaltensweisen und in Strukturdefekte der Gesellschaft» und eine «gesellschaftssanitäre Aufgabe» herleitet[7].

7 *Die Republik*, 10-15, S. 221.

VORWORT 1979

Regulierte Anarchie – das kann auch als Gegenprogramm gegen diesen bösartigen Ausfluß repressiver Verstaatlichung verstanden werden.

Münster, im Juli 1979
Christian Sigrist

Vorwort zur japanischen Ausgabe 1975

Die japanische Ausgabe meines Buches erscheint in unveränderter Form. Dies erklärt sich zunächst daraus, daß bei der Auswertung des empirischen Materials im wesentlichen korrekt verfahren wurde.
Auf der anderen Seite hatte sich in den sechs Jahren seit Abschluß des Manuskripts meine wissenschaftliche Orientierung so stark geändert, daß eine Überarbeitung zu weitgehenden Veränderungen in der Struktur der Darstellung geführt hätte.
Unter diesen Umständen kann ich nur versuchen, durch einige Bemerkungen Hinweise für eine dem heutigen Diskussionsstand angemessene Interpretation meiner Ergebnisse zu geben.
Die wichtigste inhaltliche Ergänzung ist hinsichtlich des Kapitels (6.23) »Die Unruhen im südlichen Sudan« vorzunehmen. Die Regierung der Republik Sudan hat 1971 Frieden mit den Aufstandsbewegungen im südlichen Sudan geschlossen und dieser Region die Autonomie gewährt.
Die Notwendigkeit, anthropologische Untersuchungen im Rahmen der Imperialismustheorie zu entwickeln, zeigt sich gerade an diesem Beispiel eines regionalistischen Konflikts. Es reicht nicht aus, wie im Buch geschehen, solche Konflikte auf antiautoritären Widerstand gegen bürokratische Zentralisierung zu reduzieren. Primär ist die historische Tatsache, daß der englische Imperialismus seiner angemaßten Pazifikationskontrolle nicht gerecht geworden ist. Zwar erzwang das anglo-ägyptische Condominium das Ende der Sklavenjagden, aber die damit gerechtfertigte Sperrung der Distrikte des südlichen Sudans verhinderte zugleich die schrittweise wirtschaftliche und kulturelle Angliederung an den Norden. Der gewaltsamen Fernhaltung islamischer Einflüsse stand andererseits die Begünstigung christlicher Missionare gegenüber, wodurch die bereits vorhande Kluft zwischen Nord und Süd vertieft wurde. Mit Rücksicht auf ihre Schiffahrts- und Ölinteressen im arabischen Raum verzichteten die abziehenden Imperialisten auf jegliche Übergangs-

regelung, die den sich abzeichnenden Konflikt hätte mildern können.
Wie läßt sich dieses Fehlen einer angemessenen theoretischen Erklärung des Regionalismus erklären, obwohl doch zu diesem Zeitpunkt bereits die Analysen von Frantz Fanon vorlagen, die den Zusammenhang von Kolonialismus und Tribalismus aufgedeckt hatten?
Die Absicht dieses Buches war es, die Funktionsfähigkeit herrschaftsfreier Organisationen empirisch nachzuweisen. Damit sollten funktionalistische Behauptungen über die Unentbehrlichkeit von Herrschaft und Schichtung widerlegt werden. Um diesen Nachweis überzeugend führen zu können, wählte ich ein immanentes Verfahren, d. h. ich verzichtete auf Belege aus der marxistischen Literatur und baute die Argumentation auf Monographien und Sekundäranalysen von Kolonialethnographen und strukturfunktionalistisch orientierten *social anthropologists* auf. Die Wirksamkeit dieses Verfahrens zeigte sich in der mit Dahrendorf ausgetragenen Kontroverse über die Universalität von Herrschaft. Die Beschränkung auf diese Materialien entsprach zugleich der Zielsetzung, die Rezeption der strukturfunktionalen Anthropologie in der BRD unter politisch relevanten Fragestellungen voranzutreiben.
In Anbetracht der Rückständigkeit der Ethnologie in der BRD war diese Zielsetzung in einem partikularen Sinn progressiv. Die immanente Methode beschränkte die Untersuchung aber in der Weise, daß die «neutrale» Position in der Kolonialfrage, die gerade viele britische Arbeiten prägt (was sich durchaus mit einer romantischen Vorliebe für archaische Formen verträgt) übernommen wurde.
Da der Nachweis herrschaftsfreier Gesellschaften der dominanten sozialwissenschaftlichen Theorie, insbesondere der Behauptung von der Funktionalität und Universalität von Herrschaft und Ungleichheit, widersprach, sah ich mich gezwungen, alle möglichen Einwände zu antizipieren – durch ein gründliches Studium sowohl der strukturfunktionalen Theorien wie der regionalen Monographien. Dadurch geriet ich immer stärker in eine spezialwissenschaftliche Borniertheit, durch die ich wichtige Analysen, wie die von Fanon «übersah».
Der institutionelle Zwang zur Anpassung an die Normen bürgerlicher Wissenschaft wirkte sich bis in den Sprachstil aus, in dem z. B. Aussagen über Aufstandsbewegungen so formuliert wurden,

daß sie nicht als Parteinahme für diese Befreiungsbewegungen wirken und mir damit den Vorwurf der «Unwissenschaftlichkeit» eintragen konnten.

Nachteilig wirkte sich für meine frühere Arbeit insbesondere die Unkenntnis der Marxschen *Grundrisse der Kritik der politischen Ökonomie* aus. Ein Rekurs auf den Abschnitt über die «Formen, die der kapitalistischen Produktion vorhergehen» hätte es ermöglicht, die segmentären Gesellschaften in ein multilineares Entwicklungsmodell einzuordnen und das Verhältnis von ökonomischer Entwicklung, Klassenbildung und Herrschaftsentstehung umfassender zu bestimmen.

Das impliziert eine systematischere Darstellung des Verhältnisses des Kollektiveigentums zu Strukturen der Verwandtschaft sowohl im intakten Stadium wie in den verschiedenen Auflösungsformen. Die gesamte in diesem Buch behandelte Thematik wäre in die Weiterentwicklung der Grundformationstheorie einzubeziehen.

Dabei dürfte die stärkere Hervorhebung ökonomischer Strukturen aber nicht zu einer Ausblendung von Bewußtseinsphänomenen führen. Das heißt: zentraler Gegenstand der Untersuchung von Vorklassengesellschaften haben Erscheinungen wie Gleichheitsgefühl, Gleichheitsnormen und Gleichheitsbewußtsein zu sein, wobei allerdings noch stärker, als es in der *Regulierten Anarchie* geschehen ist, die Bedeutung des materiellen Außenhalts egalitärer Motivationen, wie kollektive Produktion und Kollektiveigentum an Produktionsmitteln, für diese affektiven und kognitiven Strukturen auszuführen wäre. Ich würde darum auch heute noch an der Darstellung der politischen Funktion des Neides festhalten; allerdings ist gegen Mißverständnisse zu betonen, daß sich diese Interpretation radikal von reaktionären Thesen, wie sie z. B. der westdeutsche Soziologe Schoeck vertritt, unterscheidet: aus dem Nachweis eines Zusammenhangs von Neidgefühlen mit egalitären Haltungen und Strukturen folgt nicht eine Denunziation des Egalitarismus, sondern eine den herrschenden Vorurteilen entgegengesetzte Bewertung des Neides als einer egalitären Potenz, was keineswegs bedeutet, daß die Ambivalenz des Neides, wie sie vor dem Hintergrund des Antisemitismus erscheint, in der Analyse eliminiert wird.

Die Revision meiner früheren wissenschaftlichen Position ist nicht nur durch wissenschaftsimmanente Rationalität zu erklären. Sie geht auch zurück auf die Einsicht in die durch das Scheitern der nichtsozialistischen Entwicklungsstrategien dokumentierte Unzulänglichkeit der bürgerlichen Entwicklungstheorien – einer Entwicklung, von der die Anthropologie nicht unberührt bleiben kann, wenn sie realisiert, daß die Auflösung der Strukturen der Stammesgesellschaft das Ergebnis kapitalistischer Expansion ist.

Wie zahlreichen anderen Anthropologen wurde auch mir die Notwendigkeit einer Parteinahme durch das sukzessive Bekanntwerden der Tatsachen über die imperialistische Verwertung von anthropologischen Kenntnissen in verschiedenen Regionen der kapitalistischen Peripherie, in Lateinamerika und Südostasien, bewußt. Der Anthropologe muß sich unter diesen Umständen entscheiden, ob er seine Wissenschaft imperialistischen Agenturen zur Verfügung stellen oder von vornherein so ausrichten will, daß sie einen Beitrag zur Bekämpfung imperialistischer Ideologien und Strategien leisten kann.

Die «Zeitbedingtheit» meiner Dissertation macht sich besonders im resignativen Tenor der Einleitung bemerkbar, zumal in der Behauptung, die großen kommunistischen Parteien hätten die Prognose vom «Absterben des Staates» selbst absterben lassen. Darin verriet sich (1965) eine grobe Unkenntnis der beginnenden chinesischen Kulturrevolution, die sich gegen die Verselbständigungstendenzen bürokratischer Strukturen richtete und die Tendenz zur Schaffung ungleicher Lebenschancen bekämpfte.

Aber auch wenn ich heute nicht mehr diese prinzipielle Skepsis hinsichtlich der Realisierbarkeit eines Programms radikaler Gleichheit auf der Basis der sozialistischen Produktionsweise vertrete, so hat doch der Ablauf der Kulturrevolution gezeigt, daß in der sozialistischen Gesellschaft innerhalb überblickbarer Zeiträume die Verselbständigung von Leistungsstrukturen und die Tendenzen zu sozioökonomischen Ungleichheiten zentrale gesellschaftliche Probleme sein werden. Das Bürokratieproblem darf nicht nur im Verhältnis der Zentralorganisation zu den in der materiellen Produktion arbeitenden Werktätigen gesehen werden. Gerade in einer mit den Mängeln einer unzureichenden Kommunikationsstruktur ringenden Gesellschaft, deren größter Bevölkerungsanteil immer noch in der Landwirtschaft tätig ist, spielen Komplikationen zwischen verschiedenen bürokratischen Systemen und zwischen verschiedenen Niveaus eines Systems eine wichtige Rolle.

Für progressive Sozialwissenschaftler, die in den kapitalistischen Gesellschaften arbeiten, ergeben sich freilich noch dringendere Fragen. Hier ist zunächst einmal festzuhalten, daß auch in den letzten Jahren in den Sozialwissenschaften die Gleichheitsfrage nicht radikal gestellt wurde, sondern nur in sektoralen Ausschnitten (z. B. Ungleichheit der Bildungschancen) oder verkürzt auf die «Wahrnehmung sozialer Ungleichheiten».

Diese Aussparung eines zentralen Problems der soziologischen Theorie verweist auf die Legitimationsschwierigkeiten der spätkapitalistischen Gesellschaft, in der die Konzentration des Kapitals die Ungleichheit der Chancen des Zugangs zu den Produktionsmitteln fortlaufend verschärft und das mit der Organisation des kapitalistischen Produktionsprozesses gekoppelte Verteilungssystem die Ungleichheit der Lebenschancen auch für verschiedene Segmente des Proletariats vermittelt. Die Unfähigkeit des spätkapitalistischen Systems, die immanenten bürgerlichen Gleichheitsideale wenigstens außerhalb der Produktionssphäre zu verwirklichen, hat sich besonders in der Krise des Bildungssystems gezeigt, die die wichtigste Ursache der antiautoritären Studenten-, Schüler- und Lehrlingsbewegungen gewesen ist. Diese Bewegungen artikulierten zugleich eine Kritik an autoritären Strukturen des Ausbildungssystems, die sich immer mehr zur Kritik an Herrschaftsstrukturen und Ausbeutungsmechanismen generalisierte. Aber auch innerhalb der Produktionssphäre selbst hat das Gleichheitsproblem in verschiedenen egalitären Lohnforderungsbewegungen eine neue Bedeutung erlangt. Egalitäre Lohnforderungen, wie sie in den westdeutschen Septemberstreiks von 1969 und machtvoller noch in den Kämpfen der italienischen Arbeiterklasse erhoben wurden, haben über ihre materielle Funktion hinaus die Funktion, der Aufspaltung der Arbeiterklasse durch arbiträre Systeme der Lohndifferenzierung entgegenzuwirken und ihre Solidarität und Handlungsbereitschaft zu stärken. Für die sozialwissenschaftliche Forschung ergibt sich in diesem Zusammenhang die Notwendigkeit, eine umfassende Analyse der verschiedenen Lohnsysteme sowohl hinsichtlich ihrer ökonomischen Funktion wie ihrer Implikationen für das Klassenbewußtsein der Arbeiter und Angestellten anzustellen.

Eine solche Untersuchung hat auch die durch den Import von Arbeitskraft aus Niedriglohnländern entstandene ethnische Fragmentierung der Arbeiterklasse einzubeziehen, auf die die in diesem Buch entworfenen Pariatheorie anzuwenden ist.

VORWORT 1975

Die wiederauflebenden Klassenkämpfe der letzten Jahre, insbesondere die französische Mairevolution von 1968 treiben die Soziologie über diese aktuellen Analysen einzelner spätkapitalistischer Gesellschaften hinaus und stellen ihr noch dringlicher die Aufgabe, die am Schluß meines Buches formuliert wurde: die Geschichte der verschiedenen egalitären Bewegungen zu dokumentieren und die in ihnen artikulierten Forderungen dem tatsächlichen gegenwärtigen Zustand der kapitalistischen Gesellschaften entgegenzuhalten.

Münster, im September 1972
Christian Sigrist

Vorwort zur Ersten Auflage

Die vorliegende Darstellung ist eine Sekundäranalyse. Sie versucht durch Auswertung ethnologischer Monographien die Bedingungen sozialer Ordnung und der Entstehung politischer Herrschaft in einfachen Gesellschaften zu formulieren. Ich habe diese Sekundäranalyse ohne eigene «Felderfahrung» unternommen. Da mir während der Arbeit an diesem Manuskript mehrfach vorgehalten wurde, ohne Felderfahrung fehlte mir die Kompetenz für ein solches Vorhaben, möchte ich auf diesen vor allem in Deutschland gängigen empirizistischen Defätismus kurz eingehen. Der entscheidende Gegeneinwand gegen diese Kritik scheint mir ihre Konsequenz zu sein: sie bezweifelt die Objektivität ethnographischer Dokumentationen überhaupt; Ethnographen, die so argumentieren, leugnen die Wissenschaftlichkeit ihrer eigenen Publikationen, die sich doch gerade in deren Verwertbarkeit durch den Schreibtisch-Ethnologen bewähren sollte. Daß diesen oft genug die Empfindung des «Schwindels» ankommt, wenn er Aussagen über von ihm nie «gesehene» Völkerschaften riskiert, besagt nichts über die objektive Gültigkeit der von ihm formulierten Hypothesen. Meine eigene Felderfahrung in Afghanistan würde mir nur in einer Hinsicht eine Akzentverschiebung nahelegen: ohne Felderfahrung unterschätzt der Schreibtisch-Ethnologe das Maß, in dem der Erfolg einer Feldforschung von «Zufällen» oder, um einen in der folgenden Darstellung wichtigen Begriff zu gebrauchen, vom «Glück» abhängt. Im Lichte dieser Erfahrung möchte ich nachträglich die in diesem Buch mitunter beckmesserisch ausgefallene methodologische Kritik relativieren. Diese geht allerdings auch auf das Konto der allzu glatten Darstellungsweise vieler Ethnologen, welche die praktischen Schwierigkeiten der Verhaltensforschung in einfachen Gesellschaften unterschlägt.
Obwohl die «freien Stämme» Mittelasiens, vor allem die Paschtunen (im Text indischer und später englischer Tradition folgend Pathanen genannt) viele Sätze der Theorie segmentärer Gesellschaften bestätigen, habe ich den regionalen Schwerpunkt dieser Untersuchung in

VORWORT 1967

Afrika belassen und auch darauf verzichtet, die Zitate aus den Werken moderner Asienforscher durch die glänzenden Charakterisierungen der «demokratischen Politik» der Paschtunenstämme, die sich in Elphinstones klassischem Account of the Kingdom of Caubul aus dem Jahre 1815 finden, zu ergänzen. Vor einer systematischen Ausweitung des regionalen Geltungsbereichs der hier entwickelten Theorie muß doch erst das asiatische Material gründlicher analysiert werden. Die afrikanischen Stämme bieten den bedeutenden Vorteil, daß die komplizierten historischen Bedingungen, die wir in Asien finden, fehlen und darum die relevanten Faktoren leichter kontrollierbar sind.

Selbst in dieser vorläufigen Form hätte ein Buch, das versucht, die «Grenzen» von Soziologie und Ethnologie zu verwischen, nicht ohne die unmittelbare Hilfe von Spezialisten aus beiden Disziplinen geschrieben werden können.
Die erste Anregung zu dieser Untersuchung und ihre entscheidende finanzielle Unterstützung verdanke ich Prof. Arnold Bergstraesser. Prof. Popitz, dessen Doktorand ich war, hat mir bei der Anlage der Untersuchung und bei der Präzisierung des Instanzen- und Normbegriffs geholfen. Zahlreiche Gespräche mit Dr. E. W. Müller ermöglichten es mir, in verhältnismäßig kurzer Zeit mit der Theorie der Verwandtschaftssysteme und mit der afrikanischen Literatur vertraut zu werden. Prof. Mühlmann verdanke ich wichtige Anregungen, besonders hinsichtlich der Theorie der Pariagruppen. Prof. Jettmar machte mich auf die asiatischen Parallelfälle aufmerksam.
Weitere Anregungen verdanke ich Prof. C. A. Schmitz und Prof. Schott. Hervorzuheben sind die lebendigen und fruchtbaren Diskussionen über dieses Manuskript, die ich mit Prager Kollegen, vor allem Dr. Holý, Dr. Stuchlik und Frau Dr. Svobodova hatte. Für die Mitteilung von Beobachtungen in afrikanischen Gesellschaften danke ich Dr. Zwernemann und Pater Rabanser sowie den Herren Basit, Reuke und Schreider.
Die methodologische Orientierung dieser Studie wurde durch die Diskussionen mit meinem 1964 verunglückten Freund Gert Degenkolbe bestimmt.
Dr. Oswald danke ich für die redaktionelle Überarbeitung des Manuskripts. Frau Hofmann und Frau Nehring bin ich für das Schreiben des Manuskripts zu großem Dank verpflichtet.

VORWORT 1967

Das Arnold-Bergstraesser-Institut und die Friedrich-Ebert-Stiftung haben diese Untersuchung durch Stipendien ermöglicht.

Jenseits aller matrimonialen Courtoisie bleibt zu erwähnen, daß ohne den finanziellen Beitrag meiner Frau und ihre Mitarbeit bei der Fixierung des Manuskripts dieses nicht beendet worden wäre.

Gardez (Afghanistan) im Januar 1967
Christian Sigrist

1. Einleitung

Überblickt man die Tradition neuzeitlicher Herrschaftstheorien, so fällt auf, daß diese unter einem eigentümlichen Argumentationszwang zu stehen scheinen: Die Erklärung und häufig damit verbunden die Rechtfertigung von Herrschaftsordnungen, sucht den «Ursprung» der Herrschaft, der mit der Setzung gesellschaftlicher Ordnung überhaupt identifiziert wird. Der Ursprung von Herrschaft und Gesellschaft wird in einem herrschafts- und gesellschaftslosen Zustand, in der «Anarchie» gesehen. Die Gesellschaft mit ihren organisierten Zwängen wird dem freien Naturzustand mit seinen freien und ephemeren Gesellungen konfrontiert. Die Faszination der Anarchie ist auch heute noch nicht ganz geschwunden. Man bemerkt sie gerade dann, wenn es um die Tatsachenfrage geht, ob solche anarchischen Zustände überhaupt jemals bestanden haben. Einige Forscher scheinen im Nachweis der Anarchie von romantischem Eifer beflügelt; doch auch der Widerlegungseifer anderer Autoren verrät noch etwas von dieser Faszination.
Diese Tatsachenfrage erhielt eine besondere Aktualität durch den marxistischen Evolutionismus. Der Nachweis eines Stadiums der naturwüchsigen Gesellschaft, einer herrschaftslosen Gesellschaft vor Beginn der «Geschichte» sollte die prinzipielle Möglichkeit einer herrschaftsfreien Gesellschaft beweisen, die romantische Schilderung des Urzustandes ihre Wünschbarkeit suggerieren. Ein simples dialektisches Schema sicherte zusätzlich die Prognose der «Geburt» einer klassenlosen und staatsfreien Gesellschaft nach der Zerstörung der durch die Staatsmaschine geschützten bürgerlichen Gesellschaft. Die affektive Besetzung der Frage nach der Herrschaftsentstehung ergibt sich aus dem Rückgriff egalitärer Bewegungen auf Mythen und Theorien über herrschaftslose Stadien.
Die prähistorisch oder ethnologisch nachweisbare Existenz herrschaftsloser Gesellschaften gehörte mit zur Erfolgsgarantie, die anarchistische und kommunistische Bewegungen von sozialwissenschaftlichen Theorien erwarteten. Nachdem aber die großen kommu-

EINLEITUNG

nistischen Parteien die Marx-Engelssche Prognose vom «Absterben des Staates» selbst auf den Aussterbeetat gesetzt haben, liegt heute die praktische Tragweite analytischer Herrschaftstheorien auf einem anderen Feld. Untersuchungen über die Bedeutung herrschaftlicher Eingriffe für die soziale Ordnung, sowohl als Bedingung für bestimmte soziale Ordnungsformen wie als dysfunktionale, d. h. bestimmte Ordnungsformen ausschließende Faktoren, können zu Ergebnissen führen, die auf Probleme des wachsenden staatlich regulierten Bereichs anwendbar sind. Insbesondere können aus solchen Ergebnissen Konsequenzen für das staatliche Normen- und Sanktionensystem gezogen werden. Analytische Herrschaftstheorien sollten schließlich Prognosen ermöglichen, die uns sagen, was geschieht, wenn «rückständige Gebiete» einer fremden Herrschaftsorganisation unterstellt werden.

Schlichte Hinweise auf die Entstehung der Herrschaft aus Rangunterschieden oder aus dem Reichtum sagen uns kaum mehr als der von Kant apostrophierte Satz «Das Tier ist der Stickstoff». Solche Gesichtspunkte helfen uns erst dann weiter, wenn Fälle beigebracht werden können, in denen eine solche Entstehung beobachtbar ist. Das Epitheton «allmählich» erklärt, wie schon Marx bemerkt hat, nichts, sondern bezeichnet in solchen Fällen nur die Unkenntnis des Ablaufs und seiner Bedingungen.

Schon Hobbes, in stärkerem Maße aber Locke, Rousseau und Montesquieu demonstrierten den Naturzustand am Beispiel der von Herder[1] später so genannten Naturvölker.

Die «wilden Völker» schienen das naturrechtliche Postulat der natürlichen Gleichheit aller Menschen zu bestätigen. Dieser Beweis war deswegen wichtig, weil die Vertragstheoretiker bei der Erklärung von Gesellschaft und Herrschaft von der Gleichheit der Vertragspartner ausgingen. Die Gleichheit wurde dem herrschaftslosen, die Ungleichheit dem herrschaftlichen Stadium zugeordnet.

---

[1] J. G. Herder, Älteste Urkunde des Menschengeschlechtes, 1774, I: 83.
Im folgenden wird so zitiert, daß lediglich der Verfassername im Text oder in Klammern sowie das Erscheinungsjahr des Buches genannt wird. Der Titel des Buches kann dem alphabetischen Literaturverzeichnis entnommen werden. Römische Ziffern bezeichnen die Bandzahl, arabische Ziffern hinter dem Doppelpunkt geben die Seitenzahl, die Zahl hinter dem Buchstaben n (note) bezeichnet die Nummer der Fußnote, der das Zitat entnommen ist. Erscheint in Klammern nur eine Zahl, so bezeichnet sie die Seite in dem zuletzt zitierten Werk.

EINLEITUNG

Der Übergang in die rechtlich fixierte Ungleichheit wurde allerdings durch eine bereits im naturwüchsigen Stadium eingetretene Differenzierung, in der Regel durch die Entstehung des Eigentums, erklärt. Seitdem dreht sich ein großer Teil der Diskussion um die Frage, in welchem Verhältnis die Herrschaftsorganisation zu anderen Formen der sozialen Ungleichheit steht. In Amerika hat sich die auf den Aufsatz von Kingsley Davis und Wilbert E. Moore «Some Principles of Stratification» (1945)[2] folgende Diskussion auf die mit wirtschaftlichen Indikatoren meßbare soziale Schichtung, unter weitgehender Ausklammerung von Herrschaftsphänomenen[3], konzentriert.

Entsprechend dem funktionalistischen Ausgangspunkt der Debatte, geriet sie sehr schnell in die Streitfrage, ob die sozialwissenschaftliche Analyse die «Notwendigkeit» der Ungleichheit in einer Gesellschaft nachweisen kann. Ralph Dahrendorf hat vor allem in seinen Abhandlungen «Über den Ursprung der Ungleichheit unter den Menschen» (1961a) und «Reflexionen über Freiheit und Gleichheit» (1961b) diese Diskussion wieder auf den Herrschaftsaspekt der sozialen Differenzierung zurückgelenkt. Er geht darauf aus, die Existenz herrschaftsloser Gesellschaften schlicht zu bestreiten: «Gesellschaften ohne Herrschaft sind uns bisher nur in der Phantasie utopischer und ethnologischer Autoren bekannt» (1961b: 216). Diese Polemik ist allerdings berechtigt, soweit sie ihre Spitze gegen die naturrechtlichen Spekulationen der Klassiker richtet. Sie trifft aber die modernen ethnologischen Untersuchungen nicht. Während die genetischen Konstruktionen der Klassiker mit in der Tat unhaltbaren Vereinfachungen arbeiteten, entwerfen die modernen Ethnologen das differenzierte und paradoxe Bild der «geordneten Anarchie».

Die traditionellen Herrschaftstheorien leiteten die politische Gleichheit der herrschaftslosen Gesellschaften aus der fehlenden Differenzierung auf allen Lebensgebieten, insbesondere auch aus der weitgehenden charakterlichen Ähnlichkeit der Individuen, ab[4]; hingegen

---

[2] Erweiterte Fassung in K. Davis: *Human Society* 1949: 366–378.
[3] Vgl. D. Wrong: «Significantly, Davis and Moore have not formulated their theory in a way that focuses attention on the power element in stratification» (1959: 774).
[4] Diese Simplifizierung findet sich noch bei F. Engels: «Der Stamm, die Gens und ihre Einrichtungen waren heilig und unantastbar, waren eine von Natur gege-

EINLEITUNG

zeigen moderne Untersuchungen herrschaftsloser Gesellschaften eine erstaunliche Vielfalt sozialer Beziehungen und eine alle «Naturwüchsigkeit» weit hinter sich lassende Ausgeprägtheit sozialer Gebilde. Stark genug ausgeprägt finden wir diese paradoxe Konstellation: komplexe soziale Ordnung – fehlende Über- und Unterordnung in Gesellschaften, die seit Emile Durkheim segmentär genannt werden.

Während die Ergebnisse der Feldforschungen in segmentären Gesellschaften die alten stereotypen Charakterisierungen akephaler Gesellschaften widerlegen, bestätigen sie die Behauptung, daß das Zusammenhandeln von Menschen auch ohne herrschaftliche Organisation möglich ist, daß öffentliche Ordnung auch ohne Unterordnung unter öffentliche Gewalten gehalten werden kann. Sie bestätigen Friedrich Engels' Charakterisierung der Gentilverfassung:

«... es ist eine wunderbare Verfassung in all ihrer Kindlichkeit und Einfachheit, diese Gentilverfassung! Ohne Soldaten, Gendarmen und Polizisten, ohne Adel, Könige, Statthalter, Präfekten oder Richter, ohne Gefängnisse, ohne Prozesse geht alles seinen geregelten Gang» (1962: 95 f).

Ohne romantische Ironie formuliert Kingsley Davis die gleiche Verwunderung:

«The surprising thing about these tribes is that they possess no formal political organization and yet manage to maintain a certain amount of social order and unity» (1949: 482).

Der paradoxe Ausdruck «ordered anarchy», mit dem Evans-Pritchard[5], der Mitherausgeber des grundlegenden Sammelwerkes *African Political Systems,* die Nuer charakterisiert, findet sich schon bei Max Weber:

«Eine nur durch die gedankenlose oder irgendwelche unbestimmten Folgen von Neuerungen scheuende Innehaltung des faktisch Gewohnten regulierte Anarchie kann fast als der Normalzustand primitiver Gemeinschaften angesehen werden» (1956: 678).

Max Weber sah sehr wohl die Möglichkeit politischer Gemeinschaft auch ohne herrschaftlich organisierten Zwang:

bene höhere Macht, der der einzelne in Fühlen, Denken und Tun unbedingt untertan blieb. So imposant die Leute dieser Epoche uns erscheinen, so sehr sind sie ununterschieden einer vom andern, sie hängen noch, wie Marx sagt, an der Nabelschnur des naturwüchsigen Gemeinwesens» (1962: 97).

[5] 1940a: 181; APS 296.

«Andererseits aber kann die politische Gemeinschaft sich auf ein Gemeinschaftshandeln beschränken, dessen Inhalt in gar nichts als in der fortgesetzten Sicherung der faktischen Gebietsbeherrschung besteht und hat dies oft genug getan. Ja selbst in dieser Funktion ist sie, auch bei sonst nicht notwendig unterentwickeltem Bedürfnisstand, oft ein lediglich intermettierend, im Fall der Bedrohung oder eigener plötzlich, aus welchem Anlaß immer erwachsender Gewaltsamkeitsneigung aufflammendes Handeln, während in ‹normalen› friedlichen Zeiten praktisch eine Art von ‹Anarchie› besteht, d. h.: die Koexistenz und das Gemeinschaftshandeln der ein Gebiet bevölkernden Menschen in Gestalt eines rein faktisch gegenseitigen Respektierens der gewohnten Wirtschaftssphäre ohne Bereithaltung irgendwelchen Zwanges nach ‹außen› oder ‹innen› abläuft» (1956: 515).

Die Wahl segmentärer Gesellschaften als Objekte unserer Untersuchung herrschaftsloser Gesellschaften entzieht diese einem naheliegenden Einwand. Schumpeter hat sich dagegen verwahrt, die Klassenlosigkeit von Wildbeutergruppen als Bestätigung der «Theorie von der ‹ursprünglichen› Klassenlosigkeit der Gesellschaft», die er für naturrechtliche Spekulation hält, gelten zu lassen:

«Aber alle diese Auffassungen empfangen natürlich scheinbare Bestätigungen aus den Verhältnissen der ‹primitiven Horde›: Wo die Gruppe sehr klein und ihre Existenz prekär ist, müssen die Dinge nach Klassenlosigkeit, Kommunismus und Promiskuität aussehen – nur daß darin ebensowenig Organisationsprinzipien liegen, wie ein vegetarisches Prinzip darin liegt, daß eine sonst karnivore Spezies vegetarisch lebt, wenn sie kein Fleisch bekommt» (1953: 156 n 4).

In der Tat könnte man – zumindest für einige Wildbeutergruppen – behaupten, Herrschaft und soziale Schichtung seien ja «im Keim» vorhanden, nur ebenso unausgeprägt wie das soziale Leben dieser Gruppen überhaupt[6]. Eine solche Argumentation, die auch hinsichtlich der Wildbeutergesellschaften problematisch und z. B. auf die

---

[6] Um die Herausarbeitung von Ansätzen zu politischer Organisation in Wildbeutergruppen hat sich unter den deutschen Ethnologen vor allem W. Nippold (1956) bemüht. Ebenso wie der stärker prähistorisch orientierte Versuch von W. Koppers (1963) laufen seine Bemühungen auf den Nachweis der Anwendbarkeit eines sehr allgemeinen und merkmalsarmen Staatsbegriffs hinaus. Die Ergebnisse dieser Versuche sind darum informationsarm.

EINLEITUNG

Australier[7] sicherlich nicht anwendbar ist, verfängt vollends nicht mehr bei den der Feldbau- oder Viehzuchtstufe angehörenden segmentären Gesellschaften.

Segmentäre Gesellschaften bieten auch den Vorteil, daß in ihnen nicht nur das akephale Stadium, sondern auch endogene wie exogene Entstehung von Herrschaft beobachtet werden kann. Schließlich spricht für die Beschränkung dieser Studie auf segmentäre Gesellschaften die hohe Vergleichbarkeit der vorliegenden Monographien und die intensive Erforschung klar abgrenzbarer Phänomene[8].

Damit ist die Analyse der Entstehung von Herrschaft in einer herrschaftslosen Gesellschaft nicht mehr auf problematische Stadiengesetze, auf die historizistische Ableitung eines Gesellschaftstyps aus einem anderen angewiesen.

Die Beschränkung auf beobachtbare Prozesse bedeutet allerdings zugleich einen Verzicht auf die Frage nach dem «Ursprung» der Herrschaft oder noch allgemeiner nach dem Ursprung der sozialen Ungleichheit. Freilich nicht den Verzicht auf eine Erklärung der Herrschaftslosigkeit und der Herrschaftsentstehung in Gesellschaften eines bestimmten Typs durch allgemeine Hypothesen, die auch durch andere als die dieser Untersuchung zugrunde liegenden Fälle überprüft werden können. Gleichwohl würde es den Verfasser weit überfordern, sollte man von ihm Aussagen über alle Formen der Herrschaftsentstehung erwarten. Es ist schon schwierig genug, wenigstens einige Arten der Herrschaftsentstehung zu analysieren.

Im folgenden wird zunächst geklärt, was unter segmentären Gesellschaften verstanden werden soll. Die beiden folgenden Teile über die Integrationsformen und die soziale Kontrolle in segmentären Gesellschaften verfeinern und veranschaulichen die Sprachregelungen und Aussagen.

Erst dann wendet sich die Untersuchung ihren zentralen Fragen zu: nach den Determinanten der Akephalie und den Bedingungen der Entstehung politischer Herrschaft.

[7] Auch W. Nippold (1956) räumt den Australiern eine Sonderstellung gegenüber Pygmäen, Buschmännern und Negritos ein. Auf die von H. Baldus (1939) berichteten südamerikanischen Beispiele trifft Schumpeters Bemerkung besonders gut zu.

[8] Vgl. L. Fallers: «In no other sphere does social anthropology possess such a rich body of material for comparative study, gathered in accordance with relatively standardized procedures and hence capable of being used with confidence by others» (1960: 278).

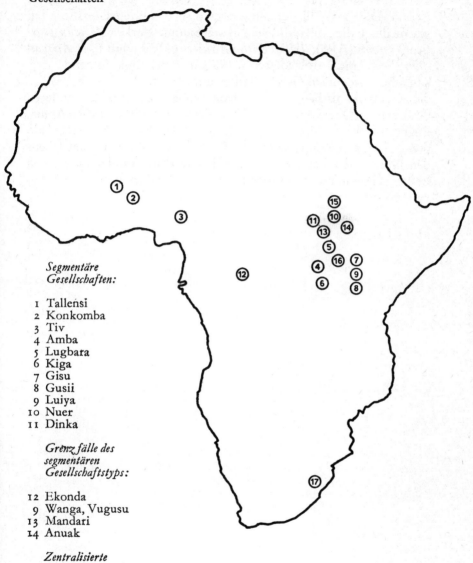

Geographische Lage segmentärer und anderer behandelter afrikanischer Gesellschaften

Segmentäre Gesellschaften:

1 Tallensi
2 Konkomba
3 Tiv
4 Amba
5 Lugbara
6 Kiga
7 Gisu
8 Gusii
9 Luiya
10 Nuer
11 Dinka

Grenzfälle des segmentären Gesellschaftstyps:

12 Ekonda
9 Wanga, Vugusu
13 Mandari
14 Anuak

Zentralisierte Gesellschaften:

15 Shilluk
16 Alur
17 Zulu

EINLEITUNG

Der regionale Schwerpunkt dieser Untersuchung liegt, bedingt durch die Entwicklung der Erforschung segmentärer Gesellschaften, in Afrika. Die Auswahl der untersuchten segmentären Gesellschaften wurde durch die Abhandlungen in den Sammelwerken *African political systems* (APS), *Tribes without rulers* (TWR) und *East African chiefs* bestimmt. Infolgedessen werden in erster Linie folgende afrikanische segmentäre Gesellschaften untersucht:

die westafrikanischen Tallensi, Konkomba (nebst einigen anderen Gruppen des Obervoltagebiets), Tiv, die zentralafrikanischen Amba, Lugbara, Kiga, Gisu, Gusii sowie Stämme der Bantu von Kavirondo (heute Luiya genannt) sowie die im Bahr-el-Ghazal-Gebiet lebenden Nuer und Dinka. Als Grenzfälle werden Ekonda, die zu den Luiya gehörenden Wanga und Vugusu, Mandari und Anuak behandelt.

2. Der Begriff «segmentäre Gesellschaft»

Über segmentäre Gesellschaften liegen bisher nur Ansätze zu Theorien vor: neben ad hoc gebildeten Hypothesen zur «Erklärung» eines einzelnen Falles finden sich zwar eine ganze Reihe komparativer Analysen. Sie leiden aber alle darunter, daß sie nicht über die idealtypologische Ebene hinausgelangen, so daß Definition, Deskription und Hypothesen durcheinanderlaufen. Es erscheint darum notwendig, in größerer Breite eine begriffliche Analyse voranzustellen, gerade um nach der Aussonderung tautologischer Sätze den Erklärungswert der vorliegenden Untersuchungen beurteilen und darüber hinaus statistische Hypothesen aufstellen zu können. Bevor ich mich der methodologischen Kritik zuwende, entwickle ich eine Definition der segmentären Gesellschaft, die durch eine Typologie naturvölklicher Ethnien erläutert wird.

2.1 Durkheim

Den Begriff «segmentäre Gesellschaft» prägt Emile Durkheim in seinem 1893 erschienenen Werk *De la division du travail social* (1902: 150). Durkheim subsumiert unter diesen Strukturtyp, dem die «mechanische Solidarität» (157) entsprechen soll, in «Clans» organisierte Gesellschaften: «sociétés segmentaires à base de clans» (150). Die Bedeutung von «segmentär» veranschaulicht er durch eine Analogie: «Nous disons de ces sociétés qu'elles sont formées par la répétition d'agrégats semblables entre eux, analogues aux anneaux de l'annelé» (190). Während Durkheim die nicht segmentierte Gesellschaft, die «Horde», nur in einem Gedankenspiel – «par la pensée» (149) – rekonstruieren kann, behauptet er, daß die «niederen Gesellschaften» aus Segmenten gebildet wurden, die der völligen Homogenität dieses «vrai protoplasme social» (149) sehr nahekamen. Die Horde bezeichnet er selbst als «Idealtyp»[1].

[1] Die Bedeutung des Begriffs ist hier die gleiche wie bei Max Weber.

SEGMENTÄRE GESELLSCHAFT

Die Homogenität wird nur durch die innere Gliederung der «Clans» nach Familien gemindert bzw. aufgelockert. Die Annahme einer Präexistenz der Horde vor der Familie teilt Durkheim mit Rousseau. Durkheim unterscheidet zwei Formen der «Anordnung der Clans im Inneren der Gesellschaft»:
1. die lineare Serie
2. fortschreitende Verschachtelungen.

Von der zweiten Form schreibt er:
> «chacun d'eux (clans) est emboîté dans un groupe plus vaste qui, formé par la réunion de plusieurs clans, a une vie propre et un nom spécial; chacun de ces groupes, à son tour, peut être emboîté avec plusieurs autres dans un autre agrégat encore plus étendu, et c'est de cette série d'emboîtements successifs que résulte l'unité de la société totale» (153).

Der letzte Halbsatz erklärt allerdings nicht, wie denn die Einheit so zusammengesetzter Gesellschaften erreicht und aufrechterhalten wird. In seinen 1898 erschienenen *Règles de la méthode sociologique* entwickelte Durkheim eine Typologie, die sich nicht an die obige Dichotomie hält[2]. Er unterscheidet 1. «sociétés polysegmentaires», 2. «sociétés polysegmentaires simplement composées», 3. «sociétés polysegmentaires doublement composées» (1956: 84).

Diese Typologie ist so angelegt, daß gilt «chaque type supérieur était formé par une répétition de sociétés d'un même type, à savoir du type immédiatement inférieur» (1956: 85).

In dieser Typologie bleibt die Bezeichnung «segmentäre Gesellschaft» als alle drei Typen zusammenfassende Bezeichnung erhalten. Zum 1. Typ rechnet Durkheim irokesische, australische und kabylische Stämme (1956: 84). Vermutlich durchliefen auch die römische Curia und die griechische Phratrie dieses Stadium.

Den 2. Typ illustriert Durkheim durch die Irokesenföderation und die Föderation kabylischer Stämme. An dieser Stelle gibt Durkheim keine Typologie von Gesellschaften, sondern unterscheidet verschiedene Niveaus sozialer Integration. Sozialintegrate wie die durch Synoikismos gebildete Polis oder der germanische Stamm gehören zu Typ drei. In der «Division du travail social» (1902: 153) hatte

---

[2] Die Sätze meines Aufsatzes (1962: 191): «Entsprechend dieser Zweiteilung unterscheidet Durkheim zwischen ‹sociétés segmentaires› und ‹sociétés polysegmentaires›. Zum ersten Typ zählt er vor allem die (australischen) Wildbeuterhorden» interpretieren Durkheim falsch.

Durkheim die zu Typ eins gerechneten Ethnien teils der linearen, teils der Schachtelintegration zugeteilt [3].

Durkheim unterschied 1893 die segmentären Gesellschaften von den in sozialer Arbeitsteilung differenzierten Gesellschaften. Die einen führte er auf mechanische, die andere auf die organische Solidarität zurück.

Als mechanische Solidarität bezeichnet Durkheim das aus der Ähnlichkeit der Individuen einer Gesellschaft und ihrer Segmente resultierende gleichsinnige Handeln. Die Bezeichnung mechanisch begründet Durkheim mit der geringen Verhaltensspontaneität:

 «Les molécules sociales qui ne seraient cohérentes que de cette seule manière ne pourraient donc se mouvoir avec ensemble que dans la mesure où elles n'ont pas de mouvement propre, comme font les molécules des corps inorganiques. C'est pourquoi nous proposons d'appeler mécanique cette espèce de solidarité» (1902: 100).

Am klarsten wird Durkheims Begriff der segmentären Gesellschaft durch die abstrakte Kennzeichnung der «Gesellschaften, in denen die organische Solidarität überwiegt»:

 «Elles sont constituées, non par une répétition de segments similaires et homogènes, mais par un système d'organes différents dont chacun a un rôle spécial, et qui sont formés eux-mêmes de parties différenciées. En même temps que les éléments sociaux ne sont pas de même nature, ils ne sont pas disposées de la même manière. Ils ne sont ni juxtaposés linéarement comme les anneaux d'un annelé, ni emboîtés les uns dans les autres, mais coordonnés et subordonnés les uns aux autres autour d'un même organe central qui exerce sur le reste de l'organisme une action modératrice.» (ibid)

Während die durch Arbeitsteilung zusammengehaltenen Gesellschaften über ein organisatorisches Zentrum verfügen, konstatiert Durkheim in segmentären Gesellschaften «fehlende Zentralisierung» (1902: 155).

Das Fehlen der Zentralinstanz ist ein Indikator für die innere «Homogenität» der Segmente und für die «Ähnlichkeit» der Segmente untereinander innerhalb einer Gesellschaft (1902: 152). Es widerspricht seiner eigenen Sprachregelung, wenn Durkheim (155) ein-

---

[3] Linear: nordamerikanische Indianer; Schachteltyp: Kabylen, Hebräer.

SEGMENTÄRE GESELLSCHAFT

räumt, daß es auch «segmentäre Gesellschaften» mit «pouvoir directeur» (156) gibt. Die methodologische Fragwürdigkeit seiner Aussagen über die «mechanische Solidarität» zeigt sich – ganz abgesehen von der Widerlegung durch völkerpsychologische Untersuchungen – im Versuch, den Despoten (155) als «émanation de la conscience commune» zu interpretieren und die Effekte der «Arbeitsteilung» zu bagatellisieren. Im folgenden Zitat wird die Entstehung der despotischen Zentralgewalt in segmentären Gesellschaften als notwendig bezeichnet, obwohl Durkheim doch eine Seite vorher die segmentären Gesellschaften mit «pouvoir directeur» nur als Ausnahme zugelassen hatte:

«La donc où la société a ce caractère religieux, et pour ainsi dire, surhumain, dont nous avons montré la source dans la constitution de la conscience commune, il se transmet nécessairement au chef qui la dirige et qui se trouve ainsi élevé bien au-dessus du reste des hommes» (156).

Durkheim bedient sich hier der gleichen Argumente wie Montesquieu, der im *Esprit des lois* (XVIII, 18) den Häuptling der Natchezindianer als sakralen Despoten charakterisiert.

Durkheim wird hier inkonsequent; denn an anderen Stellen betont er die Gleichheit der Individuen in segmentären Gesellschaften [4]. Andererseits faßt Durkheim den Begriff der Zentralisation so eng, daß die Autorität der Clanältesten nicht darunter subsumiert wird, auf die er hinweist, um den Clan als die primäre politische Einheit zu bezeichnen [5].

Allerdings reduziert er die Gleichheit kurzschlüssig auf biotische Faktoren:

«Les affinités qu'engendre la communauté du sang sont principalement celles qui les (membres) tiennent unis» (1902: 151). Der Vergleich der segmentären Gesellschaft mit der Organisation von Anneliden geht über das Metaphorische hinaus. Auf Seite 168 behauptet Durkheim ausdrücklich die «Strukturgleichheit» zwischen Anneliden und segmentären Gesellschaften.

[4] Z. B. über die Irokesen: «Les adultes des deux sexes y sont les égaux les uns des autres» (1902: 150).
oder über den Clan: «Le Clan reste l'unité politique, et comme les familles sont semblables et égales entre elles, la société reste formée de segments similaires et homogènes.» (1902: 151 n 1.)
[5] «C'est (d. h. der Clan) l'unité politique fondamentale; les chefs de clans sont les seules autorités sociales.»

2.2 Evans-Pritchard und Fortes

Durkheims Definition legten Fortes und Evans-Pritchard, wie man einem Hinweis von Fortes (1953: 26) entnehmen kann, ihrer in dem 1940 erschienenen klassischen Sammelwerk: *African Political Systems*[6] entwickelten Trichotomie politischer Systeme zugrunde. Zuvor hatte schon 1924 Radcliffe-Brown, dem ja die englische social anthropology die Durkheimrezeption verdankt, den Ausdruck «segment» ohne nähere Spezifizierung übernommen: «society tends to divide into segments (local groups, lineages, clans, etc.)» (1952: 22). Fortes und Evans-Pritchard unterscheiden zunächst zwischen staatslosen und staatlich organisierten Gesellschaften (APS 5) und heben innerhalb des ersten Typs von den «bands», die in der Terminologie der *Règles de la méthode sociologique* «segmentäre Gesellschaften» sind, «segmentary societies» ab, die von Durkheim «sociétés polysegmentaires» genannt werden.

Sie verstehen unter segmentären Gesellschaften soziale Einheiten von größerer Komplexität, als wir sie in Wildbeutergruppen finden, deren Mitglieder in genealogisch verbundenen Lineages bzw. Lineagesegmenten organisiert sind.

Dabei sind unter Lineages unilineare Deszendenz- (=Abstammungs-) gruppen zu verstehen[7]. Die Einheit segmentärer Gesell-

---

[6] Im folgenden zitiert als APS.
[7] Ich übernehme im folgenden von J. Goody (1961) die Abkürzung UDG für unilinear descent group.
Da ich es für vorteilhafter halte, zentrale Begriffe einer internationalen Fachsprache zu überlassen, verzichte ich auf die Übersetzung von lineage durch «Geschlecht». Der Begriff Sippe eignet sich noch weniger, da er als germanischer Verwandtschaftsbegriff sowohl die offene wie die geschlossene Sippe bezeichnete (vgl. Genzmer 1950). Den Begriff «Clan» verwende ich, im Unterschied zu den meisten englischen Autoren, nur im Sinne von George P. Murdock zur Bezeichnung von Einheiten, die von einem unilinearen Kern unter Ausschluß der erwachsenen Verwandten eines Geschlechts und unter Einbeziehung der Gatten des anderen Geschlechts (1949: 66) gebildet werden. Allerdings schließe ich mich dem Einwand E. W. Müllers (1959a, 1959b) gegen die Verwendung der Residenz als begriffliches Merkmal an: «Mir scheint der Clan, so wie Murdock diesen Begriff bestimmt hat, eher ein Kompromiß aus den Banden der Blutsverwandtschaft und den Banden der Heirat zu sein, zwei Banden, die bei gemeinsamem Wohnsitz der Ehegatten und Exogamie nicht ohne Kompromiß für den Wohnsitz wirksam sein können.» (1959b: 114). Ich verwende im folgenden also einen weiteren Clanbegriff als Murdock.
Die immer wieder auftauchende Übersetzung von lineage durch «Linie» ist falsch;

SEGMENTÄRE GESELLSCHAFT

schaften wird dabei nicht durch eine Zentralinstanz und ihren Verwaltungsstab, «an administrative organization», sondern durch die Orientierung der Mitglieder an den Modellen der Strukturen kontinuierlicher Gruppen (Sozialstruktur), an der «lineage structure» als dem «framework of the political system» (ibid. 7) und den daran kristallisierten sozialen Normen bewirkt:

> «It seems probable to us that three types of political system can be distinguished. Firstly, there are those very small societies, in which even the largest political unit embraces a group of people all of whom are united to one another by ties of kinship, so that political relations are coterminous with kinship relations and the political structure and kinship organization are completely fused. Secondly, there are societies in which a lineage structure is the framework of the political system, there being a precise co-ordination between the two, so that they are consistent with each other, though each remains distinct and autonomous in its own sphere. Thirdly, there are societies in which an administrative organization is the framework of the political structure» (APS 6 f.).

Durchaus auf der von Durkheim vorgezeichneten Linie haben die Herausgeber von *African Political Systems* in ihren generellen Aussagen über den Typ «segmentäre Gesellschaft» zwei Merkmale besonders hervorgehoben: die Gleichheit der Segmente und das Fehlen einer Zentralinstanz. Im ersten Fall wird die Gleichheit der Gruppen, im zweiten die der Individuen betont. Zur Gleichheit der Segmente bemerken sie:

> «In societies of group B there is no association, class, or segment which has a dominant place in the political structure through the command of greater organized force than is at the disposal of any of its congeners. If force is resorted to in a dispute between segments it will be met with equal force» (APS 14).

Das Fehlen einer Zentralinstanz formulieren sie in der Sprache der politischen Philosophie: «there is no individual or group in which sovereignty can be said to rest» (APS 14).

Diese Aussage wird etwas weiter präzisiert:

> «The difference between these societies of Group B and those of Group A lies in the fact that there is no person who represents the political unity of the people, such unity being lacking, and there

---

das entsprechende englische Wort für «Linie» heißt «line», während «lineage» ein •Bündel von Linien bezeichnet.

may be no person who represents the unity of segments of the people» (APS 22).

Da zu dem in *African Political Systems* beschriebenen Typ A «primitive Staaten» auch politische Verbände gehören, deren Lineages politisch relevant sind, hat Fortes in einem späteren Aufsatz auf die unterschiedliche Relevanz der Verwandtschaftsgruppe in Typ A und B hingewiesen:

> «In societies of this type the lineage is not only a corporate unit in the legal or jural sense but it is also the *primary*, political association. Thus the individual has no legal or political status except as a member of a lineage; or to put it in another way, all legal and political relations in the society take place in the context of the lineage system» (1953: 26).

Gesellschaften, in denen Lineages (UDG) den primären politischen Integrationsrahmen bilden, gehören zur Klasse jener Gesellschaften, in denen die politische Integration *nicht* durch eine Zentralinstanz vermittelt wird.

Evans-Pritchard prägte für diesen Tatbestand die Bezeichnung: «acephalous kinship state» (1940b: 181). Im Anschluß an diese Bezeichnung verwende ich im folgenden den Begriff Akephalie zur Bezeichnung des Fehlens einer Zentralinstanz. In seiner Monographie über die nordghanesischen Tallensi unterscheidet Meyer Fortes zwei Aspekte einer segmentären Gesellschaft: Autoritätsverhältnisse und Integrationsform:

> «Among the Tallensi there is no single person or body of persons vested with supreme executive and administrative authority over the whole of Taleland. Government is laterally distributed amongst all the corporate units that make up the society, instead of being vertically distributed as in pyramidal societies. All the corporate units are, broadly speaking, politically equal; all are segments of the same structural order. This is one aspect of what is meant by describing Tale society as segmentary in form. But the concept has further implications. The corporate units that compose Tale society are not a casual agglomerate of discrete bodies, but are socially articulated and interconnected with one another; and they are thus interrelated in a segmentary series. This principle of association between defined social units runs right through the structure of Tale society. It means that small units of a particular form are, like cells, associated together into

still larger units of analogous or identical form., and so on up to the limits of the system. This rule holds whether the associations are temporary, for a particular end, or form permanent groupings» (1945: 232).

Die Feststellung: «Die Gruppen sind politisch gleich» gibt nichts anderes wieder als das Fehlen einer funktionsmäßigen Bevorzugung einer Gruppe. Anders als bei Durkheim ist jedoch die Gleichheit auf den Gruppenaspekt festgelegt, ein Binnengefälle der Gruppen wird nicht ausgeschlossen. Ohne Durkheim zu nennen, entwickelt Fortes im 2. Teil der wiedergegebenen Aussage ein Modell, nämlich die «segmentäre Serie», das die Integration nicht-zentralisierter Gesellschaften nicht einfach auf eine angenommene mechanische Solidarität reduziert.

Seine Ausführungen deuten auf eine Entsprechung von politischer Gleichheit von Gruppen einerseits und dem durchgängigen und einheitlichen Prinzip der Untergliederung der Gruppe, so daß die die Integration tragenden Gruppen alle von gleicher Art sind und sich selbst ebenso unterteilen wie das größte Integrat in sie. Fortes übernimmt das biologische Modell der homologen Zellteilung[8]. Dieses analytische Integrations-Modell kann sich immerhin auf ein biomorphes «folk-model»[9] berufen: Die nordnigerianischen Tiv haben einen Terminus, der adäquat als «Segment» übersetzt werden kann und sowohl Abstammungsgruppen als auch organische Segmente bezeichnet:

«Literally, ipaven means segment and is applied to the segments of kola nuts and citrus fruits. The verb pav means to divide and is used of the fission of lineage segments as it is of the division of a kola nut into its segments» (L. und P. Bohannan 1953: 21).

Um auf die aus Fortes' Tallensi-Monographie zitierte generelle Deskription zurückzukommen, so soll hier schon, vor einer eingehenden methodologischen Kritik, eingewandt werden, daß der Begriff der politischen Gleichheit nicht präzise verwandt wird. Ist damit nur gemeint, daß keiner Lineage eine die anderen Lineages regulierende Zentralinstanz zugeordnet ist oder daß alle Segmente von gleichem Einfluß auf die Ko-Segmente sind? Vielleicht aufgrund nu-

---

[8] «... the homologous segments of the society» (APS 14).
[9] Zur Unterscheidung von «analytical system» und «folk system» vgl. P. Bohannan (1957: 5). Die Klassifikation von Modellen in biomorphe, talinomorphe und soziomorphe stammt von E. Topitsch (1958).

merischer Gleichheit? Bezieht sich die Wendung «All the corporate units are, brodly speaking, politically equal» auf einen Unterschied zwischen normativen Vorstellungen über Gruppenbeziehungen und tatsächlichen Beziehungen zwischen den Gruppen? Auf diese Fragen gibt die generelle Aussage keine Antwort, ihr logischer Spielraum ist zu groß. Wenigstens unterscheidet Fortes die politische Gleichheit von der genealogischen Gleichheit von Segmenten («all are segments of the same structural order»).

Im Unterschied zu Durkheim geht Fortes offensichtlich nicht mehr von der Kongruenz von innerer Homogenität der UDG, d. i. Gleichheitsrelation zwischen Angehörigen der UDG und der Gleichheit zwischen den UDG aus. Diese Ansicht wird von Laura und Paul Bohannan gestützt, die sich bei ihrer folgenden Aussage auf das Zeugnis eines britischen Kolonialbeamten berufen:

> «It is these (exogamous) groups and not the individual which form the unit of Tiv society. Tiv democracy means that all groups are in theory equal, but not all men» (HRAF: Tiv 22: 87).

Damit ist wenigstens die Korrelation von innerer Homogenität und äußerer Gleichheitsrelation der UDG der Tautologie entzogen und für die Hypothesenbildung freigegeben. Die Präzisions- und Subsumtionsschwierigkeiten, deren man sich durch diese Entscheidung zu entheben glaubte, bestehen aber weiter; darauf hat auch Audrey Richards hingewiesen:

> «Such segments were originally spoken of as ‹equal and opposite›, but the more we learn of segmentary societies, the more we realize that it is the exception rather than the rule for clans and lineages to have an exactly equal status» (1960: 176).

Die meisten der von Evans-Pritchard und Meyer Fortes als segmentär bezeichneten Gesellschaften weisen rang- und funktionsdifferenzierte UDG auf. Ich schlage deshalb vor, die Gleichheit der Segmente einer segmentären Gesellschaft durch das Fehlen einer herrschaftlichen Über- und Unterordnung von Gruppen zu definieren. Als Indikatoren empfehle ich das Fehlen einer mit einem Segment assoziierten Zentralinstanz und einer exklusiven Appropriation von Land oder Vieh an einzelne UDG, wie sie bei ethnischer Überschichtung vorgefunden wird. Daß auch bei Fehlen einer Zentralinstanz die ethnische Überlagerung zu eindeutiger Unterdrückung und Ausbeutung führen kann, zeigt das Beispiel der Pathanenstämme in Nord-West-Pakistan.

2.3 Präzisierung der Definition der segmentären Gesellschaft

Die bisherigen Überlegungen zusammenfassend, definiere ich «segmentäre Gesellschaft» als: eine akephale (d. h. politisch nicht durch eine Zentralinstanz organisierte) Gesellschaft, deren politische Organisation durch politisch gleichrangige und gleichartig unterteilte mehr- oder vielstufige [10] Gruppen vermittelt ist. Diese Definition unterstreicht, daß es außer segmentären Gesellschaften auch andere Typen akephaler Gesellschaften gibt.

Zur Präzision des Begriffs gehört noch eine nähere Umschreibung des Begriffs «Zentralinstanz», den ich im Anschluß an Theodor Geigers in den *Vorstudien zu einer Soziologie des Rechts* geprägten Begriff «Zentralmacht» oder «Zentralgewalt» (1947: 105) als Übersetzung von «centre régulateur», «central authority» verwende. Zentralinstanz ist eine Instanz besonderer Art. Instanz sei, nach Popitz [11], eine Person oder eine Gruppe von Personen, deren soziale Rolle durch ein spezifisches Recht oder eine spezifische Pflicht, das Verhalten anderer Gruppenmitglieder zu kontrollieren, konstituiert ist. Wie wir sehen werden, gibt es auch in segmentären Gesellschaften solche Instanzen in sehr unterschiedlichen Ausprägungen – nicht aber eine öffentliche Instanz, welche die Verbindlichkeit ihrer Kontrolle gegebenenfalls mit öffentlich gebilligten physischen Sanktionen, deren Vollzug delegierbar ist, durchsetzt (Zentralinstanz). Es fehlt die «außerhäusliche geordnete Dauergewalt» (M. Weber 1956: 519).

Die Zwangsanwendung ist Bestandteil der Rollendefinition der Zentralinstanz und unterscheidet sich durch eine besondere Legitimität, durch die Anerkennung seitens der Gruppenöffentlichkeit [12], als Sanktion «von oben» von den physischen Sanktionen, die beliebige Mitglieder einer Gruppe zur Wiederherstellung ihrer Rechte einsetzen. Die Verhängung und Durchführung einer physischen Sanktion durch eine Instanz betrachte ich nur dann als legitim, wenn der Personenkreis, der ihr potentiell unterworfen ist, klar bestimmt

---

[10] Den Begriff der «Vielstufigkeit», der unmißverständlicher als der der Hierarchie ist, übernehme ich von E. W. Müller (1961: 63).
[11] Ich verwende hier eine Definition, die Heinrich Popitz in seinem Freiburger Seminar über die Rollenanalyse (WS 1958/59) entwickelt hat.
[12] Auch diesen Terminus übernehme ich aus der zitierten Studie Theodor Geigers.

ist. Nur wo der Kreis der Gewalt-Unterworfenen feststeht, besteht, im Rahmen meiner Verwendungsregeln, eine Zentralinstanz. Die Zentralinstanz beansprucht eine Verbindlichkeit und behauptet eine Unumgehbarkeit, welche anderen Instanzen abgeht. Gemäß Max Webers Definition betrachte ich die Zentralinstanz als eine öffentliche Instanz im Unterschied zum gleichfalls mit physischer Zwangsgewalt ausgestatteten Hausvater. Zu diesem Autoritätstyp rechne ich auch den Patriarchen der Herrschaftsfamilie, der außer Verwandten auch Sklaven und Klienten angehören (vgl. R. Thurnwald 1953: 74). Diese strikte Trennung die «Öffentlichkeitslinie» entlang rechtfertigt sich durch die in allen hier zu behandelnden Gesellschaften gezogene Abgrenzung des Rechtskreises des Hauses vom Bereich der Öffentlichkeit[13].

2.4 Segmentäre Prozesse

In seinem Versuch, die These vom homogenen Clan zu retten, räumte Durkheim zwar die Existenz von Untergruppen ein, zugleich betonte er aber, daß die Gleichartigkeit und Gleichrangigkeit dieser Untergruppen gewahrt worden sei:

«Si, à l'état de pureté, nous le croyons du moins, le clan forme une famille indivise, confuse, plus tard des familles particulières, distinctes les unes des autres, apparaissent sur le fond primitivement homogène. Mais cette apparition n'altère pas les traits essentiels de l'organisation sociale que nous décrivons: c'est pourqoui il n'y a pas bien de s'y arrêter. Le clan reste l'unité politique, et, comme ces familles sont semblables et égales entre elles, la société reste formée de segments similaires et homogènes, quoique, au sein des segments primitifs commencent à se dessiner des segmentations nouvelles, mais du même genre» (1902: 151 n 1).

Mit dem Begriff «segmentation» hat Durkheim das Stichwort für die Erörterungen gegeben, in denen die innere Differenzierung von UDG und der Prozeß der Abspaltung von Gruppen von einer Stammgruppe teils als ein einheitlicher Prozeß, teils als von einander ver-

---

[13] Die Definitionen von «Instanz» und «Zentralinstanz» werden im Abschnitt 4.1 ausführlich erläutert.

schiedene Vorgänge interpretiert wurden. Durkheim leitete die Segmentation, die er in erster Linie als innere Umgliederung auffaßte, aus der Familienbildung her. Auch die neueren Autoren gehen von den Auflösungsformen der diskontinuierlichen Großfamilie (im Sinne von E. W. Müller 1959) aus, um sowohl die innere Gliederung von UDG als auch die Neubildung kontinuierlicher Abstammungsgruppen durch «Absplittern» von einer Stammgruppe zu erklären.

Unter den ersten Aspekt der Segmentation, nämlich den der inneren Segmentierung, wurde auch subsumiert, was ich als segmentäre Dynamik bezeichne, nämlich die Relativität der sozialen Einheiten, der Wechsel des Bezugsrahmens sozialer Integration und Konflikte, komplementäre Opposition, Kontraposition, um nur einige der gebrauchten Begriffe zu erwähnen. Da die Erörterung der segmentären Dynamik wie der Segmentation allgemein auf begrifflicher Ebene geführt wurde und sich in erster Linie auf Fragen der Anwendbarkeit von Begriffen und der angeblich notwendigen Merkmale des Begriffs «segmentäre Gesellschaft» bezog, erscheint es mir nützlich, bereits in diesem einführenden methodologischen Teil auf die «Segmentation» einzugehen. Damit gelangen wir jedoch über die begrifflichen Festsetzungen hinaus bereits zu sachlichen Aussagen, teils über menschliche Gesellschaft schlechthin, teils über segmentäre Gesellschaften im besonderen. Zur Vervollständigung unserer Sprachregelung führe ich als Oberbegriff für «Segmentation» und «segmentäre Dynamik» die Bezeichnung «segmentärer Prozeß» ein.

2.41 Segmentation

Einige der hier zu besprechenden Autoren unterscheiden zwischen Segmentation und Absplittern, entweder in dem Sinne, daß sie als Segmentation nur die Verselbständigung von Untergruppen bei Fortbestehen der verwandtschaftlichen Solidarität bezeichnen, oder so, daß nur die von mir so genannte segmentäre Dynamik, speziell die Flüssigkeit der Untergruppenbildung, gemeint sein soll. Meyer Fortes versteht unter «segmentation» überhaupt keinen segmentären Prozeß, sondern eine Verschachtelungsstruktur. Von dieser Bedeutung des Begriffs geht schon Spencer zur Charakterisierung der embryonalen Wirbelsäule aus. Barnes wendet gegen diesen Segmentationsbegriff ein:

«This nesting aspect (d. h. Verschachtelungsaspekt) of segmentation, as we may perhaps call it, by which groups are arranged in a hierarchy, one with another, is of too wide an occurence to be useful four our purposes. Almost every known political system must be segmentary in this sense» (1954: 49).
In der Tat müßte man dann auch ein in Armeekorps, Regimenter, Bataillone, Kompanien und Züge untergliedertes Heer als segmentäres System bezeichnen. Barnes macht darum einen eigenen Vorschlag: «The critical characteristic seems to me to be that segmentation goes on continually» (ibid.). Barnes findet diese kontinuierliche Segmentation, im Sinne einer ständigen Neugliederung einer Gesellschaft und ständiger Ausgliederung von Untergruppen, auch in Gesellschaften, die man in Max Webers Terminologie als politische Verbände bezeichnen kann und die Southall «segmentary states» nennt, z. B. bei den von den Südostbantu abgewanderten und durch «Aufstiegsassimilation» [14] überrollter Fremdgruppen zahlenmäßig angewachsenen Ngoni und bei den zur gleichen Sprachengruppe gehörenden Zulu. Aus diesem Grunde wendet er sich auch gegen die in den «African Political Systems» vollzogene Gleichsetzung von «segmentary» und «stateless» (1954: 47 f). Dabei beruft er sich auf Fortes' Äußerung: «It is quite possible for the subdivisions of a centralized state to have a segmentary social organization» (1945: 234). Wie Barnes selbst hinzufügt, zielt Fortes mit dieser Aussage aber auf segmentäre Gruppen in einer zentralisierten Gesellschaft, insbesondere auf die Tatsache, daß bei ethnischer Überlagerung die Lineageorganisation der alteingesessenen Schicht weitgehend erhalten bleiben kann. Hingegen schreibt Barnes: «In terms of political segmentation on a unilineal basis, states like the Ngoni and Zulu are closer in form to the stateless societies of the Nuer, Tallensi, Gusii and Logoli than to the Nupe and Kede states with their administrative systems largely independent of unilineal affiliation» (1954: 53). Schon in ihrer Einleitung zu African Political Systems haben Evans-Pritchard und Fortes den Terminus «segmentäre Beziehungen» auf zentralisierte Ethnien angewandt: «The Ngwato have a segmentary relationship to other Tswana tribes which in many respects is of the same order as that between divisions of the Ngwato themselves. The same is true of the other socie-

---

[14] Ich übernehme den Begriff von W. Mühlmann (1964).

ties with centralized governments» (APS 22). Auf akephal-segmentäre Gesellschaften wie auf solche politischen Verbände, (die wir als Königreiche bezeichnen können), wendet Barnes den Ausdruck «continually segmenting systems» an (56). Er knüpft daran die Aussage: «In all these societies, the continually segmenting system has or had political functions» (150). Von der Segmentation unterscheidet Barnes die «Fission», die Abspaltung: «By fission we mean the process by which a social group divides into two ore more distinct groups so that the original group disappears as a social entity» (57). In einer Fußnote (57 n 42) macht Barnes auf seine Abweichung von der von Fortes in «The web of kinship among the Tallensi» verwendeten Terminologie aufmerksam: «He uses ‹segmentation› to refer to a state of internal subdivision within a group, and ‹fission› to refer to the process of internal subdivision». Bei Fortes ist «fission» der Gegenbegriff zu «fusion». Firth unterscheidet zwischen «operational segmentation», i.e. «the way the descent group splits for various social ends, recombining where necessary for other ends» und «definitive segmentation», i.e. «the irreversible process leading to the formation of new groups which do not recombine» (1957: 8). Middleton und Tait schließen sich in ihrem Vorwort zu *Tribes without rulers* dem Wortgebrauch von Barnes an: «Segmentation should be distinguished from fission. By fission a group ceases to exist as an entity, becoming two or more new groups that are no longer in a state of complimentary opposition; by segmentation a group merely divides in certain contexts but retains its corporate identity in others» (7). Diesen Begriff der Segmentation, der auch die segmentäre Dynamik einschließt, benützen Middleton und Tait, um im Unterschied zu Durkheim, den sie allerdings nur sehr knapp zu Worte kommen lassen, dem Begriff «segmentäre Gesellschaft» einen begrenzteren Umfang zu geben, als dem Merkmal einer «exhaustive series of equal units» entspräche (TWR 8, n 1). Dieser Regelung habe ich mich auch angeschlossen, nur daß ich zwischen Segmentation und segmentärer Dynamik unterscheide. Hingegen sollte die Unterscheidung von Segmentation und Fission, von Untergliederung, Ausgliederung einerseits und Abspaltung andererseits nicht dichotom gehandhabt, vielmehr als Einteilung einer Skala aufgefaßt werden. Es is ja gerade typisch für segmentäre Gesellschaften, daß die Abspaltung nur relativ beschrieben werden kann: Die Abspaltung einer kleineren Gruppe von einer größeren ist in bezug auf ein beide und andere Gruppen einschließendes Aggregat nur eine zusätzliche Untergliederung. Die Segmentation läßt sich darstellen als eine fortschreitende Abnahme der sozialen Kontakte von der Splittergruppe zur «Stammgruppe», am Ende dieses Prozesses kann das völlige Fehlen von Kontakten stehen, die Abspaltung ist dann vollständig. Lienhardt (1958) bezeichnet diese letzte Phase als Fragmentation. Segmentation bedeutet dagegen die Abspaltung von Gruppen bei gleichzeitiger Aufrechterhaltung sozialer Beziehungen. Im Unterschied zu anderen Abspaltungsarten vollzieht sich die Segmentation als eine Distanzierung, in deren ersten Stadien die Kontakte zur Herkunftsgruppe noch sehr häufig und intensiv sind. Am klarsten läßt sich diese Distanzierung beobachten, wenn sie auch räumlich vollzogen wird. Der schon mehrfach gebrauchte Begriff «Stammgruppe» ist nicht im Sinne der Primogenitur festgelegt; Stammgruppe sei einfach die am Wohnsitz des Gründers verbleibende Gruppe.

Die Frequenz der sozialen Kontakte läßt sich ablesen bei rituellen Anlässen. Zunehmende rituelle Autonomie bedeutet, daß die sich verselbständigende Splittergruppe immer weniger gezwungen ist, an Riten der Stammgruppe zu partizipieren. Sehr häufig spielt sich dann eine Mediatisierung der Mitglieder der Splittergruppe ein, derart, daß am Ende nur deren Repräsentant bei der Stammgruppe erscheint.

Jack Goody hat in seiner Abhandlung über die Lo Dagaba die Entstehung der rituellen Autonomie eines neugegründeten Gehöfts beschrieben: die rituelle Autonomie beginnt damit, daß der Erdpriester (tendaana) der Stammgruppe einen Stein aus der Höhle beim alten Erdschrein zum Gehöft des Abzüglers «überträgt». Zunächst darf der Abzügler dort nur Kleinvieh opfern. Rinder kann er nur am Erdschrein der Stammgruppe schlachten lassen. Die späteren Autonomiestadien beschreibt Goody folgendermaßen:

> «Even where the new congregation sacrifices cattle at its own altar, it continues to send a front leg of each animal to the custodian of the parent shrine. In time this custom too disappears and the area becomes independent except for a common meal and the tradition of former unity» (1957: 81).

Ein analoges Beispiel für rituelle Segmentierung beschreibt Marshal Sahlins für Tahiti:

> «There was an institutionalized method by which (Familien)-

temples segmented . . . When a household divided and lands were partitioned, a stone from the old temple was used as a cornerstone for the new» (1958: 165).
Die Verwendung von Säulen aus Ravenna und Rom beim Bau des Aachener Münsters entspricht diesem archaischen Muster. Es war eine architektonische Verwirklichung der karolingischen translatio Imperii und hatte eine doppelte Funktion: den Anspruch auf eine Tradition, die römische Herrschaft, zu erheben und zugleich die Autonomie gegen rivalisierende Gewalten mit dem gleichen Traditionsanspruch zu dokumentieren.
Zwei Niveaus der Segmentation kann man unterscheiden:
1.
Absplitterung von einer kontinuierlichen Abstammungsgruppe (z. B. Großfamilie).
2.
Absplitterung von einer diskontinuierlichen Abstammungsgruppe (Lineage).
In die erste Klasse fällt das zitierte Beispiel des Gründers eines neuen Gehöftes, der sich in Nähe des alten Gehöftes seiner extended family of orientation niederläßt. In diesem Fall bleibt der Abzügler innerhalb des Territoriums seiner kontinuierlichen Abstammungsgruppe. Wir können das Beispiel aber auch so variieren, daß der Abzügler seinen Wohnsitz im Gebiet außerhalb seiner kontinuierlichen Abstammungsgruppe nimmt – z. B. als Gast einer fremden Lineage, wie das Fortes von den Tallensi als durchaus nicht selten berichtet. Dieses Beispiel fällt dann sowohl in Klasse 1 wie 2. Die wichtigsten Fälle der Klasse 2 sind aber bereits bestehende kontinuierliche Gruppen, die sich von einer inklusiven Lineage lösen.
Diese Unterscheidung zwischen Segmentation von kontinuierlichen und diskontinuierlichen Gruppen ist wichtig für die Untersuchung von Faktoren der Segmentation. Als beschleunigender Faktor der «Entfremdung» [15] zwischen einer inklusiven Gruppe und einer ihrer Untergruppen wirkt die Durchbrechung des Inzestverbots seitens des sich sozial distanzierenden Segments. Die erstmalige Durchbrechung kann disjunktiv gewertet werden: entweder als Frevel, der zur Ausstoßung beider Delinquenten aus den jeweiligen Gruppen

---

[15] Die Anwendung des Begriffs der «Entfremdung» auf die «Schismogenese» übernehme ich von W. Mühlmann (1962).

führt. Gilt jedoch der genealogische Abstand zwischen den zwei Segmenten als genügend groß, das heißt liegt der letzte gemeinsame Vorfahre «genügend» Generationen zurück, so wird der Verstoß legalisiert, die Ehe anerkannt. Andererseits hat dies zur Folge, daß sich die soziale Distanz zwischen den beteiligten Gruppen durch diese Anerkennung weiter vergrößert. In der Regel ist die Voraussetzung für die Legitimierung einer solchen Ehe ein formelles Trennungsritual, durch das die zur Exogamie verpflichtende Abstammungsgemeinschaft aufgehoben wird. Die Möglichkeit der Legitimierung ist nur zwischen bereits bestehenden Segmenten gegeben: Verstöße gegen das Exogamiegebot innerhalb der eigenen Großfamilie werden als Frevel verfolgt, können auf keinen Fall legitimiert werden. Wie Fortes für die Tallensi betont, ist ein Effekt des strukturellen Rearrangements die Bestätigung des Exogamiegebots als geltender Norm:

«If these norms are infringed, ... they are not thereby invalidated. The infringement tends to provoke processes which cancel out its effects and either re-establish the invulnerability of the norms or bring about a new alignment of structural ties, which neutralizes the breach» (1945: 90).

Eine strukturelle Umgliederung kann also funktionales Äquivalent für eine Sanktion (Tötung oder Verbannung der Inzestiösen) sein. Einerseits vermindert sich die Entrüstung über den Frevel mit der genealogischen Distanz, andererseits geht es nicht nur um eine Abweichung von der Norm zugunsten einzelner, vielmehr ist die Modifikation des Exogamiegebotes nach einer bestimmten Zeit eine Notwendigkeit, wenn die affinalen Beziehungen nicht über ein bestimmtes Territorium hinaus gespannt werden sollen. Die Spaltung eines exogamen Segments in zwei exogame Hälften ist u. a. unumgehbar, wenn infolge differentieller Bevölkerungszunahme eine exogame Einheit schneller gewachsen ist als die als affinale Partner in Frage kommenden anderen exogamen Gruppen.

Zur Klasse 2 gehören auch Abspaltungen, die mit dem Verhalten in Blutfehden zusammenhängen. Die Weigerung, ein Ko-Segment in einer Blutfehde zu unterstützen bzw. sich an der Kompensation zu beteiligen, verdeutlicht und beschleunigt die Entfremdung. Am Ende dieser Entfremdung steht dann die Blutfehde zwischen entfernten Segmenten. Von der Sache her ergibt sich für unsere Betrachtung allerdings eine Schwierigkeit: nicht einmal bei den in dieser Untersuchung in die engere Betrachtung gezogenen Ethnien ist das Verhältnis von Lineage und exogamer Einheit gleichmäßig. Statistisch-generell läßt sich nur sagen, daß die größte UDG in der Regel größer ist als die exogame Einheit. Die Segmentation exogamer Einheiten betrifft also in erster Linie kleinere Einheiten. Es muß allerdings mit Deutlichkeit unterstrichen werden, daß Hypothesen, die eine Deckung von Abstammungsgruppen und exogamen Gruppen behaupten, falsch sind.

Philip Mayer bemerkt dazu: «Exogamy–unlike totemism is no eternal mystic concomitant of common descent» (1949: 34). Das Eintreten der Spaltung exogamer Einheiten hängt ab von der institutionellen Regelung der Heirat, sowohl was die Präliminarien wie das Verhältnis von Lineage und Clan, d.h. hier den Grad der Bindung der ausheiratenden Frau an ihre Herkunftsgruppe, ihre Lineage, angeht. Von besonderer Bedeutung sind Art und Höhe des Brautpreises. Bei hohen Brautpreisen, die nur in Raten abgezahlt werden können, ist die räumliche Nähe der affinalen Partner, vor allem bei fehlenden zentralen Rechtsinstanzen, unerläßlich. Wir können folgende Hypothese formulieren: Bei fehlender zentralisierter Rechtspflege tritt die Aufspaltung exogamer lokalkompakter Gruppen bei einer umso niedrigeren numerischen Gruppengröße ein, je höher der Brautpreis ist. Wenn die verheiratete Frau zu häufigen Besuchen bei der Herkunftsfamilie verpflichtet ist, so ist die Chance der Aufspaltung exogamer Gruppen höher, als wenn, wie bei den Kiga, die Zugehörigkeit der Frau nach ihrer Verheiratung zu ihrer Herkunftsfamilie dem Nullwert zustrebt.

Wagner schreibt von den Luiya, daß Blutfehde zwischen zwei Lineages den Stamm in zwei Teile spaltete (1949: 68). Andere Konfliktarten, die zur Segmentation führen, sind: Erbschaftsauseinandersetzungen (Klasse 1), Landstreitigkeiten (Klasse 2), Hexereianklagen (in erster Linie: Klasse 1).

Wagner berichtet ausführlich von den Konflikten, die bei Beerdigungen der Luiya zu Tage traten. Die Anschuldigungen gegen angebliche Hexer, welche die nächsten agnatischen Verwandten des Toten erhoben, waren in der Vergangenheit ein wichtiger Anlaß zur Aufspaltung von UDG [16]. Auseinandersetzungen auf Wanderzügen sind

---

[16] «Such accusations raised on the occasion of the funeral ceremonies have always been the chief cause for the splitting up of clans» (G. Wagner 1949: 70).

besonders gut bezeugt für Dinka, aber auch für andere Niloten (vgl. die von Hofmeyer migeteilten Legenden der Shilluk) und nilohamitische Gruppen. Für Fälle beider Klassen relevant ist die Veränderung des Nahrungsspielraums. Sie kann zurückgehen auf die Erschöpfung von Wasserquellen, auf geringeren Bodenertrag, was wenigstens einen Teil der Bevölkerung zur Abwanderung zwingt. Für die Cyrenaika-Beduinen stellt Peters fest: «water is the prime cause of the proliferation of lineages» (1952: 47).
Über die räumliche Ausbreitung, d. i. zugleich wechselseitige räumliche Distanzierung, der Lineages macht der gleiche Autor die allgemeinere Aussage:

> «The condition which compels proliferation is the alteration in the relationship of man and animals to the natural resources» (50).

Wagner berichtet von den Luiya, daß der Streit zwischen zwei Brüdern einer führenden Familie oder zwischen zwei Lineages zur Bildung zweier Parteien in einer UDG führte (1949: 167). Die auf einen Konflikt zurückgehende dyadische Segmentation zeigt eine weite geographische Verbreitung. Oosterval berichtet von den Papua in Nordwestneuguinea:

> «Die Macht der öffentlichen Meinung ist imstande, diese kleinen Konflikte zu schlichten ... Bei schwachen Konflikten genügt die öffentliche Meinung. Aber das ist nicht mehr möglich, wenn Parteien entstehen und sich etwa die Dorfgemeinschaft in zwei Gruppen aufteilt. Das Dorf zerfällt dann in zwei Teile: die einen ziehen fort, um ein neues Dorf zu gründen; die anderen bleiben» (1963: 105).

Dyadische Segmentation herrschte auch in den polynesischen Ramage-Systemen vor (M. Sahlins 1958: 202). Wagners Beispiel weist auf einen weiteren Faktor hin, der zumindest in einigen segmentären Gesellschaften wirkt: der Streit um eine Instanzenrolle. East berichtet von den Tiv, daß die Rivalität mehrerer gerontischer Instanzen innerhalb einer *Akombo*-Gruppe zur Segmentation führe (HRAF 131). Während bei den durch ein Altersklassensystem integrierten Arusha-Masai dieser Faktor fehlt, führen in einigen über UDG integrierten Gesellschaften Auseinandersetzungen über die Neubesetzung ritueller Rollen zur Segmentation:

> «In some societies where lineages are important, it is necessary to determine fairly quickly who is lineage head, or who has ritual leadership, when the last member of the senior generation dies;

and discussion and settlement of such issues inevitably raises the question of segmentation among the succeeding generation» (R. Gulliver 1963: 92).
Middleton berichtet über die Lugbara:
«Lineage segmentation is one means, and the most usual by which conflict of interests within the lineage is resolved; and it typically occurs at the time of an elder's death» (J. Middleton 1960: 193).
Die Interessenkonflikte entstehen bei den Lugbara in erster Linie aus dem Streben von großfamiliären Patriarchen oder Repräsentanten kleiner Segmente, sich der rituellen Autorität eines Geronten zu entziehen, bzw. aus der Konkurrenz um eine durch Todesfall vakant gewordene Ritualrolle. Der Kampf um die Nachfolge eines Segmenthauptes spielt sich zu einem großen Teil in der letzten Stunde des Ältesten ab:
«His ‹words to his brothers› have the force of a command, since if they are disobeyed it is thought that he will send sickness and will probably appear as a spectre» (196).
Middleton gibt in diesem Zusammenhang einen interessanten Hinweis, der den Schluß nahelegt, daß die Exogamie als schismogenetischer Faktor bisher in der Literatur überschätzt wurde. Im Anschluß an die Leichenfeiern kommt es zu starker Promiskuität, die vielfach auch über Inzestschranken hinweggeht. Diese Inzestfälle «begründen» in den meisten Fällen die Segmentation, die ja unabhängig von ihnen zum gleichen Zeitpunkt einsetzt[17].
Die Sezession jener, die sich der Autorität eines Geronten entziehen wollten, führte in vielen Fällen zur Bildung von Klientengruppen auf dem Gebiet anderer Lineages (215). Das gibt uns einen Hinweis auf die später noch zu erörternde Autonomie bzw. den Grad der Abhängigkeit von Klientengruppen. Middletons Untersuchung weist auf die regional unterschiedliche Segmentationsfrequenz hin (228).
Die Verknappung der Nahrungsgrundlage kann auch relativ sein: hervorgerufen durch ein Anwachsen der Bevölkerung. Die meisten

---

[17] «Lineage relationships are being realigned and incest is one of the most frequent reasons given for fission or segmentation of distantly related lineages. Out of seven cases of segmentation at the subclan level of which I have information, in four incest was given as the reason – or rationalization – for segmentation; of these three were said to have taken place at death dances» (J. Middleton 1960: 304).

Autoren segmentärer Gesellschaften scheinen anzunehmen, daß die UDG-Genealogien die kontinuierliche «Vermehrung» einer Abstammungsgruppe wiedergeben. Dementsprechend gehen viele Ethnologen von einer absoluten Bevölkerungszunahme aus. Kunz Dittmer vermutet: «Trotz hoher Kindersterblichkeit scheint bei Verschontbleiben von Kriegen und Epidemien doch eine verhältnismäßig schnelle Bevölkerungszunahme bei der Obervolta-Bevölkerung stattgefunden zu haben» (1961: 39: n 64). Er beruft sich auf Burgdörfers Angabe, daß es in Westafrika schon in früheren Zeiten eine jährliche Bevölkerungszuwachsrate von 0,5–1,5 % gegeben habe. Er räumt aber selbst ein: «Mangels zuverlässiger Volkszählungen in früheren Zeiten sind exakte demographische Angaben noch unmöglich» (ibid.). Sicher ist, daß etwa ab 1900 als Folge der kolonialen Befriedung und der Diffusion moderner Medizinen die afrikanische Bevölkerungszahl gestiegen ist. Für den Bevölkerungszuwachs der Mandari nennt Buxton in erster Linie die Befriedung als Ursache (1963: 123). Gulliver stellte bei den Arusha für die Zeit von 1948 bis 1957 sogar eine jährliche Bevölkerungszunahme von 2,6 % fest (1963: 9). So sehr bei den verschiedenen Autoren Einmütigkeit darüber besteht, daß die Segmentation eine von der Bevölkerungsdichte abhängige Variable ist, so wenig äußern sie sich präzise über die demographische Basis des Ausbreitungsprozesses einer UDG. Die implizite Annahme einer absoluten Bevölkerungszunahme wird von den (von den Forschern erfragten und zusammengestellten!) Genealogien nahegelegt, die eine ständig sich vermehrende Abstammungsgruppe modellieren.

Emrys Peters kritisiert «the view of a genealogy as a continually expanding system» (1960: 38). Solange Genealogien als systematisierende Modelle behandelt werden, ist dagegen nichts einzuwenden. Zu kritisieren ist allerdings die Verwechslung von Modell und Sachaussage. Eine solche «genealogische Charta» [18] unterschlägt aber eine ganze Reihe von Vorgängen, welche das Wachsen oder Schrumpfen einer UDG bestimmen. Mühlmanns Feststellung, «daß ... die Ethnogonien nicht die Ethnogenesen wiedergeben», (1962: 326) gilt auch für die Untergruppen einer Ethnie.

Ebenso läßt sich seine Aussage, daß das «Aussterben» vieler Natur-

---

[18] Ich übernehme den Ausdruck aus Laura Bohannans Aufsatz: *A genealogical charter* (1952), der seinerseits wieder Malinowskis Charta-Begriff aufnimmt.

SEGMENTÄRE GESELLSCHAFT

völker nur zum Teil ein biologisches Erlöschen ist (348), auf Wachsen, Schrumpfen und «Erlöschen» von UDG innerhalb einer Ethnie übertragen. Das unterschiedliche Wachstum oder Schrumpfen von UDG läßt sich in vielen Fällen auf die Angliederung fremder Gruppen (sei es in bezug auf die UDG oder gar des Ethnos) über das Zwischenstadium der Klientel zurückführen. Hinzu kommen andere Formen der sozialen Assimilation wie Adoption oder in patrilinearen Gesellschaften die Inkorporation der Nachkommen von Schwesterkindern [19].

Die zahlenmäßige Überlegenheit der Getutu-Lineage bei den Gusii rührte von der stärkeren Absorption von Fremden her (R. Mayer 1949). Auch kriegerische Aktionen gegen fremde Ethnien führten zur Auffüllung von UDG mit Fremden.

Wie wir aus den angeführten Beispielen ersehen können, beziehen sich die Ausdrücke Assimilation und Segmentation in vielen Fällen auf den gleichen Vorgang: ein abgesplittertes Segment kann, wenn es nicht selbständig wird, in eine andere UDG eingegliedert werden. Was in bezug auf die Herkunftsgruppe als Segmentation bezeichnet wird, erscheint in bezug auf die Absorptionsgruppe als Assimilation. Man sollte also unterscheiden zwischen dem Bevölkerungszuwachs geographischer Regionen und dem differentiellen Anwachsen einzelner Gruppen, sei es auf dem Niveau eines Ethnos oder einer UDG von geringerem Integrationsniveau. Ein Teil der Zuwachsquote einer UDG ist nicht Folge einer größeren biologischen Fortpflanzungsfähigkeit, sondern beruht auf verschiedenen Formen der Assimilation. Die Annahme einer kontinuierlichen Bevölkerungszunahme in größeren geographischen Regionen erscheint unbegründet. Vielmehr möchte ich die Hypothese, die Emrys Peters in bezug auf die Cyrenaika-Beduinen macht, auch für einige schwarzafrikanische Regionen vor der letzten Jahrhundertwende generalisieren. Peters schreibt:

> «Stability of population is not an unreasonable assumption to make for a people who live on the margin of subsistence in a country, where extended periods of drought are not infrequent» (1952: 37)[20].

[19] In der Literatur als matrilaterales grafting bezeichnet.
[20] Mackenroths Behauptung, «daß die afrikanische Bevölkerung sich nur gering oder gar nicht vermehrt» (1953: 190) war zum Zeitpunkt ihrer Veröffentlichung zwar schon überholt, trifft aber mindestens für die Perioden vor der Jahrhundert-

SEGMENTÄRE PROZESSE

Wenn wir uns auf die Fälle beschränken, in denen die angeführten sozialen Vorgänge von untergeordneter Bedeutung sind, so läßt sich die Hypothese einer generellen Bevölkerungsstabilität sehr wohl mit Hypothesen über differentielle Fruchtbarkeit vereinbaren. Auf dem Niveau sehr kleiner Lineage-Segmente gleichen sich biologisch bedingtes Erlöschen von Segmenten und überdurchschnittliche Fruchtbarkeit anderer Segmente aus. Bei Segmenten höherer Ordnung wird man nur ganz selten ein biologisches Aussterben beobachten können: sie werden von anderen, größeren Segmenten absorbiert. Die differentielle Fruchtbarkeit, die wir beim Vergleich zweier UDG feststellen können, kann auch bei Fehlen von Segmentation und Assimilation auf einen sozialen Faktor zurückgeführt werden: die Polygynie. Die unterschiedlichen Möglichkeiten von Individuen, diese Institution auszunützen, können sich in differentiellen Fruchtbarkeitsquoten niederschlagen. Für die differentielle Fruchtbarkeit von UDG wird Polygynie dann relevant, wenn sie weniger auf dem gruppeninternen Generationsgefälle beruht, also auf Kosten der jüngeren Männer geht, sondern auf einem intertribalen oder interethnischen Konnubialgefälle[21]. – Das rasche Wachstum der Getutu-Gruppe bei den Gusii in den letzten 3–4 Generationen (zu den 30 000 Mitgliedern der Getutu-Gruppe sind noch etwa 12 000 Fremde hinzuzurechnen – bei einer Gesamtzahl der Gusii von etwa 200 000) führt Philip Mayer zurück auf «the tendency of a powerful group to amass many cattle and therefore many wives» (1949: 72). Einige der Nachkommen Nyakundis, des Eponyms der dominanten Lineage, hatten 12 oder 13 Frauen und erreichten damit einen für die Gusii ungewöhnlichen Standard.

Häufigkeit und Ausmaß der Segmentation hängen ferner von den Möglichkeiten der räumlichen Expansion ab. Segmentationen sind besonders häufig, wenn große Gruppen auf der Suche nach neuem Lebensraum unterwegs sind. In den genealogischen Berichten spielen die Spaltungen von Gruppen auf Wanderungen eine große Rolle:

> «The Western Dinka as a whole do indeed think of themselves as people who have in the past, in the course of migrations, first segmented and eventually fragmented» (G. Lienhardt 1958: 114).

wende zu, insbesondere ihre Begründung durch den hohen Bevölkerungsumsatz. Im Zeitraum 1950–1960 betrug die durchschnittliche Wachstumsrate des afrikanischen Kontinents 2,2 % (K. Bolte und D. Kappe 1965: 78).
[21] Zur Theorie des interethnischen Gefälles vgl. W. Mühlmann 1956 a.

SEGMENTÄRE GESELLSCHAFT

Aber nicht nur die großräumige Expansion ist für die Segmentation wichtig. Bei dauernder Seßhaftigkeit größerer Gruppen können wir gleichwohl die Ausbreitung kleinerer Gruppen auf unerschlossenes oder verlassenes Land beobachten. Neben großen Wanderungen von ganzen Ethnien findet sich auch eine gleitende Expansion von Ethnien, wie sie Paul Bohannan (1954) für die Tiv beschrieben hat. Der Druck, den die einzelnen Segmente aufeinander ausüben, wurde an die Segmente weitergegeben, die an fremde Ethnien grenzten. Bohannan schätzt, daß vor 1925 die territoriale Expansion der Tiv gegen ihre südlichen Nachbarn 3 oder 4 Meilen pro Generation betrug (1954: 10). Eine Zunahme des interethnischen Drucks verstärkt die Tendenz zur Fragmentation (Lienhardt) und Assimilation, während die kontinuierliche Segmentation davon eher negativ beeinflußt wird. Wolfe illustriert am Beispiel der Ngombe, daß die Freizügigkeit eine antezedente Variable für die Segmentation ist:

> «Segmentation was formerly accomplished through spatial separation, but this process is impeded by the government policy of enforcing permanent village settlement. In time this policy will have an adverse effect on the traditional social structure, according to which only those bound by patrilineal ties occupy common territory. When groups which no longer feel united by common lineage are prevented from achieving geographical separation, the traditional system of regulating social relations will not suffice» (1959: 168).

Die Freizügigkeit kann durch fehlendes nutzbares Land, feindliche Gruppen oder durch eine heterokephale Verwaltung begrenzt sein. Bei den Ngombe ist letzteres der Fall. Das Vorhandensein einer Zentralinstanz wirkt sich also auf die Residenzregulierung aus. Allgemeiner läßt sich die segmentationshemmende Wirkung von Zentralinstanzen als Anspruch und Versuch der Zentralinstanz beschreiben, das Absplittern von Segmenten aus einem umgrenzten Hoheitsbezirk zu verhindern. Darauf werde ich bei der Behandlung «segmentärer Staaten» noch zu sprechen kommen. Da ich «Segmentation» (im Unterschied zu «segmentäre Gesellschaft») nicht durch das Fehlen einer Zentralinstanz definiert habe, kann ich die nichttautologische Aussage formulieren: Zentralinstanzen erschweren die Segmentation. Umgekehrt erschwert die bereits vorhandene, in vielen Fällen auch institutionalisierte («rituelle») Segmentation die Abgrenzung eines festen Herrschaftsbezirks und damit auch die Legi-

SEGMENTÄRE PROZESSE

timierung einer neu entstehenden Zentralinstanz. Segmentation und Zentralisierung stehen also in negativer Korrelation zu einander. Diese Aussage bedarf freilich einer Erläuterung: Kämpfe um Positionen in zentralisierten Gesellschaften, insbesondere Thronfolgekämpfe, können zu Abspaltungen führen. Aber auch solche Abspaltungen mindern den Zentralisierungsgrad einer Region.
Barnes führt die Gleichförmigkeit der Segmente auf die Segmentation zurück:

> «Because of this continuous process of segment formation, the system is governed by the same principles at all levels. A group formed in a specific way at a low level eventually becomes a highlevel group, and thus at any one time the constancy of past formation is reflected in present uniformity of organization» (1954: 45).

Die Gleichheit der Segmente hängt also von der Konstanz der Segmentation ab. Die Zentralinstanz steht nicht nur in negativer Korrelation zur Segmentation, sondern auch zur segmentären Dynamik.

2.42 Segmentäre Dynamik

Die Relativität der Solidaritätsgruppen – auch bei militärischen und rechtlichen Konflikten – steht im gleichen Verhältnis zur Zentralinstanz wie die Segmentation. Bevor ich diese negative Relation formuliere, referiere ich die verschiedenen Abläufe, die ich mit dem Begriff «segmentäre Dynamik» klassifiziere. Ich beschränke mich jedoch an dieser Stelle auf eine knappe Skizze, da diese Abläufe in speziellen späteren Teilen mehrmals behandelt werden.
Die Relativität der Solidaritätsgruppe ist nun allerdings kein spezifisches Merkmal segmentärer Gesellschaften. Wie M. G. Smith in seinem 1956 erschienenen Aufsatz bemerkt hat, ist die Tatsache, daß sich jemand in verschiedenen Situationen verschiedenen Gruppen zugehörig fühlt und auf die Unterstützung durch verschiedene Gruppen rechnen darf, ein universelles Phänomen. Darum läßt sie sich auch an einem naheliegenden, freilich sehr simplen Beispiel erläutern. Ein deutscher Staatsangehöriger, der in der Bundesrepublik lebt, wird sich innerhalb seiner Stadt möglicherweise seinem Stadtteil stärker verbunden fühlen als anderen Quartieren. In Situationen

SEGMENTÄRE GESELLSCHAFT

(z. B. in seinem überlokal organisierten Verein), in denen er mit Bürgern anderer Städte zu tun hat, wird er sich mit den Mitbürgern seiner eigenen Stadt solidarisch fühlen. Diese Unterschiede wiederum treten hinter landsmannschaftlichen Gefühlen zurück, wenn die Beziehung auf einer noch höheren Ebene spielt. Das Nationalbewußtsein schließlich hebt diese partikularen Solidaritäten auf; es wird u. a. aktualisiert im Gegensatz gegen fremde Nationen. Der Preuße und der Bayer, die sich im deutschen Staatsgebiet antipathisch waren, mochten im Ausland die nationale Gemeinsamkeit entdecken [22]. Dieses Beispiel ist an einem Muster inklusiver sozialer Einheiten entwickelt und zeigt darum wenigstens eine morphologische Analogie zu segmentären Gesellschaften. Es illustriert außer der «Relativität» auch noch die Kontraposition. Sie spielt vor allem bei den Ethnien des Obervoltagebiets eine große Rolle in der Integration von Gruppen, d. h. bei der Identifizierung von Individuen mit ihren Gruppen bzw. in der Abgrenzung von anderen Gruppen. Hier stoßen wir auf den extremen Fall von Gruppen, die keine Selbstbezeichnung haben, aber isoliert werden können durch die gemeinsame Verwendung von Bezeichnungen für Nachbargruppen, die häufig keine Eigenschaftsbegriffe, sondern relationale Begriffe sind. Sie selbst werden von ihren Nachbarn ebenfalls in die relationale Bezeichnungskette eingereiht. Fortes spricht von «the natives' inveterate habit of naming social units by contraposition» (M. Fortes 1945: 36). So werden bei einigen der in der früheren Literatur – z. B. von Labouret – als Lobi bezeichneten Gruppe nach den Angaben von Jack Goody (1956: 20) die Gruppen relational nach der Himmelsrichtung benannt. Westliche Gruppen werden als «Lo» bezeichnet, östlich gelegene als «Dagaa». Die «Dagaa»-Gruppen sind stärker patrilineal als die jeweilige Sprechergruppe und die von dieser «Lo» genannten Gruppen. Wie Nicolas (1952) feststellt, können auch dann, wenn solche relationalen Bezeichnungsketten fehlen, Fremdbezeichnungen vor-

---

[22] Ein weiteres auch in unserer Gesellschaft leicht zu beobachtendes Beispiel ist das Freund-Feind-Verhalten von Knaben auf dem Lande. Innerhalb des Dorfes verteilen sich die Knaben einer Altersgruppe auf zwei feindliche Hälften. Das kann soweit gehen, daß die Knaben des «Unterdorfes» nur zu mehreren das «Oberdorf» passieren (einzig der Schul- oder Kirchgang gewährt eine gewisse Wegimmunität). Die gleichen Knaben, die sich innerhalb des Dorfes mit Steinen bewerfen und verprügeln, gehen aber als geschlossene Gruppe in das Nachbardorf zur Kirmes, wo sie gegen die Knaben des Nachbardorfes «zusammenhalten».

SEGMENTÄRE PROZESSE

liegen, auch bei fehlender Selbstbezeichnung der bezeichneten Gruppe[23].

Als besonderer Fall der Kontraposition läßt sich die «komplementäre Opposition» auffassen. Während der erste Begriff aber stärker auf die Identität einer Gruppe im Sinne ihrer Exklusivität gegen andere Gruppen abhebt, bezeichnet «komplementäre Opposition» den zeitweiligen Zusammenschluß von Gruppen gegen eine ungefähr gleich große Gruppenkombination. Wie wir im Kapitel über die «Integration» und das «unvollendete Recht» noch sehen werden, lassen sich solche Zusammenschlüsse durch analytische Gleichgewichtsmodelle erklären. Die komplementäre Opposition entsteht in erster Linie bei Rechtsstreitigkeiten und (häufig mit diesen zusammenhängenden) kriegerischen Konflikten, aber auch in anderen politischen Situationen wie bei der Besetzung einer vakanten Instanzenrolle. Marshall Sahlins schreibt der komplementären Opposition einen «massing effect» (1961: 330) zu. Der «massing effect», d. h. das gruppenweise organisierte Aufgebot, ermöglicht segmentären Gesellschaften die «predatory expansion» auf Kosten anderer Ethnien. Während die meisten Autoren unter komplementärer Opposition Gleichgewichtsprozesse innerhalb einer Ethnie verstehen, interessiert Sahlins die «komplementäre Opposition» nur, sofern sie zu Großzusammenschlüssen in interethnischen Konflikten führt. Die «segmentary sociability», die den «massing effect» hervorbringt, wirkt als funktionales Äquivalent für die Zentralinstanz. Sahlins sagt über sie:

«Operating automatically to determine the level of collective political action, it (i.e. segmentary sociability) is the built-in thermostat of a self-regulating political machine» (1961: 332).

«Segmentation» und «segmentäre Dynamik», speziell die «komplementäre Opposition», sind analytische Unterscheidungen, deren zugrundeliegende Tatbestände eng miteinander zusammenhängen: die segmentäre Dynamik spielt sich im Rahmen der durch die Segmentation entstandenen Gruppen ab; andererseits entwickelt sich die Segmentation von Großgruppen aus Anlässen, bei denen wir segmentäre Dynamik beobachten können.

[23] Nur am Rande sei darauf hingewiesen, daß die dadurch bedingten Überschneidungen von Benennungen solcher Aggregate die Forscher ziemlich verwirrt haben. So verwirren auch bei Goody Unklarheiten in seiner Bezeichnung der von ihm analysierten Gruppen den Leser.

2.5 M. G. Smith – Klassifikation und Typologie

Wie die oben wiedergegebenen Beispiele[24] zeigen, ist segmentäre Dynamik nicht auf segmentäre Gesellschaften beschränkt. Das gleiche gilt für die Segmentation. Von diesen Gedanken ausgehend hat M. G. Smith in seinem 1956 erschienenen Aufsatz *Segmentary Lineage Systems* seine Kritik an Evans-Pritchard und Fortes entwickelt. Smith wendet sich gegen die basic assumption «that segmentary lineage systems only obtain in acephalous societies» (1956: 42). Smith unterstellt den Verfassern der Einleitung zu APS, eines ihrer «key concepts» sei der Ausdruck: «political relations». Er bezieht sich dabei auf den Satz: «In the societies of Group A it is the administrative organization, in societies of Group B the segmentary lineage system, which primarily regulates political relations between territorial segments» (APS 6). Smith kritisiert den unterschiedlichen Gebrauch des Ausdruckes «political relations» bei Radcliffe-Brown, Evans-Pritchard und Fortes und wirft in begriffsrealistischer Befangenheit den drei Autoren «syncretism in the definition of political action» (51) vor. In Anlehnung an Daryll Forde subsumiert Smith politische Handlung unter den Begriff «Government» (übersetzbar als: «öffentliche Ordnung»), den er wie folgt bestimmt: «Government is the process by which the public affairs of a people or any social group are directed and managed» (48). Den zweiten Aspekt von Government bezeichnet Smith als «administration». Während politisches Handeln als Wettbewerb um Macht bestimmt wird, bezeichnet «administration» die «Autoritätshierarchie» einer Gesellschaft (49). Administration ist nach Smith unparteiisch, Instrument, das die von den Politikern getroffenen Entscheidungen verwirklicht. Im Unterschied zu dem auf Entscheidung gerichteten politischen Handeln besteht Verwaltungshandeln «in the authorized processes of organization and management of the affairs of a given unit» (49)[25].

---

[24] Siehe p. 45 f.
[25] Nur nebenbei sei hier auf die geringe Verwendbarkeit des Smithschen Begriffs hingewiesen. –
Smith schreibt: «political relations are simply those aspects of social relations expressing competition in power and influence» (76).
Dieser Begriff umfaßt sowohl wirtschaftliche wie staatliche, religiöse und sonstige öffentliche Macht, streng genommen ist er sogar auf die Kernfamilie anwendbar.

KLASSIFIKATION UND TYPOLOGIE

Smith führt diese begrifflichen Unterscheidungen ein, um gegen die «mistaken choice of centralized force as a criterion for classification of political systems» (46) zu polemisieren. Smith sagt, Macht sei immer segmentär:

> «Power which is inherently segmentary and conditional, latent as well as manifest, is relativistic in nature and expression, and cannot be centralized. The ‹centralization› of power proceeds by its transformation into authority, with a specific administrative hierarchy of its own. In contrast, authority is always by definition to some extent centralized ...» (50).

An Stelle der Dichotomie staatsloser versus zentralisierter Gesellschaften schlägt Smith einen Vergleich administrativer Systeme vor:

> «The mode and scale of the centralization permits the comparison of administrative systems. Thus the dichotomy of centralized and segmentary systems is doubly misleading. It compares administrative systems of one type with political systems of another; it also ignores the analytically critical distinction of authority and power, and attempts to base the study of government on inappropriate abstractions, such as group relations, or control of force» (50).

Smith zieht den Schluß:

> «Since all political organization involves segmentation, and since political organization is only one aspect of the process of government, a distinction cannot be drawn between societies which are organized on segmentary principles, that is, lineage societies, and those which are not» (54).

Smith ist rechtzugeben, sofern er meint, man sollte anstelle von klassifikatorischen Begriffen reihenbildende, komparative Begriffe verwenden. Ebenso schließe ich mich, wenn auch mit später zu erörternden Einschränkungen, die sich auf Fortes' nachträgliche Korrekturen beziehen, seiner Feststellung an, daß in den ersten Arbeiten über segmentäre Gesellschaften versucht wurde, «Lineages durch sich selbst zu erklären», d.h. die politische Organisation von Lineages aus ihrer genealogischen Morphologie zu erklären:

> «The grave weakness of lineage theory and study has been to mistake the ideology for actuality, and not to look behind it for the more general and abstract categories of action, in terms of which it is to be explained and its constitution determined. Lineage theory has fallen short of its task by regarding the lineage

principle as constitutive of lineage units, and the lineages as constitutive of societies in which they occur, when in fact both are only intelligible as expressions of political and administrative action, and owe their constitution to these» (65).

Die referierten Smithschen Argumente lassen sich zwar zu dem akzeptablen Vorschlag formulieren, segmentäre Gesellschaften anhand einer Instanzenskala zu untersuchen und Hypothesen über das Verhältnis von Herrschaftsinstitutionen zur Morphologie der sozialen Integration zu überprüfen.

Smith übersieht jedoch alle Möglichkeiten, die Bezeichnung «segmentäre Gesellschaft» trotz der ubiquitären Verbreitung segmentärer Prozesse zu «retten». Segmentäre Gesellschaften, wie sie in *African Political Systems* und *Tribes Without Rulers* definiert wurden, zeigen in ihren segmentären Prozessen Besonderheiten, die, wie oben ausgeführt, in Wechselwirkung zum geringen Instanzenniveau dieser Gesellschaft stehen. Während in zentralisierten Gesellschaften eine Zentralinstanz die Fragmentation (als Schlußphase der Segmentation) zu verhindern sucht, spielt sich in akephalen Gesellschaften die Segmentation als freier Prozeß ab. Diese Aussage schließt nicht aus, daß auch unter diesem Gesichtspunkt Übergänge zwischen akephalen Gesellschaften und stark zentralisierten Gesellschaften erscheinen. Wir können den Grad der Zentralisation einer Gesellschaft nach der Häufigkeit von endogenen Absplitterungen von Untergruppen bestimmen. Ein solcher Indikator mißt den Erfolg der Zentralinstanz, das Absplittern von Gruppen zu verhindern.

In dieser Hinsicht unterscheiden sich selbst die von Southall in seinem Buch *Alur society* unter dem Begriff «segmentary states» bzw. «protostates» zusammengefaßten Einheiten der Alur, Ngoni und Zulu. Bei den Alur finden wir zwar Häuptlinge als Zentralinstanzen; es war jedoch ein völlig legitimes Verhalten von Häuptlingssöhnen, wenn sie in einem peripheren Segment einen autonomen Herrschaftsbezirk gründeten. Bei den Ngoni wurde eine sich absetzende Splittergruppe von der Stammgruppe nach Möglichkeit verfolgt und zur Rückkehr gezwungen (J. Barnes 1954). Dem Begründer des Zulureichs, Shaka, wiederum gelang es, unitäre Prinzipien gegen segmentäre Tendenzen auch tatsächlich in hohem Grade durchzusetzen (unter anderem durch die Liquidation seiner eigenen Söhne)[26].

[26] Vgl. Gluckman 1940.

KLASSIFIKATION UND TYPOLOGIE

Auch unter dem Gesichtspunkt der segmentären Dynamik lassen sich segmentäre Gesellschaften von anderen Gesellschaften unterscheiden: die Relativität der Gruppensolidarität erstreckt sich auch auf Sachverhalte, die in zentralisierten Systemen nicht dem Gleichgewichtsspiel von Gruppen überlassen, sondern von den der Zentralinstanz unterstellten Instanzen geregelt werden. An Stelle «spontaner» Kooperation der gleichrangigen Gruppen tritt die Koordination von einzelnen oder von Gruppen durch die Zentralinstanz. In segmentären Gesellschaften unterliegen auch Bereiche sozialen Handelns dem Prinzip der segmentären Opposition, die in zentralisierten Gesellschaften durch Zentralinstanzen geregelt sind. Besonders deutlich ist dies im rechtlichen Bereich. Zumindest in modernen Staaten werden rechtliche Tatbestände überhaupt nicht mehr durch segmentäre Opposition entschieden. Für den Verlauf und den Ausgang eines Rechtsstreits ist nicht entscheidend, in welchem Machtverhältnis die Gruppen der ursprünglichen Kontrahenten zueinander stehen.

Während sich das Vorhandensein einer starken Zentralinstanz darin ausdrückt, daß ihr aktueller Geltungsbereich (sehen wir einmal von unverwirklichten Ansprüchen ab) klar ist und Veränderungen des Geltungsbereiches formell geregelt werden, die Abgrenzung politischer Einheiten eindeutig ist, sind die politischen Einheiten segmentärer Gesellschaften in den meisten Fällen nicht klar abgrenzbar. Die von Carl Schmitt in seinem Aufsatz *Der Begriff des Politischen* behauptete Unbedingtheit der politischen Einheit findet sich in segmentären Gesellschaften nicht. Gruppen, die in einer Situation a (etwa in einer Blutfehde) einander bekämpfen, schließen sich in einer andere Situation (etwa im Kampf um Wasserplätze, Weidegründe) gegen äquivalente Gruppen zusammen. Wenn wir uns an das vereinfachende Modell der kontinuierlich wachsenden Gruppen halten, gelangen wir zu der Aussage, daß Gruppen, deren zwei oder mehrere Generationen zurückliegende Gründer einer engeren, in der Regel politisch zusammenhandelnden Gruppe angehörten, eine geringere politische Kohäsion, d. h. mehr Fälle politischer Konflikte aufweisen als die Untergruppen ihrer Eponyme.

Diese Andeutungen reichen aus, um Smith' Einwände gegen die analytische Isolierung eines Typs von Gesellschaften, in dem segmentäre Prozesse andere Auswirkungen haben bzw. unter anderen Bedingungen verlaufen als z. B. in zentralisierten Gesellschaften, zu entkräften. Gleichwohl möchte ich nochmals auf den bereits zitierten Vorwurf eingehen, die Dichotomie zentralisierter und segmentärer Systeme vergleiche administrative Systeme eines Typs mit politischen Systemen eines anderen Typs (50). Der Einwand läßt sich auch so formulieren, daß in der Typologie für jeden Typ verschiedene Kriterien verwandt worden seien. Demgegenüber ist aber festzuhalten, daß Evans-Pritchard und Fortes eine Dichotomie zentralisierter und nicht-zentralisierter Gesellschaften, von Staaten und staatslosen Gesellschaften, aufgestellt haben. Innerhalb der letztgenannten Gruppe akephaler Gesellschaften unterschieden sie wiederum von den «bands», d. s. Wildbeutergruppen, segmentäre Gesellschaften. Das Merkmal «segmentär» sollte in diesem Zusammenhang in erster Linie die komplexe Integrationsform gegenüber den einfacher organisierten bands und nicht die politische Rivalität von Segmenten hervorheben. Darüber hinaus können wir die relative Bedeutung segmentärer Prozesse in verschiedenen Gesellschaften durch den Grad ihrer Zentralisierung messen. Die Smithsche Behauptung von der Unvergleichbarkeit segmentärer und zentralisierter Systeme ist also widerlegt, sofern man die bisherigen begrifflichen Festlegungen und sachlichen Aussagen akzeptiert.

Ehe ich zu dem Problem der Einordnung segmentärer Gesellschaften in eine Typologie politischer Systeme übergehe, erscheint es mir angebracht, die in der bisherigen begrifflichen Analyse aufgetauchten methodologischen Probleme zu erörtern. Zu diesem Zweck knüpfe ich nochmals an den Aufsatz von M. G. Smith an. Noch im Anfang seiner Ausführungen formuliert Smith den wichtigsten Einwand gegen die bis zum Erscheinen seines Aufsatzes vorliegende «Theorie» segmentärer Gesellschaften:

> «Comparative materials cannot directly disprove the theory, simply because the latter consists in a specialized use of certain words, and a type of conceptual system not directly open to controversion by comparative materials» (42).

Obwohl seine späteren Ausführungen selbst diesem Einwand verfallen, kritisiert Smith also den tautologischen Charakter der Theorie segmentärer Gesellschaften. Die Berechtigung dieser Kritik möchte ich mit einem willkürlich herausgegriffenen Beispiel belegen: noch in seinem 1953 erschienenen Aufsatz *The structure of unilineal descent groups* schreibt Fortes:

«But what marks a lineage out and maintains its identity in the face of the continous replacement by death and birth of its members is the fact that it emerges most precisely in a complementary relationship with or in opposition to like units. It is characteristic of all segmentary societies in Africa so far described, almost by definition» (1953: 27).
Fortes verzichtet also darauf, in dieser Frage zwischen tautologischen Sätzen und sachlichen Aussagen zu unterscheiden. Damit besteht aber Unklarheit über den Grad der Überprüfbarkeit der Sätze der Theorie segmentärer Gesellschaften. Diese Unklarheit beginnt damit, daß die Autoren von APS keine zusammenfassende Definition für «segmentäre Gesellschaft» geben. Eine gewisse Präzisierung erfährt zwar der Begriff durch die Abgrenzung gegen «bands» einerseits und staatlich organisierte Gesellschaften andererseits. Es bleibt dennoch unklar, welche Tatsachen gegeben sein sollten, damit wir im Sinne der Autoren von segmentären Gesellschaften sprechen können. So bedarf es einer langwierigen Interpretation, um herauszufinden, in welchem logischen Verhältnis ein für die Theorie zentraler Begriff wie «segmentary lineage» zur «Dezentralisierung», zum Fehlen einer Zentralinstanz, steht. Verschwommen bleibt ferner der Gleichheitsbegriff und seine Anwendung auf segmentäre Lineages. Mitunter scheint es, als würden die angeführten Begriffe als Explikate von «segment» oder «lineage» verstanden. Die Tendenz, Sätze über segmentäre Gesellschaften aus Begriffen abzuleiten, verrät folgende Stelle aus einem bereits zitierten Text von Fortes: «But the concept has further implications» (1945: 232). Gegen ein axiomatisiertes begriffliches System wäre nichts einzuwenden. Eine solche Axiomatisierung ist aber nur zweckmäßig, wenn der Anwendungsbereich dieser Begriffe bereits gut erforscht ist und die Brauchbarkeit der Begriffe sich durch ihre Verwendung in bestätigten Hypothesen erwiesen hat.
Die Literatur über segmentäre Gesellschaften ist auf weiter Strecke mit begriffsrealistischen Überlegungen angereichert. Begriffsrealistische Argumentation stand schon am Beginn der Erforschung segmentärer Gesellschaften. Durkheim schreibt z. B.: «Quand la horde devient ainsi un segment social au lieu d'être la société tout entière, elle change de nom, alle s'appelle le clan» (1956: 83). Nach Ansicht von Evans-Pritchard und Fortes waren die Verfasser der Beiträge über segmentäre Gesellschaften «gezwungen», «to consider what, in

the absence of explicit forms of government, could be held to constitute the political structure of a people» (APS 6)[27].

Auch M.G. Smith, der das geschlossene System der «key concepts» kritisiert, verfällt selbst begriffsrealistischem Denken. So wirft er Evans-Pritchard und Fortes «the inadequate definition of political organization, behaviour, and community» (1956: 46) vor. Er kritisiert den «syncretism in the definition of political action» (51). Auf der gleichen Seite behauptet Smith: «A false problem has been created by an inadequate understanding of political action, and this leads to a false dichotomy» (46). Middleton und Tait bezeichnen segmentary lineage systems als «a somewhat arbitrarily (sic!) defined category» (TWR 3).

An diese begriffsrealistische Orientierung schließen sich nicht von ungefähr Wesensaussagen an. Von Durkheim bis zu Middleton und Tait wird in der Literatur über segmentäre Gesellschaften essentialistisch argumentiert. 1895 forderte Durkheim in seinen «Règles de la méthode sociologique»: «Nous devons donc choisir pour notre classification des caractères particulièrement essentiels» (1956: 80). In dem 1958 erschienenen Band *Tribes Without Rulers* lesen wir in der Einleitung von Middleton und Tait): «The term ‹segmentary› has been used in reference to several types of social systems, but the essential (sic!) features are the ‹nesting› attribute of segmentary series and the characteristic of being in a state of continual segmentation and complementary opposition» (TWR 7). Essentialistische Sätze finden sich auch bei Evans-Pritchard und Fortes: «The mystical values ... stand for the greatest common interest of the widest political community to which a member of a particular African society belongs – that is, for the whole body of interconnected rights, duties and sentiments; for this is what makes the society a single political community» (APS 21). Aus einer solchen Wesensaussage leiten Evans-Pritchard und Fortes eine Erklärung ab: «That is why these mystical values are always associated with pivotal political offices and are expressed in both the privileges and the obligations of political office» (21). Nun geht der theoretische Ehrgeiz von Evans-Pritchard und Fortes durchaus über bloße Deskription

---

[27] Fortes reifiziert auch in einem sehr viel später erschienenen Aufsatz noch klassifikatorische Begriffe zu quasi legalen Legitimitätsansprüchen: «A matrilineal father's rights over his children are based on the principle of filiation, the mother's brother's on the principle of descent» (1959: 197).

KLASSIFIKATION UND TYPOLOGIE

oder Definitionen hinaus. Gegen den Evolutionismus vertreten sie zwar die Ansicht: «We do not consider that the origins of primitive institutions can be discovered and, therefore, we do not think that it is worth while seeking for them.» (APS 5). In den folgenden Sätzen postulieren sie aber die Erklärung von Regelmäßigkeiten: «We speak for all social anthropologists when we say that a scientific study of political institutions must be inductive and cooperative and aim solely at establishing and explaining the uniformities found among them and their interdependencies with other features of social organization» (ibid.). Im gleichen Bande, zum Schluß seiner Analyse des politischen Systems der Nuer, bezweifelt allerdings der eine Verfasser dieser Einleitung die angestrebte Möglichkeit «to explain the presence and absence of political institutions in terms of their functional relationship to other institutions» (296).

In der Tat beschränken sich die Autoren weitgehend auf eine systematische Deskription von Regelmäßigkeiten (uniformities) – d.h. hier Institutionen, die in gleicher Form in verschiedenen Gesellschaften zu finden sind. Ihr Ziel ist der intersozietale und interkulturelle Vergleich, dessen Ergebnisse hauptsächlich in einer Übersicht über das Vorkommen verschiedener Institutionen bestehen. Dieses Verfahren führt zur Konstruktion von «Typen» und «Untertypen». Leach hat in seiner bissigen Kritik dieses komparative Verfahren mit dem Sammeln und Aufspießen von Schmetterlingen verglichen. Er irrt allerdings mit der Behauptung: «Arranging butterflies according to their types and sub-types is tautology» (1963: 5), denn durch die Anwendung von Begriffen auf Sachverhalte kommen wir, bei genügender Präzision der Begriffe, zu Aussagen über die Wirklichkeit. Allerdings bleiben wir auf der Ebene der Deskription. Doch handelt es sich nicht nur um singuläre Deskriptionen, sondern um Deskriptionen, die für mehrere Gesellschaften gelten sollen. In diesem Sinne bezeichnen Evans-Pritchard und Fortes ihre Untersuchungen als einen Beitrag zur komparativen politischen Wissenschaft [28]. Ihre komparative Untersuchung richtet sich auf die Herausarbeitung der «major principles of African political organization» (APS 1). Diese Auffassung von den Zielen komparativer Forschung ist der Schule Radcliffe-Browns eigen. Radcliffe-Brown, der das Vorwort

---

[28] «We also hope that it will be a contribution to the discipline of comparative politics» (APS 1).

SEGMENTÄRE GESELLSCHAFT

zu *African Political Systems* geschrieben hat, richtet sein Interesse auf «the universal characteristics of all societies, past, present und future. It is, of course, such generalisations that are meant when we speak of sociological laws» (1952: 86 f). Radcliffe-Brown sagte in seiner 1941 über «The study of kinship systems» gehaltenen Rede: man könne «beneath the diversities, a limited (!) number of general principles applied and combined in various ways» finden (1952: 87 f). Radcliffe-Brown geht es, wie schon Durkheim, um den Nachweis «universaler soziologischer Prinzipien». George P. Murdock hat die Einwände gegen diese Schule am Beispiel des von Radcliffe-Brown eingeführten «soziologischen Prinzips» der «sozialen Gleichwertigkeit von Brüdern», das nach Radcliffe-Brown's Ansicht die Korrelation von bifurcate – merging – Terminologie und Levirat «erklären» sollte (G. Murdock 1949: 120), in gedrängter Form zusammengefaßt:

> «With hypotheses of the above type the present writer has neither sympathy nor patience. In the first place, the alleged principles are mere verbalizations reified into causal forces [29]. In the second, such concepts as ‹equivalence of brothers› and ‹necessity for social integration› [30] contain no statements of the relationships between phenomena under varying conditions, and thus lie at the opposite extreme from genuine scientific laws. Thirdly, being unitary in their nature, they provide no basis for interpreting cultural differences; they should produce the same effects everywhere. To be sure, numerous «principles» are alleged, and it is tacitly assumed that when the anticipated effects of one do not occur some other countervailing principle is operative, but nowhere are the conditions set forth under which particular principles give way to others» (1949: 121).

Angewandt auf die vorliegende Analyse segmentärer Gesellschaften: durch die Zurückführung auf «segmentäre Prinzipien» wie segmentäre Opposition, segmentäre Relativität, Segmentation, lassen sich segmentäre Gesellschaften nicht «erklären», solange diese «Prinzipien» so beschrieben sind, daß sie auch in nichtsegmentären Gesellschaften nachweisbar sind.

---

[29] Dieser Einwand deckt sich mit dem von mir unter der Bezeichnung «Begriffsrealismus» vorgetragenen.
[30] Murdock hat den letzteren Ausdruck einem Radcliffe-Brown interpretierenden Zitat von Sol Tax, einem amerikanischen Schüler Radcliffe-Browns, entnommen.

Auf den vorhergehenden Seiten habe ich versucht, die eben erwähnten Begriffe zur Formulierung von Hypothesen zu verwenden, welche zumindest einige Bedingungen für die Existenz segmentärer Gesellschaften angeben. In engem Zusammenhang damit steht die analytische Unterscheidung von Variablen, die in den vorliegenden Analysen segmentärer Gesellschaften eher als Implikationen eines Begriffs auftraten. Ich habe zwar auch segmentäre Gesellschaft implizit durch das Fehlen einer Zentralinstanz definiert, habe aber dadurch nicht die Möglichkeit preisgegeben, Hypothesen über das Verhältnis von Lineages zur Zentralinstanz zu formulieren und, noch allgemeiner, die Bedingungen zu untersuchen, unter denen Lineages ohne beziehungsweise in Kombination mit Zentralinstanzen auftreten.

Trotz der Präokkupation unserer Autoren mit nominalen Definitionen bleibt der logische Status der Begriffe unklar. Die angelsächsischen Ethnologen unterscheiden nicht zwischen Klassifikationen und Typologien (oder: Ordnungsreihen), sondern verwenden die Begriffe Typ und Klasse synonym. Die Polemik von Smith gegen die Dichotomie Staaten–staatslose Gesellschaften schlägt, ohne diese logische Unterscheidung zu nennen, an Stelle einer Klassifikation eine eindimensionale Typologie vor, der eine Instanzenskala zugrundegelegt werden soll. Im folgenden halte ich mich an die in der neueren Wissenschaftslogik übliche dreifache Unterscheidung der Begriffsbildung[31] zwischen klassifikatorischen, komparativen (oder Ordnungsbegriffen) und quantitativen oder metrischen Begriffen (W. Stegmüller 1958: 333). Synonym läßt sich auch die Einteilung in Eigenschafts-, Relations- und Funktionsbegriffe verwenden (W. Stegmüller 1958: 328). Während die erste Begriffsart zu Klassifikationen führt, ermöglicht die zweite die Konstruktion von Ordnungsreihen oder Typologien. In APS wurde eine regional beschränkte Klassifikation politischer Systeme Afrikas vorgeschlagen, die S. N. Eisenstadt in einem 1959 erschienenen Aufsatz zu einer allgemeinen Klassifikation naturvölklicher politischer Systeme ausgebaut hat.

Auch diese Untersuchung gebraucht den Begriff «segmentäre Gesellschaft» klassifikatorisch. Der Oberbegriff dazu heißt «akephale Gesellschaft», dessen Antonym «zentralisierte Gesellschaft». Die Indikatoren für diese Abgrenzung werden im 4. Teil dieser Unter-

---

[31] Sie geht auf die Arbeiten von Hempel und Oppenheimer zurück.

SEGMENTÄRE GESELLSCHAFT

suchung präzisiert. Mehrere Aussagen dieser Untersuchung über segmentäre Gesellschaften sind allgemeine Aussagen über akephale Gesellschaften.

Die meisten Wildbeutergesellschaften lassen sich von segmentären Gesellschaften durch das Fehlen einer homologen Gruppengliederung von segmentären Gesellschaften als besondere Klasse abgrenzen. Die Abgrenzung segmentärer Gesellschaften von anderen akephalen Gesellschaften erfolgt jedoch komparativ auf einer typologischen Skala, deren «Klassifikator» (im Sinne Kempskis) die Funktionsstärke von UDG ist. Nach diesem Klassifikator lassen sich dann auch die segmentären Gesellschaften «unter sich» in eine Rangordnung setzen.

Typologien politischer Systeme können in verschiedenen Dimensionen angelegt werden. Eine solche Dimension ist der Grad der Ausbildung von Instanzen. Von hier wäre auch der Schritt zu einer metrischen Skala möglich, welche eine Rangordnung von Gesellschaften nach dem Verhältnis der Anzahl der Instanzen oder (bei zentralisierten Gesellschaften) des numerischen Umfangs des Erzwingungsstabes je Bevölkerungseinheit festlegte.

Obwohl der Indikator des Erzwingungsstabes (vgl. Kap. 4) in vielen Fällen eine zweifelsfreie Einordnung in eine der beiden Klassen (akephal oder zentralisiert) von Gesellschaften ermöglicht, gibt es doch viele Grenzfälle. Das bedeutet, daß zumindest im planetarischen Maßstab auch auf der Instanzenskala eine Kontinuum von Fällen einzutragen ist. Komparative Aussagen lassen sich in dieser Dimension also folgendermaßen formulieren: «Je zentralisierter eine Gesellschaft ist, desto ...».

Eine andere Möglichkeit skalarer Darstellung wäre der zahlenmäßige Umfang von politschen Einheiten. Während segmentäre Gesellschaften oberhalb der Wildbeuterstufe höhere Werte als die «bands» erhielten, würde sich zeigen, daß die Einordnung auf der Integrationsskala nicht der auf der Instanzenskala entspricht. D. h. Gesellschaften mit dem Integrationsumfang x können einen höheren Instanzenwert haben als eine Gesellschaft mit dem Integrationswert $x + a$.

Von Gesellschaften, die die gleiche Stelle auf der Instanzenskala einnehmen, lassen sich segmentäre Gesellschaften unterscheiden durch die Dominanz anderer Integrationsformen (z. B. Altersklassensystem), auch wenn homolog gegliederte kontinuierliche Gruppen vorhanden sind. Segmentäre Gesellschaften ließen sich also auch in eine

Reihe einordnen, die den relativen Integrationswert von segmentären UDG darstellt.

Es läßt sich folgende grobe sich an Eisenstadts «classification» anlehnende Typologie akephaler Gesellschaften bilden:

1.
Wildbeutergruppen (als Extremwert)

2.
autonome akephale Dörfer ohne politisch organisierte UDG (z. B. die nordrhodesischen Tonga)

3.
Gesellschaften, in denen sowohl UDG wie Altersklassen politische Funktionen haben (z. B. nilohamitische Ethnien)

4.
segmentäre Gesellschaften.

Diese Typologie ist am afrikanischen Material orientiert. Ich lasse die Frage offen, wieweit z. B. die australischen Klassensysteme mit den segmentären UDG vergleichbar sind. Die Polemik von Langness auf dem Moskauer Anthropologenkongreß gegen die Übertragung «afrikanischer Modelle» auf Gesellschaften Neuguineas zeigt die Schwierigkeiten eines interkontinentalen Vergleichs.

3. Integrationsformen segmentärer Gesellschaften

3.1 Genealogische und territoriale Strukturen

In segmentären Gesellschaften können jenseits häuslicher Einheiten verschieden große Einheiten zu politischem Handeln aktualisiert werden. Zwischen der häuslichen Einheit und der größten Einheit, dem Ethnos, lassen sich in der territorialen Dimension verschiedene Ebenen von Gruppensolidaritäten, gradualisiert nach der Zahl der beteiligten Individuen, unterscheiden. Da ist zunächst eine vor allem durch Gemeinsamkeit ökonomischer Interessen, insbesondere Vieh- und Landeigentum, bestimmte Einheit. Im Anschluß an Middleton und Tait (TWR 8), die hier die «nuclear group» ansetzen, bezeichne ich sie als Kerngruppe. Während diese Autoren auch einfache Großfamilien dazu rechnen, lasse ich die Kerngruppe erst mit der joint family, d. i. einer auch nach dem Tod eines Großfamiliengründers fortdauernden Einheit seiner Deszendenten, beginnen. Eine Kerngruppe kann aber auch ein größeres Lineagesegment sein. Von größerem Umfang sind lokale Einheiten wie das Dorf. Rechtliche Einheiten sind Brautpreis- und Fehde [1]-Gruppen. Die Brautpreisgruppen umfassen dabei in der Regel einen kleineren Personenkreis als die Fehdegruppen. Braut- und Wergeldgruppen lassen sich in einem konzentrischen Modell nur teilweise darstellen, da sie außer Agnaten auch matrilaterale Verwandte umfassen. Aus mehreren rechtlichen Einheiten setzt sich die «Rechtsgemeinschaft» [2] zusammen, eine Einheit, innerhalb deren Rechtsmechanismen zur Beilegung gewaltsamer Konflikte noch funktionieren. Wenn in einer segmentären Gesellschaft Fehdegruppen bestehen, setzt sich jene, per definitionem, aus mindestens zwei solcher Einheiten zusammen.
Diese Einheit ist zumeist auch die größte souveräne Einheit – eine Einheit also, die territoriale Hoheitsansprüche behauptet und die

---

[1] D. h. auch: Wergeldgruppen.
[2] Middleton und Tait verwenden den Begriff «jural community» (TWR 9).

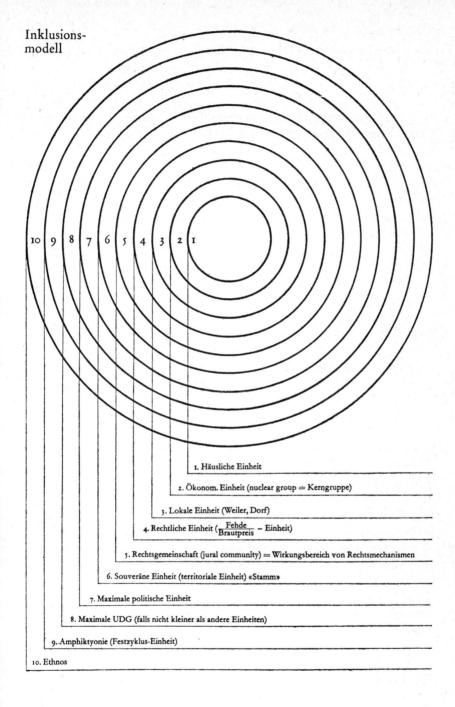

Inklusionsmodell

1. Häusliche Einheit
2. Ökonom. Einheit (nuclear group = Kerngruppe)
3. Lokale Einheit (Weiler, Dorf)
4. Rechtliche Einheit ($\frac{\text{Fehde}}{\text{Brautpreis}}$ – Einheit)
5. Rechtsgemeinschaft (jural community) = Wirkungsbereich von Rechtsmechanismen
6. Souveräne Einheit (territoriale Einheit) «Stamm»
7. Maximale politische Einheit
8. Maximale UDG (falls nicht kleiner als andere Einheiten)
9. Amphiktyonie (Festzyklus-Einheit)
10. Ethnos

in der Literatur häufig als «Stamm» bezeichnet wird. Der Zusammenhang zwischen Schlichtungsmechanismus und politischer Einheit besteht in der Notwendigkeit, zur gemeinsamen kriegerischen Aktion wenigstens vorübergehend die Fehden der zusammenhandelnden Einheiten auszusetzen. Innerhalb dieser größten politischen Einheit lassen sich territoriale Einheiten mit bestimmten Ansprüchen auf Weide-, Jagd- und Fischrevieren unterscheiden.
Es gibt freilich auch politische Einheiten in Form von Bündnissen zwischen territorial auseinanderliegenden Einheiten, die kein gemeinsames Territorium schützen, sondern sich in erster Linie gegen einen gemeinsamen Feind richten. Es lassen sich dabei fixierte Bündnisse (z. B.: Amba) von wechselnden Bündnissen (z. B.: Tiv) unterscheiden. Über die maximalen politischen Einheiten ragen häufig die UDG hinaus, obwohl gerade Allianzen zwischen nicht verwandten UDG bestehen können (z. B. Amba). Das gleiche gilt von Amphyktionien, d. s. durch zumindest temporäre Friedenspflichten ermöglichte Kultgemeinschaften. Die größte territoriale Einheit, die freilich durch keinerlei politische Solidarität bestimmt sein muß, ist das Ethnos oder die ethnische Splittergruppe (wenn ein Ethnos territorial zersplittert ist und im Gemenge mit anderen ethnischen Gruppen liegt). Der «ethnische Gemeinschaftsglaube» im Sinne Max Webers kann sich auf sprachliche Einheit, Abstammungsglaube, gemeinsame Wanderungsgeschichte oder auf die bloße Gebietsgemeinschaft berufen. Die Mitglieder dieser Einheit können emotional durch ein ausgeprägtes Wir-Bewußtsein verbunden sein, es kann aber auch nicht mehr vorliegen als die «Zugehörigkeitshypothese» (H. Popitz 1961:191 n 7).
Im 2. Abschnitt wurden als Rahmen der Integration segmentärer Gesellschaften UDG angegeben. In welcher analytischen Beziehung steht nun das Modell konzentrischer Kreise zu den UDG-Modellen? Am einfachsten ist diese Beziehung bei Kongruenz von Territorial- und Verwandtschaftsgruppen. Kongruenz liegt bei den Tiv und Lugbara, Luiya, Gisu und bei den Kiga vor. Konvergenz besteht dann, wenn sich die beiden Strukturen wenigstens bis zu einer bestimmten Integrationsebene decken. Divergenz besteht, wenn auch sehr kleine territoriale Einheiten verschiedene UDG einschließen, wenn die Struktur der UDG quer zur Territorialstruktur liegt. Konvergent sind Amba und Konkomba, divergent Tallensi, Dinka, Nuer und Gusii (insbesondere der Getutustamm). Bei dieser dritten Art terri-

torialer Integration werden bereits lokale Einheiten durch Verklammerung zweier oder mehrerer genealogisch nicht mehr verbundener UDG gebildet. Bei Dinka, Nuer und Getutu ist sie durch Dominanz einer UDG innerhalb eines Territoriums bestimmt.
Während die genealogischen Strukturen der ersten Klasse pyramidal sind, haben jene der beiden anderen Klassen eine Quaderform. Diese Quadern bestehen freilich selbst wieder aus Pyramiden. Fast immer gibt es zwischen verschiedenen politischen Einheiten einer segmentären Gesellschaft affinale Beziehungen. Diese schließen Kämpfe zwischen den so verbundenen Einheiten nicht aus. Feindliche Gruppen sind sogar preferentielle Heiratsgruppen (eine Ausnahme bilden die Nuer, wo die Stämme faktisch weitgehend endogam waren). Philip Mayer gibt einen Gusiispruch wieder: «Those whom we marry are those whom we fight» (1949: 22). Middleton behauptet, daß familienrechtliche Streitigkeiten die wichtigsten Anlässe zu Kämpfen bei den Lugbara bilden (TWR 217).
Bei aller Häufigkeit der Kämpfe zwischen hochgradig miteinander verschwägerten Gruppen galten für affinal oder kognatisch Verwandte doch «kriegsrechtliche Milderungen» (Mühlmann 1940): Verwandte mußten sich im Kampf meiden. Bei den Amba mußten die Schwestersöhne eines Mannes diesen sogar vor Anschlägen ihrer Agnaten warnen.
Die folgenden Abschnitte stellen die überfamiliäre Integration einzelner segmentärer Gesellschaften dar. Dabei soll soweit als möglich auch der numerische Umfang der verschiedenen Integrate angegeben werden. Allerdings muß man sich für Segmente einer bestimmten genealogischen Spannweite mit Angaben von beträchtlichem Spielraum zufriedengeben. Dies hängt nicht nur mit biotischen Faktoren (Fruchtbarkeit) und der differentiellen Polygynie zusammen. Die Größe kleinerer Verwandtschaftsgruppen hängt zusätzlich vom Stadium des (von Meyer Fortes entdeckten) «Entwicklungszyklus» ab, in dem sie sich gerade befinden.
Für die kleinste überhäusliche territoriale Einheit der Lugbara formuliert Middleton diese Abhängigkeit:
«The composition of the family cluster varies considerably according to the stage reached in its cycle of development. It may include more than one joint family, in which case the head of each may well consider that he should be an independent elder: it is then likely to segment at the death of the incumbed elder of

the cluster. Or it may consist of only one or two compound or elementary families» (1958: 205).

Aus diesem Grunde halte ich es auch nicht für zweckmäßig, Segmente bestimmter Generationsstufen durch einen besonderen Begriff zu bestimmen. Eine Angabe über die genealogische Tiefe eines Segments sagt noch nichts über dessen numerischen Umfang oder ökonomische Funktionen.

Ein Überblick über den numerischen Umfang segmentärer Gesellschaften zeigt eine beträchtliche Variabilität: von den Amba mit 30 000 bis zu den Dinka mit etwa 800 000–900 000 Individuen. Dazwischen liegen Tallensi (35 000), Konkomba (45 000), Logoli (45 000), Gusii (200 000), Lugbara (242 000), Gisu (250 000), Nuer (250 000–300 000), Tiv (800 000).

Diese Zahlen illustrieren das Paradoxon, daß auch akephale Gesellschaften große Gemeinschaften (im weitesten Sinne des Wortes freilich) bilden können. Die folgenden Abschnitte sollen zeigen, welche gemeinsame Tätigkeiten Gruppen verschiedener Integrationsstufen entfalten, und damit zugleich jenen Teil dieser Untersuchung, der den Instanzenaspekt segmentärer Gesellschaften behandelt, von einer Menge gleichwohl unentbehrlicher Informationen entlasten.

3.2 Zur Integration einzelner segmentärer Gesellschaften

3.21 Amba

Die wichtigste überfamiliäre Einheit des traditionellen Systems ist die «maximal lineage», deren Mitglieder als Nachkommen eines Ahnen in einem genauen genealogischen Verhältnis zueinander stehen. Ein solches genealogisches Segment umfaßt die männlichen Ahnen von 4–7 Generationen (TWR 141). Bei älteren Siedlungen kommt die geringe Tiefe, die im Vergleich mit anderen Gesellschaften auffällt, durch eine Verkürzung der Ahnenreihe, die sog. «genealogische Teleskopie» (M. Fortes 1945) zustande. Die «maximal lineage» ist der Kern eines Dorfes, an den sich aber auch Zugezogene (meist Verwandte) anschließen können. Im Laufe der Zeit werden sie in das genealogische Schema eingeordnet. Selbst fremdsprachige

Gruppen (Vonoma und Mvuba), sofern sie nicht so stark sind, eigene Dörfer zu gründen (in diesem Fall inkorporierten sie sich einer einheimischen Lineage), können in einem Dorf Aufnahme finden; ihre Nachkommen gelten schließlich als ein Segment der maximal lineage, mit der legendenhaften Begründung, die Vorfahren der Zuzügler hätten zur Stammgruppe gehört und sich der Kerngruppe nur durch den Abzug in ein anderes Gebiet entfremdet; die Einwanderer seien nur Rückwanderer (E. Winter 1956: 218). Häufig allerdings handelt es sich um Zugezogene, die ihr Dorf nur vorübergehend verlassen haben (z. B. um hexerischen Anschlägen zu entgehen; oder weil sie selbst als Hexer geächtet worden waren), die nach einiger Zeit wieder zu ihrer der virilokalen Residenzregel entsprechenden Herkunftsgruppe zurückkehren. Ein Ambadorf zählt zwischen 50 und 500 Individuen.

Die von Winter so genannte «maximal lineage» ist das größte lokalisierte Segment einer inklusiven durch einen Namen bezeichneten, von Winter «*clan*»[3] genannten UDG (193). Diese besteht häufig nur als eine gemeinsame Meidungsnormen beachtende Abstammungsgemeinschaft, mit der keine spezialisierten politischen Rollen verbunden sind; es handelt sich vielfach nicht einmal um eine exogame Gruppe. Außerdem verfügt der «clan» nicht über ein kontinuierliches Siedlungsgebiet. Die exogame Gruppe ist häufig kleiner als der von Winter so genannte «clan» (fällt mitunter aber auch mit diesem zusammen), aber größer als eine «maximal lineage» und umfaßt mehrere, bis zu vier, «maximal lineages» (TWR 154). Die exogame Untergruppe des «clan» ist die größte traditionelle politische Einheit. Der Exogamie entspricht das Fehdeverbot und die Verpflichtung zu gegenseitiger Hilfeleistung bei Kriegszügen.

Das gleiche Solidaritätsverhältnis besteht auch zwischen je einer «maximal lineage» zweier verschiedener «clans». Zwischen den Mitgliedern bestehen quasi-verwandtschaftliche *(bab-wabu* genannte) Beziehungen, die durch Heirats- und Fehdeverbot und «joking» gekennzeichnet sind. Ein solches Verhältnis bindet allerdings nur die unmittelbar Verbündeten selbst, nicht die beiden politischen Einheiten. Bemerkenswert an diesen bilateralen Allianzen ist die Tatsache, daß sie ausschließlich zwischen verschiedensprachigen Grup-

---

[3] In der hier benützten Terminologie ist Winters «clan» als Lineage zu bezeichnen.

pen bestehen: jede Bwezi-Lineage ist einer Bulibuli-Lineage verbunden (TWR 155). Obwohl die Bündnisse bilateral sind, können sie eine Kettenreaktion von Bündnisverpflichtungen im Kriegsfall auslösen. Aber diese Möglichkeit ist strukturell beschränkt, indem diese Kettenreaktion spätesten dann abbricht, wenn eine «maximal lineage» von zwei feindlichen «maximal lineages» gleichzeitig um militärische Unterstützung angegegangen wird.

Außerdem sind einzelne Pygmäenbanden mit Bulibuli-Lineages verbunden zum Austausch von gejagtem Wild gegen pflanzliche und Schmiedeprodukte. Die erstaunlichste Leistung der Amba-Sozialstruktur ist die akephale Integration von fünf verschiedenen ethnischen Gruppen. Diese Leistung beweist eine beachtliche Aufgeschlossenheit und Kommunikationsbereitschaft, – wie sonst ist die alltägliche Verständigung in vier Idiomen zu erklären? Diese Aufgeschlossenheit zeigt sich auch unter dem modernen Verwaltungssystem in der Bereitschaft, sich möglichst rasch viele Zivilisationsgüter und -formen anzueignen.

Winter macht aber zugleich auf die Integrationsschranken dieser segmentären Gesellschaft, die ja schon aus der niedrigen Mitgliederzahl der verschiedenen Einheiten erkennbar ist, aufmerksam: die Koppelung von Friedenszone und politischer Solidarität einerseits mit Exogamie andererseits verhindert die Herausbildung einer alle Amba umfassenden politischen Einheit. Winter geht davon aus, daß die zwei politischen Ziele jeder Amba-Dorfgemeinschaft, 1. möglichst viele Frauen zu erhalten, 2. möglichst viele Verbündete zu gewinnen (TWR 157), sich nur in engem Rahmen gleichzeitig verfolgen lassen:

> «To put the matter in extreme terms, if all the lineages in Bwamba had become allied with one another, each lineage and village would have become friends and protectors. However, this would have meant that no marriages could have taken place within the society. On the other hand, if the men of the maximal lineage were able to marry the daughters of all the other maximal lineage (sic!) in Bwamba they would have had no allies» (TWR 157).

M. E. überschätzt Winter die Möglichkeit, solche Begrenzung strukturell (durch einen «fundamental structural reason» – TWR 157) zu erklären. Winter unterstellt, daß es auch den Wünschen der Mehrzahl der Amba unmöglich gewesen wäre, diesen strukturellen Widerspruch aufzuheben. Nun zeigt aber ein Vergleich mit anderen segmentären Gesellschaften, daß solche «Schwierigkeiten» durch Abweichen von der «Logik der Sozialstruktur» gelöst werden können. Wenn von den meisten segmentären Gesellschaften die bisher innerhalb einer maximal lineage geübte Exogamie zugunsten der Beschränkung der Exogamie auf zwei major segments fallengelassen werden kann, obwohl nach wie vor die gemeinsame unilineare Abstammung anerkannt wird, so ist nicht einzusehen, warum bei den Amba die Exogamie nicht auf die traditionellen exogamen Einheiten beschränkt bleiben konnte, bei gleichzeitiger Erweiterung der Bündnisbeziehungen.

Daß eine solche «Anpassung» nicht erfolgte, obwohl die von Winter angeführten bewußten Fälschungen der Genealogien die Möglichkeit struktureller Anpassung auch für die Amba bestätigen, läßt sich wohl nur darauf zurückführen, daß die meisten Individuen nicht auf Veränderung der Verhältnisse drängten.

Zu diesen die Sprachgrenzen überspringenden Beziehungen kommen als weiteres das Gesamtbild komplizierendes Moment die erwähnten sozialsymbiotischen Beziehungen zwischen Lineages der «eigentlichen» Amba und Pygmäengruppen hinzu. Diese Sozialsymbiose schließt die Beachtung des Exogamiegebots ein. Im Vergleich zur Regelung der Sozialsymbiose von Feldbauern und Wildbeutern bei den Ekonda, wo die beiden Gruppierungen strikt endogam sind, fällt auf, daß bei den Amba das Konnubium zwischen den großwüchsigen Gruppen und den kleinwüchsigen, abgesehen vom Exogamiegebot zwischen spezifisch assoziierten Gruppen, nicht verboten, wenngleich selten ist (TWR 155).

Das niedrige Niveau der Integration läßt sich der Angabe Winters entnehmen, daß zu Beerdigungen, neben den Märkten die wichtigsten Anlässe zur Zusammenkunft in maximaler Zahl, bis zu 500 Erwachsene zusammenkommen.

3.22 Tiv

Die Tiv bilden eine einzige riesige Abstammungsgemeinschaft, die von den Nachkommen des Eponymen Tiv gebildet wird. Die pyramidale Genealogie der Tiv besteht aus einer vielstufigen Reihe inklusiver Einheiten. Trotz der genealogischen Teleskopie ist die Genera-

tionentiefe bei den Tiv erheblich größer als bei den Lugbara: 14–17 Generationen im Vergleich zu 7–12 (L. Bohannan 1952: 301, TWR 209).
Am spezialisierten Vokabular zur Bezeichnung von Verwandtschaftsgruppen läßt sich deren zentrale Bedeutung für die soziale Organisation erkennen. Allerdings ist die genaue Kenntnis der Gruppenbeziehungen auf die alten Männer beschränkt (L. Bohannan 1952: 304); auch deren Consensus über genealogische Verhältnisse ist gering (303).
Die Tiv kennen drei Hauptbegriffe für UDG:

1. *nongo*

bezeichnet in erster Linie die von lebenden Individuen gebildete soziale Gruppe. Eine *nongo* wird nicht nach dem Namen des Eponymen des Lineagesegments, sondern eines lebenden prominenten Mannes benannt. Welche Gruppe ein Tiv als seine *nongo* ansieht, hängt von der sozialen Situation ab. *Nongo* dient zur Unterscheidung von Segmenten innerhalb eines inklusiven Segments (TWR 37).

2. *ityo*

bezeichnet die Patrilineage eines Mannes (Bohannan macht keine Angaben für die Frauen) im Unterschied zu Patrilineages, zu denen er auch in verwandtschaftlicher, aber nicht agnatischer Beziehung steht. Es werden 5 Kategorien von Patrilineages, denen ein Mann affiliiert sein kann, unterschieden.
Wie Bohannan (TWR 38) führe ich sie in der Reihenfolge abnehmender Bedeutung auf:

1.
die Patrilineage (ityo) der Mutter = *igba*,
2.
die Patrilineage der Mutter des Vaters = *igba ter*,
3.
die Patrilineage der Mutter des Vatersvaters = *igba ter u tamen*,
4.
die Patrilineage der Mutter der Mutter = *igba ngo u tamen*,
5.
eine weitere mütterliche Patrilineage *igba tien*.

4 L. Bohannan 1952: 301, TWR 209.

Die *igba* fixiert die Grenze der engeren Patrilineage eines Individuums auf Dauer. Laura Bohannan illustriert dies an einem Beispiel: Ein Kiagbaman, dessen Mutter zu Mba Ikaa gehört, sieht Mba Nyam als seine *ityo* an.
Der hohe Grad an Reflexion der sozialen Realität – und sei es auch nur bei den in vorgeschrittenem Alter stehenden genealogischen Experten – ist nicht nur in der differenzierten Terminologie ersichtlich. Er zeigt sich auch in der Kontrastierung des eigenen Verwandtschaftssystems mit den Systemen anderer Ethnien.
«Tiv ... frequently explain that they ‹do things on the father's path› *(er kwagh sa gbenda u ter)* and not, like some matrilineal Cameroons people known to them, ‹on the mother's path›» (TWR 38).
Die Zugehörigkeit zur *ityo* wird durch die Legitimität des Vater-Sohn-Verhältnisses entschieden: nur ein Kind, dessen genitor und/oder pater die Mutter nach dem Frauentauschprinzip bzw., seit 1927, mit Brautpreis geheiratet hat, gehört zur *ityo* seines ‹Vaters›, im konträren Fall zur *ityo* seiner Mutter. Die Begriffe *ityo* und *igba* werden nicht nur zur Bezeichnung von Gruppen, sondern auch von Individuen gebraucht (East HRAF 33, 112 n 2).

3. *ipaven*

bezeichnet ein UDG-Segment, das den agnatischen Kern eines Territoriums, *tar*, bildet.
Während ein *ipaven* mehrere *nongo* haben kann, besteht ein *tar* nur aus einem *ipaven*. Die *nongo*-Grenzen innerhalb eines *ipaven* sind allerdings potentielle Spaltungslinien, entlang deren ein *tar* sich in zwei neue *utar* ausgliedern kann.
Die *nongo* eines *tar* werden als ‹Segmente innerhalb der Hütte› *(uipaven ken iyor)* bezeichnet.
Die erwähnte architektonische Metaphorik, in der folk-models der Sozialstruktur ausgedrückt werden, finden wir auch bei Nuer, Gusii und Tallensi.
Die Tiv sind selbst stolz darauf, daß sie eine einheitliche Sprache sprechen, die nicht in Dialekten variiert ist (L. und P. Bohannan 1953: 11). In früherer Zeit waren die Tiv in einer Hinsicht eine endogame Einheit: Tiv-Frauen durften nur Tiv-Männer heiraten, während die Tiv-Männer ihre Frauen auch von anderen ethnischen

INTEGRATIONSFORMEN

Gruppen bezogen (28)[5]. Für die Exogamie geben die Bohannans nur ungefähre Angaben. Das kleinste exogame Segment, innerhalb dessen keine rechtlich gültige Ehe möglich ist, kann kleiner, aber auch größer sein als ein *tar* (27). Die größte exogame Einheit, innerhalb deren gültige Ehen möglich sind, aber geringeres Prestige haben als Außen-Ehen, kann eine Gruppe bis zu 8000 Menschen darstellen (28). Gerade am pyramidalen UDG-Typ wird deutlich, daß soziale Nähe und Distanz nicht allein durch unilineare Deszendenz bestimmt werden kann. Die Bestimmung der sozialen Einheit bedarf also eines zusätzlichen Merkmals. Bei den Tiv ist es die territoriale Kontiguität, die allerdings nur dann soziale Nähe bedeutet, wenn ihr eine genealogische Nähe entspricht (25). Man kann dieses Verhältnis auch so erläutern: die Beziehungen lokaler Einheiten, die räumlich aneinander anschließen und zusammen kooperieren, werden, sofern überhaupt an eine engere gemeinsame Abstammung geglaubt werden soll, genealogisch präzisiert. Die mündliche Tradierung der Genealogien begünstigt ihre politischen Erfordernissen entsprechende Manipulation im Sinne der Reduktion der genealogisch-territorialen Divergenz. Es bestand die Tendenz, das räumliche Verhältnis der Segmente auch nach einem Wechsel des Territoriums, wie er bei der gleitenden Expansion der Tiv häufig war, beizubehalten (TRW 40).
Die Tiv unterscheiden zwischen vergleichsweise «echten» Genealogien und Genealogien, die den Zusammenhang von politischen Segmenten modellieren. Sie gebrauchen zwei Arten von Genealogien, jene, die nach dem streng genealogischen Prinzip «Vater durch Vater» *(ter a ter)* und solche, die nach dem politischen Prinzip «Segment durch Segment» *(ipaven i ipaven)* gebildet sind.
Die Tiv leben nicht in kompakten Dörfern – vielmehr liegen die Gehöfte von Groß- und erweiterten Familien verstreut. Ein Gehöft kann mehr als vierzig Hütten und über 100 Individuen zählen (L. Bohannan 1960: 79)[6]. Es wird nach dem jeweiligen Patriarchen *(or u ya)* benannt. Dieser ist neben den Marktbesitzern die einzige überfamiliäre Instanz (TWR 53).

---

[5] Wie die autobiographischen Ausführungen Akigas erkennen lassen, bestanden aber selbst gegen die interethnische Hypergamie starke Vorbehalte.
[6] Vgl. Bohannan: «nowhere can one see any clustering of compounds, patterning of paths, or strips of no-man's land that might mark off territorial groups. Tiv boundaries are social facts» (TWR 34).

TIV

Eine Mehr- oder Vielzahl von Gehöften bildet die kleinste territoriale Einheit: den *tar,* der im Unterschied zum Gehöft nach einem Ahnherrn benannt ist, der gewöhnlich 4 bis 6 Generationen von den ältesten lebenden Personen entfernt ist. Die Größe der *utar* schwankt beträchtlich: Bohannan stellt einen *tar* von 53 Höfen und 1057 Individuen einem anderen von nur 4 Höfen und 167 Individuen gegenüber (1953: 20). Innerhalb dieser Einheit befinden sich Lineagesegmente in Gemengelage.

Der *tar* war die kleinste politische Einheit: zwischen solchen *utar* konnten Kriege stattfinden, während auch früher innerhalb des *tar* eine Friedenspflicht bestand, die aber von keiner Instanz erzwungen werden konnte.

Kriege fanden aber häufig zwischen größeren politischen Einheiten statt – das hatte zur Voraussetzung, daß Segmente, die in Opposition zueinander standen, diese aufgaben und sich gegen eine äquivalente Einheit vereinigten.

Das politische Verhalten der Tiv orientierte sich an Gruppenmodellen: Kriege dehnten sich auf immer weitere Segmente aus, bis alle Segmente derselben Stufe eines genealogischen Zweiges in die Auseinandersetzung hineingezogen waren (TWR 50). Diese Orientierung an Modellen von Gruppengefügen führte einerseits zu einer Ausdehnung von Kämpfen, andererseits bedeutete sie eine «strukturelle Begrenzung» des Krieges (TWR 46). Gleichzeitig ermöglichte sie seine Beendigung durch Vermittlung einer go-between Gruppe: wenn von drei gleichstufigen Segmenten zwei Segmente sich bekriegten, fiel dem dritten die Vermittlerrolle zu – vorausgesetzt, daß die Loyalitäten der 3. Gruppe gegenüber beiden im Gleichgewicht waren. Wie weit aber der Konflikt sich ausbreitete, hing davon ab, welche genealogisch-räumliche Distanz zwischen den ursprünglich im Streit liegenden Gruppen bestand.

Die genealogische Distanz bestimmte auch die Mittel (Abstufungen: Keulen, Pfeile, vergiftete Pfeile) und die Intensität des Kampfes (Tötung der Gegner beabsichtigt oder nicht) und spezielle Beschränkungen des Kampfes: hinsichtlich Brandstiftung, Verwüstung, Versklavung, Entführung, Enthauptung (TWR 50).

Der Begriff *tar* ist ein ‹generic term›[7], der auf die territorialen Einheiten sämtlicher Integrationsstufen angewandt wird. Die größte

[7] Gemeint ist: ein stufenindifferenter Begriff; die englische Bezeichnung ist irreführend: es fehlen ja gerade die Unterbegriffe.

politische Einheit, d. h. die territoriale Einheit, die sich zu kriegerischen Aktionen zusammenschließt, geben Laura und Paul Bohannan, unter Vorbehalt, mit 120 000 Seelen an. (Diese Angabe ist nicht mit der Zahl der Kämpfer zu verwechseln.) In der Regel aber war die numerische Stärke der mobilisierten Einheiten erheblich niedriger.

Die Bohannansche Angabe muß auch noch dahingehend eingeschränkt werden, daß die Tiv keine militärische Organisation kannten und nur in kleinen Grupen kämpften (TWR 47).

In einigen Teilen des Tivlandes besteht ein entwickeltes Altersklassensystem[8], das vor allem für soziale Konflikte relevant ist. Die Beschneidung ist nicht mit Altersklassen synchronisiert; sie wird im Lebensalter von 1–20 Jahren vorgenommen (L. und P. Bohannan 1953: 64). Alle drei Jahre werden neue Altersklassen gebildet, so daß die männliche Bevölkerung über 20 Jahren in 18–20 Gruppen gegliedert ist. Obwohl sie im Rahmen des *tar* gebildet werden, findet eine Identifizierung der Mitglieder über mehrere *utar* statt. Eine Altersklasse wird von einem um etwa 4–5 Jahre älteren Mann betreut. Altersklassen haben keine festen Namen, werden aber häufig nach dem prominentesten Mitglied benannt (47).

Die Altersgruppe eines Mannes wird für ihn als Schutzgruppe von Bedeutung, wenn er sich gegen die magische Verfolgung durch die ältere Generation zur Wehr setzen muß (TWR 56). Die Altersgruppe der Jüngeren bildet so ein Gegengewicht gegen Auswüchse der Gerontokratie, die uns noch näher beschäftigen werden. Charakteristisch in dieser Auseinandersetzung der Generationen ist die Entgegensetzung von physischem gegen magischen Zwang.

Zwischen Altersgenossen wird die Gleichheit betont. Wie bei den Nuer, so besteht auch hier ein, wenn auch nicht so striktes, Verbot, die Tochter eines Altersgruppengenossen zu heiraten, mit der aufschlußreichen Begründung, daß die durch Gleichheit bestimmte Altersgruppenrolle in Konflikt mit der Respektbeziehung Schwiegervater–Schwiegersohn gerate (L. und P. Bohannan 1953: 48).

Die Integration durch strukturelle Gruppen wurde hauptsächlich im Süden des Tivlandes durch Friedensverträge und Marktpakte ergänzt, während amphiktyonische Einungen und Kultfrieden fehlten. Friedensverträge wurden vor allem mit Nicht-Tiv-Stämmen ge-

---

[8] East behauptet allerdings, Altersklassen spielten keine Rolle mehr (1939).

schlossen, mitunter aber auch zwischen Tiv-Segmenten. Sie untersagten Blutvergießen zwischen den Vertragspartnern in jeder Form: selbst das Rasieren eines Partners war untersagt (TWR 61). Ihr wichtigstes Ergebnis war größere Verkehrssicherheit, insbesondere Ermöglichung des Handels.

Dem wirtschaftlichen Austausch dienten auch die Marktschutzverträge (Bohannan spricht von «market pacts», ohne ihr Zustandekommen zu beschreiben), in denen sich mehrere Segmente zum Marktfrieden durch gemeinsame Errichtung eines Fetischs (1957: 125) verpflichteten; der Marktschutz oblag jedoch dem Segment, auf dessen Territorium der Markt stattfand. Die Kontrollbefugnis wurde von einem Marktherrn *(tor kasoa)* ausgeübt, der von seinen Verwandten, die als Marktpolizei auftraten, unterstützt wurde. Der Friede wurde durch die Marktmagie des Besitzers gesichert (TWR 49). Die mit dem «Besitz» eines Marktes verbundenen Einnahmen bildeten eine wichtige Quelle ökonomischer Differenzierung. Marktprivilegien konnten zum Gegenstand von bewaffneten Konflikten zwischen verschiedenen Segmenten werden (TWR 49).

Der Markt diente nicht nur dem Warenaustausch. Der Marktfriede bot eine besonders günstige Gelegenheit für politische Verhandlungen zwischen entfernteren Gruppen. Die Anwesenheit der Ältesten wird auch heute noch genutzt, um ihnen Streitfälle zur Entscheidung vorzulegen.

3.23 Lugbara

Die Lugbara sind in einem «einzigen pyramidalen Verwandtschaftssystem» organisiert. Die Zahl der genealogischen Segmentationsebenen ist aber erheblich niedriger als bei den Tiv, und zwar im Verhältnis 4 : 12 [9]. Die Inklusivität, der Grad der Verschachtelung, ist bei den Lugbara geringer. Während die genealogische Charta der Tiv die Nachkommen Tivs auf zwei große genealogische Blöcke verteilt, die ihrerseits wieder zwei- oder mehrfach untergliedert sind usf., gibt es bei den Lugbara etwa 60 UDGs, die sich alle auf die 60 Söhne zweier Kulturheroen (Jahi und Dribidu) zurückführen (TWR 208).

Diese 60 als *suru* bezeichneten UDGs bilden den agnatischen Kern

[9] Tabelle in TWR 28.

der gleichfalls *suru* genannten, durchschnittlich 3000 Menschen umfassenden und 25 Quadratmeilen einnehmenden Stämme, an den zusätzliche Gruppen, u. a. Klienten oder numerisch geschrumpfte Gruppen angeschlossen sind.

Während die Tiv-Genealogien dazu tendieren, abgesprengte Gruppen, die auf fremdem *tar* siedeln, in die majoritäre Kerngruppe zu inkorporieren[10], wird bei den Lugbara der Unterschied zwischen Kern- und angegliederten Segmenten genealogisch aufrechterhalten, wenngleich diese Unterscheidung im Alltag nicht gemacht wird (TWR 211). Ähnliche Angaben über die Unschicklichkeit, auf den minderen genealogischen Status in alltäglichen[11] Situationen hinzuweisen, besitzen wir von den Tallensi und Nuer.

Die Mitglieder eines *suru* im Sinne einer UDG sollen auch dann, wenn sie nicht im Stammesgebiet wohnen, das Exogamiegebot beachten. Die kleinste territoriale Gruppe heißt *angu*. Middleton bezeichnet diese Gruppe als «family cluster», beziehungsweise als «minimal lineage», es handelt sich um einen Clan, dessen agnatische Kern eine minimal lineage ist. Sie war eine souveräne Gruppe, indem sie ihr Land autonom aufteilte, verteidigte oder neu erwarb.

Die größte souveräne Einheit war allerdings der Stamm, dessen Gebiet wie bei den Bantu von Kavirondo durch Niemandsland von Nachbarterritorien getrennt war. Der Stamm war zugleich die größte rechtliche Einheit, innerhalb deren die Beilegung von Kämpfen durch Verhandlungen möglich war. Auf dem Stammesterritorium herrschte aber kein allgemeiner Rechtsfrieden, Kriege zwischen Stammessegmenten waren häufig.

3.24 Tallensi

Auf den ersten Blick scheint es schwierig, die Tallensi als soziale Einheit aufzufassen. Fortes versucht zwar, sie als einen ‹single Body politic› zu begreifen, ein Ausdruck, der unbestimmter als «political unit» gedacht ist, welcher Begriff hier eben nicht anwendbar ist. Doch behauptet Fortes schließlich nur, daß irgendeine Art sozialer Einheit, eine irgendwie geartete Zugehörigkeitserwartung der Mit-

---

[10] Allerdings gehören auch bei den Tiv durchschnittlich nur 80% der *Tar*-Bewohner dem agnatischen Kern des *tar* an.
[11] i. U. zu rituellen Situationen.

TALLENSI

glieder dieser Einheit vorliegt, wenn er in Bezug auf die Tallensi von einer «socio-geographic region or a society» schreibt. Andererseits hält er es nicht für möglich, die Tallensi als «Stamm» zu bezeichnen:
 «To describe them as a tribe suggests a cohesive or at least well-defined political or cultural entity differentiated from like units. Actually, no ‹tribe› of this region can be circumscribed by a precise boundary-territorial linguistic, cultural or political» (APS 239).
Diese Aussage gilt für das Obervoltagebiet überhaupt.
Die diffuse Randzone dieser sozialen Einheit kann verstanden werden als ein Überschneiden mehrerer sozialer Kreise – die davon betroffenen Gruppen gehören in bestimmten Situationen stärker zu dem einen sozialen Kreis als zu dem andern. Die minimale Bedingung sozialer Einheit, die Zugehörigkeitserwartung, die nicht ein hochintegriertes Zugehörigkeitsbewußtsein bedeuten muß, ist bei den Tallensi in der Fremd- und Selbstbezeichnung als Tallensi gegeben. Zudem heben sich die Tallensi auch durch einen eigenen Dialekt von den Nachbargruppen ab. In den Randzonen mag die Anwendung dieser Bezeichnung unklar sein, aber ein festes Zentrum, wo sie «selbstverständlich» ist, läßt sich angeben. Der Kreis, der durch diesen Namen beschrieben wird, deckt sich mit einem rituellen Kreis, der durch die Einordnung territorialer Gruppen in einen Festzyklus bestimmt ist:
 «Each region has its particular form of Harvest Festival, but the Great Festivals of the Tallensi constitute a single cycle. The festivals specific to the different regions follow a fixed sequence in relation to one another, and this is a matter of ritual obligation, not merely of convenience.» (Fortes 1945: 28).
Auch hier ist die Unschärfe der Zugehörigkeit zu beachten:
 «In addition, the cycle of Great Festivals embraces clans of Goris, Namnam, and Mamprusi on the frontiers (sic!) of Taleland. These clans take the cue for the date of their particular Harvest Festivals from neighbouring Tale clans ...» (ibid.).
Diese Serie von Erntefesten wirkt als integratives Medium, insofern einzelne kultische Anlässe die rituelle Kooperation von Repräsentanten verschiedener Lineages und Gruppierungen von Lineages erfordern. Für die Frage nach der Ausdehnung und Intensität der Integration ist aber noch entscheidender, daß während der Zeit, in der die Serie von Festen abläuft, ein kultischer Friede herrscht, der eine

INTEGRATIONSFORMEN

Entsprechung zur griechischen ἐχεχειρία während der Olympischen Spiele ist (Bengtson 1960: 85).

Dieser «Gottesfriede» dauerte früher etwa einen Monat – außerhalb dieser Zeit war es gefährlich, sich ohne das Geleit von Verwandten oder Freunden außerhalb seiner eigenen Siedlung zu bewegen. Die Tallensi bilden also eine temporäre 35 000 Menschen umfassende «Friedensgruppe» [12], aber es fehlt eine dauernde allgemeine, übergentile Friedensordnung. Immerhin beweisen die Tallensi wie die Luiya und Gusii, daß auch in ungeschichteten Gesellschaften Amphiktyonien, wie sie Mühlmann (1938, 1964) für die Kastengesellschaften Polynesiens beschrieben hat, möglich sind.

Nachdem wir die Existenz einer sozialen Einheit festgestellt haben, wenden wir uns der Frage zu: Welche Ordnung kennzeichnet diese Einheit? Fortes beantwortet diese Frage sehr allgemein:

> «This unit is built up on the widely ramifying structural ties which knit the independent corporate units together. But its ultimate basis is a body of moral and jural norms and values accepted as binding by all Tallensi, and defended from the disruptive action of conflicting sectional interests by the most solemn ritual sanctions of Tale religion» (1945, I: 115).

Bemerkenswerterweise erklärt diese These die Integration der Tallensigesellschaft durch die Einheitlichkeit der sozialen Normen und der Wertorientierung, ohne auf Instanzen als Träger der Integration zu rekurrieren.

Wenn nun die Tallensi auch keine politische Einheit bilden, so sind sie andererseits nicht einfach als ein Aggregat von einzelnen Lineages zu verstehen. Ehe wir uns diesen Verbänden zuwenden, müssen wir sehen, daß zwei in polarer Entgegensetzung zueinander stehende Gruppierungen von lokalen Gruppen die beiden Schwerpunkte der überlokalen Integration sind, an die sich jeweils Gruppen ähnlicher Herkunft räumlich anschließen.

Um die etwa 10 000 Tali, die «eigentlichen Tali», herum und in der Nachbarschaft anderer autochthoner Gruppen wohnen die Nachkommen von Mamprusi, die im Laufe der letzten zwei Jahrhunderte zugewandert sind. Sie werden insgesamt als ‹Namoo› bezeichnet. Innerhalb dieser Kategorie gibt es aber einen Vorort, Tongo (der überhaupt als Vorort der Tallensi gilt), dessen Bewohner zusam-

---

[12] Den Begriff «peace group» gebraucht Gluckman.

men mit den Bewohnern der Tochterdörfer[13] als agnatische Nachkommen eines eingewanderten Mamprusihäuptlings, «Mosuor biis», gelten.

Die beiden Kategorien unterscheiden sich durch folgende Eigenarten: die Namoo zeichnen sich durch die Beachtung von totemistischen Tabus aus, sie haben das Privileg, Gewehre, Leinenkleider und Pferde zu gebrauchen. Das wichtigste Privileg, das ihren Hauptstolz bildet, ist aber die aus dem Mamprusiland mitgebrachte «Häuptlingswürde» *(na'am)*, die sich innerhalb von Tongo vererbt. Allerdings hat auch Sii, eine Siedlung der «echten» Tali, einen Träger der Häuptlingswürde (APS 257 n 2). Die Häuptlingsinstitution der Namoo interpretiert Fortes als komplementär zum altsudanischen Erdherrentum der «echten» Tali, das diesen als der alteingesessenen Gruppe ausschließlich zusteht.

Vor einem gemeinsamen Kulturhintergrund sehen wir die kulturelle Differenzierung zweier Gruppierungen, die auch eine unterschiedliche Verteilung von Rollen einschließt. Das bedeutete aber zumindest zur Zeit der Fortesschen Untersuchung keine politische Ungleichwertigkeit. Die soziale Gleichwertigkeit beider Gruppen drückt sich u. a. in der Legende von der Blutsbrüderschaft aus, die Mosuor, der Eponym der Namoo, und der autochthone Genet geschlossen haben sollen (M. Fortes 1945: 22).

Diese zwei Gruppierungen traten vor allem in mit Waffen ausgetragenen Konflikten hervor: Fehden zwischen Dörfern innerhalb einer Gruppierung blieben begrenzt, während ein Konflikt zwischen Dörfern beider Gruppierungen sich leicht so ausdehnen konnte, daß schließlich beide Gruppierungen einander bekämpften. Diese Konflikte waren freilich ephemer, sie dauerten nicht länger als 2–3 Tage – es handelte sich also auch in dieser Situation nur um ein kurzfristiges Gemeinschaftshandeln, das zudem trotz der Solidarität der Gruppierungen nicht zu einem taktisch geplanten Zusammenhandeln sämtlicher Untergruppen führte.

Daß die Einheit einem bestimmten Muster folgte und das kriegerische Gemeinschaftshandeln auch im Bewußtsein der Mitglieder von anderen Formen gewaltsamer Konflikte unterschieden wurde, hebt Fortes hervor:

«In general wars the alignment of forces always followed the

---

[13] Yameleg, Sie, Biuk.

major cleavage which runs through the whole society. The same communities always fought on the same side, assistance being rendered to one another on the grounds of clanship, local, community, or ideological ties. Armed conflict between units which supported one another in war sometimes occured, but this was not regarded as war» (APS 241).

Die soziale Einheit der Tallensi, die als temporäre Friedensgruppe erscheint, zerfällt also in zwei Untergruppen, die ich als (intermittierende) politische Einheiten bezeichne.

Unterhalb dieser Integrationsebene erscheinen die exogamen von Fortes als «clans» [14] bezeichneten Siedlungsverbände, die sich meist aus mehreren Lineages zusammensetzen. Ich nenne sie rechtliche Einheiten, während die eben besprochenen Gruppierungen als die maximalen politischen Einheiten anzusehen sind, die nur «nach außen» in Aktion treten. Diese Gruppierungen regulieren nicht die «innere Ordnung» der exogamen Dörfer.

Dieser «Dörfer» (Nachbarschaftsgemeinschaften) bestehen entweder aus einer Lineage oder aus mehreren Lineages, die aber nicht nur durch lokale Kontiguität verbunden sind, sondern auch durch genau definierte Solidaritätspflichten. Die intensive Solidarität drückt sich aus im Exogamiegebot – das allerdings häufig mit einer mutmaßlichen gemeinsamen Abstammung begründet wird. Seine Ergänzung findet das Exogamiegebot in leviratischen Rechten.

Die Solidarität schließt reziproke Rechte und Pflichten, wie sie für Angehörige der gleichen Lineage gelten, ein (Fortes 1945: 90). Insbesondere wurde in früherer Zeit die exogame Siedlungsgemeinschaft für ihre Mitglieder in dem Sinne haftbar gemacht, daß ein von ihren Mitgliedern Geschädigter sich an irgendeinem Dorfgenossen durch gewaltsamen Zugriff entschädigte. Entsprechend blieb Totschlag innerhalb des Dorfes ungerächt.

Zwischen den exogamen Siedlungsgemeinschaften bestehen quasi-Verwandtschaftsbindungen, sei es zwischen Siedlungsgemeinschaften als solchen oder zwischen ihren Segmenten, so daß zwar die «kritischen Normen» der quasi-agnatischen Verwandtschaft nur zwischen den unmittelbar bezogenen Segmenten gelten – insbesondere bewaffnete Konflikte zwischen ihnen verbieten –, aber dennoch die

---

[14] Fortes gebraucht einen clan-Begriff, der sowohl von Murdocks Sprachregelung wie von jener seiner englischen Kollegen abweicht.

Beziehungen zwischen den nicht verwandten Segmenten quasi verwandtschaftlich modifiziert werden. Durch die Vermittlung solcher verwandtschaftlicher Beziehungen werden verschiedene «clans» und Dörfer in eine Kette von Bindungen [15], die ein spezifisches Verhalten implizieren, gebracht.

Diese Verzweigung von clanship ties ist besonders bei den «echten» Tali ausgeprägt:

> «They have some twenty-five territorially adjacent, composite clans interlinked by a network of clanship ties that embraces some clans of Goris as well. Thus every maximal lineage has its specific field of clanship, overlapping but not identical with that of any other maximal lineage of the same clan» (APS 244 f.).

Das segmentäre «Feldprinzip» stellt ein Gleichgewicht von Verpflichtungen dar, durch die bestimmte Lineages zu Vermittlern zwischen Lineages verschiedener exogamer Siedlungsgemeinschaften werden: Verwandtschafts- und Lokalbindungen werden ausgeglichen, die strukturelle Vermittlerrolle der Mitglieder einer solchen als Zwischenglied fungierenden Lineage eignet sich zur Beilegung von Konflikten. Die Tatsache, daß Konflikte sich so lange ausweiten, bis sie eine Gruppe mit «geteilter Loyalität» erreichen, ermöglicht die Anwendung von Gleichgewichtsmodellen auf die Tallensi.

Durch die Vielzahl sich überschneidender sozialer Kreise, durch das «Feldprinzip», findet eine lockere Vergesellschaftung der «echten» Tali statt, wobei das innerhalb dieser Einheit wirkende Feldprinzip charakteristischerweise nicht auf die Tali beschränkt bleibt, sondern einzelne Tali mit Nicht-Tali-Lineages verbindet.

Sowohl die politischen Einheiten maximaler Größe wie die Dörfer sind «überverwandtschaftliche» Gemeinschaften, sie bestehen aus verschiedenen agnatischen Gruppen, deren Mitglieder sich allerdings quasi-verwandtschaftlich gegeneinander verhalten. Das Prinzip der Vergesellschaftung ist überverwandtschaftlich, aber ihre konstitutiven Einheiten, die Elemente und die Normen, an denen sich das Handeln der Mitglieder dieser Einheiten orientiert, sind verwandtschaftlich:

> «In the social philosophy of the Tallensi ... kinship is the model of all social ties between individuals and groups» (M. Fortes 1945: 115).

---

[15] «Chains of clanship» (M. Fortes 1945: 90).

INTEGRATIONSFORMEN

An die einzelnen Lineages, und nicht an die Siedlungsgemeinschaft als solche, kann eine «nicht-ebenbürtige» Abstammungsgruppe angeschlossen sein. Ihre Mitglieder sind im Alltag vollwertige Genossen, doch sind sie rituell (bei Opferhandlungen) und damit auch für den Zugang zu den Ämtern diskriminiert. Die Mitglieder einer solchen Gruppe sind Nachkommen von Sklaven oder von matrilateralen Verwandten mit irregulärer postnuptialer Residenz oder der illegitimen Kinder einer Lineage-Schwester.

Die maximalen Lineages haben eine genealogische Tiefe von 11–14 Generationen. Die Lineage ist vor allem eine Kultgemeinschaft, die bei Opfern am Schrein des Lineage-Ahnherrn und bei Begräbnissen ihrer Mitglieder [16], aber auch zu rituellen Anlässen einer anderen Lineage auftritt. Die Lineage ist aber nicht einfach die Summe der agnatischen Nachkommen eines Ahnen, sie hat eine segmentäre Struktur:

> «Every person belongs to a hierarchy of lineage segments lying between the minimal and the maximal limits of his maximal lineage. Different orders of segmentation become relevant for his conduct in different degrees and in accordance with the variations in the social situation. As a farmer, for instance, his productive activities are mainly determined by his membership of his minimal lineage. If he wishes to marry, membership of his maximal lineage is one of the factors limiting his choice of a bride; but the completion of the jural formalities is governed by his membership of a segment of intermediate order» (M. Fortes 1949: 7).

Die Lineagerolle ist also nach sozialen Situationen differenziert. Die Generationsstufe und numerische Größe der einzelnen Segmente kann auch Fortes nur sehr ungenau angeben. Der Rollenrelativität entspricht die Relativität der Gruppenzugehörigkeit: beim Tode des Hauptes eines kleinen Segments erscheinen in der Regel nur die Häupter der Segmente, die auf der gleichen genealogischen Ebene liegen und dem gleichen nächsthöheren Segment angehören, nicht aber der Älteste der maximalen Lineage, sofern er nicht gerade zu einem dieser Segmente gehört.

Das kleinste Segment, die Großfamilie, ist die Produktionseinheit, wobei allerdings die Kernfamilien weitgehende wirtschaftliche Autonomie haben können. Der der nächsthöheren Segmentationsstufe

---

[16] Auch der verheirateten Lineagetöchter.

entsprechenden Gruppe, die Fortes nuclear lineage nennt und deren Genealogie 4-6 Generationen umfaßt, gehört das Land, ihre Mitglieder partizipieren noch gemeinsam an den mit dem Brautpreissystem verbundenen Rechten und Pflichten.

3.25 Konkomba

Trotz eines gemeinsamen kulturellen Hintergrundes und ähnlicher Prinzipien der politischen Organisation unterscheiden sich die Konkomba von den Tallensi erheblich in der Reichweite der sozialen Beziehungen. Zwar zählen die Konkomba etwa 16 000 Menschen mehr als die Tallensi, doch ist der Zusammenhalt der Konkomba schwächer. Tait berichtet, daß auch die erwachsenen Männer selten mehr als sechs Stämme mit Namen kennen [17].
Es fehlten soziale Kontakte zu den Invasoren, den Dagomba, während die Tallensi nicht nur mit Splittern der Herrenschicht vergesellschaftet waren, sondern auch mit dem eigentlichen Herrschaftsgebiet Beziehungen unterhielten. Diese Kontakte wurden ergänzt durch solche zu benachbarten akephalen Aggregaten.
Die größte politische Einheit der Konkomba war der «Stamm» — zwischen den Stämmen herrschte permanente Feindseligkeit, die sich immer wieder zu kollektiven Gewalttätigkeiten, zu «Stammeskriegen», zuspitzte, die allerdings in keiner Weise verbandsmäßig organisiert waren. Die Stammeseinheit war immerhin so stark entwickelt, daß sich bei solchen Kämpfen nicht Mitglieder bestimmter Lineages, sondern Stammeskrieger gegenüberstanden. In der Regel erkennen sich die Stammesmitglieder an der gemeinsamen Gesichtstätowierung (TWR 168). Lineages eines Stammes nehmen an rituellen Anlässen einer anderen Lineage teil. Der Stamm bildete eine Rechtsgemeinschaft: innerhalb dieser Einheit konnte eine Fehde noch rituell beigelegt werden.
Die Größe der Stämme schwankt zwischen 2 000 und 6 000 Individuen (D. Tait 1953: 220). Das steht in deutlichem Unterschied zu der vergleichbaren Einheit der etwa 10 000 Hügel-Tali.
Tait bezeichnet nicht den Stamm als größte politische Einheit, sondern die Siedlungsgemeinschaft [18], die territorial genau abgegrenzt

---

[17] Tait selbst ist die Zahl der Stämme nicht bekannt (1953: 220).
[18] Tait bezeichnet sie als Clan (TWR 168), da Exogamie aber kein Kriterium ist,

ist. Sie kann exogam sein - besteht dann entweder aus einer Lineage oder zwei moiety-Charakter tragenden «contrapuntal clans» - oder auch nicht - d.h. sie kann aus mehreren Lineages bestehen. Im letzteren Fall gibt es keinen bekannten gemeinsamen Ahnherrn, sondern nur die Überlieferung gemeinsamer Abstammung von einem unbekannten Ahnen (TWR 169).

Die Siedlungsgemeinschaften der Konkomba sind bedeutend kleiner als die der Tallensi - sie umfassen durchschnittlich 300 Individuen -, waren früher aber wohl etwas größer (TWR 201). Dem entspricht eine geringere genealogische Tiefe der Lineages von nur sechs Generationen (D. Tait 1953: 222). Tait führt das auf ungünstige ökologische Voraussetzungen zurück.

Die autonome Einheit ist die Siedlungsgemeinschaft, die Bedeutung der Lineage scheint in zusammengesetzten Siedlungsgemeinschaften geringer zu sein als bei den Tallensi. Der Landbesitz ist mit Untergruppen der Lineage verbunden (TWR 181). Zwischen Lineages verschiedener Siedlungsgemeinschaften können, wie bei den Tallensi, rituelle Beziehungen, reziproke Verpflichtungen (*mantolib*) bestehen (TWR 172). Ebenso gibt es Freundschaftsbeziehungen zwischen benachbarten Lineages, die früher das Ausbrechen von Fehden zwar nicht völlig verhinderten, aber doch ihre Häufigkeit verminderten (D. Tait 1953: 218).

Das kleinere soziale Feld der Konkomba, der engere soziale Horizont, der sie von den Tallensi unterscheidet, erscheint in einem weiteren wichtigen Unterschied: Während die Tallensi Blutvergießen negativ bewerten, schätzen, wie auch die Monographie Froelichs zeigt, die Konkomba nicht nur die individuelle Tapferkeit, sondern auch den blutigen Kampf hoch.

3.26 Nuer

Die Nuer unterscheiden sich von ihren Nachbarvölkern sprachlich, religiös und durch äußere Kennzeichen wie Tätowierung und Entfernung der unteren Schneidezähne.

weicht sein Clan-Begriff sowohl von der Murdockschen wie der Fortesschen Definition ab. Aus Taits Definitionen geht klar hervor, daß er den Clan durch die Gebietsgemeinschaft definiert: «this is the unit which occupies the territory I call a district» (ibid.).

Doch sonst fehlten, vor dem Auftreten der Propheten, nationale Instanzen oder andere Institutionen, die einer Einheit des Nuervolks Ausdruck verliehen hätten. Andererseits verstärkten das ständige Vordringen in von anderen Völkern besetztes Gebiet (Dinka, Anuak) und immer wiederkehrende Raubzüge in das Gebiet der Dinka das ethnische Gemeinschaftsgefühl.

Die Nuer gliedern sich in 15 Stämme (P. Howell 1954: 17)[19]. Der Stamm ist die größte traditionelle politische Einheit (APS 278). Die Größe der Stämme schwankt zwischen wenigen 1000 und wächst von Westen nach Osten, was wohl mit den im letzten Jahrhundert erfolgten Expansionen der Nuerstämme und im Gefolge davon der Absorption großer Dinka-Gruppen zu erklären ist (APS 281, Evans-Pritchard 1940a: 117) bis zu über 60 000[20]. Der Stamm ist eine souveräne, Gebietshoheit ausübende Einheit: die Weidegebiete und Fischrechte dieses Gebiets hat der Stamm für seine Mitglieder monopolisiert. Evans-Pritchard erklärt das hohe Integrationsniveau der Nuer wie anderer Hirtenvölker Ostafrikas mit der ökologischen Notwendigkeit, die während der Trockenzeit knapp werdenden Weideplätze in größeren Gruppen zu benutzen.

In politischer Hinsicht noch bedeutsamer ist allerdings die Notwendigkeit für die einzelnen Großfamilien, sich zum Schutz der großen Herden mit anderen Großfamilien zusammenzuschließen (E. Evans-Pritchard 1940a: 17).

Der politische Charakter des Stammes erscheint nach außen als kriegerische Kampfgemeinschaft, die der Verteidigung und Erweiterung der Gebietshoheit diente. Die junge Mannschaft des Stammes ging geschlossen auf alljährliche Viehraubzüge gegen die Dinka. Aber auch gegen andere Nuerstämme wurden gelegentlich Stammeszüge geführt, obwohl häufig nur ein Segment eines Stammes ein Segment eines anderen Stammes bekriegte. Geriet ein Segment jedoch in ernste Bedrängnis, so bestand für die anderen Segmente des Stammes Beistandspflicht.

Die politische Solidarität fand symbolischen Ausdruck in der Identifikation der Mitglieder mit dem Stammesnamen und in einem Ritus, der die endgültige Trennung eines Mannes von seinem Stamme voll-

---

[19] Bei statistischen Angaben beziehe ich mich häufig auf Howell, da er eine größere regionale Kenntnis als Evans-Pritchard besitzt. Eine wichtige Ergänzung sind vor allem seine Beobachtungen der rechtlichen Institutionen.
[20] In APS 278 gibt Evans-Pritchard als Höchstzahl 30 000–40 000 an.

zog. Der Erde-Wasser-Trunk bestätigte noch in der Negation die starke Bindung an das vom Stamm besetzte Gebiet.

Die politische Einheit des Stammes schloß Allianzen mit Nachbarstämmen, vor allem zu Raubzügen gegen die Dinka und Anuak, nicht aus. Ein rudimentäres Nationalgefühl zeigte sich darin, daß, im Unterschied zu den Dinkazügen, in Stammeskriegen Frauen und Kinder, Hütten und Ställe geschont wurden.

Der Stamm bildete eine Rechtsgemeinschaft: die Tötung eines Stammesgenossen konnte durch Wergeld kompensiert werden – es gab aber keinen Schlichtungsmechanismus, der den Ausbruch eines Kampfes zwischen zwei Stämmen nach einem Totschlag verhindert hätte. Auf der anderen Seite verhinderte der Schlichtungsmechanismus nicht, daß Fehden als Folge eines Totschlags ausbrachen und sich lange zwischen Stammessegmenten hinzogen.

Immerhin wurde die Fehde zwischen Stammessegmenten als ein gegen die Solidaritätsnorm verstoßender Zustand aufgefaßt. Ließ sich längere Zeit keine Beilegung der Fehde erreichen, bedeutete diese «Verewigung» des Kampfes das Ausscheiden eines Segments aus dem Stammesverband. Evans-Pritchard denkt dabei in erster Linie an die Spaltung eines Stammes in zwei Stämme (APS 278), doch ist auch die Möglichkeit zu berücksichtigen, daß nur ein kleineres Segment absplitterte und sich einem anderen Stamm anschloß.

Ein Stamm gliedert sich in territoriale Segmente, die selbst wieder zweifach unterteilt sind. Die unterste territoriale Einheit besteht aus mehreren Dörfern und bildet häufig eine Gemeinschaft auf gemeinsamen Weideplätzen.

Unsere Aufzählung der Merkmale eines Stammes ist noch unvollständig. Hinzu kommt die Identifikation eines Stammes mit einer exogamen Lineage, die Evans-Pritchard als «dominant» oder als «aristokratisch» bezeichnet. Mit dieser Lineage sind andere Lineages meist durch «matrilaterales grafting» assoziiert. Es ist bezeichnend, daß eine Lineage, die in einem Stamm dominant, in einem anderen Stamm wiederum an eine andere dominante Lineage angeschlossen ist. Evans-Pritchard gibt die Zahl der Lineages im Nuerland mit über 20 an (1940a: 93).

Der Stamm war, wenn auch nicht in einem normativen Sinn, so doch tatsächlich, nahezu endogam. Das war eine Folge der fehlenden rechtlichen Garantien für die Erfüllung der aus dem Heiratsvertrag folgenden Verpflichtungen außerhalb des eigenen Stammes, insbe-

sondere: Brautpfandentrichtung bzw. -rückerstattung. Außerdem erschwerte eine zu große räumliche Entfernung zwischen dem Wohnsitz des Bräutigams und dem der Braut die langwierigen Verhandlungen in den einzelnen Phasen des Eheschlusses.
Das Exogamiegebot gilt patrilateral bis 10 (oder mehr) Generationen, matrilateral bis 6–7 Generationen (P. Howell 1954: 83).
Die Streuung der Lineagesegmente über verschiedene Stämme verleiht den politischen Gruppen auf allen Integrationsstufen vom Stamm bis «hinab» zum Dorf überverwandtschaftlichen Charakter. Die Streulage der Lineagesegmente beweist eine erstaunliche Freizügigkeit, die es auch im traditionellen System den Nuer erlaubte, sich in jedem beliebigen Stammesgebiet niederzulassen, mit der Einschränkung, daß ein Mann sich nicht im Gebiet eines Dorfe ansiedelte, wo schon eine Lineage saß, die sich mit seiner eigenen im Fehdezustand befand (E. Evans-Pritchard 1951: 20). Die Struktur der dominanten Lineage artikuliert zwar die politische Integration, liefert «the conceptional framework of the political system» (5), doch sind die politischen Einheiten nach Residenzkriterien gebildet. Die Streuung der Lineages geht so weit, daß auch das Dorf nicht nur aus einer Lineage besteht. Die Lineagesolidarität wird ergänzt durch die lokale bzw. territoriale Solidarität. Andererseits kommt es auch im Dorf selbst zu Auseinandersetzungen zwischen den Segmenten verschiedener Lineages. Die Zerstreutheit der Lineages schloß ein Zusammenhandeln der ganzen Lineage aus.
Winter behauptet, das Dorf sei keine exogame Einheit (TWR 163). Dem stehen aber die Feststellungen Evans-Pritchards entgegen: «All the members of such a village or camp ... are kin» (1951: 4). Evans-Pritchard betont zwar (1940a: 225), daß es keine lokalitätsbezogenen Exogamieregeln gibt, praktisch aber ein Dorf eine exogame Einheit bildet, da ja auch kognatische Verwandtschaft ein Heiratshindernis ist. Nur der neu Zugezogene, noch nicht Verwandte, kann innerhalb des Dorfes heiraten.
Überverwandtschaftliche Integration wird auch durch das Altersklassensystem ermöglicht, obwohl ihm keine politische Bedeutung zukommt. Seine Bedeutung ist in erster Linie in der Regulierung des individuellen Verhaltens zu finden. Insbesondere wird die altersmäßige Gleichheit und Ungleichheit und damit auch Respekt oder Verkehr von gleich zu gleich durch die Zugehörigkeit zur Altersklasse bestimmt. Die Realität des Stammes zeigt sich hier in der zeit-

lichen Koordination der Initiation auf Stammesebene. Doch reicht die Koordination darüber hinaus und umfaßt mehrere Stämme (APS 289).

Jede Altersgruppe wird durch eine rituell ausgebaute Initiation der Jünglinge im Alter zwischen 14–17 Jahren gebildet. Das Personal einer Altersgruppe verändert sich (abgesehen von letalem Schwund) nicht mehr nach Schluß der Initiationsperiode. Die Initiationszeit wird von einer besonderen Instanz, einem «Herrn der Rinder», eröffnet; sie dauert etwa sechs Jahre. Zwischen Ende eines age-set und der Eröffnung eines neuen age-set vergehen vier Jahre.

Da jede Altersgruppe bis zum Tod ihrer Mitglieder geschlossen bleibt und geschlossen die verschiedenen Altersstufen durchläuft, gibt es keine Altersklassen mit spezifischen politischen Funktionen, die einander verdrängen oder in die die einzelnen nach erneuter Initiation aufgenommen werden.

Die Altersgruppen bildeten auch keine militärischen Regimenter. Die Kampfeinheiten bildeten sich auf lokaler bzw. territorialer Basis (APS 289).

Wie die Tiv kennen auch die Nuer das Verbot, Töchter der Altersklassengenossen zu heiraten. Evans-Pritchard gibt leider keinen Aufschluß darüber, ob das gleiche Motiv als Heiratsbarriere wirkt wie bei den Tiv. In diese Richtung weisende Angaben finden sich aber bei Howell[21].

Die erfolgreichen Raubzüge gegen die Dinka hatten zweifellos einigende Wirkungen für die Nuer. Evans-Pritchard bestimmt das Verhältnis von Außen-Aggressivität und innerer Integration für die Nuer folgendermaßen:

> «The relations between social structure and culture are obscure, but it may well be that had the Nuer not been able to expand at the expense of the Dinka, and to raid them, they would have been more antagonistic to people of their own breed and the structural changes which would have resulted would have led to greater cultural heterogeneity in Nuerland than at present exists» (1940a: 131f.).

---

[21] «Common initiation brings about an association similar to kinship. This is symbolized in the giving of the cow of the age-mate *(Yang ric or ruath ric)*. To marry the daugther of an age-mate is to bring him into category of father-in-law; the avoidance due to the latter is incompatible with the conventional familiarity which exists between age-mates» (1954: 84).

Demgegenüber betont Sahlins (1961), daß die Nuer durch organisatorische Überlegenheit überhaupt erst in der Lage waren, die als Kollektiv weit zahlreicheren Dinka (die Zahlen lauten 300 000 zu 900 000) immer wieder zu plündern. Daß sich das Verhältnis nicht umkehrte und daß die Nuer das Ausbeutungsverhältnis so lange aufrechterhalten konnten, bedarf freilich einer Erklärung. Die Erklärung Sahlins, daß die Erfolge dem größeren massing-effect zuzuschreiben sind, trifft auf das Verhältnis Nuer und Dinka zu.
Während die Nuer etwa 20 Lineages zählen, gibt es allein bei den westlichen Dinka mehr als 100 verschiedene totemistische UDG (TWR 104). Große Nuerstämme zählen bis zu 60 000 Individuen, während die entsprechende maximale Ziffer bei den Dinka nur 25 000 beträgt. Die Ziffern messen vergleichbare Einheiten, da «Stamm» in beiden Fällen sowohl die größte Einheit mit territorialem Souveränitätsanspruch wie die größte Einheit, innerhalb deren Kompensation möglich war, bezeichnet. Allerdings war die politische, insbesondere die militärische Bedeutung des Nuer-Stammes größer als bei den Dinka, wo die wichtigste politische Einheit die Untergruppe des Stammes war – ein weiterer Beweis für den geringeren Massierungseffekt der Dinka.

3.27 Staffelung von unilinearen Abstammungsgruppen in segmentären Gesellschaften

Wie verträgt sich aber die Existenz dominanter Lineages mit der hier verwandten Definition «segmentäre Gesellschaft»? Zunächst kann man diese Frage damit beantworten, daß in Kenntnis der Nuer und anderer Ethnien, deren Lineages nicht territorial kompakt, sondern gestreut liegen, die Gleichheit des Ranges nicht zum Kriterium der segmentären Gesellschaft gemacht wurde.
Es bleibt gleichwohl zu fragen, welche Ungleichheiten zwischen dominanten und anderen Lineages innerhalb eines Stammes bestanden. Auch Evans-Pritchard hält die Existenz dominanter Lineages in einer sonst an Gleichheitsnormen orientierten Gesellschaft für erklärungsbedürftig. Seiner Frage: «How can it be explained that among a people so democratic in sentiment and so ready to express it in violence a clan is given superior status in each tribe?» weicht er freilich mit einer teleologischen «Erklärung» aus: «In the absence of

political institutions providing central administrations in a tribe and co-ordinating its segments, it is the system of lineages of its dominant clan which gives it structural distinctness and unity by the association of lineage values, within a common agnatic structure, with the segments of a territorial system» (1940a: 235).

Evans-Pritchard hebt ausdrücklich hervor, daß dominante Lineages zwar ein größeres Prestige hatten, aber darüber hinaus keine materiellen Vorrechte genossen. Diese Ansicht vertrat vor ihm bereits die Missionarin Ray Huffman (1931). Seine Behauptung, die dominanten Lineages hätten nicht bestimmte rituelle Instanzen monopolisiert, wird allerdings von Howel und Lewis bestritten, immerhin scheint sie auf die Lou zuzutreffen. Aber auch, wenn die Hypothesen von Lewis und Howell anerkannt werden, bleibt zu berücksichtigen, daß mit den rituellen Instanzen keine nennenswerten Privilegien verbunden waren. Die Tatsache, daß der dominanten Lineage eines Jikany-Stammes sogar Dinka-Herkunft nachgesagt wurde, legt selbst eine Einschränkung der These vom größeren Prestige dominanter Lineages nahe. Was bedeutet dann noch das Epitheton «aristokratisch»? Es bezeichnet in erster Linie die Tatsache, daß eine solche Lineage das Stammesgebiet als erste besetzt hatte oder auch als stärkste Gruppe in das Gebiet eingedrungen war. Eine solche Lineage galt als «Eigentümer des Bodens», und aus dieser Assoziation mit dem Boden ist auch die Appropriation ritueller Funktionen, die einen mystischen Bezug zur Erde haben, zu verstehen. Darin liegt die später noch zu erläuternde Ähnlichkeit des Leopardenfellpriesters mit dem altsudanischen Erdpriestertum.

Zur Unterscheidung von Angehörigen der dominanten UDG *(diel)* und der gewöhnlichen UDG *(rul)* kam die Unterscheidung hinzu, ob ein einzelner oder eine Gruppe von Dinkaherkunft war oder nicht. Die letztere Unterscheidung wurde vor allem für Wergeldzahlungen wichtig: für erschlagene Dinka wurden erheblich weniger Rinder als Wergeld gezahlt als für «echte» Nuer[22]. Bei den Jikany wurden für einen echter Nuer 40, für einen adoptierten Dinka 20 und für einen nicht adoptierten Dinka nur 6 Rinder Wergeld gezahlt (E. Evans-Pritchard 1940a: 217).

Dieser Minderung der rechtlichen Lage wirkte allerdings – wie schon aus der Wergeldstaffelung ersichtlich – die Assimilation entgegen. Die Dinkagruppen, die ständig unter die Gebietshoheit von einge-

---

[22] Evans-Pritchard 1940a: 154, Howell 1954: 56.

drungenen Nuerstämmen kamen, wurden zu einem großen Teil in die Nuerlineages eingegliedert – sei es durch Adoption, sei es durch Konnubium und die daraus resultierende kognatische Verwandtschaft. Es handelt sich um eine Assimilation sehr großer Gruppen: «Persons of Dinka descent form propably at least half the population of most tribes» (1940a: 221). Schilde behauptet sogar: «Bis 80% mag bei den Lou fremder, besonders von Dinkaherkunft sein» (1947: 361). Im Verlauf einiger Generationen verwischten sich die genealogischen Unterschiede. Aber auch zu Beginn der Absorption hatte – vom Wergeld abgesehen – die Fremdstämmigkeit keine Diskriminierung zur Folge. Dinka und Dinkaabkömmlinge waren den anderen Nuer völlig gleichgestellt, hatten volles «Bürgerrecht». Ihre Herkunft war nur für Exogamie und die rituellen Anlässe relevant (ibid.).

Nicht absorbierte Dinka- und Anuakgruppen, die sich als Enklaven im Nuerland halten konnten, zählten nicht als Nuer, gehörten von den Nuer aus gesehen nicht zur Gesellschaft. Die Nuer haben also die vollständige Assimilation der ihrer Gebietsherrschaft unterworfenen Dinka der kastenmäßigen Überschichtung und der ökonomischen Ausbeutung «vorgezogen». Das ist um so erstaunlicher, als dem Assimilationsprozeß ja die Unterwerfung vorausging. Es stellt sich die Frage, warum die Nuer die Unterwerfung nicht aufrechterhalten haben, obwohl sie militärisch dazu in der Lage gewesen wären. Ethnische Überschichtung auf Dauer und mit Ausbeutungseffekt ist, wie das Beispiel der Swat-Pathanen zeigt, auch ohne Zentralinstanz möglich. Man kann auch nicht behaupten, daß eine wirtschaftliche Ausbeutung technisch nicht möglich gewesen wäre:

Herden sind ökonomische Dauerwerte. Es bestand die Möglichkeit, ein weiteres Abhängigkeitssystem, das auf Viehleihe beruhte, zu errichten. Im Unterschied zu den ostafrikanischen Königreichen, in denen Großviehzüchter Feldbauern überlagerten, fehlte allerdings eine schichtspezifisch interpretierbare Differenz der Wirtschaftsstufen; beide ethnische Gruppen waren transhumante Großviehzüchter, welche den Feldbau nur, soweit er unerläßlich war, betrieben.

Die stärkste Erklärung der Assimilation der Dinka- und Anuakgruppen liefert Schaperas Hypothese, daß die ethnische Überlagerung nur eintritt, wenn die beiden Gruppen kulturell oder rassisch sehr verschieden sind [23].

[23] «It is apparently only when incorporated peoples differ appreciably from

INTEGRATIONSFORMEN

Schapera illustriert seine These mit den unterschiedlichen Fällen der Tswana und Ndebele einerseits und der Zulu andererseits. Während die westlichen Tswana und die Ndebele sprachlich und kulturell fremde Gruppen eingliederten und diese den Status von Hörigen erhielten, assimilierten die Zulu nur kulturell sehr nahestehende Gruppen, wobei es zu keiner Kastenbildung kam.

Hottentottenstämme assimilierten die Mitglieder anderer Hottentottenstämme zu gleichem Recht, während Bergdama oder Buschmänner einen schlechteren Status erhielten (1956: 132). Schaperas Hypothese wird auch durch die Sozialsymbiose der Masai mit den jägerischen Dorobo bestätigt (Oberg APS 126). Evans-Pritchard führt die Assimilation der Dinka auf das ähnliche soziale System zurück (1940a: 125).

Die Nuer unternahmen auf territoriale Expansion gerichtete Kriegszüge nicht nur gegen Dinka und Anuak, sondern versuchten auch, Stämme des eigenen Volkes aus ihren Territorien zu verdrängen.

Dabei gerieten größere Gruppen eines anderen Stammes unter die Gebietshoheit des erobernden Stammes; hier war der letzte, nicht der erste Okkupant die dominante Lineage. Dem Rangunterschied zwischen dominanten Lineages und gemeinen Lineages liegen also sehr verschiedene historische Tatbestände zugrunde. Die Usurpation der Gebietshoheit konnte auch zu einer genealogischen Inkorporation des angegliederten Stammesteils führen (P. Howell 1954: 182 n 1).

Die Bedeutung der kulturellen und rassischen Ähnlichkeiten für die Frage der Assimilation oder der Unterordnung von Gruppen zeigt sich an einer Determinante des Verhältnisses von Eroberer- zu Grundbevölkerung: nämlich im Heiratsverhalten. In den lakustrinen Königreichen errichteten die Eroberergruppen eine Heiratsschranke zwischen sich und der eroberten Bevölkerung und verfestigten so die ursprüngliche ethnische Schichtung [24]. Hingegen bestanden zwischen Nuer und Dinka auch vor der Annexion von Dinkaterritorien Hei-

---

those of the nuclear stock in language and culture, and above all race, that they are relegated to a position of marked social inferiority and economic exploitation» (J. Schapera 1956: 207).

[24] Eine Ausnahme bildet Buganda. Außerdem gab es z. B. in Ankole Abweichungen von der Endogamie, z. B. in der Form der Hypogamie. Die Kinder solcher Ehen gingen aber entweder zur ärgeren Hand oder bildeten eine eigene Zwischenkaste.

ratsbeziehungen [25]. Rassische und kulturelle Unterschiede erschweren zweifelsohne die Aufnahme von Heiratsbeziehungen, schon bevor die Begrenzung des Zugangs zu Herrschaftsrollen zum klaren Programm der Herrenschicht wird. So scheitern Heiratsbeziehungen zwischen Stämmen, die sich weder sprachlich, noch im politischen System, noch wirtschaftlich unterscheiden, schon an Unterschieden in Speisetabus oder der Beschneidungspraxis. Vergleiche zwischen Pariagruppen [26] und Klientengruppen zeigen, daß Klientengruppen zwar in minderer oder sogar prekärer Rechtslage sein können, für sie aber eine Chance besteht, im Lauf der Generationen die Rechtsgleichheit zu erreichen. Dies läßt sich darauf zurückführen, daß durch Einheiraten Mitglieder der patronalen Gruppe Interessen an einem besseren Rechtsschutz für Angehörige der Klientengruppe erwerben. Wenn aber infolge der Endogamie affinale Schutzgruppen nicht entstehen, dann ist es wahrscheinlich, daß auch die prekäre Rechtslage perpetuiert wird [27].

Auch für andere segmentäre Gesellschaften liegen Angaben über Klientengruppen vor. Während bei den Tiv bis zu 20% der Bewohner eines *tar* Fremde in dem Sinne sind, daß sie nicht zum *ipaven*, der die anderen 80% eines *tar* stellt, gehören, gibt Winter für die Amba teilweise höhere Zahlen an. In fünf von Winter untersuchten Dörfern beträgt der Prozentsatz der Zugezogenen 13, 17, 27, 34 und sogar 49 (1956: 96). Dazu ist freilich zu bemerken, daß bei den Amba viele Zuzügler sich nur vorübergehend in der fremden Siedlung aufhalten und schließlich wieder zum Dorf ihrer Lineage zurückkehren. Außerdem haben wahrscheinlich moderne, die horizontale Mobilität stimulierende Bedingungen, wie z. B. «cash crops» die Zahlen nach oben getrieben.

Vom Heiratsverhalten gegenüber Klientengruppen ist jenes zu fremden Stämmen zu unterscheiden. Die Amba schauen auf die Pygmäen

---

[25] Along the Nuer-Dinka border inter-marriage was frequent» (E. Evans-Pritchard HRAF 53).
[26] Im Sinne meiner Definition: «Pariagruppe nenne ich eine innerhalb eines sozialsymbiotischen Verbands endogam lebende Gruppe in prekärer Rechtslage» (1965: 327 f.).
[27] Ein klares Beispiel für die Bedeutung affinaler Schutzgruppen für die rechtliche Assimilation von Klientengruppen bieten die Inland-Mandari. Vgl. dazu die Arbeiten von J. Buxton (TWR 1963), meine Besprechung der Monographie von Buxton und meine Aufsätze zum Pariaproblem (1965).

herab, mit denen sie in Sozialsymbiose leben. Allerdings erwidern diese Jäger und Sammler diese Einschätzung, da sie ihrerseits die Feldarbeit verachten (E. Winter 1956: 5). Auch sind Heiraten zwischen Mitgliedern der beiden Bevölkerungsgruppen nicht verboten – im Unterschied zum strikten Heiratsverbot bei den Ekonda und anderen Mongogruppen, deren Sozialsymbiose mit den Twa allerdings auch ähnlich wie bei den Amba durch eine feste Zuordnung von Gruppen beider Kategorien bestimmt ist. Bei den Ekonda haben sogar die Twagruppen die gleichen Genealogien wie ihre patronalen Otogruppen. Die starke ethnische Endogamie der Tiv, die nur durch die Heirat mit Frauen von Nachbargruppen (Hypergamie) abgeschwächt wurde, erkennt man noch im Bekenntnis eines aufgeklärten Mannes wie Akiga: «Ich bin ein echter Tɪv, ungemischt mit anderer Art» (1942). Erst seine Konversion zum Christentum ließ ihn den Ethnozentrismus überwinden. Da er keine christliche Tivfrau finden konnte, rang er sich dazu durch, eine Christin zu heiraten, die nicht zu den Tiv gehörte:

> «Ich überlegte lange hin und her, bis endlich mein Gewissen zu mir sagte: Akiga, du sollst nicht mehr sagen, du werdest nur eine Munschi[28]-Frau heiraten. Alles Geschaffene ist von Gott, wir alle stammen von einem Vater und einer Mutter, nur durch eigene Schuld haben unsere Väter sich getrennt und sind verschiedene Völker geworden. Das führte mich dahin, daß ich niemand mehr um seines Volkstums willen verachtete, aber ebensowenig fürchtete ich, daß ein Angehöriger eines anderen Volkes mich an Wert übertreffen könnte» (1942).

Middleton gibt einen Lugbaraspruch wieder, aus dem die Rechtlosigkeit von Klienten und ihre Gleichstellung mit Hexern hervorgeht: einen Hexer konnte man behandeln «‹like a thing: he is not a person, a man of our lineage, but a thing›»; Middleton fügt erläuternd hinzu: «a client could be killed by his host, as he was not susceptible to ghostly sickness» (1960: 243).

Da in der Vorstellung der Lugbara Hexerei auch gegen Nicht-Verwandte möglich ist (243), richtet sich der Verdacht vorzugsweise gegen Klienten. Die unklare Vergangenheit von Fremden, ebenso wie der aus ihrem minderen Status rührende Neid gegen die patronalen Gruppen werden als Begründung für den Verdacht angegeben.

---

[28] Das ist die Haussabezeichnung für die Tiv.

Auch heute noch werden streitsüchtige Klienten bei Auseinandersetzungen als Hexer verdächtigt (242).
In der gleichen Situation, Objekte risikofreien Hexereiverdachts zu werden, befinden sich auch die fremdstämmigen, meist zu den Ndu gehörenden Schmiede (242).
Andererseits sind die Klienten bei den Lugbara trotz ihrer prekären rechtlichen Lage, die sich darin symbolisiert, daß sie nicht unter dem Schutz der Ahnen der patronalen Gruppe stehen, nicht als Paria zu bezeichnen. Aus einer Bemerkung Middletons ist zu entnehmen, daß Klienten Töchter patronaler Lineages heiraten konnten [29].
Lugbara-Splittern gelang es sogar auf fremdem Territorium, nämlich bei den Inland-Mandari, die vorher dominanten Bora-Gruppen auf den Stand von Klientengruppen zu drücken (J. Buxton 1963: 27, 30, 50). Hier bildeten sie ein Gauhäuptlingstum aus, also eine stärkere Instanz, als es sie im Kernland gegeben hatte. Ähnliches gelang den Nachkommen eines Dinka (27). Es zeigt sich also, daß in segmentären Gesellschaften keinesfalls alle Untergruppen «gleich» sind [30]. In einem späteren Teil [31] werden wir sehen, daß solche Ungleichheiten die Chance endogener Herrschaftsbildung erhöhen. Auf der anderen Seite zeichnen sich segmentäre Gesellschaften durch eine hohe Assimilationsgeschwindigkeit aus. Sie tendieren zur Aufhebung, nicht zur Verfestigung des Fremdheitsstigmas koresidentieller Gruppen.

3.3 Zwei notwendige Bedingungen für hohes Integrationsniveau segmentärer Gesellschaften

Es lassen sich zwei notwendige Bedingungen für die Existenz in UDG organisierter akephaler Gesellschaften angeben:
1.
eine bestimmte Wirtschaftsstufe
2.
Patrilinearität als dominantes Deszendenzprinzip

---

[29] «Clients were also given wives in exchange for service» (1962: 564).
[30] Im Teil 5. über die Arten der Ungleichheit wird diese Form der Ungleichheit nicht nochmals aufgeführt.
[31] Abschnitt 6.3: Entstehung von Zentralinstanzen durch Klientelbeziehungen.

3.31 Wirtschaftsstufe

Worsley formuliert die Hypothese, «that, as in Taleland, the existence of valuable material property in productive resources is a precondition for the formation of corporate lineages» (1956: 69).
Worsley hebt wohl auf die Abgrenzung gegen Wildbeuter ab: aber hier ist die Bildung größerer Gruppen schon durch die ökologisch bedingte niedrige Bevölkerungsdichte ausgeschlossen. Andererseits findet in segmentären Gesellschaften noch da eine Kooperation von Gruppen statt, wo keineswegs mehr gemeinsames «Eigentum» im Erbgang innerhalb dieses Gruppenverbandes verteilt wird, Gruppen aber gleichwohl als politische Einheit (in Form militärischer Bündnisse etwa) auftreten.
Während der Unterschied zwischen einfach-segmentären und polysegmentären Gesellschaften in der materiellen Ausrüstung klar ist, ist beiden Typen gemeinsam, daß die größte zusammenhandelnde Einheit exklusive territoriale Rechte beansprucht, die man im Unterschied zu den Eigentumsrechten («property-rights») der Untergruppen am Grund und Boden als Souveränitätsansprüche bezeichnen kann [32]. An dieser Tatsache endet auch die Brauchbarkeit des «Verbands»-Begriffs (corporate group), den Jack Goody (1961) seinem Begriff der Unilinear Descent Group zugrundelegt. Er hat allerdings selbst seinen Versuch desavouiert, die ‹corporate group› durch gemeinsames Eigentum zu definieren, indem er auch «immaterielles Eigentum» als ausreichend für die ‹corporate group› bezeichnet.
Worsleys Hypothese sollte darum so formuliert werden: Segmentäre UDG gibt es nur in Gesellschaften, in denen Landparzellen oder Herden vererbt werden können, also nicht in Wildbeutergesellschaften. Worsley behauptet, daß segmentäre UDG durch die Teilung von Produktionsmitteln im Erbgang entstehen. Er kann aber damit die Existenz größerer UDG, die als Gesamtheiten kein Eigentum besitzen, nicht erklären. Die Tatsache, daß Wildbeuter keine segmentären UDG besitzen, läßt sich viel einfacher durch die auf dieser Wirtschaftsstufe unvermeidliche geringe Bevölkerungsdichte, insbesondere die großen Distanzen zwischen schweifenden Gruppen erklären.

[32] Zur Unterscheidung zwischen Souveränität und Eigentum in der Rechtsethnologie: E. W. Müller 1961: 63.

3.32 Patrilinearität

Die Tatsache, daß sich in unserem sample nur patrilineare Gesellschaften finden, legt die Vermutung nahe, daß akephale Gesellschaften nur dann *große* Integrate (wie z. B. die Nuerstämme, die bis zu 60 000 Mitgliedern zählen) bilden, wenn ihre politischen Einheiten patrilinear organisiert sind.
Murdock führt als Bedingung für ein uxorilokales Residenzsystem das Fehlen überlokaler politischer Integration und geringe Frequenz kriegerischer Aktivitäten an (1949: 205). Fragt man umgekehrt nach der Abhängigkeit der politischen Integration von unilinearen Prinzipien, läßt sich die Hypothese formulieren, daß matrilineare Deszendenzgruppen nicht in der Lage sind, den gleichen politischen Integrationsumfang und ein ebenso hohes Niveau kriegerischer Aktionen zu erreichen wie patrilineare Gesellschaften. Solche Leistungen sind matrilinearen Gesellschaften nur möglich, wenn Zentralinstanzen vorhanden sind. Thoden van Velzen und Wetering haben (1960) eine Erklärung für diese Tatsache gegeben: sie führen sie auf die Unmöglichkeit für matrilineare Gesellschaften zurück, große powergroups allein nach dem Deszendenzprinzip zu bilden.

4. Politische Führung und soziale Kontrolle in segmentären Gesellschaften

4.1 Definitionen: Führung, Instanz, Zentralinstanz

Als eines der Abgrenzungskriterien für «segmentäre Gesellschaft» wurde das Fehlen einer Zentralinstanz verwandt. Diese wurde definiert als eine Instanz, welche die Befugnis hat, physische Sanktionen zu verhängen und sie durch einen Erzwingungsstab vollziehen zu lassen.

Die folgende Erläuterung dieser Definition beabsichtigt eine Analyse der Verhaltenssteuerung in segmentären Gesellschaften durch die Träger besonderer Rollen. Die Frage, wie soziale Verhaltensregelmäßigkeiten überhaupt zustandekommen und aufrechterhalten werden, wird auf jene Fälle zugespitzt, in denen besondere Personen Normen sichern, anwenden oder setzen[1].

Gegen Mißverständnisse möchte ich vorausschicken, daß die Verhaltenssteuerung durch Instanzen nicht auf die drei Normfunktionen beschränkt ist. Instanzen können nämlich eine weitere Funktion ausüben: die Führungsfunktion. Instanzen steuern das Verhalten anderer Individuen auch in nicht normativ festgelegten Situationen, geben Befehle, die nur als «Norm in einem Falle» gelten und kein bestimmtes Verhalten bei zukünftiger Wiederkehr von Elementen dieser Situation festlegen. Darüber hinaus können Personen andere Personen führen, ohne zugleich soziale Kontrolle über sie auszuüben.

4.11 Führer

Führerschaft ohne soziale Kontrolle, d.h. ohne «offizielle» Reaktion auf Normbrüche, beobachten wir z.B. beim opinion leader. Sie tritt auch dann auf, wenn das Verhalten von Gruppenmitgliedern stark

---

[1] Die Unterscheidung dieser drei Aspekte normativen Verhaltens ist einfach eine allgemeinere Formulierung der klassischen Dreigewaltenlehre. Ich übernehme sie

am Handeln des Führers orientiert ist. Solche Beziehungen entstehen besonders in Problemlösungssituationen. Sei es, daß es um die Lösung eines technischen Problems geht (z. B.: die Überquerung eines Flusses, Bau einer Brücke, Jagd), sei es, daß eine Gruppe sich mit einer fremden Gruppe auseinandersetzen muß. Die Beziehungen zwischen Gruppen können durch besondere Sprecher, welche die Interessen ihrer Gruppe vertreten, artikuliert werden, auch wenn sie weder soziale Kontrolle innerhalb ihrer Gruppe ausüben noch große Entscheidungsbefugnisse haben und wie die Deputierten der Reichsstände des Heiligen Römischen Reiches Deutscher Nation alle Entscheidungen erst «hinter sich bringen», d. h. ihrer Gruppe zur Billigung vorlegen müssen. Diese Form der Repräsentanz ist in einfachen Gesellschaften meist mit der Präsenz der repräsentierten Gruppen bei den Verhandlungen gegeben; die Führer lösen sich aus den sich gegenüberstehenden Gruppen zur Verhandlung und kehren zur Beratung unmittelbar wieder in die Gruppe zurück. Solche Repräsentanten waren z. B. die *ruic Naadh,* die «Sprecher des Volkes», bei den Nuer. Auch in modernen Gesellschaften spielen solche Formen der Repräsentanz eine Rolle, so etwa wenn die von Vertretern der «Sozialpartner» ausgehandelten Vereinbarungen den organisierten Mitgliedern zur Abstimmung vorgelegt werden müssen.
Eine extreme Form der Konfrontation zweier Gruppen ist der physische Kampf. Insbesondere auf Kriegszügen hängt das Verhalten der Gruppe stark vom Handeln des Führers ab. Führung ohne Herrschaft kann auch dann noch vorliegen, wenn sich eine Gefolgschaft hinter einen Führer schart, wenn z. B. die Initiative zum Viehraub, als proklamierter Vision, vom Führer ausgeht und er den Plan entwirft.
Während diese Führerschaft intermittierenden Charakter hat und in der Regel wegen der kurzen Dauer solcher Kriegs- und Raubzüge die sozialen Beziehungen außerhalb dieser ephemeren Situation kaum durch den militärischen Führer beeinflußt werden, verfestigt sich das Verhältnis von Führer und Gefolgschaft in dem Maße, wie die Gefolgschaft zu einer kontinuierlichen und geschlossenen Gruppe wird, die nicht ständig wieder in einer größeren Gruppe aufgeht. Ein solches Gefolgschaftsverhältnis auf Dauer ist bei Wanderzügen

aus Dahrendorfs Aufsatz *Amba und Amerikaner: Bemerkungen zur These der Universalität von Herrschaft* (1964).

gegeben, die unter den hier untersuchten Gesellschaften insbesondere für die Niloten charakteristisch sind, während wir bei den Tiv nur eine gleitende Expansion, mit allmählicher Verschiebung des ethnischen Lebensraums, beobachten können. Hier sind insbesondere die Orientierungsleistungen des Führers von großer Wichtigkeit, außerdem übt er die anderen bereits beschriebenen Funktionen aus. Wie wir bereits sahen, kann zu Anfang eines solchen Wanderzuges eine Auseinandersetzung gestanden haben, in deren Verlauf sich eine Minderheit auf die Seite eines Kontrahenten geschlagen hat (z. B. beim Streit zwischen zwei Brüdern). So steht schon zu Beginn eines Wanderzuges eine starke Orientierung am Führer, unabhängig von seinen Leitungsfunktionen in Problemlösungssituationen. Diese positive Einstellung zusammen mit der Tatsache, daß die Beziehungen zwischen den Mitgliedern der Gefolgschaft nicht mehr von einer größeren strukturellen Gruppe überformt werden, führt, wie in afrikanischen Wanderlegenden berichtet wird, dazu, daß der Gefolgschaftsführer auch das Verhalten der Gruppenmitglieder untereinander beeinflußt, Streitfälle schlichtet, Sanktionen verhängt, womöglich neue Normen des Zusammenlebens proklamiert. Der Führer einer solchen Gefolgschaft übt dann zusätzlich zu seinen Leitungsfunktionen soziale Kontrolle aus. Gelingt es ihm, innerhalb der Gefolgschaft einen besonderen Erzwingungsstab zu gewinnen, so haben wir eine aus Wandergefolgschaft entstandene Zentralinstanz vor uns. Die Anerkennung der Herrschaft eines einzelnen Führers kann auch als Prämie für die erfolgreiche Führung, insbesondere für das Finden eines «gelobten Landes», erfolgen.

4.12 Bemerkungen zu Webers Herrschaftsbegriff

Nachdem ich so bereits dem Abschnitt über die Entstehung von Zentralinstanzen vorgegriffen habe, kehre ich nach der Unterscheidung von Führung und sozialer Kontrolle wieder zur Erläuterung des Instanzenbegriffes zurück. Führung wie soziale Kontrolle durch Instanzen lassen sich unter den Begriff der «Herrschaft», wie ihn Max Weber als «die Chance, auf einen Befehl bestimmten Inhalts bei angebbaren Personen Gehorsam zu finden» (1956: 28) definiert hat, subsumieren. Nun ist zwar Max Webers Nominaldefinition auf eine Gradualisierung angelegt, da uns jedoch über keine einfache Gesellschaft quantitative Angaben über die Effektivitätsquote von Befehlen vorliegen, ist mit dem Befehlskriterium weder eine Abgrenzung von Herrschaftsinstitutionen von anderen sozialen Beziehungen in einer Gesellschaft, noch eine Gradualisierung von Herrschaftsphänomenen, schließlich auch kein interkultureller Vergleich von Herrschaftsformen zu leisten. Statt dessen soll im folgenden ein allgemeiner Instanzenbegriff und als dessen Unterbegriff der Begriff Zentralinstanz aus der Normsicherungsfunktion entwickelt werden.

Dabei muß von vornherein zur Verhütung von Mißverständnissen betont werden, daß die drei Normfunktionen von allen Mitgliedern einer Gesellschaft ausgeübt werden können, präziser: sowohl von einzelnen Mitgliedern wie auch von der Gruppenöffentlichkeit. Instanzen müssen also durch eine besondere Art der Normsicherung charakterisiert werden.

4.13 Klassifikation von Sanktionen und Unterscheidung von Mitgliedern, Instanz, Zentralinstanz

Die Dimension der Normsicherung wird im folgenden nur durch die Reaktion auf Normbrüche mit negativen Sanktionen[2] festgelegt. Die Unterscheidung von nichtzentralen Instanzen und Zentralinstanzen orientiert sich an der Unterscheidung von physischen und nichtphysischen Sanktionen. Obwohl es für diese einzelne Untersuchung nicht so wichtig ist, schicke ich der präzisierenden Unterscheidung von Mitglied, Instanz und Zentralinstanz eine grobe Klassifikation von Sanktionen voraus.

In verfeinerter Version mag sie für spätere Untersuchungen nützlich werden. Ich unterscheide

1. psychische Sanktionen
z. B. Mißbilligung des Normbruchs, Verhöhnung, Verfluchung
Diese Klasse wird nicht allein durch verbale Sanktionen ausgefüllt. Nichtverbale Sanktionen sind z. B. Gelächter, Auspfeifen; zur gleichen Klasse gehört auch der Penisfluch.
2. Distanzierungsaktionen
z. B. Einschränkung oder Abbruch reziproker Beziehungen (z. B.

---

[2] Im folgenden bezeichnet «Sanktion» immer nur negative Sanktionen.

wirtschaftlicher Tauschbeziehungen), Meidung, Boykott, Ausschluß, Friedloslegung

3. materielle Sanktionen

auch Zahlung eines Rindes als Sühnopfer bzw. als Wergeld (Kompensation) = Umwandlung einer physischen Sanktion in eine materielle Sanktion

4. physische Sanktionen

z. B. Verstümmelung, Tötung (auch Lynchung, Giftordal); dazu lassen sich auch Haftstrafen rechnen, die freilich in den hier behandelten Gesellschaften wie in den meisten einfachen Gesellschaften fehlen.

Sanktionen einer Klasse können kombiniert mit Sanktionen einer anderen Klasse auftreten. Während psychische Sanktionen häufig eine Sanktionensequenz einleiten, werden physische Sanktionen oft erst dann vollzogen, wenn ein Normbrecher gegen Sanktionen anderer Klassen Widerstand leistet[3].

Die vorgeschlagene Klassifikation der Sanktionen wird ergänzt durch eine Unterscheidung des Sanktionsverhaltens nach Verhängung und Vollzug der Sanktion. Diese Unterscheidung benötige ich zusätzlich zur Klassifikation der Sanktionen für die Unterscheidung von Zentralinstanzen und anderen Instanzen; sie ist aber auf das Verhalten beliebiger Gruppenmitglieder anwendbar, z. B. dann, wenn trotz Sanktionsankündigung der Sanktionsvollzug aufgeschoben wird oder ein Gruppenmitglied die Sanktion von einem anderen Gruppenmitglied vollziehen läßt. Ein Sonderfall ist die Übertragung eines Sanktionsanspruchs, den ein Gruppenmitglied gegen ein anderes Individuum hat, auf eine Instanz. Der nächste definitorische Schritt besteht in der Abgrenzung von Instanzen gegen die gemeinen Gruppenmitglieder. Eine Instanz sei eine Person oder eine Gruppe von Personen (Gremium), deren Reaktion auf einen Normbruch als besonderes Recht und/oder als besondere Pflicht festgelegt ist. Die Besonderheit kann darin bestehen, daß nur von der Instanz ein Reaktionsverhal-

---

[3] In Paula Browns speziell für die Analyse afrikanischer Gesellschaften vorgeschlagener Klassifikation der Sanktionen (1951: 262) entsprechen die psychischen den «rituellen», die Distanzierungsaktionen den «moralischen», die materiellen und physischen den «legalen» Sanktionen. Brown definiert Sanktion dabei von vornherein als Reaktion einer Instanz («authority»). Ich übernehme ihre Klassifikation deshalb nicht, weil die dritte Klasse sehr mißverständlich bezeichnet ist.

ten überhaupt erwartet wird, oder daß sich die Reaktion der Instanz von den Reaktionen von anderen Mitgliedern unterscheidet. Eine solche Besonderheit liegt auch dann vor, wenn eine Person, die nicht Normbenefiziar ist, erst durch ihre Reaktion die Reaktionen von anderen Personen auslöst oder freigibt. Ein Sonderfall dieser Sequenz ist die Verhängung einer Sanktion durch eine Person, die den Vollzug der Sanktion durch andere Personen, z. B. den Normbenefiziar, auslöst.

Obwohl auch beliebige Mitglieder, z. B. Normbenefiziare, den Vollzug von Sanktionen anderen Individuen überlassen können, vollziehen sie die Sanktionen häufig selbst. Auch Instanzen vollziehen häufig die psychischen Sanktionen selbst – häufig sind nur sie dazu «fähig». Hingegen verhängen sie auch Distanzierungssanktionen, die von der Gruppenöffentlichkeit vollstreckt werden. Die Trennung von Verhängung und Vollzug ist besonders klar bei materiellen Sanktionen. Der Fall, daß außerhäusliche Instanzen physische Sanktionen selbst vollziehen, kommt in den hier behandelten segmentären Gesellschaften nicht vor. Gelegentlich allerdings scheinen solche Instanzen solche Sanktionen von der Gruppenöffentlichkeit vollziehen zu lassen, wie z. B. die Tiv-Ältesten die Tötung rezidiver Diebe. Allerdings sind die Angaben über diese Fälle so knapp, daß eine Analyse des Sanktionsablaufs und eine exakte Einschätzung der gerontischen Kompetenzen nicht möglich ist. Außerhäuslichen Instanzen in segmentären Gesellschaften, wie z. B. den westafrikanischen Erdherren, scheint es vielmehr in der Regel verboten zu sein, physische Sanktionen zu verhängen und zu vollziehen.

Für eine allgemeine Klassifikation sind jedoch die Fälle, daß Instanzen physische Sanktionen selbst verhängen, als besondere Klasse zu unterscheiden. Ein naheliegendes Beispiel ist der Familienvater; im politischen Bereich können wir an indianische Kriegshäuptlinge denken, die Beleidigungen ihrer Würde ahnden mußten. Zu dieser Form ist auch die einfache Grundherrschaft zu rechnen. Eine Form der Grundherrschaft ist die Landpatronage; sie findet sich auch in segmentären Gesellschaften. Eine andere Form ist die kollektive Grundherrschaft, die eine akephale Eroberschicht über eine unterworfene autochthone Gruppe ausübt. Sie lag z. B. bei den Pathanen des Swat-Tals vor. Auch Instanzen ohne besonderen Erzwingungsstab können physische Sanktionen verhängen und sie von anderen Gruppenmitgliedern vollziehen lassen, z. B. vom Normbenefiziar oder von der Gruppenöffentlichkeit. Solche Sanktionsregelungen sind allerdings für segmentäre Gesellschaften nicht typisch, wie bereits erwähnt, finden sich in der Literatur nur knappe und gelegentliche Hinweise auf solche Regelungen. Häufig wird allerdings die gewalttätige Reaktion der Gruppenöffentlichkeit, z. B. gegen einen Hexer, nicht durch die Sanktionsentscheidung einer Instanz ausgelöst, sondern durch den divinatorischen «Schuldspruch» eines Wahrsagers. Der Wahrsager ist eher als Offenbarungsorgan der Gruppenöffentlichkeit anzusehen; seiner Aussage folgt die «Spontanreaktion» der Gruppenöffentlichkeit. In vielen Fällen dürfte ein Wahrsager, ob er nun mit Ekstase oder Orakeltechnik arbeitet, die Meinung oder die Stimmung der Gruppenöffentlichkeit ausdrücken. Man kann ihn als *das* Organ der Gruppenöffentlichkeit bezeichnen. Der verhaltenssteuernde Einfluß des Wahrsagens ist gering. Demgegenüber zeichnen sich Zentralinstanzen gerade dadurch aus, daß ihre Reaktion auch gegen die Stimmung der Gruppenöffentlichkeit erfolgen kann. Der Zentralisierungswert einer Instanz ließe sich daran messen, wie oft sie auch entgegen der Stimmung der Gruppenöffentlichkeit reagieren kann.

Von Zentralinstanz spreche ich nur dann, wenn Instanz, ihr unterstellter Erzwingungsstab und eine das Reaktionshandeln beider anerkennende Gruppe zu unterscheiden sind [4]. Im Falle eines Normbruchs zeigt sich der Grad der Verselbständigung der Herrschaftsorganisation gerade in einem von der Gruppenöffentlichkeit abweichenden Verhalten der Instanz gegen den Normbrecher. Das läßt sich ganz einfach an einem modernen Beispiel zeigen: Während die zusammengelaufene Menge einen ertappten «Sittenstrolch» zu lynchen droht, ist es Aufgabe der alarmierten Polizisten, den Normbrecher festzunehmen, d. h. auch, ihn gegen die Spontanreaktion der Gruppenöffentlichkeit zu schützen. Größere Sachlichkeit des Reaktionshandelns wird auch in nichtzentralisierten Gesellschaften von Instanzen gefordert. Die Instanzenrolle tritt dann ohnehin meist nur in Kombination mit der Gerontenrolle auf, zu deren Attributen Besonnenheit und Bemühung um Ausgleich gehören. Allerdings ist die Selbständigkeit ihres Reaktionshandelns gegenüber der Gruppenreaktion, insbesondere, was den Inhalt der Sanktionsentschei-

---

[4] Eine ähnliche Bedingung formuliert Friedrich Engels für die Anwendung des Staatsbegriffs: «daß ein wesentliches Kennzeichen des Staates in einer von der Masse des Volkes unterschiedenen öffentlichen Gewalt besteht» (1962: 115).

dung angeht, geringer als jene von Zentralinstanzen. Während Instanzen anderer Art beim Vollzug physischer Sanktionen auf die Gruppenöffentlichkeit angewiesen sind, kann der Consensus zur Reaktion der Zentralinstanz auf den Erzwingungsstab beschränkt bleiben, ohne daß der Vollzug einer verhängten Sanktion unter der Ablehnung des Reaktionshandelns durch die Gruppenöffentlichkeit leidet. Deren ablehnende Haltung mindert weniger die Vollzugschance einer einzelnen Sanktion, als sie die Stellung der Zentralinstanz überhaupt gefährden kann, insbesondere wenn die ablehnende Haltung von der Gruppenöffentlichkeit auf den Erzwingungsstab übergreift. Zentralinstanzen sind von gerontischen Instanzen zu unterscheiden, welche die Reaktion junger Leute der eigenen Gruppe gegen Normbrüche, die von Mitgliedern genealogisch koordinierter, in der Regel machtmäßig äquivalenter Gruppen begangen wurden, veranlassen. Die Instanz verhängt hier zwar eine physische Sanktion, die von anderen vollzogen wird, aber nur als Repräsentant der eigenen Gruppe gegen eine relativ fremde Gruppe.

In der engeren Verwandtschaftsgruppe scheitert der Vollzug physischer Sanktionen an der hochgradigen Solidarität eng Verwandter. Solche Sanktionen sind einfach nicht «vorgesehen», was nicht ausschließt, daß es auch zwischen Mitgliedern einer engen Verwandtschaftsgruppe zu Gewalttätigkeiten, auch zu Mord und Totschlag kommen kann. Aber wie sich im Abschnitt über das «unvollendete Recht» segmentärer Gesellschaften zeigen wird, werden in segmentären Gesellschaften solche Normbrüche als schwere Sünden angesehen, denen aber ein vergeltendes Reaktionshandeln nicht angemessen ist.

In kleinen Verwandtschaftsgruppen kann sich also eine Instanz schon deswegen nicht als Zentralinstanz durchsetzen, weil physische Sanktionen nicht vorgesehen sind. Bei Normbrüchen, welche Mitglieder einer größeren Verwandtschaftsgruppe betreffen, reagieren in segmentären Gesellschaften die Instanzen als Repräsentanten kleinerer Gruppen; es gibt zwar auch Instanzen, von denen überparteiliches Verhalten erwartet wird; diese dürfen jedoch keine physischen Sanktionen verhängen.

Eine weitere Stufe der Herrschaftsbildung wird erreicht, wenn zur personellen Trennung zwischen Verhängung und Vollzug die Delegation der Verhängungsbefugnis hinzukommt. Damit wird eine größere Präsenz der Zentralinstanz erreicht, ihre Chance der Verhaltenssteuerung erhöht. Die Verhängungsbefugnis kann an Mitglieder des Erzwingungsstabes delegiert werden. Eine weitere Formalisierung der Herrschaftsorganisation wird erreicht, wenn die Befugnis an einen besonderen Verhängungsstab delegiert wird. Daran schließt sich leicht die Ausbildung eines Instanzenzuges, die Zentralinstanz wird dann nur noch «in letzter Instanz» tätig. Eine weitere Differenzierung bedeutet die sachliche Begrenzung der Verhängungskompetenz, die Regelung der Zuständigkeit. Während ein Instanzenzug als bloßer hierarchischer Appellationsweg möglich ist – wie z. B. das Oberhofsystem im mittelalterlichen und frühneuzeitlichen deutschen Rechtsbereich – schafft die Regelung der sachlichen Zuständigkeit eine Instanzenhierarchie, die einer Hierarchie rechtlicher Tatbestände entspricht. Unterste Instanz einer solchen Hierarchie, deren Zuständigkeit freilich beschränkt ist und insbesondere Kapitalverbrechen ausklammert, können oft die gerontischen Instanzen von Verwandtschaftsgruppen sein, deren Entscheidungen zum Teil bei den Instanzen des eigentlichen Sanktionsstabes angefochten werden können. Umgekehrt gehören sie der untersten Stufe des *Verwaltungs*stabes i. e. S. an – oft obliegt ihnen die Steuereintreibung und die Bekanntgabe der Befehle der Zentralinstanz oder niederer Instanzen.

Der hier verwandte Begriff Sanktion schließt zwar Straf-Reaktionen der Zentralinstanz ein, umfaßt aber auch Reaktionen auf Normbrüche, die weder im allgemeinen Sprachgebrauch noch im kodifizierten Recht als Strafen bezeichnet sind. Auch jene Staaten, die auf die Kompetenz verzichtet haben, Todes*strafen* verhängen und vollziehen zu lassen, behalten gleichwohl die Kompetenz, die Unterwerfung unter staatliche Normen und Befehle staatlicher Organe durch physischen Zwang, der den Widerstrebenden auch tödlichen Risiken aussetzt, zu erzwingen. Auch wo es keine Todesstrafe gibt, gibt es «tödliche» Sanktionen. Der Polizist, der einen Einbrecher erschießt, vollstreckt kein Todesurteil. Im Unterschied zur Straf-Reaktion fehlt die Unterscheidbarkeit von Verhängung und Vollzug. Die Reaktion des Polizisten erscheint im Vergleich zum geregelten Strafverfahren mit anschließendem Strafvollzug als «Spontanreaktion». Als Sanktion ist auch die «Prävention gegen Normbrüche» (H. Popitz 1961: 149 n 9) anzusehen.

4.2 Das «unvollendete Recht» segmentärer Gesellschaften

4.21 Hoebels Rechtsbegriff

Im Anschluß an Hoebel [5] bezeichne ich eine Norm als rechtlich,
«if its neglect or infraction is regularly met, in threat or in fact, by the application of physical force by an individual or group possessing the socially recognized privilege of so acting» (Hoebel 1954: 28).
Die rechtsethnologische Untersuchung segmentärer Gesellschaften behandelt also einen Bereich der «sozialen Kontrolle». Die Anwendung oder Androhung von Gewalt reduziert die Definition von «Recht» nicht auf das «Strafrecht». Diese Definition ist z. B. auch auf einzelne Regelungen von Ehe und Familie im «Familienrecht» anwendbar. Sie verträgt sich mit Fortes' Satz: «Descent is ... fundamentally a jural institution» (1959: 207).
Schon Malinowski warnte davor, die Rechtssphäre einfacher Gesellschaften nur in «negativen Verfügungen» zu sehen und so den Rechtsbegriff in der Anwendung auf «primitive Gesellschaften» zu kriminalisieren (1926: 31, 56). Eine solche begriffliche Einengung würde alle kontraktuellen Beziehungen der Rechtsvergleichung entziehen. Außer dem Familienrecht ist als nichtkriminalistisches Recht u. a. das Bodenrecht und das Erbrecht (auch sofern es nicht Bodenverhältnisse reguliert) hervorzuheben.
Während in «small-scale-Gesellschaften» etwa Streitigkeiten über noch ausstehende Brautpreisraten leicht in die *gewaltsame* Wegnahme der rückständigen Tiere übergehen können, wird freilich in Gesellschaften mit zentralisierter Rechtspflege (Staaten nach Webers Definition) physischer Zwang erst am Ende einer langen Kette anderer staatlich organisierter Sanktionen angewandt. Physischer Zwang setzt allerdings dann ein, wenn gegen diese anderen Sanktionen physischer Widerstand geleistet wird.

---

[5] Ich schließe mich Hoebels Definition an, ohne mich deswegen auf seine metaphysische Frage «What is law» einzulassen.

4.22 Kritik an Geigers «Vorstudien zu einer Soziologie des Rechts»

Der hier verwandte Rechtsbegriff ist weiter als der, den Geiger in seinen *Vorstudien zu einer Soziologie des Rechts* (1947) entwickelt. Geiger geht davon aus, daß eine Rechtsordnung im Unterschied zum «vorrechtlichen Ordnungsgefüge» (85) mehrere Gruppen überformt, daß also eine innere Differenzierung der Gesellschaft in Untergruppen gegeben sein soll, wenn man von Recht sprechen will: «Es gehört zu unserer Vorstellung von der Rechtsgesellschaft, daß sie, in sich differenziert, andere Gruppen umschließe, und daß das Recht als einheitliches Netz die nichtrechtlichen Ordnungen dieser anderen Gruppen überlagere» (88).
Diese Bestimmungen scheinen auf segmentäre Gesellschaften zuzutreffen, diese scheinen als «Rechtsgesellschaften» bestimmbar zu sein. Die innere gruppenmäßige Differenzierung ist in segmentären Gesellschaften stark ausgeprägt, zugleich wird sie von einem einheitlichen Normennetz überzogen; die Rechtsvorstellungen und die «prozessuellen Normen» sind weitgehend einheitlich. Umso überraschender ist der gedankliche Sprung des folgenden Satzes: «Von einer Rechtsordnung also sprechen wir nur dann, wenn innerhalb eines nach einzelnen, nebeneinanderstehenden oder ineinander verschränkten Gruppen differenzierten Gesellschaftsmilieus eine übergeordnete Zentralmacht sich gebildet hat» (88). Es leuchtet zwar ein, daß Geiger einen präzisen Rechtsbegriff gewinnen will. Und es ist nichts dagegen einzuwenden, die Verwendung des Rechtsbegriffs an die Existenz eines mit einer Herrschaftsrolle bekleideten Richters zu binden. Bei Geiger zeigt sich aber, daß die empirische Begründung, die er für diese Dichotomie gibt, falsch ist und durch die Verwendung der Informationen, die wir aus Analysen segmentärer Gesellschaften gewinnen können, berichtigt werden muß. Daß es Geiger einfach an ethnologischer Information fehlte, zeigt seine einseitige Orientierung an der «Horde», über die er kaum differenziertere Aussagen als die naturrechtlich argumentierenden Autoren macht. Auch in bezug auf die Horde ist die Interpretation der Reaktion auf den Normbruch als «spontane Reizantwort» irrig. Die Analyse rechtlicher Regelungen in segmentären Gesellschaften wird zeigen, daß in segmentären Gesellschaften in vielen Fällen von bloßer spontaner «Reizantwort» nicht die Rede sein kann – genausowenig, wie wir

eine «triebhafte Einheit», «die triebhaft-gefühlsmäßige Zusammengehörigkeit Aller» (115), beobachten können. Wenn Geiger implizit voraussetzt, daß die vorrechtliche Ordnung – gemäß seiner Definition also ohne Zentralmacht – die Distanzierung des einzelnen, der im Schnittpunkt mehrerer sozialer Kreise steht (92) und rhythmisch seine Rolle wechselt, ausschließt, so trifft das auf segmentäre Gesellschaften, wie wir gezeigt haben, ebenfalls nicht zu. Segmentäre Gesellschaften besitzen also alle Merkmale, die die Bezeichnung als «Rechtsgesellschaften» rechtfertigen, mit Ausnahme des einen: der Zentralinstanz und ihrer rechtlichen Kompetenzen: Verhängungs- und Vollstreckungsmonopol (123). Auch die folgende Aussage Geigers hält einer ethnologischen Überprüfung nicht stand. Geiger behauptet: «Erst wenn die Reaktionstätigkeit zu einem innerhalb der gesamten Lebensprozesse abgegrenzten Funktionsbereich wird, treten Vorstellung und Begriff der ‹Rechtssache›, des ‹Prozesses› auf» (106). Diese Behauptung wird durch die Verhältnisse bei den Tiv widerlegt; die Tiv gebrauchen nämlich das Wort *jir*, das sowohl «Rechtssache» wie «Versammlung», «Verhandlung», «Prozeß» bezeichnet und sowohl auf die Native Authority Courts wie auf die vorkolonialen Rechtsinstitutionen *(jir sa ya* oder *jir ityo)* angewandt wurde (P. Bohannan 1957: 7f). Obwohl Bohannan keine Möglichkeit einer adäquaten, die zwei Hauptbedeutungen wiedergebenden Übersetzung sieht (8), halte ich *jir* für ein Äquivalent des gemeingermanischen Wortes *thing*, das ja auch Rechtssache wie Versammlung und Verhandlung bedeutet. Auch die Ekonda bezeichnen mit *ikambo* alle rechtlichen wie dorfpolitischen Angelegenheiten, die im Altenrat behandelt werden (E. W. Müller 1955: 25). Unsere Argumentation gegen Geigers Behauptung wird noch dadurch unterstützt, daß die Tiv durchaus unterscheiden zwischen *inja* und *tindi*. Bohannan charakterisiert diesen Unterschied folgendermaßen:

«*Inja*, or custom, differs from *tindi* in that it is not a definite injunction. It is the *inja* of Tiv to be a farmer; but if one does not make a farm it is not wrong, but merely foolish» (1957: 58).

Geiger hat aber solche Einwände vorausgesehen. Er bestimmt die Rechtsordnung durch sechs «kennzeichnende Züge»:

«1.
Ein in sich differenziertes Großintegrat,
2.
welches durch eine Zentralmacht gesteuert wird.

3.
Monopolisierung (sowohl der Verhängung wie der Vollstreckung der Reaktion) der Reaktionstätigkeit durch die Zentralmacht
4.
Handhabung der monopolisierten Reaktionstätigkeit durch eine richterliche Instanz
5.
Organisierung und Regulierung der Reaktionstätigkeit teils durch Normierung eines förmlichen Verfahrens der Reaktionsverhängung, teils
6.
durch Normierung der Reaktionsweisen im Verhältnis zu den Normübertretungen» (123).
Geiger beharrt nicht auf einer strikten Dichotomie von rechtlichen und vorrechtlichen Gesellschaften: «Wo einige dieser Züge gegeben sind, andere aber fehlen, hat man es mit ‹unvollständigem Recht› zu tun» (124).
In segmentären Gesellschaften fehlen die Merkmale zwei, drei und vier. Das 1. Merkmal ist zumindest soweit gegeben, als segmentäre Gesellschaften sich durch ausgeprägte innere Differenzierung auszeichnen. Ob Geiger segmentäre Gesellschaften als «Groß-Integrate» hätte gelten lassen, kann ich, da er keinen Indikator angibt, nur für wahrscheinlich ansehen. Für diese Vermutung spricht, daß Geiger als Beispiel für Nicht-Groß-Integrate meist die «Horde» verwendet[6].
Die Merkmale fünf und sechs finden sich in mehr oder minder ausgeprägten Formen in allen hier behandelten Gesellschaften. Anstelle von vier besitzen sie aber schiedsrichterliche Instanzen.
In seiner Rezension der «Vorstudien zu einer Soziologie des Rechts» plädiert W. E. Mühlmann für einen weiteren ethnosoziologischen Rechtsbegriff: «Es können nicht alle sanktionierten Ordnungssysteme, die wir in vor-staatlichen oder vor-volklichen Gesellschaften finden, in das Gebiet der ‹Sitte› verwiesen werden» (1957: 33).
Auch E. W. Müller hat bereits in seiner Analyse des Geigerschen Rechtsbegriffs andere Argumente angeführt, die dafür sprechen, einen «weitgefaßten Rechtsbegriff» (1962: 57) zu verwenden. Mül-

---

[6] Auch für E. W. Müller «erhebt sich die Frage, welche Größe ein Integrat haben muß, damit seinen leitenden Instanzen der Charakter einer ‹Zentralmacht› zukommt» (1962: 57).

ler hat dem Geigerschen Rechtsbegriff die Konzeption von Llewellyn und Hoebel gegenübergestellt:

«Die beiden Autoren haben ... eine Auffassung vertreten, nach der Recht die Sozialordnung ist, die «Zähne» hat, die in der Kampfsituation überwiegt ..., eine Sozialordnung, die unter Approbation durch die Öffentlichkeit durchgesetzt werden kann. Für die genannten Autoren ist die Art des Apparates gleichgültig, ebenso der Umkreis der Wirkungsmacht, wenn innerhalb des gegebenen Rahmens mit den gegebenen Mitteln ein Ordnungssystem eine relativ große Wahrscheinlichkeit hat, sich durchzusetzen ... Aus dieser Fassung des Begriffs Recht ergibt sich mit Notwendigkeit, daß von verschiedenen Niveaustufen des Rechts gesprochen werden muß» (1962: 57).

Müllers Interpretation des Llewellyn-Hoebelschen Rechtsbegriffs erlaubt, «von Rechtsordnungen innerhalb kleinster Integrate, der Kleinfamilie, ja im Familienleben zu sprechen» (1962: 58).

Unsere Untersuchung schließt sich dem Hoebelschen Rechtsbegriff an, ohne darauf zu verzichten, Geigers Ausdruck «unvollendetes Recht» zur Kennzeichnung der Rechtsverhältnisse segmentärer Gesellschaften zu übernehmen.

4.23 Ausdrücklichkeit von Normen; primäre, sekundäre und tertiäre Normen

Die Frage des 4. Abschnitts («politische Führung und soziale Kontrolle in segmentären Gesellschaften») läßt sich auch so formulieren: Wie werden Normen erzwungen, wenn keine außerhäusliche Instanz sie durch physische Sanktionen erzwingt? Wie laufen physische Sanktionen ab, wenn sie nicht von einer Zentralinstanz verhängt oder zumindest reguliert werden?
Zwei verschiedene Fragen lassen sich daraus ableiten:
1.
Wie ausdrücklich, wie klar umschrieben sind die primären Normen (speziell: das materielle Recht) formuliert?
2.
Wie ausdrücklich sind sekundäre und tertiäre (Reaktionen auf Normbrüche festlegende) Normen (speziell: das formale Recht) formuliert?

FÜHRUNG UND KONTROLLE

Auf diese beiden Fragen soll zunächst allgemein, ohne detaillierte Illustration, geantwortet werden.

1.

Wie bereits in der Kritik des Geigerschen Rechtsbegriffs erwähnt, ist die Ausdrücklichkeit von Normen in segmentären Gesellschaften immerhin so groß, daß in der Klasse der Wertorientierungen verbindliche Normen unterschieden werden können. Es fehlt auch nicht an verurteilenden Bezeichnungen der Normverstöße, die z. B. bei den Tiv besonders das konfliktsuchende Verhalten als ‹to spoil the tar› *(sor tar)* kennzeichnen (TWR 41), während die Konfliktschlichtung als ‹repairing the tar› *(vihi tar)* bezeichnet wird (ibid.). In den Northern Territories von Ghana sagt der Erdherr zum Verletzer von Erdnormen: *«Fo saane m'tenga»*; auch zu «vihi tar» gibt es das Äquivalent: «sale tenga» (wörtlich: «das Land reinigen») (R. Rattray 1932: 257 f.). Die Vorstellung, daß eine Bluttat das Land verunreinigt, «verdirbt», ist auch für die Gisu, hier allerdings stärker auf Regenzauber ausgerichtet, belegt (J. La Fontaine 1959: 33).

Obwohl es in einfachen Gesellschaften Rechtsregeln, «Weistümer», Tradition von Präzedenzfällen gibt, fehlt zumindest in den hier behandelten Gesellschaften ein sprachliches Äquivalent für jene Leistung, welche in komplexen Gesellschaften die Kodifikationen leisten: eine Zusammenfassung des geltenden Rechts. Bei den Tiv fehlt ein genereller «Rechtsbegriff» als Inbegriff aller Rechte; es ist nicht möglich, von einem corpus iuris der Tiv im Sinne eines folk-system zu sprechen. Hingegen haben sie ein Wort *tindi*, das sich als sprachliches Verbindlichkeitsstigma bezeichnen und als «Norm», «Gesetz» im Unterschied zu *«inja»*, das Eigenart, Gewohnheit, Brauch bedeutet, übersetzen läßt (P. Bohannan 1957: 57 f.).

Meyer Fortes hat kürzlich die geringere Verbindlichkeit des «Brauchs» in seiner Interpretation des Totemismus bei den Tallensi durch einen Vergleich mit der Verbindlichkeit der Grammatik erläutert[7]. Die Beachtung totemistischer Verhaltensmuster, wie z.B. Speisetabus, Ornamentierung der Hauswände (in Farben, die für die einzelnen Totemgruppen verschieden sind), wird nicht durch Sanktionen erzwungen. Durch Nichtbefolgung dieser Muster kann man sich allenfalls jener Verständnislosigkeit aussetzen, die dem widerfährt, der

---

[7] In seinem Referat über *Tallensi Clans and Totemism* auf dem Moskauer Anthropologenkongreß 1964.

sich nicht an die übliche Grammatik hält. Von solchen kulturellen Wertorientierungen lassen sich die sehr verbindlichen Tötungs- und Inzestverbote unterscheiden, die wir in allen hier behandelten Gesellschaften finden. Die Ausdrücklichkeit der Normen beschränkt sich nicht auf Gewalttaten und Frevel, sie gilt auch für die Vertragsverhältnisse und ist insbesondere durch die feststehenden Brautpreise (am stärksten bei den Großviehzüchtern) gut belegt.

Die geringe Spezialisierung der Autoritätsrollen und ihre schwachen Kompetenzen sind also keineswegs vom Fehlen klar formulierter Normen begleitet. Am Beispiel der Kapauku Neuguineas zeigt Pospisil, daß auch bei sehr einfacher politischer Organisation «abstract notions of proper behavior pertaining to a variety of institutions» bestehen können (1963: 55).

2.
Obwohl keine zentralisierte Rechtspflege besteht, sind auch die sekundären und tertiären Normen ausdrücklich formuliert: es handelt sich keineswegs nur um «spontane Reizantworten», wie Geiger vermutet[8]. Daß es sich um Reaktionen anderer Art handelt, nämlich um aufgeschobene Reaktionen, zeigt das Beispiel der Fehde. Die Fehde bedeutet in vielen Fällen nicht nur eine zeitliche Verschiebung, sondern auch eine «persönliche» Verschiebung der Sanktion: die Reaktion richtet sich zwar auch gegen den Übeltäter, aber alternativ auch gegen andere Mitglieder der für ihn haftenden Gruppe. Die aggressive Reaktion ist also nicht auf den «Auslöser» fixiert, andererseits aber auch nicht blind (wie die eines Amokläufers), unterschiedslos.

Geigers «spontane Reizreaktion» ist sicher auch feststellbar: z. B. beim Angriff des betrogenen Ehemannes, aus dessen Fehlschlag (Flucht des Ehebrechers) freilich eine Fehde hervorgehen kann, oder beim Erschlagen eines Hexers, der die Hütte seines Opfers nachts nackt umtanzt (z. B. bei den Luiya). Dazu könnte man auch die Re-

---

[8] Ein dieser Geigerschen Ansicht ähnliches Urteil formulierte Max Weber: «Nicht weil eine ‹Regel› oder ‹Ordnung› als ‹verbindlich› gilt, zeigt das Sichverhalten des ‹Urmenschen› nach außen, insbesondere zu seinesgleichen, faktische ‹Regelmäßigkeiten›, sondern umgekehrt: an die von uns in ihrer psychophysischen Realität hinzunehmenden, organisch bedingten Regelmäßigkeiten knüpft sich die Konzeption ‹natürlicher Regeln› an» (1956: 88). Ein genaues Studium der sozialen Regelmäßigkeiten in primitiven Gesellschaften ergibt freilich, daß sie sich nicht hinreichend aus organisch bedingten Regelmäßigkeiten ableiten lassen.

aktion der Hinterbliebenen gegen den angeblich magischen Mörder am Grabe zählen. Eine spontane aggressive Reizabfuhr, die nicht durch Normbruch des Angegriffenen provoziert wurde, findet sich bei den Tallensi, wo die Trauer über einen Todesfall in einen Überfall auf eine feindliche Siedlung umschlagen konnte. Von solchem Verhalten ist also ein an sekundären Normen orientiertes Verhalten zu unterscheiden.

In segmentären Gesellschaften gibt es auch tertiäre Normen, das sind Normen, welche das Verhalten bestimmter Schutzgruppen bei Unterlassung der Reaktion seitens der primären Schutzgruppe oder das Aussetzen einer generell gebilligten oder gar geforderten Reaktion unter besonderen Bedingungen sozial festlegen. Der erste Fall läßt sich bei den Amba wie bei den Tiv beobachten: hier greifen matrilaterale Schutzgruppen ein, wenn die Patrilineage einem Mitglied keinen Schutz gewährt. Der zweite Fall betrifft das Asylrecht[9], das für den Verfolgten Schutz, für den, wenn auch von der Gruppenöffentlichkeit unterstützten, «privilegierten» Verfolger das Verbot der Gewaltanwendung bedeutet. Gleichzeitig ist das Asyl Gegenstand einer primären Norm: des generellen Friedensgebots, das nur unter dem eben entwickelten Gesichtspunkt als tertiäre Norm beschrieben wird. So verhält es sich auch mit den amphyktionischen Friedenszeiten, die wir ähnlich wie bei griechischen Kultbünden auch bei den Tallensi und Luiya beobachten können.

Man kann Instanzen danach unterscheiden, ob sie in erster Linie sekundäre oder tertiäre Normen vertreten. Wie wir sehen werden, ist bei vielen Instanzen das Geltendmachen tertiärer Normen wichtiger als die direkt sanktionierenden Aktivitäten.

4.24 Selbststeuerung als rechtlicher Mechanismus

Obwohl sich im Rahmen dieser Unternehmung die Behandlung des Normproblems und die Bewältigung sozialer Konflikte auf den *recht*sethnologischen Aspekt konzentrieren soll, gehe ich auf ein allgemeines Modell ein, das erklärt, wie soziale Normen auch ohne «Steuerung durch eine Zentralmacht» (Geiger) und sogar ohne An-

---

[9] Das z. B. die Nyakala-Priesterin der Amba in ihrer Hütte, der Leopardenfellpriester der Nuer und der westafrikanische Erdherr ausüben.

wendung physischer Gewalt geschützt werden: Malinowskis Reziprozitätstheorie. Als Korrektur einer einseitig kriminalistischen Konzeption des primitiven Rechts[10] entwickelte Malinowski das *Reziprozitätsmodell:*

> «The rules of law[11] ... are sanctioned not by a mere psychological motive, but by a definite social machinery of binding force, based as we know upon mutual dependence, and realized in the equivalent arrangement of reciprocal services, as well as in the combination of such claims into strands of multiple relationship» (1926: 32).

Die Steuerung des Verhaltens durch eine Motivation des «do ut des» liegt überall da vor, wo Solidaritätsverpflichtungen erfüllt werden: die Verletzung von Solidaritätspflichten wird in segmentären Gesellschaften nicht mit physischen Sanktionen beantwortet, sondern mit einer Minderung oder mit dem Abbruch der reziproken Beziehungen, entweder mit Distanzierungs- oder mit materiellen Sanktionen. Wer z. B. bei den Nuer sich nicht an der Aufbringung des Brautpreises für einen Verwandten beteiligt, kann seinerseits nicht damit rechnen, von diesem Verwandtenkreis und seinen engeren Verwandten bei eigener Heirat oder der Heirat seiner Söhne unterstützt zu werden. Vor allem kommt er nicht in den Genuß jenes Anteils, der ihm z. B. an dem für die Tochter jenes Verwandten zu zahlenden Brautpreises zusteht.

In diesem Zusammenhang möchte ich wenigstens dazu anregen, empirisch zu untersuchen, in welchem Grade die Erfüllung der Unterhalts- und Pietätspflichten gegenüber den Eltern nicht nur durch verinnerlichte Verpflichtungsgefühle und durch rituelle Sanktionen der Alten, sondern auch durch Reziprozitätsmotivationen erreicht wird. Ein «undankbares» Verhalten «verdirbt die guten Sitten» und schwächt die Motivation der alternativen Generation (Sohnesgene-

---

[10] «Primitive law does not consist exclusively or even chiefly of negative injunctions, nor is all savage law criminal law» (1926: 56). Malinowski wendet sich zugleich gegen die Kollektivismus-Konzeption der primitiven Gesellschaft, wie sie z. B. Durkheim vertrat: «That in primitive societies the individual is completely dominated by the group» (3).

[11] Malinowski verwendet einen weiten Rechtsbegriff. Er unterscheidet die «rules of law» von den «mere rules of custom» und definiert sie als «the rules with a definite binding obligation» (1926: 30). Er unterscheidet also nur zwischen Brauch und Norm, dagegen findet sich bei ihm keine Entsprechung zu Geigers Unterscheidung von Sitten- und Rechtsnormen.

ration), ihrerseits später die Alten zu unterhalten. Außerdem ist das «Bündnis» der durch eine dazwischenliegende Generation getrennten Generationen ein weitverbreitetes Muster, das sowohl für Bindungen zwischen generationsmäßigen Kollektiven und ähnlichen Altersgruppen wie für Beziehungen innerhalb der Großfamilie beobachtbar ist. Meyer Fortes verdanken wir eine eingehende Schilderung der joking relationship zwischen alten Menschen und ihren Enkeln bei den Tallensi. Man darf vermuten, daß im Rahmen dieser engen Beziehungen auch von der heranwachsenden Generation Verhaltenserwartungen im Sinne der Erfüllung der Pietätspflichten an die Elterngeneration gerichtet werden.

Eine Aufhebung jeglicher Reziprozität bedeutet die u. a. in Westafrika übliche Exkommunikation, eine Distanzierungssanktion, die hier allerdings meistens von einer Instanz, dem Erdherrn, ausgesprochen wird, doch kann auch der nicht formell organisierte Boykott das gleiche Ergebnis haben und den Abzug des «Asozialen» erzwingen. Von dieser erzwungenen «Sezession», die meist nur ein einzelnes Mitglied trifft, ist die freiwillige Sezession zu unterscheiden, bei der zumeist kleinere oder mittlere Gruppen von einer größeren Gruppe (gewissermaßen «unter Protest«) fortziehen. Die Drohung mit dem Zerbrechen der Reziprozitätskette, der Sezession, ist ein wichtiges Regulativ gegen die Ausnützung numerischer oder sonstwie machtmäßiger Überlegenheit. Insbesondere bedroht die Sezession die Hauptgruppe mit einer Schwächung der militärischen Kraft gegenüber feindlichen Gruppen. Die zwei Formen des Abbruchs sozialer Beziehungen, Boykott oder Sezession, die eine Reaktion auf die Störung der Symmetrie der Beziehungen darstellen, lassen sich auch im sozialen Verhalten gegen Macht erstrebende oder mächtige Mitglieder beobachten. In segmentären Gesellschaften findet sich häufig die Isolierung oder der Abzug einer Gruppe, die sich dem als überhöht empfundenen Machtstreben einer Instanz entzieht. Wir beobachten also in einfachen Gesellschaften die gleiche Reaktion wie im frührepublikanischen Rom, wo die von der Tradition auf das Jahr 494 v. u. Z. datierte secessio plebis eine Reaktion auf die Geschlechterherrschaft darstellte und (zumindest der Legende nach) die Drohung mit dem endgültigen Abzug eine Anerkennung des Widerstandsrechts gegen unerträgliche Herrschaftsakte in der Institution des Volkstribunats erzwang (vgl. J. Vogt 1955: 43 f.).

Auch wenn die Sanktion gegen Verletzung der Reziprozitätsnormen

nicht so scharf ausfällt wie im Fall der Exkommunikation oder des Boykotts, so wirkt die Verweigerung der wirtschaftlichen Solidarität, sei es der Bittarbeit oder der Unterstützung in individueller Not, stark genug. Noch gravierender ist die Entziehung des Rechtsbeistandes und des Rechtsschutzes durch die eigene Gruppe des Normbrechers in einer Gesellschaft, in der keine Zentralinstanz Leib und Leben, Hab und Gut des einzelnen schützt. Die Konsequenzen eigensüchtiger Verletzung intrafamiliärer Fürsorgepflichten für einen Nuer, der seinen Halbbrüdern das nötige Vieh zum Heiraten vorenthält, verdeutlicht Evans-Pritchard:
Zwar kann niemand den Egoisten hindern, aber dafür riskiert er einen Bruch mit seinen Brüdern und anderen agnatischen Verwandten: «They would not any more assist him in his troubles and quarrels» (1951: 141). Evans-Pritchard gibt die Aussage eines Nuer so wieder: «They may even let him be killed unaided and recoup themselves for his past meanness with the cattle they receive in compensation for his death» (141 f.). Daran schließt Evans-Pritchard die Feststellung: «This is the final and, to a Nuer, most frightful sanction» (142).
Die Aufrechterhaltung einer gegebenen sozialen Ordnung wird durch Reziprozitätsmechanismen auch ohne Vermittlung einer Instanz ermöglicht: der Druck der Einzelinteressen führt zu einer Reduzierung des abweichenden Verhaltens auf die Linie erwarteten Verhaltens. Solche Prozesse subsumiere ich unter den Begriff der *Selbststeuerung*. Zum Reziprozitätsverhalten zu rechnen ist ein Verhalten, das durch antizipierte Interessenbefriedigung bzw. durch die Sorge, daß das Interesse nicht befriedigt wird, gesteuert ist, nicht aber ein Verhalten, das mit Gewalt erzwungen wird. In diesem Sinne schreibt Thurnwald: «Zwang bedeutet ja immer Mangel an Gegenseitigkeit im Rahmen des herrschenden Wertsystems» (1957: 100).
Eine andere Form der Selbststeuerung, die dem Reziprozitätsverhalten sehr ähnlich ist und von diesem durch das Merkmal des physischen Zwangs unterschieden ist, ist die *Selbsthilfe*. Während die Sanktionen der Partner einer reziproken Beziehung passiv sind, im Vorenthalten, Verweigern einer Leistung bestehen, setzt die Anwendung des Begriffs Selbsthilfe ein *aktives* Handeln voraus. Der Ausdruck «Anwendung physischen Zwangs» wird nicht nur für den Angriff auf «Leib und Leben», sondern auch z. B. für gewaltsames Eintreiben eines rückständigen Brautpreises verwandt. Die Selbsthilfe

wird in den vorliegenden Monographien meist unter dem Stichwort «Fehde» behandelt, obwohl auch andere Formen der Selbsthilfe beschrieben werden.

Bohannan unterscheidet drei Arten der Selbsthilfe:
«1. resort to jural institutions in which one must nevertheless do one's own detective and police work and oneself enforce the decisions of the court, 2. self right-enforcement, in which one takes direct action to protect one's right, and 3. reprisal» (1957: 137).

Eine besondere Form von 3. ist die Fehde, die sich von anderen Formen gewalttätigen Verhaltens (z. B. dem Krieg) dadurch unterscheidet, daß die Wiederherstellung der Rechtsordnung angestrebt wird. Als die in unseren Gesellschaften wichtigste Form der Fehde wird hier die Blutfehde [12] betrachtet [13].

Während im Krieg eine Veränderung von Besitz und Machtverhältnissen angestrebt wird oder es schlicht um aggressive Handlungen gegen fremde Gruppen geht, ist die Fehde eine rechtliche Institution, die nicht auf die Ausnützung und Vergrößerung eines Machtgefälles aus ist, sondern sich zwischen gleichen Partnern abspielt. Zwei Arten von Gleichgewichtsprozessen lassen sich beobachten: 1. segmentäre Opposition, 2. Rechtsvorstellungen, die sich an der Wiederherstellung eines gestörten Gleichgewichts orientieren. Bei den Nuer sollte die Gruppenfehde die relative numerische Stärke der Gruppen wiederherstellen.

Die Fehde illustriert, daß Gleichgewichtsmodelle keineswegs nur harmonistischen Gesellschaftidealen zuzuordnen sind. In segmentären Gesellschaften sind sie zugleich «Konfliktmodelle» [14]. Das Gleichgewichtsdenken liegt nicht nur den «Repressalien», sondern auch deren Ablösung durch Kompensation, Wergeld, zugrunde. Voraussetzung für die Anwendbarkeit solcher folk-equilibrium-models ist die Gleichrangigkeit der Gruppen, deren gegenseitiges Verhältnis

---

[12] Im Unterschied zur vendetta ist die Ablösbarkeit der Blutschuld durch Kompensation gegeben.

[13] Trotzdem verwende ich auch im Hinblick auf die europäischen Rechtsverhältnisse des Mittelalters eine weitere Definition der Fehde als L. Mair, die meint: «For anthropologists a feud is not any kind of quarrel, but the special hostile relationship, with its recognized rules, which a homicide creates, ... between the kind of the killer and those of the victim. The term feud is not applicable in societies where vengeance is not the duty of a defined social group» (1963: 25).

[14] Den Begriff «Konfliktmodell» übernehme ich von Dahrendorf (1961b: 108).

gestört wurde. Zwischen Ober- und Pariakaste gibt es z. B. keine Fehde.

Zur Steuerung rechtlichen Verhaltens durch Gleichgewichtsmodelle in segmentären Gesellschaften finden wir eine völkerrechtliche Analogie. Bei der Definition des Völkerrechts stoßen wir auf die ähnliche Schwierigkeit wie bei rechtsethnologischen Definitionen, daß es sich nicht durch Bezug auf eine Zentralinstanz bestimmen läßt. Der Staat, der sich dem Völkerrecht konform verhält, hat gegenüber dem Normbrecher allenfalls den Vorteil, daß sein Verhalten von den anderen Mitgliedern der «Staatengesellschaft» gebilligt wird. Eine weitere Analogie besteht darin, daß auch in einer nicht zentralisierten Staatengesellschaft Gleichgewichtsmodelle normative Bedeutung haben. Hier ist Lockes Hinweis zu erwähnen, daß zwischenstaatliche Beziehungen durch den Naturzustand bestimmt seien (1952: 10).

Die Aussage, daß in vielen Gesellschaften ein großer Teil sozialer Kontrolle durch Selbststeuerung gesichert wird, stützt keineswegs die von Dahrendorf apostrophierte «Consensustheorie». Dahrendorf verwechselt allerdings gelegentlich Aussagen dieser Art mit Sätzen der Consensustheorie, weil er die Zwangsanwendung nur im Über- und Unterordnungsverhältnis für existent annimmt und dabei übersieht, daß Zwangsanwendung auch zwischen einzelnen im Gleichordnungsverhältnis stattfinden kann. Dahrendorfs Satz: «Jede Gesellschaft erhält sich durch den Zwang, den einige ihrer Mitglieder über andere ausüben» (1961 b: 210), sollte präziser lauten: «In jeder Gesellschaft werden Normen durch den Zwang gestützt, den einige ihrer Mitglieder *gegen* andere ausüben». Aussagen über die Existenz von Gesellschaften mit «Selbststeuerung» der sozialen Kontrolle arbeiten also keineswegs per se mit der Annahme einer «Gruppenharmonie» etc.

Es lassen sich als integrative Effekte der Fehde in akephalen Gesellschaften unterscheiden:

1.
die Bekräftigung sozialer Normen
2.
die Erhöhung der Solidarität innerhalb der Fehdeeinheit [15].

Der Kreis der zur Blutgeldzahlung Verpflichteten und umgekehrt Kompensationsberechtigten erstreckt sich bei den Nuer bilateral

---

[15] Vgl. E. Winter 1958: 152.

ziemlich weit und deckt sich weitgehend mit der Brautpreisgruppe [16] (die allerdings für jedes Individuum – es sei denn bei Vollbrüdern – verschieden ist). Die Fehde als ein Vorgang, der sich zwischen zwei feindlichen Gruppen abspielt, beruht wie die anderen erwähnten rechtlichen Vorgänge auf dem Reziprozitätsverhalten. Wer den Beistand in einer Fehde verweigert, kann nicht damit rechnen, daß ihm selbst bei einem anderen Anlaß geholfen wird [17].
Vor Malinowski hatte bereits Max Weber auf die geringe Bedeutung des staatlichen Rechtsschutzes für Wirtschaftsstufen niedrigen Niveaus und auf die «Einverständnisordnung» kraft Interesses hingewiesen: «Für die meisten Epochen vollzog sich wohl der überwiegende Teil der einverständnismäßigen Ordnung auch ökonomischer Dinge auf diese Art ohne Rücksicht wenigstens auf die Chancen eines staatlichen Rechtszwangs, ein erheblicher Teil ohne Rücksicht auf Zwangsmöglichkeiten überhaupt» (1956: 399). Mit der Erklärung von Regelmäßigkeiten in nicht zentral kontrollierten Gesellschaften durch Reziprozität rekurriere ich auf «eine allgemeine psychologische Konstante..., das Bedürfnis nach Gegenseitigkeit, Reziprozität, Vergeltung in allen Bezirken des Lebens» (W. Mühlmann 1956b: 156).

4.25 Segmentäre Autonomie und rechtliche Immunität

Die bisherige Skizze der Rechtsverhältnisse in segmentären Gesellschaften läßt bereits eine Gemeinsamkeit, die für die meisten segmentären Gesellschaften gilt, erkennen: rechtliche Sanktionen richten sich in erster Linie gegen die Mitglieder genealogisch entfernter oder unverbundener Segmente.
Rechtliche Auseinandersetzungen spielen sich nicht ausschließlich zwischen einzelnen ab, sondern erfassen sehr leicht ganze Gruppen. Innerhalb hochsolidarischer überfamiliärer Gruppen sind physische

---

[16] Nach Howell ist die Wergeldgruppe eines Individuums größer als seine Brautpreisgruppe: «it seems that the obligation to assist a killer in the payment of *thung* is cast wider and includes kinsmen who would not normally assist him to marry» (1954: 49).
[17] Vgl. Gulliver über die Arusha-Masai: «A man ... claims support from his associate in return for support which he has given him in the past, or promises to give in the future – there is a considerable degree of reciprocity here» (1963: 2).

Sanktionen nur selten möglich. Physische Sanktionen richten sich gegen die Angehörigen relativ fremder Gruppen. Fremdheit bedeutet dabei meist: genealogische Ferne oder Fehlen jeglicher genealogischen Beziehung. Normbrüche innerhalb kleiner Gruppen werden quasi als Unfälle gewertet und nicht geahndet. Winter gibt als Motiv für die fehlende Ahndung des innerdörflichen Totschlags an:
«To kill the murderer would only compound the village's loss and further weaken it in the face of the outside world» (TWR 152).
Bei den Tallensi wurde der Fratrizid (auch im klassifikatorischen Sinn) als Unglücksfall gewertet. Diese Wertung wurde in folgender Metapher ausgedrückt: «Es ist, wie wenn eine Kuh ihr Kalb zerdrückt» (M. Fortes 1945: 250). Innerhalb der exogamen Siedlungsgruppe, die Fortes «Clan» nennt, ist die Rächung des Totschlags nicht nur nicht geboten, sondern verboten. Für die Tiv stellt Paul Bohannan fest:
«As in many other African societies, fratricide was never punished, but merely ‹ritually repaired›. If a man killed someone of another lineage, a general war usually resulted» (1957: 148).
Die Luiya werteten Homizid innerhalb des von Wagner «sub-clan» genannten Segments als Fratrizid, eine Vergeltungshandlung war ebenso ausgeschlossen wie die Zahlung von Wergeld; die Tat wurde nur rituell gesühnt (APS 218).
Innerhalb der kleinen autonomen Segmente gibt es auch keine Kompensation, da der Täter selbst zur geschädigten Gruppe gehört. Zum Fratrizid bei den Nuer bemerkt Howell:
«Fratricide is considered a great wrong, and is one which is likely to shock Nuer deeply, but it does not demand any restitution or compensation» (1954: 62).
Die physische Sanktion richtet sich also keineswegs gegen den schwersten Normbruch. Howell erklärt den Sanktionsverzicht durch folgende Motivation:
«A man who kills his brother is injuring himself, and although this may demand a readjustment in matters of inheritance, he cannot pay compensation to himself. Moreover his action runs counter to the very basis of Nuer social sentiment and conflicts with their ideas of kinship solidarity. It is an act almost on a par with suicide, which is fraught with spiritual dangers to the surviving kinsmen. Fratricide is the negation of all social principles. The killer will have to undergo a complex process of ritual

> purification to appease the wrath of the ancestral spirits and to avoid the misfortunes which may follow, but he will not pay compensation to himself or his brothers» (ibid.).

Selbst der Totschlag einer Ehefrau wird als Selbstschädigung des Täters gewertet, da er ja nun keinen Gegenwert für den entrichteten Brautpreis mehr besitzt. Auch in diesem Fall mußte sich ein Nuer rituell entsühnen und seine Schwiegerverwandten durch Geschenke versöhnen, er zahlte aber keine Entschädigung, wenn er bereits den vollen Brautpreis entrichtet hatte, der nun freilich verwirkt war. Die Aussagen über die fehlenden physischen Sanktionen gegen Fratri- und Uxorizid bei den Nuer werden durch die Beobachtung bestätigt, daß die Nuer von allen kriminalistischen Neuerungen am stärksten die Bestrafung intrafamiliärer Delikte durch die von der Verwaltung eingesetzten Instanzen mißbilligten.

Bei den Lugbara erstreckt sich die Sanktionsimmunität auf die ‹minor› oder ‹major lineage› (eine größere Einheit als der agnatische Kern der *angu* genannten residentiellen Einheit). Innerhalb dieser exogamen Einheit gelten Verstöße gegen Sexualnormen als Sünde, die nicht soziale Sanktionen im empirischen Sinne, sondern «übernatürliche» Sanktionen nach sich ziehen [18]. Innerhalb dieses Segments gilt Homizid als Fratrizid, der gleichfalls nicht von (empirischen) sozialen Instanzen verfolgt wird. In diesem sozialen Raum gibt es auch keine festgelegte Prozedur zur Verfolgung eines physischen Übergriffs. Vor allem die Mißhandlung alter Männer wird als Sünde mißbilligt, die übernatürliche Sanktionen herausfordert.

Diese Darstellung der Reaktionen auf Fratrizid wird auch von Middleton und Tait als gültig für die in ihrem Sammelband behandelten Gesellschaften (Tiv, Mandari, Dinka, Amba, Konkomba, Lugbara) bezeichnet, die Geltung der Aussage wird allerdings über den häuslichen Bereich erweitert auf «nuclear groups», das sind Gruppen, deren Mitglieder gegenseitig «personal kinship terms» im Unterschied zu «collective kinship categories» verwenden:

> «Between these kin the killing of a fellow is fratricide, whereas that of a man less closely related is homicide. Fratricide is a sin, without humanly awarded punishment, although there may be rites of atonement and purification. There cannot be compensation, since property is usually held jointly to this range, and often the killer inherits the victim's widows and takes over much

---

[18] Man beachte, daß auch die Verstorbenen als Mitglieder der UDG zählen.

of his status in recognition of the tie of siblingship as among the Lugbara» (TWR 19).
Gewalttaten innerhalb der ‹minor section› kommen bei den Lugbara offensichtlich sehr selten vor:
«It is thought inconceivable that a man should deliberately and coldbloodedly use weapons against a man of his own minor lineage, since they are close ‹brothers›» (TWR 222).
Middleton schließt sich der weit verbreiteten, von Paul Bohannan (1960) allerdings als Vorurteil bestrittenen Ansicht an, daß Gewalthandlungen in diesem Bereich nur in trunkenem Zustand verübt werden.
Der Fratrizide geht bei den Lugbara nicht nur straffrei aus, selbst Reinigungsriten sind nicht möglich. Das für uns Erstaunlichste ist aber, daß er die Witwen seines Opfers erbt. Als einzige korrektive Handlung des Täters kann man die Übergabe eines Stiers an den Mutterbruder des Opfers, die nicht als Wergeld gelten kann, auffassen. Die Immunität (Straffreiheit) des Fratriziden kann auch jenseits der minor lineage bestehen. Middleton formuliert die Regel:
«The response to homicide depends largely upon the closeness of the bond between the individuals concerned and on the recentness of segmentation of their respective lineages» (TWR 222).
Diese Regel ist keineswegs «selbstverständlich»: eine generelle Hypothese der Art, daß die Häufigkeit physischer Gewaltsamkeit mit der genealogischen Distanz wächst, wird durch alle Gesellschaften widerlegt, in denen zwischen Halbbrüdern und Parallelvettern die stärksten materiellen Interessengegensätze bestehen, die häufig zu Fratriziden (im engen und im klassifikatorischen Sinn) führen. So liegen z. B. die Verhältnisse bei den Swat-Pathanen oder bei den in das Shan-System einbezogenen Kachin (Burma). Es ist also ein Kennzeichen segmentärer Gesellschaften, daß in ihnen die agnatische Solidarität desto höher ist, je geringer die genealogische Distanz ist.
Die Immunität kommt bei den Lugbara nur agnatischen Fratriziden zugute; sie erstreckt sich nicht auf Homizide, die von Klienten *(atibo)* verübt werden. Vielmehr sind die Klienten rechtlos:
«It is said that a man can fight his own clients as non-kin, or may expel them, and will have the support of his own kin in doing so» (TWR 206).
Den Klienten fehlt umgekehrt der verwandtschaftliche Rückhalt. Begrenzten Schutz bietet allerdings die Einheirat, wodurch der

FÜHRUNG UND KONTROLLE

Klient unter die rituelle Autorität des Ältesten der Wirtsgruppe kommt. Die Lugbara bestätigen die Hypothese, daß die prekäre Rechtslage der Klienten verbessert wird, wenn affinale Beziehungen zur Wirtsgruppe bestehen [19].

Dieser Überblick über die rechtliche Autonomie ergibt, daß auch rechtsethnologisch die Extensionstheorie [20] für weite Bereiche nicht gilt: die Sanktionen und Sanktionskompetenzen in größeren Gruppen stellen keine Ausdehnung von Sanktionen und Kompetenzen dar, die in kleineren Gruppen vollstreckt und wahrgenommen werden, vielmehr beginnt die Anwendung physischer und materieller Sanktionen erst jenseits der Kleinstintegrate.

Diese Aussagen über die Immunität gelten freilich nicht für alle segmentären Gesellschaften. Bei den Kiga stand auf Fratrizid und Inzest die Todesstrafe:

> «A man who has killed his brother is supposed to be put to death by his own father or brothers; traditionally he was buried alive with the corps of his victim» (M. Edel 1957: 113).

Die Exekution obliegt aber konform zur Hypothese der rechtlichen Autonomie den Angehörigen der Herkunftsfamilie – mit der Konsequenz, daß die Chance des Täters zu entrinnen sehr groß ist. Der Täter kann dann auf dem Gebiet einer anderen Lineage ohne weiteres unterkommen. Während das Kigabeispiel nur in bezug auf die Straflosigkeit des Fratrizids konträr ist, aber die These über die rechtliche Autonomie der Segmente bestätigt, muß diese These durch die Existenz von Schutzgruppen bei den Amba und den Tiv modifiziert werden. Es handelt sich allerdings in beiden Fällen nicht um die Sühnung eines intrafamiliären Totschlags, sondern um die Klärung der «Schuld»-Frage anläßlich eines Todesfalles. Bei den Amba stellen die bewaffnet erschienenen Mutterbrüder des Verstorbenen am Grabe die Frage nach dem Schuldigen, der ihren Schwestersohn durch Hexerei umgebracht hat. Früher kam es am Ende der mehrstündigen Inquisition zur Tötung des Verdächtigen. Aber selbst heutzutage kommt es vor, daß der Verdächtigte an den Folgen der Prügel stirbt (E. Winter 1956: 165).

Bei den Tiv wirken zwei verschiedene Schutzgruppen bereits zu

---

[19] Diese Hypothese habe ich, unabhängig vom Material der Lugbara, als Konsequenz eines Vergleichs zwischen Pariagruppen einerseits und den Klientengruppen der Mandari andererseits entwickelt (1965).
[20] Dazu C. Sigrist 1962: 194.

Lebzeiten eines Mannes, der sich als Opfer eines Hexers fühlt und krank darniederliegt. Wenn die Ältesten nichts dagegen unternehmen, üben sowohl die Altersgenossen des Behexten wie seine *igba*, die Patrilineage seiner Mutter, Druck auf die Ältesten aus (Bohannan TWR 56 f.). Selbst wenn in einzelnen Gesellschaften allgemeine Erwartungen bestehen, daß Fratrizid oder Inzest gesühnt werden, so bleibt die Sühnung doch den Mitgliedern kleinster Segmente überlassen(das steht z. B. im Gegensatz zu den australischen Verhältnissen); die kleinen Segmente sind gegenüber den inklusiven Einheiten rechtlich autonom, es gibt keine übergeordneten rechtlichen Instanzen, seien es einzelne oder Gremien, welche die Beziehungen innerhalb der Segmente kontrollieren. Eine Ausnahme bildet die Intervention von Lineagefremden bei Hexereiverdacht, die Intervention geht aber in diesen Fällen nicht von Repräsentanten inklusiver, sondern komplementärer Gruppen aus. Die angeführten Beispiele extralinearer rechtlicher Intervention illustrieren eine Aussage, die für alle hier behandelten segmentären Gesellschaften gilt: mit der Eheschließung erlischt die Zugehörigkeit der Frau zu ihrer Herkunftslineage nicht völlig, sie ruht allenfalls. Das wichtigste Druckmittel, mit dem eine Frau gute Behandlung durch ihren Mann erreicht, ist der Brautpreis: verläßt eine Frau ihren Mann wegen schlechter Behandlung (u. a. wegen Zurücksetzung gegenüber den anderen Frauen in polygyner Familie, ungerechtfertigter Prügel, Versäumnis, für Unterhalt, Kleidung und Schmuck zu sorgen), so ist das Brautpfand – als Pfand des Wohlverhaltens – verloren, und der Mann erhält kein Äquivalent für den wirtschaftlichen Verlust.

4.26 Segmentäre Opposition und Limitation als rechtliche Gleichgewichtsabläufe

Im Unterschied zu individualistischen Gesellschaften wie jenen der Kapauku auf Neuguinea oder den Industriegesellschaften stehen in auf verwandtschaftlicher Basis organisierten Gesellschaften die meisten subjektiven Rechte den einzelnen nur als Angehörigen bestimmter Gruppen zu; Verletzungen solcher subjektiver Rechte verletzen nicht nur die Rechte eines einzelnen Normbenefiziars, sondern jene der Benefiziarsgruppe überhaupt. Rechtliche Konflikte zwischen Individuen, die nicht der gleichen kleinen hochsolidarischen Einheit

(wenigstens der gleichen Kerngruppe) angehören, sind darum von Anfang an Konflikte zwischen Gruppen, auch wenn sie unmittelbar nur von zwei Individuen ausgetragen werden. In vielen Fällen werden auch die anderen Mitglieder der beiden Gruppen in den offenen Konflikt, z. B. in Stock- oder Keulengefechte, hineingezogen. Die Korrespondenz von Kollektivrechten und Kollektivhaftung ist dem Leser als Charakteristikum archaischer und primitiver Gesellschaften so vertraut, daß es sich erübrigt, sie für segmentäre Gesellschaften darzustellen. Hingegen ist es notwendig, auf eine mit der rechtlichen Gruppensolidarität verbundene Besonderheit dieser Gesellschaften einzugehen. Die Ausweitung eines rechtlichen Konflikts hängt nämlich von der sozialen Distanz der Anfangsindividuen ab. In segmentären Gesellschaften wird jene als genealogische Distanz der Ausgangsindividuen ausgedrückt.
Je größer die genealogische Distanz der Anfangsindividuen, desto mehr Kerngruppen liegen zwischen den Anfangskerngruppen. Je länger die Spannung zwischen diesen Gruppen anhält, desto größer wird die Wahrscheinlichkeit, daß die ganze genealogische Gruppe sich in zwei einander bekämpfende Blöcke aufspaltet. Laura Bohannan behauptet (TWR 46 ff.), daß sich bei den Tiv annähernd gleich starke Blöcke herausbilden. Die Bestätigung für die Wirksamkeit des Äquivalenzprinzips sieht Bohannan in der Neutralität des dritten Segments beim Konflikt zwischen zwei Segmenten einer nur drei Segmente umfassenden Gruppe. Das dritte Segment, das gleich nahe Beziehungen zu den beiden anderen Segmenten hat, übernimmt die Friedensvermittlung (46). Der Austrag von Konflikten durch UDG-Segmente führt zwar zu einer Ausweitung des ursprünglichen Konflikts, zugleich begrenzt aber die Zuordnung der Segmente diese Ausweitung. Das Äquivalenzprinzip impliziert bereits die Limitation. Die Wirksamkeit des Äquivalenzprinzips wird nicht nur durch die Kooperation von Segmenten in alltäglichen und rituellen Situationen und die Geltung von Neutralitätsnormen (als Lösung des Loyalitätskonflikts) ermöglicht; häufige Abweichungen von diesem Prinzip werden nämlich dadurch vermieden, daß zu schwache Segmente, die einem nach der Genealogie äquivalenten, faktisch aber stärkeren Segment gegenüber stehen müßten, sich an ein anderes Segment anschließen.
Großfamilienoberhäupter und Ältere kontrollieren das Verhalten auch, indem sie einem Angehörigen die aktive Unterstützung in einem

Rechtsstreit oder noch folgenreicher: den Schutz durch die Gruppe entziehen. Die letztere Form des Solidaritätsentzugs hat in nichtzentralisierten Gesellschaften lebensgefährliche Konsequenzen. Diese Tatsache ist auch bei der Analyse segmentärer Oppositionen zu berücksichtigen. Bevor ein Normbruch oder Interessengegensatz je nach der genealogischen Distanz der zunächst unmittelbar Beteiligten zur Konfrontation gleichwertiger Einheiten führt, müssen die gerontischen Instanzen die Sache des ersten Initiatoren gutheißen. Sie haben eine Signalfunktion, welche die Ausdehnung sozialer Konflikte reguliert. Welche Konsequenzen ein Konflikt zwischen zwei Individuen hat, hängt also nicht nur von der sozialen Distanz der Kontrahenten ab, sondern auch von einer Beurteilung des Anfangskonflikts durch die Instanzen der Gruppen, denen die Kontrahenten angehören. Im Anfangsstadium entscheidet auch die rechtliche Beurteilung eines Tatbestandes den Ausgang eines Streits; glauben sich freilich beide Seiten im Recht, entscheidet sich der Ausgang nach dem Machtverhältnis. Es versteht sich, daß dieses auch die rechtliche Beurteilung des Falls durch die Instanzen antizipatorisch beeinflußt. Instanzen haben also in segmentären Gesellschaften eine Stop- oder Limitationsfunktion. Ihr Gegenstück ist die Alarmfunktion. Die Alarmfunktion üben Instanzen aus, wenn sie Solidaritätsgruppen zur Verteidigung der Rechte eines Gruppenmitglieds aufrufen. Eine andere Art dieser Funktion ist die Mobilisierung der Gruppenöffentlichkeit gegen Mitglieder, die gegen eine generelle Norm ohne besondere Benefiziare verstoßen.

4.27 Sanktionen gegen «abartige» Verbrecher

Gegen Hexer und Sexualabweicher können die Gisu-Ältesten physische (auch letale) Sanktionen verhängen, die von einem oder zwei Mitgliedern vollstreckt werden. Jedoch liquidiert ein beliebiges Mitglied auch ohne Sanktionsbefehl einen solchen Normbrecher (J. La Fontaine 1959: 32). Der Unterschied zwischen Instanzen und gewöhnlichen Gruppenmitgliedern besteht nicht im Recht zur physischen Sanktion, sondern in der größeren Chance, Sanktionen auszulösen, ohne sie selbst durchführen zu müssen. Die letale Sanktion wird entweder durch Pfählung oder durch Strangulation vollstreckt.

FÜHRUNG UND KONTROLLE

Wagner hebt dagegen hervor, daß bei den Luiya physischer Zwang gegen Hexer nur bei Begräbnissen als Reaktion der Gruppenöffentlichkeit angewandt wird. Eine Abweichung von dieser Regel bildet nur die Pfählung des nachts in flagranti erwischten Hexers *(ovinasitjula)*. Die UDG des Hexers unternimmt nichts gegen den Totschläger (1949: 276). Der Entzug des Rechtsschutzes durch die Solidaritätsgruppe des Hexers verschafft seinen Opfern einen gewissen Schutz vor weiteren Nachstellungen und erhöht die Chance des Sanktionshandelns. Bei den Nuer wurden Hexer und Fetischhalter zwar gefürchtet, doch war ihre Rechtslage prekär. Für sie wurde ein so geringes Wergeld bezahlt (höchstens sechs Rinder), daß ihre Tötung für den Täter keine gravierenden ökonomischen Folgen zeitigte. Gelang es, sie ohne Blutvergießen und Verletzungen am Kopf zu töten, so entfielen sogar die sonst obligatorischen Reinigungen (P. Howell 1954: 218)[21]. Reaktionen auf physische Sanktionen gegen Hexer, Fetischhalter und Nekrophile wurden in der Regel dadurch ausgeschaltet, daß diese nicht von einem einzelnen, sondern von der Gruppenöffentlichkeit umgebracht wurden und sich die «Schuld» auf die ganze Gruppe gleichmäßig verteilte. Howell sieht in der Friedlosigkeit der als Asoziale Stigmatisierten «Keime einer Idee des öffentlichen Rechts» (60). Er nimmt damit eine Vorstellung auf, die schon Radcliffe-Brown und Thurnwald mehrfach entwickelt haben. Beide sehen die einfachsten Formen einer öffentlichen Bestrafung von «Verbrechern» in der Verfolgung von Inzestuösen und Hexern.

Lucy Mair hat demgegenüber vorgeschlagen, die Anfänge eines öffentlichen Strafrechts mit dem crimen laesae maiestatis anzusetzen (1962: 160), d. h. mit der Sanktionierung herrscherlich proklamierter Spezialnormen, die die Gewaltunterworfenen im Verkehr mit dem Machthabern zu beachten haben. Lucy Mair bezeichnet zu Recht diese Wurzel des Strafrechts als nicht unter die Verfolgung der «Laster» subsumierbar. Gleichwohl bleibt es plausibel, die Gruppenöffentlichkeits-Reaktionen gegen lasterhafte Außenseiter als einfachste und mit sehr großer Wahrscheinlichkeit auch früheste Formen öffentlicher Bestrafung von Verbrechern zu bezeichnen. Dafür spricht

---

[21] Ebenso berichtet Crazzolara, daß für die unmittelbare Tötung von Hexern Bußen verlangt werden konnten, nicht aber für schwere körperliche Mißhandlungen, die erst später zum Tod führten (1953: 220).

auch wohl die universale Verbreitung von Gruppenöffentlichkeits- (oder substitutiv: Zentralinstanz-) Reaktionen gegen Inzestuöse und/oder Hexer, während das crimen laesae maiestatis an das kleinere Verbreitungsgebiet von Herrschaftsorganisationen gebunden ist.

4.3 Instanzen in segmentären Gesellschaften

4.31 Ethnographische Probleme

Ehe ich nun die Variationsbreite der Formalisierung von Instanzen in segmentären Gesellschaften darstelle, scheint mir ein Hinweis auf die Problematik der auf Reiseberichten, unmittelbarer wissenschaftlicher Beobachtung oder Befragung beruhenden ethnographischen Angaben geboten. Besondere Schwierigkeiten ergeben sich für uns vor allem dann, wenn wir aufgrund dieser Angaben entscheiden sollen, ob eine bestimmte Gesellschaft als zentralisiert oder als akephal zu bezeichnen ist. Nie können wir ganz ausschließen, daß dem Ethnographen, auf dessen Angaben wir uns stützen, eine Instanz gänzlich unbekannt geblieben ist – möglicherweise weil ihn seine Informanten nicht darauf hingewiesen haben. Mit dieser Möglichkeit müssen wir besonders dann rechnen, wenn die Feldforschung in eine «Pazifizierungs-»Phase fällt, wo eine starke Tendenz seitens der einer Administration unterworfenen Gesellschaft besteht, ihre Instanzen gegenüber Fremden zu verbergen. Ein solches Verhalten ist uns sowohl von den Tallensi wie von den Nuer bekannt. Eine wichtige Quelle unrichtiger Angaben ist vor allem in der regionalen Begrenzung von Feldforschungen zu sehen.
Evans-Pritchard beispielsweise erhielt seine Informationen über die Nuer vornehmlich während seine Aufenthalts auf dem Gebiet des Lou-Stammes. So blieb ihm auch die Wirksamkeit der *ruic* bereits vor dem Auftreten der Propheten verborgen. Für die Frage, ob es sich bei beobachtetem Einfluß einer Person um eine an die Person gebundene Autorität oder um eine institutionalisierte Instanz handelt, kann die Nennung einer besonderen Bezeichnung oder gar eines in der Anrede verwandten Titels einen wichtigen Hinweis geben. Hier fällt die Information verschiedener Autoren ebenfalls unterschied-

FÜHRUNG UND KONTROLLE

lich aus. So nennt Roscoe für den Repräsentanten der erstansässigen Siedlungsgruppe bei den Kiga den Titel *mukungu*, während Edel keinerlei derartige Informationen gibt.
Ein Titel kann nur einen Hinweis für weitere Beobachtungen geben. Entscheidend ist, ob der Titelträger besondere Rechte hat. Hier stellt sich die Schwierigkeit zu entscheiden, ob ein bestimmtes Verhalten eine soziale Regelmäßigkeit darstellt, oder ob dieses Verhalten überwiegend persongebunden ist oder gar vom normativ erwarteten Verhalten abweicht. Die wiedergegebenen Informationen werden noch fragwürdiger, wenn sie nicht auf unmittelbarer Beobachtung des Ethnographen, sondern auf Erzählungen von eingeborenen Informanten beruhen.
Diese Bemerkungen richten sich gegen die vor allem bei früheren Ethnographen übliche Methode, ein konzeptuelles Rollensystem auszufüllen und möglichst in allen Gesellschaften bestimmte Institutionen nachzuweisen.
Ein klassischer Fall in dieser Richtung ist die starke Wirkung, die Frazers Theorie des «sacral kingship» nicht nur auf Reisende, sondern auch auf britische Kolonialbeamte ausübte. Angeregt durch die Lektüre des *Golden Bough*, suchten sie in den neu eingegliederten Stämmen nach sakralen Häuptlingen, mitunter mit dem Erfolg, daß sie bisher eher marginale Persönlichkeiten durch «Bestätigung» zu Würden verhalfen, die es in diesen Gesellschaften bisher gar nicht gegeben hatte.
Thurnwald, dem man gewiß nicht vorwerfen kann, er minimalisiere soziale Unterschiede, warnt vor voreiligen Schlüssen auf die Existenz von Zentralinstanzen, er bezweifelt insbesondere die Genauigkeit von Beobachtungen der Reisenden über einfache Gesellschaften: «Die Nachrichten der Reisenden über Häuptlinge und Zauberer sowie deren Einfluß und die Abgrenzung ihrer Bereiche sind ... stets mit großer Vorsicht aufzunehmen und spiegeln im günstigsten Fall eine vorübergehende Phase im Leben der Einheit wieder, eine Phase, die mit dem Tod oder der Erkrankung des einen oder anderen mitunter große Änderungen bringen kann» (1951: 305).
Die folgende Übersicht über Instanzen in segmentären Gesellschaften soll verschiedene Ausprägungen von Instanzen in einzelnen Gesellschaften darstellen. Insbesondere soll die Begrenztheit der Kompetenzen und damit der Unterschied zu Zentralinstanzen demonstriert werden. Zunächst werde ich einen Grenzfall von Instanz,

nämlich die magischen Experten, dann die überfamiliären (außerhäuslichen), insbesondere die öffentlichen Instanzen und schließlich die häuslichen Instanzen behandeln. Mit Ausnahme der Abschnitte über Tiv, Lugbara und Ekonda wird der jeweiligen Darstellung von Instanzen ein Überblick über Rechtsvorstellungen und einzelne Rechtsnormen in der betreffenden Gesellschaft vorangestellt.

4.32 Experten

Nach Wagners Angaben ist der Regenmacher der Luiya nicht als Instanz zu betrachten; er hat keinen öffentlichen Auftrag, das Verhalten anderer Mitglieder zu kontrollieren:

«In spite of the greater or lesser prestiges which the rain-maker enjoys everywhere among the Bantu Kavirondo, his status has remained that of a departmental expert and has not been liked with that of a ‹chief› exercising political authority ... He has nothing to do with the maintenance of law and order ... nor does he, in his capacity as a rain-maker, assume any leadership in the organization of warfare or of religious ceremonies» (1949: 159).

Solche Experten haben besondere ökonomische Chancen, um so mehr, als es in ganz Nord-Kavirondo zur Zeit der Wagnerschen Feldforschung nur sieben oder acht Regenmacher gab (1949: 145); ihre Drohung, den Regen zu manipulieren, kann einzelne zur Nachgiebigkeit gegen ihre Forderungen veranlassen. Die Öffentlichkeitsqualität dieser Experten zeigt sich in der Asylfunktion der Regenschreine sowie darin, daß ihre Kundschaft über die Grenze der eigenen Lineage und des Stammes hinausreicht; ihre beträchtlichen Honorarforderungen werden kollektiv aufgebracht und ihnen von der Delegation der Ältesten der interessierten Gruppe übergeben. Roscoes Mitteilung läßt allerdings erkennen, daß ihre Macht prekär ist. Das Ausbleiben des gewünschten Erfolges wird als Betrug, und zwar seltener als Scharlatanerie denn vielmehr als böswillige Verhinderung des Erfolges aufgefaßt. Bei wiederholter Regenverweigerung läuft der Regenmacher *(umugimbi)* Gefahr, von den aufgebrachten Auftraggebern verprügelt zu werden – mitunter mit letalem Erfolg. Sein Hofgut wird zerstört, das Vieh weggeführt [22].

---

[22] Wiedergegeben nach La Fontaine (1959: 57).
Pater Johann Rabanser, MHM, konnte mir aus eigener Kenntnis bestätigen, daß

FÜHRUNG UND KONTROLLE

Eine Bestätigung für die prekäre Lage der Regenmacher und der Experten überhaupt findet sich in den Ausführungen von S. F. Nadel (1954) über die in den Nubabergen lebenden Tira. Hier ist allerdings die Regenmacherei nicht einem einzelnen, sondern einer ganzen Lineage zugeordnet. Dementsprechend richtet sich die Erbitterung über den ausbleibenden Regen gegen jedes männliche Regen-Lineage-Mitglied. Das Opfer wird solange geschlagen, bis sein Blut im Boden versickert und so, durch imitative Magie, der Bann gebrochen wird [23].

Damit haben wir bereits eine Form der unter 5.4 zu behandelnden Reaktionen gegen Prominente kennengelernt. Die Ambivalenz der Einstellung gegen Experten zeigt sich am positiven Pol in den ökonomischen Prämien, am negativen in Verfolgungen, die der Gruppenöffentlichkeits-Reaktion gegen «Schädlinge» wie z. B. Hexer sehr nahekommen. Die «rituelle Geheimniskrämerei» [24] verschafft den Experten zwar Einfluß, erzeugt aber zugleich Mißtrauen; das Ausspielen ihrer oligopolistischen Position ist mit einem hohen Risiko belastet.

Im Gegensatz zu diesen beiden Fällen gehörten die bei den nördlichen Lugbara auftretenden Regenmacher zu den Instanzen, deren Einflußbereich auch unter traditionellen Bedingungen über kleinere UDG-Segmente hinausreichte. Ein *opiezo* trug als Insignie ein Rindfell, er legte Kämpfe bei, mitunter gewährte er Asyl (TWR 224, 229). Diese Instanz wies einen hohen Institutionalisierungsgrad auf: sie wurde nach dem Primogeniturprinzip vererbt.

Die Angaben über die prekäre Rechtslage von Medizinmännern und Hexern bei den Nuer und in anderen segmentären Gesellschaften bestätigen aber erneut die zuvor angedeutete geringe Chance, daß durch magisches Spezialwissen ausgezeichnete Experten zu politischen Instanzen werden.

Mißhandlungen von Regenmachern bei den lakustrinen Bantu von Kenya heute noch vorkommen.
[23] Zur Einordnung des Tiri-Beispiels in die Analyse von Pariagruppen vgl. C. Sigrist 1965: 332).
[24] Zur «rituellen Geheimniskrämerei» der Königshandwerker vgl. W. Mühlmann 1965: 340.

4.33 Öffentliche Instanzen in einzelnen segmentären Gesellschaften

Amba

Die Amba sind in unserer Auswahl das eindeutigste Beispiel dafür, daß eine hohe Gruppenintegration auch ohne Anwendung physischen Zwangs durch eine Zentralinstanz möglich ist. Nach Winter wird die Verhaltenskonformität weniger durch Zwang als durch hohe Solidarität erreicht:

«The Amba system depends to a very small degree upon the use of force and other coercive measures and throws very great responsibility upon subjective feelings of loyalty, and motivations tending towards a willingness to subordinate personal interests to the well-being of the collectivity» (TWR 144).

Es gibt keine außerhäuslichen Instanzen mit der Kompetenz, physische Sanktionen zu verhängen (E. Winter 1956: 153). Während bei Streitfällen zwischen Angehörigen verschiedener Lineages[25] die nahezu bedingungslose Lineagesolidarität ins Spiel kommt – ohne vermittelnde Instanzen – und die Institution des Wergeldes fehlt (TWR 147), gibt es dennoch innerhalb des Dorfes rudimentäre rechtliche Institutionen.

Obwohl Kämpfe zwischen Dorfgenossen nicht ungewöhnlich sind, werden sie doch von der Gruppenöffentlichkeit mißbilligt. Streitfälle werden vorzugsweise den Ältesten des ganzen Dorfes und dem Umstand der übrigen Dorfbewohner vorgelegt.

Das «Urteil» wird von einem Ältesten ausgesprochen; gültig wird es durch Akklamation des Umstandes. Bei Beleidigungen oder ungebührlichem Benehmen (gegen Ältere) werden Bußen, die in Form von Geflügel oder Kleinvieh zu entrichten sind, verhängt. Aber:

«The payment of all such fines is completely voluntary. If the individual who is ordered to pay does not do so, no action is taken against him. After a fine has been pronounced the men of the village never go to the house of the guilty party and seize the fowl or goat by force» (E. Winter 1956: 158f.).

Diese Bußen dürfen nicht aufgehoben werden, sondern müssen unmittelbar anschließend vom Benefizar verzehrt werden – häufig in der

---

[25] Eine Ausnahme bilden Streitigkeiten zwischen Schwägern (E. Winter 1956: 161).

Form eines Versöhnungsmahls, an dem der Schuldige selbst teilnimmt. Sanktionen sind hier also kein Ansatz zur sozialen Differenzierung, entgegen der generellen Behauptung Dahrendorfs (1961 b: 21 f.).
Kritische Fälle sind Hexerei-Verdächtigungen. Hier wird die Anwesenheit des oder der Verdächtigen beim «Ding» gewaltsam erzwungen (E. Winter 1956: 156). Solche Verdächtigungen können durch Giftordal entschieden werden, wobei die Unterwerfung unter das Ordal auch erzwungen werden kann (157). Kennzeichnend für eine auf physische Zwangsmittel weitgehend verzichtende Rechtspflege ist aber, daß dieses Ordal auch stellvertretend auf Hühner oder Hunde angewandt wird.
Im Unterschied zu den Lugbara glauben die Amba nicht an anzestrale Reaktionen schlechthin; die Ahnen reagieren nach Ambaglauben nur auf Vernachlässigung ihrer eigenen rituellen Interessen [26].
Unter den hier behandelten segmentären Gesellschaften haben die Amba die geringste Formalisierung des Sanktionsablauf, außerhäusliche Instanzen sind nur in schwachen Andeutungen sichtbar. Die Ältesten haben zwar das Recht, Asoziale aus dem Dorf zu weisen, und entscheiden über die Niederlassung von Zuwanderern. Aber für die Beilegung von Konflikten ist ihr Einfluß nur wenig stärker als der anderer Männer. Sie haben keine besonderen Sitzungen, von denen andere Männer ausgeschlossen sind. Unmittelbare Reaktion des Geschädigten und vor allem die Reaktion der Gruppenöffentlichkeit, in der die Ältesten einen etwas größeren Einfluß als andere ausüben, kontrollieren das Verhalten.
Der einzige weitere Ansatz zur Instanzbildung, der aber noch unbedeutender war, ist die Führerstellung einiger Männer, die Klienten an sich gezogen haben, über die sie eine patronale Autorität üben. Die Klienten hängen in der Tat völlig von ihrem Patron ab, da dieser sie gegenüber den Eingesessenen vertritt und auch für sie verantwortlich ist. Diese Führerschaft ist aber nicht stabil, da die Klienten bei günstiger Gelegenheit zu ihrer Herkunftsgruppe zurückkehren. Vor allem ist der Ausbeutung der rechtlichen Abhängigkeit der Klienten dadurch eine Grenze gesetzt, daß sich Siedlungsland und ein potentieller Patron auch in anderen Dörfern finden.
Außer dem Ahnenkult, der im übrigen auf die Segmente einer Li-

---

[26] «Ancestors do not normally punish individuals for infringement of the patterns of society. The only thing which the ancestors do punish is the failure of their descendants to sacrifice to them often enough» (E. Winter 1956: 127).

INSTANZEN

neage beschränkt bleibt[27], gibt es Geisterkulte, die größere Einheiten, mehrere Lineages, umfassen. Ein Geist befällt vor allem Frauen, die später als seine Priesterinnen wirken. Obwohl sie als rituelle Experten hohe Honorare für ihre Bemühungen erhalten, haben sie, abgesehen von der Asylfunktion, keine politische Bedeutung.

Tiv

Bei den Tiv entspricht dem Fehlen priesterlicher Instanzen die rituelle Privilegierung von Geronten. Geronten üben ihren Einfluß aus als Fetischhalter *(swem* und *akombo)*. *swem*-Besitzer haben rechtliche Funktionen – auf *swem*-Fetische werden Eide geschworen. Die Angaben über die Größe der akombo-Gruppen schwanken zu sehr, als daß sich eine einheitliche Antwort geben ließe. Sie sind oft größer als ein «minimal *tar*». Alter allein genügt nicht, um eine rituelle Rolle zu spielen. Von einem *or taregh* (pl. *mbatarev)* wird außer Rede- und Verhandlungsgeschick esoterisches Wissen *(fa kwagh)* verlangt (L. und P. Bohannan 1953: 33 f.). Die *mbatarev* sind meist zugleich *mbatsav;* deren Einfluß, insbesondere seine Grenzen, wird in einem spätere Abschnitt (5.432) behandelt.
Die Aussagen von Abraham Akiga, Laura und Paul Bohannan, Downes und East über das Ausmaß gerontischer Kompetenzen gehen auseinander. Vor allem bei den älteren Autoren ist die Tendenz beobachtbar, den gerontischen Instanzen früherer Zeiten stärkere Kompetenzen zuzuschreiben.
Festzustehen scheint, daß die Ältesten eines «minimal *tar*» rezidive Diebe in die Sklaverei verkaufen konnten, wenn sie es nicht vorzogen, ihn magisch zu «töten» (L. und P. Bohannan 1953: 27). Andererseits vermochten die Tiv-Ältesten nicht den Abbau des alten Frauentauschsystems zu verhindern. Sie waren gegen das Überhandnehmen der Raubehen[28] ebenso machtlos, wie sie überhaupt wenig gegen freie Liebesverhältnisse auszurichten vermochten. Allerdings gab es regionale Variationen in der Kompetenz gerontischer Instanzen[29]. Neben den gerontischen Instanzen gab es Prominente,

[27] Es gibt keinen Ahnenschrein für die «maximal lineage» (E. Winter 1956: 124).
[28] «At first, the elders of the Tiv strictly forbade this (MC: marriage by capture) and condemned the forcible capture of other men's wives as an evil thing, but the lawless spirits took no notice, and the capture of woman became more and more frequent as time went on» (Akiga HRAF 140 f).
[29] I. U. zu Masev: «In all other clans not much importance is attached to these local love-affairs; the elders in former times did not by any means approve of

die auch schon im frühen Mannesalter einflußreich waren. Den Status des «einflußreichen Mannes» *(shagba or)* hatten vornehmlich Männer von einigem Wohlstand und großem häuslichem Anhang. Solche Männer schufen sich eine Beutegefolgschaft, die Haussakaufleuten entweder gegen Bezahlung Geleitschutz gewährte oder, bei Widerstreben, sich die Handelsware gewaltsam aneignete (TWR 54). Größere institutionelle Bedeutung besaßen die eigentlich «politischen» Führer. Ein solcher Führer wurde als *tyo or* bezeichnet. Doch wurden nicht alle territorialen Segmente von einer Persönlichkeit nach außen vertreten. Aber auch da, wo es einen *tyo or* gab, waren seine Kompetenzen nur auf die Repräsentation nach außen beschränkt. Der *tyo or* organisierte Kriegszüge, gewährte sicheres Geleit, führte Friedensverhandlungen und vermittelte bei Streitigkeiten zwischen Mitgliedern seines Segments und Fremden. «Nach innen» hatte er keinerlei Befehlsgewalt. Ein Ansatz zur Schaffung einer inneren Kompetenz lag im Versuch, der segmentären Situation folgend, nicht mehr nur das engere Herkunftssegment, sondern ein diesem äquivalentes zu repräsentieren, womit das Verhältnis der zwei durch seine Repräsentation zusammengefaßten Gruppen zueinander zu einem Binnenverhältnis geworden wäre, das von ihm kontrolliert worden wäre. Solche Integrationsversuche scheiterten aber in der Regel am Widerstand der Gruppe, welcher der *tyo or* eigentlich angehörte, gegen die vermutete Bevorzugung der Fremdgruppe.
Zu dieser Kategorie der Führer ist auch der Kriegsführer, *kur*, zu rechnen. Diese Instanz war nur im östlichen Teil des Tivlandes verbreitet, sie hatte weniger taktische als rituelle Funktionen (P. Bohannan 1958: 6) und ist darin dem Fischspeermeister der Dinka vergleichbar. Allerdings fehlte die der Dinka-Instanz eigentümliche zentrale Position im UDG-System.
Der Marktherr *(tor kasoa)* wurde bereits im Integrations-Abschnitt aufgeführt.

Lugbara

Die einzige traditionelle außerhäusliche Instanz mit unbestrittener Kompetenz ist der *ba wara*, der «Große Mann», der eine gerontische

---

their children entering into such a relationship, but it was beyond their power to prevent it. In Masev, however, it is a big thing» (Akiga HRAF 127).

INSTANZEN

Rolle hat. Seine monopolistische Kompetenz liegt im Zugang zu den Lineage-Schreinen. Im Unterschied zu anderen Geisterschreinen, wie sie jeder auf seinem Hof hat, sind diese Schreine meist den Ahnen größerer UDG geweiht. Der *ba wara* hat also eine spezialisierte rituelle Rolle. Er mediatisiert die Beziehungen zu den genealogisch «höheren» Ahnen. Diese Rolle bietet ihm die Möglichkeit, psychische Sanktionen zu verhängen. Seine Sanktionen sind in erster Linie rituell. So ruft er zum Beispiel die Ahnengeister gegen unbotmäßige Lineage-Angehörige an. Krankheiten, die solchen Invokationen zugeschrieben werden, vergrößern seine Autorität. Seine Kompetenzen liegen allerdings auch auf wirtschaftlichem Gebiet: er kontrolliert die Verwendung des Viehs wie der Töchter; vor allem hat er bei der Landverteilung mitzureden (TWR 206). Diese zuletzt aufgeführte Kompetenz beinhaltet auch die Befugnis, über die Zulassung von Fremden auf *angu*-Territorium zu entscheiden. Gleichwohl stehen Klienten nicht unter der rituellen Autorität des *ba wara*, es sei denn, sie hätten in die *angu* eingeheiratet. In diesem Fall übt er für die Klienten Schutzfunktionen aus.

Die Geronten der family clusters sind gleichrangig und behandeln sich als Brüder, auch wenn sie verschiedenen genealogischen Generationen angehören (TWR 203). Bei kriegerischen Auseinandersetzungen können die Ältesten der major segments nur versuchen, ihre Männer zur Einstellung der Feindseligkeiten zu überreden. Die Ältesten der feindlichen Gruppen können die trotz ihres Verbots Weiterkämpfenden verfluchen (TWR 223).

Der Älteste einer minor section stammt zwar aus deren agnatischem Kern; er hat nur repräsentative Funktionen gegenüber strukturell entsprechenden Einheiten, aber keine Befugnis, interne Angelegenheiten der «accessory lineages», meistenteils Klientengruppen, zu kontrollieren (TWR 210). Auf der Ebene des «sub-clan» gibt es keinen Lineagevorstand mehr (TWR 211).

Die Dominanz der älteren Generation ist nur im engen Bereich des *angu* («family cluster») eindeutig gegeben. Über den Weiler hinausreichende Autoritätsansprüche der Ältesten, d. h. die Anerkennung ihrer Autorität durch jüngere Männer, die nicht zum gleichen Weiler gehören, sind hingegen umstritten (J. Middleton 1960: 220)[30].

---

[30] Auch nach Schilde haben die «Clanoberhäupter» nur «geringe Macht» (1947: 401).

FÜHRUNG UND KONTROLLE

Prominente finden wir bei den Lugbara unter der Bezeichnung: *ba rukusa*, «bekannte Männer». Sie haben Schlichtungskompetenzen und Asylrecht. Als Insignien tragen sie weiße Stäbe. Ihr Einflußbereich ist nicht an bestimmte UDG gebunden. Im Unterschied zur Regenmacherrolle ist diese Rolle nicht vererblich (TWR 224 f.).

Nuer

Der empfindsame Stolz der Nuer führt oft zu gewaltsamen Auseinandersetzungen, an deren Anfang häufig ein Wortwechsel über Eigentumsrechte (Vieh!) oder andere Rechtsverhältnisse steht. Auch bei dieser Gesellschaft finden wir aber, wie bei den Tiv, eine Abstufung der Kampfmittel und damit eine durch Zugehörigkeitserwartungen bewirkte Regulierung sozialer Konflikte. Kämpfe zwischen Dorfgenossen sind zwar häufig, bleiben aber auf die Verwendung von Keulen beschränkt. Speere werden erst bei Kämpfen zwischen verschiedenen Dörfern verwandt.

Ein Totschlag wird bei den Nuer in der Regel durch Fehde mit solidarischer Haftung kleiner Segmente gesühnt. Ihr wirkt jedoch eine andere Institution entgegen. Ganz unabhängig davon, ob der Totschläger bereits an eine Kompensation denkt oder nicht, zwingt ihn die gefürchtete rituelle Unreinheit, den Leopardenfellpriester, den *kuaar kwac*, auch *kuar muon* (Erdpriester) genannt, aufzusuchen und sich durch einen von diesem durchgeführten Aderlaßritus von dem in seinen Körper übergegangenen vergossenen Blut und von der großen Gefahr (das Blutvergießen kann Krankheit und Tod für den Täter und seine Verwandten heraufbeschwören) zu befreien. Für die durch den Fischspeer verursachte Narbe auf dem Arm haben die Nuer einen besonderen Ausdruck: *bir*.

Der Leopardenfellpriester erhält als Gebühr für die Amtshandlung einen zu opfernden Stier, Schaf- oder Ziegenbock.

Der Leopardenfellpriester schützt den Totschläger nicht nur vor den rituellen Gefahren seiner Tat, sondern, zumindest vorläufig, vor den Racheanschlägen der Verwandten des Getöteten. Seine Hütte gilt als Asyl.

Evans-Pritchard führt den Asylcharakter aber nicht unmittelbar auf die Heiligkeit des Ortes zurück, sondern auf die Unverletzbarkeit des Leopardenfellpriester[31].

---

[31] «The chief is sacred» (1940a: 153).

INSTANZEN

Der Leopardenfellpriester bemüht sich in den folgenden Monaten um die friedliche Beilegung des durch die Tat zwischen den beiden Verwandtschaftsgruppen ausgebrochenen Konflikts, um die Abwendung der drohenden Fehde. Die Schwierigkeit besteht aber weniger darin, das Wergeld (in der Regel: 40 Rinder) von der Tätergruppe einzutreiben, als vielmehr darin, die Angehörigen des Getöteten zur Annahme der Buße zu bewegen.
Ähnlich dem go-between *(monkalun)* der Ifugao[32] setzt er seine Autorität ein, um die Widerstrebenden zum Vergleich zu bringen. Als Druckmittel dient die angedrohte Verfluchung. Evans-Pritchard bietet in diesem Zusammenhang ein schönes Beispiel für den konventionellen Scheincharakter einer Sanktionsdrohung:
«He appears to force the kin of the dead man to accept compensation, by his insistence, even to the point of threatening to curse them, but it is an established convention that he shall do so, in order that the bereaved relatives may retain their prestige» (APS 291).
Die Instanz erleichtert in diesem Fall die Lösung eines Normenkonflikts. Die Verwandten des Täters stehen unter der Verpflichtung, den Totschlag am Täter oder seiner Gruppe zu rächen. Gleichzeitig sollen sie aber, vorausgesetzt, daß die soziale Distanz nicht zu groß ist (in diesem Fall gibt es keinen Normenkonflikt, aber auch praktisch keine Möglichkeit, den gewaltsamen Konflikt beizulegen), mit der Tätergruppe in Frieden leben. Die Instanz bietet hier einen Ausweg; das sicher auch als Eigeninteresse wirksame Friedensangebot wird objektiviert, von einer Instanz vertreten und erhält einen höheren Wert als das Rachegebot. Die Annahme des Wergeldes kommt aber für die Benefiziar-Gruppe trotz der Vermittlung des Leopardenfellpriesters nur dann in Frage, wenn die Täter-Gruppe ihr entweder durch Residenz oder durch agnatische Verwandtschaft eng verbunden ist. In allen anderen Fällen kann die Annahme des Wergeldes einen Ehrverlust bedeuten – sei es für das Opfer, von dem sich seine Gruppe distanzierte, sei es für die Opfer-Gruppe, die sich möglicherweise Furcht vor der Überlegenheit der Täter-Gruppe nachsagen lassen muß. Ganz allgemein läßt sich die Schwierigkeit, Gruppen-Konflikte zu vermeiden und physische Sanktionen durch materielle Sanktionen abzulösen, durch die an keine bestimmte Kul-

[32] Vgl. E. Hoebel 1954.

tur gebundene Interpretation der Annahme einer materiellen Entschädigung als Anerkennung der Überlegenheit des Normbrechers oder seiner Gruppe erklären. Der Leopardenfellpriester kann die Versöhnung nicht erzwingen; obwohl man sein Interesse am Gelingen seiner Vermittlung aus Prestigegründen voraussetzen darf [33].
Lowie meint: «The leopard skin chief is only an intermediary of Ifugao type» (1949: 337). Gegen diesen Vergleich ist einzuwenden, daß der Ifugao-Vermittler seine Macht einsetzt, um die Vermittlung durchzuführen und sein Prestige zu mehren. Solange der *monkalun* die Vermittlung versucht, darf keine Partei zu den Waffen greifen. Wer gegen diese Norm verstößt hat nicht nur die gegnerische Partei, sondern auch den *monkalun* und dessen Familie gegen sich (E. Hoebel 1954: 121). Nach Evans-Pritchard setzt der Leopardenfellpriester seine Verwandtschaft nicht ein, schon deshalb, weil er ja keiner einflußreichen UDG angehört. Dagegen macht Howell geltend, daß zumindest bei den Zeraf-Stämmen die Leopardenfellpriester zu den «edlen» UDG gehören (1954: 29).
Nach einem Totschlag kann der Leopardenfellpriester zwischen den beiden feindlichen Parteien einen Strich ziehen, den zumindest in seiner Gegenwart niemand übertreten darf. Eine solche Schlichtung war früher, wie gesagt, nur zwischen benachbarten Gruppen möglich. Hierin zeigt sich die Begrenzung der Effektivität der traditionellen Instanz.
Howell meint über die Vorstellung der rituellen Verunreinigung durch Totschlag, sie sei «a religious concept, but it does *not* provide an effective sanction against homicide because the consequences can be avoided» (208). Der Leopardenfellpriester trägt sogar dazu bei, die Furcht vor den gesundheitlichen Folgen des Totschlags zu verringern.
Der *kuaar kwac* kann auch in Streitigkeiten über den Besitz von Rindern angerufen werden. Er besitzt aber kein Interventionsrecht; er kann nur auf Anforderung des «Klägers» den Beklagten zur Klärung des Streits auffordern [34]. Evans-Pritchard behauptet, daß auch die privatrechtliche Vermittlung selten angerufen wird.

---

[33] «The leopard skin chief does not rule and judge, but acts as mediator through whom communities desirous of ending open hostility can conclude an active state of feud» (APS 293).
[34] «Only if both sides are willing to submit to arbitration can it be settled» (APS 293).

In keiner der hier behandelten segmentären Gesellschaften ist die Frage nach den Instanzen derart kompliziert und mit so geringer Klarheit zu beantworten wie im Falle der Nuer. Die Antworten fallen in der Literatur ausgesprochen kontrovers aus: Während Evans-Pritchard diese Instanzen als rituelle Experten ohne Herrschaftsrollen charakterisiert (1940a: 174), wird das Vorhandensein einer Herrschaftskomponente auch schon in vorprophetischer Zeit von Lewis (1951) behauptet. Howell nimmt eine vermittelnde Stellung ein. Evans-Pritchard hat in seinem 1956 erschienenen Buch *Nuer-Religion* gegen die Kritiken, die seinen Darstellungen des Jahres 1940 folgten, sein früheres Urteil verteidigt. Die Entscheidung der Kontroverse wird durch die Divergenz des zeitlichen und regionalen Bezugsrahmens der Autoren erschwert.

Der Kern des Problems besteht in der Beurteilung der Kompetenzen des Leopardenfellpriesters. Ist er nur ein ritueller Experte mit schwachen Kompetenzen oder eine sakral legitimierte Instanz mit ständiger Gefolgschaft? Evans-Pritchard bezeichnet den Leopardenfellpriester als «sacred person without political authority» (1940a: 5). Darum übersetzt er *kuaar* folgerichtig nicht als «Häuptling», sondern als «Priester». Für diese Übersetzung spricht, daß *kuaar* der Gegenbegriff zu *dwek* ist, welches ungefähr unserem Wort «Laie» entspricht (1956: 289). In allen nilotischen Sprachen bezeichnet *kuaar* vor allem den Experten [35].

Auch Crazzolara betont, daß «kwäar mit Politik nichts zu tun hat» (1953: 131). Die Heiligkeit des Priesters, die seine Unverletzbarkeit einschließt, seine «sakrale» Würde, wird durch Mythen über die göttliche Stiftung der Würde begründet. Es ist aber charakteristisch, daß diese Würdemythen [36] die Leopardenfellwürde in einem Atemzug mit der Würde des «Herrn der Rinder» und des «Herrn der Schafe», rituellen Experten, denen auch Lewis keine Herrschaftsrolle zuschreibt, nennen.

Es handelt sich also nicht um eine «Herrschaftslegende». Die Mythen

---

[35] E. Evans-Pritchard 1940a: 173, P. Howell 1954: 245. Allerdings nennen die Anuak den Dorfschulzen («headman») auch *kuaaro* (E. Evans-Pritchard 1940b: 43). Evans-Pritchard korrigiert aber in einem 1947 erschienenen Nachtrag die Ausführungen seines Anuak-Aufsatzes dahingehend, daß die Kompetenzen des Schulzen schwächer waren, als er damals annahm (1947: 95).
[36] S. Crazzolara 1953: 9–13.

FÜHRUNG UND KONTROLLE

von der göttlichen Stiftung legitimieren nur die Tätigkeit von Experten und sichern ihnen einen Vorrang vor anderen Experten. Daß der Leopardenfellpriester den höchsten Rang innehatte, zeigte sich allerdings darin, daß er im Unterschied zu den zwei anderen Experten das Fell des Leoparden, das bei vielen Stämmen als Würdetier gilt, trug.

Dagegen stellt Lewis in seinem 1951 erschienenen Artikel über *Nuer Spokesmen* die Leopardenfellpriester in den Rahmen einer Interpretation politischer Instanzen und Schichten, die dem Leopardenfellpriester größere Kontroll- und Leitungsbefugnisse zuschreibt.

Lewis formuliert gegen Evans-Pritchards Interpretation drei Behauptungen:

1.
Der Leopardenfellpriester gehörte zur Kategorie der *ruic* = «Sprecher» politischer Einheiten, der *ruic Naadh* = Führer des Volkes.

2.
Wie alle *ruic*, war auch der Leopardenfellpriester ein *dil*, ein Angehöriger einer «aristokratischen» Lineage.

3.
Der Leopardenfellpriester war, auch schon vor der Blütezeit der Prophetenherrschaft, an der Organisation von Kriegszügen beteiligt. Seine politischen Funktionen beschränkten sich also nicht auf Friedensmache und Sühnerituale. Inhaber der Leopardenfellwürde wurden im 19. und 20. Jahrhundert zugleich Propheten.

Besonders auffällig ist der von Lewis gegen Evans-Pritchard vorgebrachte Einwand, daß die *ruic* und nicht die Propheten die eigentlichen Stammesführer waren:

«The same men, Deng Likea in Gawaar and Ngundeng in Lou, were at one and the same time prophets, leopard skin chiefs and ruic, but it was in virtue of their latter position, that they performed the few tribal functions they did» (1951: 82).

Lewis schreibt über die *ruic* allgemein:

«The Nuer say that a ruic depended, for his influence, on popular support and that he secured this by helping in the provision of marriage cattle, by seeing that compensation was paid in homicide cases, by ensuring that the tribe had enough to eat and, above all, by being an orator at once clever and eloquent» (79).

Ein *ruic* war der primus inter pares in einem Stammessegment: als Sprecher der zusammengekommenen Lagerführer *(tut wec)*. Nach

Lewis versammelten sich die *ruic* mehrerer Stammesteile auf Stammesebene. Der einflußreichste unter ihnen galt als *ruic* des Stammes (z.B. *ruic Louka*, Sprecher des Lou-Stammes) (80). Die wichtigste Funktion des *ruic* war die Organisation von Kriegs- und Beutezügen.

Als ein Beispiel erwähnt Lewis Bwovogh Kerpel, den *ruic* der Gawaar (81). Er soll als Führer gewählt und hoch gehoben worden sein. Das läßt sich mit germanischen Schilderhebungen vergleichen[37]. Anschließend soll er aus einer Kürbisflasche Milch, in die vorher alle Teilnehmer gespuckt hatten, getrunken haben[38]. Kerpel führte dann die Gawaar auf einem großen Zug über den Nil gegen die Dinka.

Auch Howell korrigiert das von Evans-Pritchard entworfene Bild: «It is possible that Professor Evans-Pritchard underestimates the influence of the Leopard-Skin Chief in bringing disputants together» (P. Howell 28). Gleichzeitig verrät diese Formulierung, daß der Sachverhalt nicht mehr klar zu rekonstruieren ist.

Howells Ansicht nach wiesen Herkunft und Kompetenzen der Priester starke regionale Unterschiede auf. Bei den Lou, auf deren Gebiet Evans-Pritchard den Großteil seiner Informationen sammelte, und den östlichen Jikany gab es nur wenig Priesterfamilien. Hingegen stellten bei den Gawaar, Lale und Thiang die meisten dominanten Lineages Leopardenfellpriester.

Auch Howell neigt zu der Annahme, daß die *ruic Naadh* häufig zugleich Leopardenfellpriester waren.

Evans-Pritchard gibt in *Nuer Religion* zu, daß ihm die Existenz der *ruic* entgangen war. Er bestreitet auch nicht, daß oft der gleiche Führer eines Stammes den jährlichen Zug organisierte. Jedoch hatte der *ruic* in der Zwischenzeit keine besondere Funktion (1956: 243). Außerdem wirkten bei den Raubzügen die *ruic* oft nicht einmal als Anführer eine Beutegefolgschaft mit; ihre Tätigkeit beschränkte sich dann auf die Festlegung des Ziels; nach erfolgreichem Zug erhielten sie dann aus der Beute ein Honorar.

Evans-Pritchard hält an seiner ursprünglichen Interpretation des

---

[37] Bei den Canninefaten erfolgte die Wahl des Führers durch Schilderheben (W. Schlesinger 1964: 153).

[38] Vgl. die Übersetzung von *ruei wec* als «Speichel des Lagers» (E. Evans-Pritchard 1956).
Zum Glauben an die segnende Kraft des Speichels von Würdenträgern vgl. das von Evans-Pritchard angeführte Beispiel des Anuak-Erdherrn (1940c: 49 n 1).

Leopardenfellpriesters fest, indem er bestreitet, daß Leopardenfellpriester zugleich Kriegsführer waren. Dementsprechend unterstreicht er die Unterschiede der Leopardenfellwürde und der Prophetenrolle [39]. Die Usurpationen der Leopardenfellwürde durch Propheten in neuerer Zeit bestätigen seine Ansicht. Howell berichtet, daß der Prophet Deng Likea und sein Sohn Gaw Bang, auf den das Prophetencharisma überging, das Leopardenfell trugen und Totschlagrituale durchführten, obwohl ihnen die traditionelle Legitimation dazu fehlte. Solche Usurpationen rechtfertigen keinen Schluß auf die Kompetenzen der Leopardenfellpriester in vorprophetischer Zeit. Gegen die von Lewis und Howell erhobenen Einwände behauptet Evans-Pritchard, daß in den meisten Teilen des Nuerlandes die Leopardenfellpriester *rul*, nicht *dil* seien (1956: 292). Außerdem hätten auch Nichtangehörige einer Priesterlineage Priester werden können. Wenn er andererseits (1956: 299) schreibt, daß das Amt unabhängig von besonderen persönlichen Qualitäten ausgeübt werden konnte, so wird unklar, welche Kriterien für den Erwerb und die Ausübung der Würde galten. Für die Richtigkeit von Evans-Pritchards Interpretation des *kuaar kwac* spricht der aus dem Jahre 1931 stammende Bericht von Huffman. Das folgende Zitat bestätigt die Aussage über die Rollensegregation und spricht gleichzeitig gegen große Kompetenzen der *ruic*.

«There are various chiefs in different parts of Nuerland, but their individual domains are not large. The people do not make obeisance before them as other tribesmen do when in the presence of their chief. But they show them respect and preference in many ways. If a chief is among those waiting to go across the river in canoes, he is always accorded a place in the first canoe to go across. Then there are chiefs of the leopard skin, which position is hereditary (Huffman HRAF 1).

Tallensi

Richard Thurnwald hat als eine Eigentümlichkeit der Rechtsvorstellungen der Tallensi, die, wie ich hinzufüge, allerdings nicht für alle behandelten segmentären Gesellschaften zu verallgemeinern ist, die ablehnende Haltung gegen Krieg und Tötung hervorgehoben (1950: 18).

---

[39] Sie werden im Abschnitt 6.13 behandelt.

Die Verwerflichkeit der Tötung bezieht sich nicht nur auf die engere Gruppe von agnatischen oder quasi-Verwandten, die Lineage oder die größte exogame Gruppe, sondern gilt universell. Während der Frieden innerhalb der lineage und der exogamen Gruppe durch die Pietät gegenüber den Ahnen motiviert wird, ist die Verwerflichkeit des Blutvergießens und die Vorstellung der rituellen Verunreinigung durch vergossenes Menschenblut mit dem Erdkult verbunden. Das Tötungsverbot wird durch den Glauben an eine vergeltende transzendente Macht gestützt.

Die Universalität des Verbots erscheint im Gebot, Fremde, d.h. Nicht-Tallensi, die in keiner qualifizierten Beziehung zu einem Tallensi stehen, dem Häuptling zu übergeben, der sie dann allerdings auch verkaufen konnte. Das Verbot wäre sinnlos gewesen, wenn der rollenlose Fremde gewissermaßen auf Verdacht getötet worden wäre, wie dies bei vielen Naturvölkern der Fall ist.

Der Unterschied zu Naturvölkern mit kriegerischem Ethos tritt im geringen Prestige kriegerischer Taten zutage. Ein Tallensi ist, auch wenn er nicht gegen spezielle Normen verstoßen hat, auf eine Bluttat nicht stolz (M. Fortes 1945: 177).

Aufschlußreich für die Hochschätzung des Friedens ist auch die wiedergegebene Legende von der ersten Begegnung zwischen Mosuor und Genet. Vielleicht hängt es mit diesen starken Tötungstabus, die eine «Verrechnung» ausschlossen, zusammen, daß die Tallensi im Unterschied zu Nuer, Dinka und Luiya keine Kompensation kannten (APS 269).

Wie dargestellt, gab es bei den Tallensi (abgesehen von präventiven Handlungen) keine materiellen oder physischen Sanktionen gegen Homizide, wenn sie der engeren Gruppe des Opfers angehörten. Nur bei größerer sozialer Distanz zum Homiziden kam es – ungeachtet des Tötungstabus – zu spontanen und ephemeren Vergeltungsaktionen. Da es innerhalb der Friedensgruppen weder Kompensation noch Strafe gibt, kommt dem Häuptling oder Erdherrn keine richterliche, sondern eine vermittelnde und ausgleichende Funktion zu. Ihre spezifische Aufgabe in solchen Situationen ist – im Zusammenwirken mit den Ältesten – die Sühne- und Versöhnungszeremonie. Die psychischen und Distanzierungssanktionen hatten unterschiedliche Schärfegrade. Während in den Berichten über die Tallensi immer der integrative und rehabilitierende Aspekt der Homizidregelung hervorgehoben wird, berichtet Goody von den Lobi, daß

der Mörder vom Ahnenkult ausgeschlossen und später wie ein Sklave in einem Flußbett beerdigt wurde; er büßte die Chance ein, daß ihm nach seinem Tode ein Ahnenschrein errichtet wurde (1957: 94).
Rattray erwähnt in seinen Ausführungen über die Lobi, daß der *tendaana* einen notorischen Normbrecher aus der Siedlungsgruppe vertreiben konnte, indem er einen Zweig vor dessen Hütteneingang warf. Danach wagte niemand mehr, dem Exkommunizierten Nahrung noch Wasser zu geben (1932: 429). Diese Sanktion erinnert an das früher in oberdeutschen Dörfern übliche «Pflöcken» (O. Brunner 1959: 257).
Eine Schiedsrichterfunktion hatte der Häuptling, wenn ein Streit zwischen zwei genealogisch-räumlich entfernten Segmenten entstanden war (APS 268). Seine Tätigkeit wurde mit einem Geschenk der siegreichen Partei belohnt. Ihm standen aber keine Erzwingungsmittel zur Verfügung. Er hatte keine Strafgewalt und konnte kein Lineage-Mitglied ausweisen. Rattray zitiert dazu seinen Nankanse-Gewährsmann: «No Chief could fine any man one penny» (1932: 259).
Der Versuch, solche Sanktionsansprüche durchzusetzen, hätte nur Widerstand provoziert: «Men would have seized their quivers had he attempted to do so» (ibid.). Wie jedes andere Segment-Oberhaupt konnte er allerdings einen notorischen Normbrecher oder jemanden, der ihn beleidigt hatte, verfluchen und den Verfluchten durch die Furcht vor dem Zorn der Ahnengeister vertreiben. Hier sehen wir einen, wenn auch schwachen, Ansatzpunkt zur Ausbildung des crimen laesae maiestatis. Aber auch hier waren seine Kompetenzen begrenzt.
Auf handhafter Tat ertappte Diebe wurden verprügelt, Lineagefremde Diebe geblendet oder verstümmelt.
Zur Selbsthilfe schritt man, um Schulden einzutreiben, indem Vieh entführt wurde. Der Gläubiger konnte sich an irgendeinen engeren Agnaten des Schuldners halten. Daß es sich um «privilegierte Gewaltanwendung» (Hoebel) handelt, zeigt das Verhalten des Geschädigten, der sich nicht gegen den Entführer wandte, sondern den Verlust vom Schuldner zurückforderte. Hierbei konnte er auch über das Lineage-Oberhaupt einen Druck ausüben. Der Gläubiger durfte nur die reine Schuld eintreiben. Für zusätzliche Wegnahme haftete der Schuldner nicht. Der geschädigte Dritte mußte das Zuviel wieder vom Gläubiger zurückfordern.

INSTANZEN

Der polaren Struktur der Tallensi, der Scheidung in zwei miteinander verbundene Integrate, entspricht eine polare politische Organisation. Zu den Unterscheidungsmerkmalen der beiden Kategorien gehören zwei unterschiedliche Typen: Titularhäuptlinge (*naába*) und «Erdherrn» (oder Erdpriester, *tendaana*).
Es gibt allerdings auch Lineages, die beide Instanzen haben. Auch hier findet sich die rituelle Arbeitsteilung zwischen den zwei Instanzen: der Titularhäuptling ist zwar Regenmacher, an den sich in Dürrzeiten auch die Hügel-Tali wenden, aber er bedarf des rituellen Beistandes der *tendaana*.
Zur Ausnutzung von Privilegien wie Jagd oder Fischfang bedarf es des Segens der *tendaana*. Der verstorbene Häuptling wird von einem *tendaana* beigesetzt.
Diese rituelle Gewaltenteilung, gewissermaßen eine Kompetenzenspezialisierung auf Himmel bzw. Erde, kann als Beweis für die Gleichwertigkeit der Tali-Lineages mit den Namoo-Lineages auf dem rituellen Sektor gewertet werden. Den psychischen und Distanzierungs-Sanktionen des *tendaana* wird sogar eine größere Kraft zugeschrieben (APS 261).
Der *tendaana* zeichnet sich als rituelle Instanz durch die Beobachtung besonderer Tabus aus. Er muß zu Tätigkeiten, die die Erde verletzen, zu Begräbnissen, zum Hausbau, zur Anlage eines neuen Feldes, hinzugezogen werden und erhält einen besonderen Anteil an den Opfertieren. Über diese Anteile hinaus erhält der *tendaana* aber keine Gaben (M. Fortes 1945: 188).
In der Darstellung von Meyer Fortes trifft die Charakterisierung als rituelle und repräsentative Instanzen, die mit schwachen juridischen Kompetenzen ausgestattet sind, sowohl auf *tendaana* wie auf *naaba*-Titularhäuptlinge zu. Daß auch diese über keine wirtschaftlichen oder rechtlichen Sanktionen verfügen[40], ist sehr erstaunlich, wenn man die offensichtlichen Unterschiede zwischen den zwei Instanzen betrachtet. Die Unterschiede erscheinen äußerlich in den Insignien: der Häuptling hat einen roten Fez und eine Tunika aus Tuch im Unterschied zum *tendaana*, der nur Häute tragen darf.
Im Unterschied zum *tendaana* werden dem *naaba* als Regenmacher magische Qualitäten zugeschrieben.

---

[40] «Even a chief has, in the native social order, no judicial or economic sanctions to support his authority» (1945: 227).

«Na'am (d.h. Häuptlingstum) is a medium through which the mystical forces conceptualized in Tale religion are mobilized to ensure the welfare and fertility of humans, animals and crops» (APS 259).

Er genießt einige Privilegien: große Fische und gewisse Früchte stehen nur ihm zu. Von der Jagdbeute müssen ihm bestimmte Teile gegeben werden. Streunende Hennen, Hunde oder Rinder gehören ihm. Er kontrolliert abgegrenzte Fisch- und Jagdgebiete. Die Häuptlingswürde ist an bestimmte Lineages gebunden. Sie muß jedoch entsprechend dem Herkunftsmythos immer wieder vom obersten aller Häuptlinge, dem Mamprusi-Häuptling, bzw. dessen Unterhäuptling, dem *Kunaaba*, gekauft werden. Nur die assoziierten Segmente sind ausgeschlossen, während in der Regel der Titel infolge des hohen Ernennungsalters zwischen den Segmenten rasch wandert, so daß auf die Dauer jedes Segment einmal an die Reihe kommt. Der Titel fällt dem Segment zu, das die größte Anzahl Rinder als Kaufpreis aufbringt. Das Recht der Ernennung des Titelhäuptlings impliziert für den Elector keine weiteren Rechte und Pflichten. Er hat kein Recht, Dienstleistungen zu befehlen, und kann nur Bittarbeit anfordern.

Die wichtigste politische Funktion des *tendaana* ist die Vertretung der Lineage oder der Siedlungsgruppe nach außen. Seine Zustimmung ist erforderlich, wenn ein Segment die Unterstützung der ganzen Lineage oder des Dorfes bei einem Kriegszug erlangen will. Vor allem aber sollte der *tendaana* den Frieden wiederherstellen. Er besaß dazu ein Interzessionsrecht. Rattray berichtet, daß der *tendaana* einen Kampf dadurch beendete, daß er seinen Maisstab zwischen die Kämpfenden warf (1932: 369).

Nach Goody schritt der *tendaana* ein, indem er Asche zwischen die Kämpfenden streute. Auch Schmiede konnten einen Kampf aufhalten, wenn sie mit einem Hammer auf die Erde schlugen (1957: 96). Auch heute noch bringt ein *tendaana* einen Kampf durch Einschreiten sofort zum Stillstand [41].

Die große Angewiesenheit der rituellen Instanz auf den Gruppenconsensus geht aus der Legitimation des Zugangs zum Amt hervor. Die Würde des *tendaana* vererbt sich zwar innerhalb einer maximal

---

[41] Die Mitteilung eines bei den Westkasena beobachteten Falles verdanke ich Herrn Dr. Jürgen Zwernemann.

lineage. Es kann aber jedes Mitglied einer Lineage für die Nachfolge eines verstorbenen *tendaana* kandidieren (APS 361). Die Nachfolge bestimmt sich teils nach Seniorität (dem wirklichen Alter, nicht der Generation nach), teils werden sie durch Wahrsager aus den Segment-Oberhäuptern ausgewählt. Eine besondere charismatische Qualifikation ist nicht vorausgesetzt, auch kein esoterisches Wissen. Der *tendaana* ist kein Spezialist. Die Würde eines *tendaana* kann mit dem Amt des Lineageoberhauptes in einer Person vereint sein (M. Fortes 1949: 159). Ihre Amtseinführung geschieht durch *tendaana* von anderen Lineages. Die rituellen Kompetenzen der *tendaana* sind territorial begrenzt. Für die Erdschreine eines bestimmten Gebiets ist ein bestimmter *tendaana* zuständig [42]. Gedeiht das Land nicht, kann der *tendaana* durch die Gruppenöffentlichkeit, vermittelt durch Wahrsager, zu einer materiellen Buße verurteilt oder durch Fortnahme der Insignien abgesetzt werden [43]. Er teilt auf seinem Gebiet ungenutztes Land zum Feld- oder Hausbau zu.

Aus dieser Übersicht geht hervor, daß der *tendaana* keine Herrschaftsrolle hatte. Auch auf ihn trifft Fortes allgemeine Feststellung zu:

«Beyond the nuclear lineage the lineage head's power and authority are purely moral and ritual» (1945: 226). «A lineage head has no power of enforcing his decision» (227).

Der Einfluß eines Lineage-Oberhauptes bei seinen Lineagegenossen hängt von seinen persönlichen Qualitäten ab.

Seine Funktion ist im wesentlichen repräsentativ: die Beziehungen von Mitgliedern seiner Lineage zu den Mitgliedern anderer Lineages werden von ihm kontrolliert, in kritischen Situationen laufen die Beziehungen zwischen Lineages über ihre Oberhäupter, die allerdings nicht allein entscheiden können, sondern die Ältesten der Segmente konsultieren müssen. Die andere repräsentative Funktion ist rituell: Lineage-Älteste vertreten ihre Genossen beim Schrein des Lineage-Ahnherrn, so wie die Ältesten der kleineren Segmente diese vor dem Schrein der Segmentahnen vertreten und im Namen der Lineage opfern. Die Weigerung, für jemanden zu opfern, ist eine der

---

[42] Es ist nicht klar, warum Fortes davor zurückschreckt, diesen Tatbestand klar auszudrücken: «They divide their common spiritual jurisdiction rather than a distinct stretch of territory» (1945: 185).
[43] K. Dittmer 1961: 14, R. Rattray 1932: 256.

wenigen Sanktionen, die ein Ältester gegen Querulanten anwenden kann. Dafür müssen aber triftige Gründe vorliegen[44].

Die Ältesten der kleineren Segmente haben ebenfalls primär rituelle Funktionen an den Ahnenschreinen und bei Beerdigungen. In kritischen Situationen kommt ihnen die beschriebene Vermittler- und Repräsentationsrolle zu. Sie müssen mit allen Genossen die Dinge «hinter sich bringen» (APS 252). Erst bei Segmenten kleineren Umfangs, deren gemeinsamer Ahn erst wenige (4–6) Generationen (M. Fortes 1949: 9) zurückliegt, haben die Kontrollfunktionen eine entscheidende Bedeutung für die Genossen. Ein solcher Ältester entscheidet über die Aufbringung bzw. Verteilung des Brautpreises und bei Landstreitigkeiten. Er verfügt über materielle Sanktionen. Aber auch er hat keine Herrschaftsrolle und kann seine Entscheidungen nicht durchsetzen, wenn der Betreffende nicht von sich aus bereit ist, sie unter dem Druck der Gruppenöffentlichkeit anzunehmen.

Es ist merkwürdig, daß Meyer Fortes nicht einmal fragt, wie es denn zu erklären ist, daß ein Amt, dessen historische Herkunft und dessen Legitimationsbasis so eng mit einer politischen Zentralinstanz (bei den Mamprusi) verknüpft war, sich doch von diesem «Prototyp» (APS 257) in den Kompetenzen erheblich unterschied.

Prozeß und Instanzen bei den Ekonda

Der *nkumu,* der sakrale Dorfhäuptling der Ekonda[45], stellt eine merkwürdige Kombination einer stark formalisierten Instanz mit fehlender Zwangsgewalt dar.

Die «monströse» Assoziation mit der verachteten kleinwüchsigen Jägerkaste der Twa, die rituelle Initiation, die mit der Übernahme der Würderolle verbunden ist, die Insignien, die abweichende Anlage seines Gehöfts, das als Ausdruck der Zustimmung zu seiner Übernahme der Würde von den ihm unterstellten Gruppen errichtet werden muß, die für den *nkumu* geltenden besonderen matrimonialen Regelungen, die Assoziation mit dem *elima,* die besonderen Tabus, denen er selbst und die Gemeinen (nicht die Twa) in ihrem Verhalten ihm gegenüber unterworfen sind, schließlich die auch aus jüngster Zeit verläßlich berichtete rituelle Tötung des *nkumu* und die

---

[44] «The moral and ritual authority of heads of lineages beyond the range of the inner lineage rests on their custody of these shrines» (M. Fortes 1949: 159).
[45] Ekonda ist ein singulare tantum und bezeichnet einen Mongo-Stamm, meine Verwendungsweise ist deshalb grammatikalisch nicht ganz korrekt.

Opferung von Menschen bei seiner Beisetzung fügen sich in das vertraute Bild des «sakralen Königs», wenn man davon absieht, daß die einem *nkumu* zugeordnete Gruppe verhältnismäßig klein ist. Auch die Tatsache, daß das *ekopo* der *nkumu* erst in jüngerer Zeit durch «Kauf» von den Gaufürsten der Bolia erworben wurde, erzwingt eine Korrektur des Konzepts des sakralen Königtums, wenn man es auf den *nkumu* der Ekonda anwenden will.

Dem komplexen Ritual, das den *nkumu* umgibt, steht nun aber die Tatsache gegenüber, daß er über keinen Erzwingungsstab verfügt. Er kann lediglich von den Patriarchen Twa als Arbeitskräfte anfordern, auf die er wegen der vielen Meidungsgebote dringend angewiesen ist.

Diese Divergenz zwischen hohem Institutionalisierungsgrad und fehlender Zwangsgewalt begegnet uns wieder, wenn wir das Prozeßwesen der Ekonda betrachten.

Die Prozesse der Ekonda folgen einem festen Zeremoniell – übrigens auch in Dörfern, in denen es (sei es während des Interregnums oder überhaupt) keinen *nkumu* gibt[46]. Der Prozeß, der stets im *ebanga* des *nkumu* stattfindet, wird vom *iyolo nsaka* durch zwei feierliche *nsaka* (Händeklatschen) eröffnet. Er ruft mit einer feststehenden Formel die Leute des Dorfes zusammen, denen die Versammlung zuvor bereits durch Boten und Trommeln angekündigt worden ist.

Verhandlungsführer ist ein anderer Würdenträger, der *wemalaka*. Zunächst fungiert er als Untersuchungsrichter. Dann berichtet er den Alten über die Darstellungen von Kläger, Beklagtem und Zeugen.

«Während die Verhandlungen des *wemalaka* mit den Beteiligten für jedermann verständlich waren, sind es die Beratungen im Altenrat nicht. Nur die in die Fachsprache der Juristen eingeführten Alten verstehen Sinn und Bedeutung dessen, was hier gesprochen wird. Man spricht nur in Sprichwörtern und festgeprägten Rechtsregeln, die jedem Alten bekannt sind. Diese Sprichwörter bedürfen für den Uneingeweihten selbst dann noch der Erklärung, wenn sie in voller Länge vorgetragen werden, in der Versammlung zitiert man sie aber nur in verkürzter Form. Offene und versteckte

---

[46] Jeder Kontakt mit Alten ist formalistisch, besonders dann, wenn sie eine öffentliche Funktion ausfüllen; das *nkumu*-Zeremoniell ist also nur ein gesteigerter Sonderfall gerontokratischen Zeremoniells.

Anspielungen auf frühere Ereignisse sind unter die traditionellen Formeln gemischt. Das alles ist für den Laien nicht verständlicher als das Zitieren von Paragraphennummern aus den Reichsgerichtsentscheidungen» (E. W. Müller 1955: 27).

Die Altenversammlung wird vom *bomoese* geleitet, der allerdings auch zugleich *wemalaka* sein kann. Jeder Diskutant klatscht vor und nach seiner Rede zweimal in die Hände. Die Diskussion des Falles durchläuft eine Art «Instanzenweg» (28) vom Jüngsten zum Ältesten. Diese Diskussion der Alten, die als Repräsentanten bestimmter Großfamilien häufig die Interessen einer bestimmten Partei vertreten, faßt der *bomoese* in einem Urteil zusammen, das er den zwei höchsten Würdenträgern des *nkumu*, dem *bolangoli* und dem *wanga nkoi* vorträgt, obwohl diese der ganzen Versammlung beigewohnt haben. – Schon hierin zeigt sich der ausgeprägte Formalismus des Prozesses bei den Ekonda.

Der *bolangoli* erstattet wiederum Bericht an den *nkumu*, der gleichfalls der ganzen Verhandlung, wenngleich im Hintergrund, gefolgt ist. Bevor der *nkumu* das Wort ergreift, wird die allgemeine Aufmerksamkeit durch die Musik des Hofbarden auf den *nkumu* gelenkt.

Das vom *nkumu* verkündete Urteil ist bindend (30). Ist er mit den vorherrschenden Ansichten nicht einverstanden, kann er die Sache zu neuer Beratung an den Altenrat zurückgehen lassen. «Er kann sich aber auch einfach über das Urteil hinwegsetzen und seine eigene Entscheidung verkünden! Das Urteil ist ebenso bindend wie jedes andere, aber solch ein Verfahren wird nicht gern gesehen und kann den *nkumu* sein ganzes Prestige kosten» (ibid.).

Wenn man der Beschreibung dieses festgelegten Prozeßschemas gefolgt ist, mag man erstaunt sein zu erfahren, daß das Urteil zwar bindend ist, es aber «keine Gewalt», die seine Durchführung zu erzwingen hat, (ibid.) gibt!

Müller fügt zwar hinzu, daß es nicht ratsam ist, sich außerhalb der Dorfgemeinschaft zu stellen. Die Weigerung, ein Urteil anzunehmen, konnte früher zum Ausbruch von Feindseligkeiten innerhalb eines Dorfes führen. Um dies zu vermeiden, wurden notorische Rechtsbrecher von ihrer eigenen Verwandtschaftsgruppe in die Sklaverei verkauft oder im Falle der Unverkäuflichkeit wegen schlechten Leumunds getötet.

Die fehlende Zwangsgewalt zeigt sich auch darin, daß kein Gerichtszwang besteht: der *nkumu* kann keinen Mann mit Gewalt zu seinem *ebanga* bringen lassen. Wenngleich das Fernbleiben vom Prozeß eine schwere Herausforderung bedeutet, kann ein Mann den *nkumu* «umgehen».

Da dem *nkumu* ein eigener Erzwingungsstab fehlt, ist er, wenn er ein schnell vollziebares Urteil will, auf die Zustimmung zumindest des Altenrates angewiesen. Darum wird er nur in seltenen Fällen ein vom Altenrat abweichendes Urteil fällen.

4.34 Häusliche Instanzen in segmentären Gesellschaften

Da diese Untersuchung sich auf politische (d.h. zumindest öffentliche) Instanzen konzentriert, soll hier die familiäre Instanz nur in wenigen Zügen skizziert werden, indem die Informationen über Instanzen der Amba, Kiga, Tiv und Tallensi wiedergegeben werden. Die Reihenfolge deutet eine Skalierung häuslicher Autorität an, wobei die Amba am unteren, die Tallensi am oberen Ende einer Skala häuslicher Autorität einzutragen wären.

Amba

Die *schwächste* Ausprägung der väterlichen Autorität finden wir bei den Amba. Hier kann der Vater gegenüber erwachsenen Söhnen nur in einer, allerdings sehr wichtigen, Angelegenheit nach Gutdünken handeln: er teilt jedem Sohn eine seiner Töchter zu; der Sohn übernimmt damit die Sorgepflicht für seine Schwester, darf sie aber zum Erwerb einer eigenen Frau verwenden (E. Winter 1956: 68). Verletzt ein Sohn die Sorgepflicht gegenüber seiner Schwester oder möchte der Vater einen anderen Sohn bevorzugen, so kann der Vater die Tochter wieder «zurücknehmen», gegebenenfalls einem anderen Sohn zuteilen. Aber:

«In all matters, other than the distribution of the girls of the family, the father's power extends only so far as the son's willingness to submit it» (68).

Der Vater kann seinen erwachsenen Söhnen also nur Ratschläge geben, bei Streitigkeiten innerhalb des familiären Haushalts zu schlichten versuchen. Die Demütigung des Sohnes durch schroffe Verweise oder Befehle kann die gewalttätige Reaktion des Sohnes provozieren:

«Sons do, in fact, fight with their fathers, although it is not an everyday occurrence» (69)[47].

Selbst wenn es nicht zu offenen Ausbrüchen aufgestauter Aggressivität kommt, ist es möglich, daß die Söhne ihren Vater durch Hexerei zu beseitigen versuchen. Die Furcht davor hindert den Vater daran, seinen «Nachfolger» schon zu Lebzeiten zu benennen, um kein gesteigertes Interesse an seinem Tod bei dem Designierten zu provozieren (80).

Der Vater verfügt allerdings über eine rituelle Sanktion, die genitale Verfluchung[48], die allerdings bei Reue des Sohnes wieder zurücknehmbar und so als Druckmittel einsetzbar ist.

Wir finden also bei den Amba eine Entsprechung von geringer väterlicher Autorität und geringer Ausbildung anderer Instanzen innerhalb der Gesellschaft. Hinzu kommt: Die Autorität verdünnt sich, von der väterlichen Autorität ausgehend, je mehr wir in die letzten konzentrischen Kreise «nach außen» gehen. Dem Fehlen eines öffentlichen Erzwingungsstabes, an den sich ein Vater wenden könnte, um einen aufsässigen Sohn zum Gehorsam zu bringen, entspricht die Reduktion der Autorität auf eine freiwillige, interessierte Unterordnung unter väterliche Weisungen.

Zur Ausbildung großfamiliärer Autorität kommt es in noch geringerem Maße. Insbesondere entwickelt sich kaum eine patriarchalische Autorität über die *erweiterte* Großfamilie. Dies ist eine unmittelbare Folge der geltenden Erbschaftsregel, die selbst wieder durch das Prinzip der Gleichheit der Söhne eines Mannes bestimmt ist[49].

Ein Vater kann seinen Nachfolger, der vor allem Testamentsvollstrecker ist, jederzeit, opportunerweise aber erst auf dem Sterbelager, benennen. «Normalerweise» kommt der älteste Sohn in erster Linie dafür in Frage, die Ernennung eines jüngeren Sohnes ist durchaus möglich, wird aber als «Übergehung» aufgefaßt.

Hat der Vater keine Entscheidung getroffen, so bestimmt die maximal lineage den Nachfolger. Die Männer der Lineage können sogar

---

[47] Vgl. die von Bohannan wiedergegebenen Ziffern von 13 aktenkundigen Gewalttätigkeiten von Männern gegen ihre Familie bei den Luiya (1960: 173).
[48] Vgl. für die Gisu: «In Bukusu and Bumbo areas the strength of the curse was reinforced by the father's taking off his skin garment and standing naked before his son» (J. La Fontaine 1959: 38).
[49] «The theory of the lineage which makes all sons of the same man equal» (E. Winter 1956: 82).

INSTANZEN

eine väterliche Entscheidung umstoßen. Aus diesen Angaben geht eindeutig hervor, daß keine Primogenitur besteht. (E. Winter 1956: 81).

Die Rolle des Nachfolgers ist treuhänderisch: er soll in erster Linie für die an der Gleichheit der Erbteile orientierte Aufteilung des Erbes sorgen. Diese Rolle umfaßt allerdings auch Vormundschaftsrechte und -pflichten, wenn jüngere Söhne und Töchter des Verstorbenen vorhanden sind. Kein «Nachfolger» kann herangewachsene Brüder daran hindern, sich selbständig zu machen und einen eigenen Haushalt zu gründen. Obwohl der «Nachfolger» in einer förmlichen Zeremonie die Rolle des Vaters übernimmt, erreicht er nicht das gleiche Verhältnis der Überordnung zu seinen Brüdern:

«The ultimate weakness of the son's position lies in the fact that he can never become the ancester of his own brother» (82).

Kiga

Als schärfste psychische Sanktion setzt der Vater die Drohung mit dem Totenbettfluch ein. Dieser Fluch selbst kann erst kurz vor dem Tode geäußert werden. Er schließt den ungehorsamen Sohn vom Erbe und aus der Gemeinschaft der Nachkommen aus. Dem Bruder des Verfluchten wird bei Strafe einer Krankheit jeder Kontakt zu jenem untersagt. Ein solcher Fluch ist nicht zurücknehmbar.

Wir beobachten eine Abstufung der Sanktionen: Aufgrund der rituellen Mediatisierung des Sohnes durch den Vater – zu dessen Lebzeiten kann ein Sohn seinen Ahnen nicht opfern – kann ein Vater seinen Sohn mit der Weigerung, für ihn zu opfern, zum Gehorsam zurückführen.

Die Weigerung des Normbenefiziars, das Benefizium anzunehmen, wirkt als Sanktion auf die Nichterfüllung einer anderen Norm: Der erwachsene Sohn muß dem Vater die ersten Früchte der Haupternten bringen, ehe er selbst und seine Familie davon essen darf. Beschläft ein Mann seine Frau nach dem Genuß von neuen Früchten, ohne seine Verpflichtung erfüllt zu haben, so können er oder seine Frau sterben.

Weigert sich nun der Vater, die Erstlingsfrüchte entgegenzunehmen, so stellt er den Sohn vor die Alternative, entweder die Ernte nicht zu nutzen oder auf den Beischlaf zu verzichten. Der interdizierte Sohn muß förmlich mit seinem Vater Frieden schließen, um die Interdiktion aufzuheben (M. Edel 1957: 123).

Tiv

Als mit dem häufigsten und entscheidenden Sanktionshandeln ausgestattete Instanz schildert Bohannan den Gehöftspatriarchen. Er legt die kleinen alltäglichen Verstöße bei. Bohannan behauptet, daß seine weitreichende Kompetenz zu Sanktionen die «informal fluidity of other political leadership» überhaupt erst ermöglichte (TWR 53). Nur wenn der Patriarch nicht in der Lage war, einen asozialen Hofinsassen vor dem ständigen Rückfall in Eigentumsdelikte zu bewahren, konnte es vorkommen, daß die Ältesten eines *tar* den Rückfälligen in die Sklaverei verkauften oder seinen magischen Tod beschlossen (L. und P. Bohannan 1953: 27).

Der Patriarch eines Gehöfts war für die seiner Autorität Unterstellten verantwortlich (TWR 52). Dem entsprach sein Recht, allein über die Aufnahme eines neuen Hofinsassen zu entscheiden. Als Distanzierungsaktion stand ihm die Ausweisung, auch der Verkauf in die Sklaverei zu.

Die Begrenzung seiner Befehlsgewalt, die auch die Koordination der Feldbestellung umfaßte, erscheint in der großen horizontalen Mobilität[50]. Er hatte keine Macht, einen Insassen zurückzuhalten. Zu große Willkür wurde mit Sezession beantwortet. Bohannan veranschaulicht die Konsequenzen patriarchalischer Willkür:

«A man who wrangles with his sons and brothers will soon find himself ‹sitting alone›, without labor, unable to work his fields; and if he can't work his fields, he looses his fallow» (HRAF 18: 32 B).

Tallensi

Allen sakralen und gerontischen Instanzen der Tallensi fehlt die Kompetenz zur Verhängung physischer Sanktionen. Diese steht nur dem Patriarchen zu. Wirtschaftliche, rechtliche und rituelle Selbständigkeit erlangt ein Mann erst mit dem Tode seines Vaters (gegebenenfalls seines Vatersvaters). Insbesondere darf ein Mann nicht zu zu Lebzeiten seines Vaters oder Vatersvaters den Ahnen Opfer darbringen (M. Fortes 1949: 147). Streng genommen, steht nur dem pater und nicht den klassifikatorischen Vätern (den Brüdern und Lineage-Brüdern des Vaters) das Züchtigungsrecht zu (146). Die Tallensi sagen, daß der «Vater sein Kind besitzt» (138). Die Verfü-

---

[50] Vgl. L. und P. Bohannan 1953: 18.

gungsgewalt reichte bis zu dem Recht, Kinder in Notzeiten zu verpfänden oder zu verkaufen (86).
Vom Vater hängt insbesondere die Erlaubnis zur Heirat ab; es liegt in seinem Ermessen, wann er dem Sohn eigenes Land anweist und ihm erlaubt, ein eigenes Gehöft räumlich an den väterlichen Hof anschließend zu errichten.
Die rituellen Beschränkungen dauern jedoch, wenn auch vermindert, nach dem Tode des pater an, bis ein Mann seine klassifikatorischen Väter überlebt hat und nun seinerseits in die Vaterrolle hineingewachsen ist. Wirkliche Befehlsgewalt hat aber nur der Patriarch eines Hofes, nicht die klassifikatorischen Väter.
So liefern die Tallensi einen Beleg für die hier vertretene Auffassung, daß die Kompetenzen politischer Instanzen nicht als «Ausdehnung» der patriarchalischen Autorität aufgefaßt werden können, es sei denn, man fasse «Extension» als Verdünnung auf. Die häusliche Befehlsgewalt erstreckt sich nur auf Hausgenossen und findet auf den höheren Integrationsstufen keine Entsprechung.

Zum patrilinearen Komplex segmentärer Gesellschaften
Entsprechend der Homans-Schneiderschen Theorie (1962) müssen wir in den hier untersuchten segmentären Gesellschaften, da sie patrilinear sind, eine starke Ausprägung des «patrilinearen Komplexes» erwarten, d.h. eine autoritätsbestimmte, Unterordnung und Distanz implizierende Vater–Sohn-Beziehung, die durch eine auf Gleichrangigkeit und Freundschaft abgestellte und durch Geschenke bekräftigte Mutterbruder–Schwestersohn-Beziehung gewissermaßen «ergänzt» wird.
Diese Polarisation wird zumindest durch Amba, Tiv und Tallensi bestätigt. Von der Schutzfunktion von Mutterbrüdern für ihre Schwestersöhne bei Amba und Tiv haben wir schon gehört.
Obwohl bei den Tallensi das «restraint»[51]-Moment in der Vater–Sohn-Beziehung im Vergleich zu anderen einfachen Gesellschaften nicht besonders stark ausgebildet ist, trifft die Homans-Schneider-Hypothese auf die Tallensi zu. Während das disziplinäre Moment in der frühen Kindheit fehlt, steigert sich die Unterordnung des Sohnes unter den Vater, die schließlich mit zunehmendem Alter durch eine

---

[51] D. Schneider, G. Homans 1962.

FÜHRUNG UND KONTROLLE

als Vertretungshandeln auch rechtlich wirksame Identifikation des Sohnes mit dem Vater ergänzt wird[52].

Die Unterordnung erreicht ihre strikteste Form erst nach dem Tod des Vaters:

> «Tallensi say that one must respect one's living parents; but to one's dead parents one owes reverence and submission in surpassing degree. That is what the proverb ‹Fear the dead and do not fear the living› means to them. One can defy a living parent sometimes and rely on being forgiven; one cannot defy a dead parent. One can live without the help of a living parent, if necessary, but not without the mystical protection of one's dead parents» (M. Fortes 1949: 173).

Zum Mutterbruder steht ein Mann dagegen in einer entspannteren Beziehung, die zwar Respekt für jenen, aber keinen Gehorsam einschließt. Als Pietätsbeziehung ähnelt sie daher eher einer Mutter–Sohn- als einer Vater–Sohn-Beziehung. Fortes führt die Differenz zwischen der Vater–Sohn-Beziehung und der Mutterbruder *(ahab)* – Schwestersohn *(ahan)*-Beziehung u. a. auf das Fehlen gemeinsamer ökonomischer und rechtlicher Interessen zurück (305). Die Identifizierung des Mutterbruders mit der Mutter entspricht dem Radcliffe-Brownschen Geschwisteräquivalenzprinzip[53].

Bei den Amba besteht zwischen Mutterbruder und Schwestersohn eine asymmetrische joking relationship. Der Mutterbruder darf den Neffen (insbesondere mit Obszönitäten) necken, während dieser nicht verbal reziprozieren darf; hingegen kann er sich, ohne bitten zu müssen, seinem Onkel gehörende Gegenstände aneignen (E. Winter 1956: 182).

Zum «restraint» in den Vater–Sohn-Beziehungen patrilinearer Gesellschaften gibt es einen interessanten Hinweis von East, dem Herausgeber von Akigas Geschichte der Tiv. Danach gilt bei den Tiv eine freundschaftliche Vater–Sohn-Beziehung als abnorm:

> «This unusual friendship between father and son, particularly in view of the former's reputation in the practice of magic, led his family to suspect that Sai's son was not quite normal» (HRAF 1).

---

[52] «Old men always delegate their sons to act for them in political matters and often in jural affairs. In disputes about wives it is a common thing to see a man's son soming to the tribunal as his father's representative to answer for the actions of the brother whom he accompanies» (M. Fortes 1949: 200).

[53] Vgl. den Aufsatz: *The Mother's Brother in South Africa* (1952).

Die entscheidende Hypothese der Schneider-Homansschen Theorie: in patrilinearen Gesellschaften ist, *wenn* Kreuzcousinenheirat erlaubt ist, die matrilaterale Mutterbruderstochter-Heirat erlaubt, nicht hingegen die patrilaterale Vatersschwestertochter-Heirat, läßt sich an unserem Material schlecht testen, da nur in zwei Gesellschaften Kreuzcousinenheirat überhaupt erlaubt ist [54]. Bei Tallensi, Tiv, Lugbara, Gusii, Dinka, Nuer ist weder Parallel- noch Kreuzcousinenheirat erlaubt. Bei den Kiga ist Mutterbruderstochter-Heirat erlaubt, Vatersschwestertochter-Heirat jedoch streng verboten – die Kiga bestätigen also die Homans-Schneider-Hypothese, hingegen sind die Konkomba konträr. Bei diesen sind außer der matrilateralen Parallelcousinen-(Mutterschwester-) Heirat beide Formen der Kreuzcousinenheirat erlaubt.

---

[54] Da ich auf das Problem der Kreuzcousinenheirat erst gegen Ende der Untersuchung stieß, habe ich mich auf die Angaben des Murdockschen World Ethnographic Sample (1957) verlassen, die ich für die Kiga durch die Angaben von Edel (1957) ergänzt habe.

5. Determinanten der Akephalie

Die Übersicht über Instanzen in segmentären Gesellschaften führt uns zu der Frage, warum die Instanzen nicht größere Kompetenzen haben. Hieran schließt sich die weitere Frage, ob und unter welchen Bedingungen sich eine Zentralinstanz in segmentären Gesellschaften entwickelt hat oder ob eine akephale Gesellschaft nur exogen, d. h. durch Überlagerung zentralisiert werden kann.

Um die Antwort auf die zweite Frage vorwegzunehmen: in den hier behandelten segmentären Gesellschaften sind, wenn auch nur für kurze Dauer, ohne ethnische Überlagerung Zentralinstanzen entstanden. Ehe ich die Bedingungen, unter denen dieser soziale Wandel stattfand, untersuche, wende ich mich der erste Frage zu, da die Beantwortung dieser Frage Voraussetzung für Antworten auf die zweite Frage ist.

5.1 Übersicht über die wichtigsten Hypothesen

Auf die Frage: warum entstanden Zentralinstanzen bis zu einem bestimmten Zeitpunkt (der in den hier behandelten Gesellschaften nicht vor der 2. Hälfte des letzten Jahrhunderts liegt) *nicht* in segmentären Gesellschaften, gibt es eine Reihe von Antworten, die sich teils kombinieren, teils ausschließen.

1.
Die Überlagerungstheorie erklärt die Akephalie durch fehlende Überlagerung, die ihrerseits wieder zumindest in einigen Fällen durch geographische Isolierung erklärbar ist.

2.
Die rassistische Argumentation wird auf die «Unfähigkeit» der «Eingeborenen» rekurrieren. Diese kann entweder auf fehlender Information über herrschaftliche Institutionen beruhen[1], oder, wenn

---

[1] In Analogie zu Poppers Redeweise von der «Kübeltheorie der Erkenntnis» könnte man von einer «Kübeltheorie der Herrschaft» sprechen.

HYPOTHESEN

diese vorliegt, an der «organisatorischen Unfähigkeit», herrschaftliche Muster durchzusetzen. Rassistische Herrschaftstheorien lassen sich als kollektivistische Variante der alten Ableitung der Herrschaft aus dem «Recht des Stärkeren» interpretieren.

3.
Die funktionalistische Bedürfnistheorie: akephale Gesellschaften entwickeln keine Zentralinstanz, weil die Gesellschaft sie nicht «braucht», weil das Ordnungsbedürfnis der Gesellschaft durch andere Mechanismen «befriedigt» wird.

4.
Die Homogenitätshypothese:
Eine Zentralinstanz entsteht in segmentären Gesellschaften nicht, weil auch die nichtpolitischen Bereiche dieser Gesellschaften homogene soziale Felder sind. Fehlende politische Spezialisierung ist nur ein Aspekt der geringen ökonomischen Arbeitsteilung und der fehlenden sozialen Schichtung.

5.
Die Mentalitätshypothese:
In segmentären Gesellschaften wird das Verhalten durch «demokratische», «egalitäre» Einstellungen gesteuert. Diese Hypothese tritt in der Literatur in zwei Varianten auf:

5.1
Alle Individuen orientieren sich an «demokratischen», «egalitären» Werten; eine Zentralinstanz entsteht nicht, weil kein Individuum eine solche Herrschaftsrolle anstrebt.

5.2
Es gibt zwar auch in segmentären Gesellschaften herrschsüchtige Individuen; ihre Aspirationen geraten aber in Konflikt mit Gleichheitsnormen.

Von diesen Hypothesen sind die 1. und 2. als generelle Hypothese falsifiziert. Die 3. Hypothese tritt nur als – wenn auch häufig gebrauchte – Leerformel auf. Die hier zu entwickelnde Theorie segmentärer Gesellschaften geht vom Vorliegen der von der 1. Hypothese geforderten Anfangsbedingungen aus und versucht, die in den Monographien und komparativen Essays meist ad hoc angeführten Hypothesen der Klassen 4 und 5 klar zu formulieren und sie am Material der hier untersuchten segmentären Gesellschaften zu überprüfen. Die Erklärung der Akephalie durch Mentalitätshypothesen stellt

DETERMINANTEN DER AKEPHALIE

eine Beziehung zwischen der segmentären Organisation und der politischen Verfassung her. Allerdings geht es jetzt nicht mehr wie im zweiten und dritten Abschnitt um die formale Struktur von Aggregaten; es wird vielmehr versucht, die Motivation des Handelns der in diesen Aggregaten zusammengefaßten Individuen und ihre Konsequenzen für den politischen Bereich darzustellen. Ein strukturelles Phänomen wie z. B. die Gleichordnung von Lineagesegmenten wird in dieser Betrachtung auf die Normen des Erbrechts und auf die mit diesen verbundenen religiösen Einstellungen zurückgeführt. Es wird sich zeigen, daß die Entstehung von Zentralinstanzen nicht durch die Befriedigung der «Bedürfnisse der Gesellschaft» durch die segmentäre Organisation verhindert wurde, sondern durch Normen und Werte, die der segmentären Organisation zugrundeliegen.

5.2 Homogenitätshypothesen

Durkheim ging von einer statischen Homogenität segmentärer Gesellschaften aus. Auch die späteren Monographien und Verallgemeinerungen versuchten, die Gültigkeit der Homogenitätshypothese nachzuweisen.
Fortes charakterisiert die Tallensi unter dem ökonomischen Aspekt als «homogeneous, sedentary, equalitarian peasantry» (APS 250). Gleichwohl ergibt sich aus den vorliegenden Arbeiten ein differenzierteres Bild. Die Autoren sehen sich gezwungen, die Homogenitätshypothese zu modifizieren. Fortes räumt nachträglich ein: «Just what we mean by a homogeneous society is still rather vague though we all use the term lavishly» (1953: 68). Unterschiede im Umfang der Kernsegmente, insbesondere in der Polygynie, ferner unterschiedliche Bewertung von Geschlecht und Alter lassen sich nicht übersehen. Den stärksten Abbruch erleidet die Homogenitätshypothese durch die geminderte Rechtsstellung von Sklaven und Klienten. Hinzu kommen Besitzunterschiede und ein in allen segmentären Gesellschaften auch unabhängig von Alter und Geschlecht beobachtbares Einflußgefälle. Angesichts dieser Tatsache versuchen die Autoren die Homogenitätshypothese dadurch zu retten, daß sie den transitorischen Charakter vieler dieser Unterschiede betonen, die überdies nicht sehr über das allgemeine Niveau hinauswachsen.

HOMOGENITÄT

In der Tat ergibt die komparative Analyse, daß die Erreichung von Differenzierungspunkten, die zu weit von einer Normalitätslinie abweichen, durch konträre Reaktionen wie auch durch natürliche Gegebenheiten verhindert wird. Wir haben es dann aber nicht mehr mit einer statischen Homogenität, sondern mit einer dynamischen, d. h. durch soziale Prozesse immer wieder hergestellten, und einer variablen Homogenität zu tun. Der Ausdruck relative Homogenität besagt, daß zwar Unterschiede feststellbar sind, die Extremwerte aber nahe dem Durchschnitt (verstanden als arithmetisches Mittel) liegen.

Selbst Fortes, der noch am stärksten die Homogenitätshypothese vertritt, betont die dynamischen Aspekte der Sozialstruktur. Während Durkheims Theorie die Homogenität aus dem Fehlen differenzierender Impulse, insbesondere zur Innovation fähiger Persönlichkeiten ableitet und so zugleich die 2. Hypothese vertritt, geht eine die Dynamik erkennende Theorie von der Beobachtung aus, daß in segmentären Gesellschaften immer wieder Individuen mehr materielle Güter sammeln, mehr Ansprüche auf Dienstleistungen, mehr Frauen und Kinder haben als andere, daß aber auf lange Sicht, spätestens im Erbgang, diese Ungleichheit wieder aufgelöst wird. Die Dynamik solcher Homogenität iterativ erzeugender sozialer Prozesse kann allerdings nur mittels Beobachtungen, welche die Hypothesen der Klasse 5.2 bestätigen, dargestellt werden.

Eine mit einem dynamischen Modell arbeitende Theorie vermag auch die Bedingungen zu analysieren, unter denen das dynamische Gleichgewicht zwischen differenzierenden und nivellierenden Prozessen unterbrochen wird und eine Verschiebung zugunsten der ersteren eintritt.

Hypothesen über sozialökonomische Homogenität unterliegen der Kritik, die John W. Bennett in seinem Aufsatz *The integration of Pueblo culture: a question of values* (1946) an den Homogenitätsaussagen der culture- and personality-Schule geübt hat.

Homogenitätspostulate liegen den meisten, so gut wie allen älteren, ethnographischen Monographien zugrunde, die sich auf die Aussagen weniger Gewährsmänner verließen. Erst in den letzten Jahren hat sich die Einsicht durchgesetzt[2], daß auch bei ethnologischen Unter-

---

[2] Z. B. auch bei Meyer Fortes (1963).

DETERMINANTEN DER AKEPHALIE

suchungen die Auswahl der Informanten den in der empirischen Sozialforschung geltenden Anforderungen genügen muß.
Die Anwendung der Bennettschen Kritik auf unser Problem führt zur Frage: Entsteht der Eindruck der Homogenität nicht durch die einseitige Hervorhebung aller gleichheitlichen, genossenschaftlichen Elemente, während Ungleichheiten unterschlagen werden?
Peter Worsley hat gegen Fortes' Analysen der Tallensi eingewandt, daß die Angaben über die «wirtschaftliche Homogenität» der Tallensi inkonsistent sind und daß insbesondere nicht klar ersichtlich ist, welche ökonomischen Unterschiede zwischen Tali-Gruppen einerseits und Namoo andererseits bestehen (1956: 50).
Eine Aussage, die in der von Worsley kritisierten Weise vereinfacht, findet sich auch in Labourets Rezension der *African Political Systems*: «Les communautés, peu étudiées jusqu'ici, sont caractérisées par l'absence de tout organisme administratif et judiciaire, de toute distinction de statut, de rang, de richesse» (1948: 157).
Dieses Zitat bestätigt die Wichtigkeit der Worsleyschen Einrede, von der man doch wohl nicht sagen kann, sie renne offene Türen ein. Andererseits ist Worsley vorzuhalten, daß er selbst nicht genügend klar macht, ob er mit Ungleichheiten der traditionellen Tallensigesellschaft oder mit dem kolonial bedingten Neureichtum argumentiert.

5.3 Ungleichheit in segmentären Gesellschaften

Nachdem im Abschnitt 4 bereits die Einfluß- und Autoritätsgefälle in segmentären Gesellschaften dargestellt wurden, wenden wir uns jetzt anderen Formen der Ungleichheit zu.
Zunächst ist an die ungleiche Bewertung zweier natürlicher Daten, nämlich Alter und Geschlecht, zu denken. Die rituellen und rechtlichen (insbesondere: Verfügungs-) Privilegien der Alten wurden bereits dargestellt.
Auf die allgemeine dem Alter eingeräumte Vorrangstellung weise ich nur hin. Bei Bierfesten bilden sie den Kern, während die jüngeren Männer sich am Rande gruppieren. In altersmäßig inhomogenen Gruppierungen führen die Alten das große Wort. Die magische Dominanz der Geronten wird in einem späteren Teil dieses Abschnitts dargestellt.

5.31 Ungleichheit der Geschlechter

Während die Altersunterschiede eher graduell, die Kriterien für den Ältestenstatus nicht starr angewandt werden – die altersmäßige Einschätzung hängt beispielsweise von der Zahl der Kinder ab – und die altersmäßige Ungleichheit transitorisch ist, wird das biologische Geschlecht auch sozial dichotom bewertet. In den meisten segmentären Gesellschaften gibt es eine ökonomische Arbeitsteilung der Geschlechter. In extremer Form bedeutet dies, daß, wie bei den Amba, die Hauptlast der Arbeit, außer der Hausarbeit(insbesondere: Wasserholen) auch die Feldarbeit, den Frauen überlassen wird, während die Männer sich nur um Feldroden, Jagd, Hüttenbau und Bierbrauen kümmern. Bei den Amba läuft dies eindeutig auf eine ökonomische Ausbeutung der Frauen hinaus. Seit der Einführung von cash crops hat sich allerdings eine Arbeitsteilung in der Richtung entwickelt, daß die Männer sich in erster Linie um die Kaffeepflanzen kümmern (E. Winter 1956: 50). Im Unterschied dazu arbeitet bei den Tallensi die ganze Familie auf dem Feld. Allerdings ist auch hier das Wasserholen wie andere Haushaltsarbeiten Sache der Frau. Eine bedeutende Bevorzugung der Männer zeigt sich bei den Tallensi darin, daß der Mann zuerst und allein ißt, während Frau und Kinder sich mit den Resten begnügen müssen.

Bei den Nuer schließt die geschlechtliche Arbeitsteilung die Frauen nicht von der Viehzucht aus. Vielmehr dürfen normalerweise nur Frauen und nichtinitiierte Jungen die Kühe melken (E. Evans-Pritchard 1940a: 22), während den Männern das Hüten obliegt. Die unumgängliche Feldarbeit wird den Frauen überlassen, die Männer bauen Wohnhütten und Ställe.

Im Unterschied zu dieser Gesellschaft ist den Kigafrauen das Hüten und Melken der Kühe verboten (Roscoe 1924: 170).

Sowohl bei Amba wie bei den Nuer gibt es relativ viele unverheiratete Frauen, die in illegitimen Verhältnissen leben und gleichwohl nicht verachtet werden. Bei den Amba verlieren Prostituierte nicht einmal die Heiratschance. Das steht im deutlichen Unterschied zur strikten Sexualmoral einer zentralisierten Gesellschaft wie der Zulugesellschaft, wo vorehelicher Verkehr mit dem Tod der Verführten und mitunter sogar ihrer Altersgenossinnen bestraft werden konnte.

Frauen haben also zumindest in den beiden zuerst erwähnten Gesellschaften ein verhältnismäßig großes Maß an Selbstbestimmung. Evans-Pritchard hält die Lage der Frauen bei den Nuer für überdurchschnittlich günstig[3].

Die «hohe Position der Frauen» (E. Evans-Pritchard 1938: 390) wird rechtlich anerkannt; für Frauen muß das gleiche Wergeld wie für Männer gezahlt werden. (P. Howell 1954: 60). Nach Roscoe zeichnen sich auch die Gisu-Frauen durch hohe Unabhängigkeit und Selbständigkeit aus (1924: 35).

Allerdings werden in segmentären Gesellschaften die Frauen rituell weder in ihre Herkunftslineage noch in ihren Clan integriert. Die Lineagetraditionen werden nur an männliche Mitglieder vermittelt[4], die Frauen bleiben wie Kinder vom Lineagewissen ausgeschlossen. Hinzu kommt ihr Nichtkombattantenstatus. Ein Lugbara faßt diese Disqualifikation so zusammen:

«Women are not ‹big› ... Women are like (children), they work in the home but they do not wage feud nor do they know the words of the lineage»[5].

Selbst die Amba schließen die Frauen von schwierigen rechtlichen Verhandlungen aus (E. Winter 1956: 54), obwohl es vorkommt, daß sie am Rande des Umstands dem Prozeß folgen.

Andererseits sind bei den Gisu alte Frauen in einer günstigeren Lage als alte Männer. Während die Männer im Haushalt ihrer Söhne wegen der gebotenen Meidung ihrer Schwiegertöchter keine dominante Rolle spielen können und so eine intrafamiliäre Autoritätseinbuße gegenüber der Zeit, in der ihre Söhne noch unverheiratet waren, erleiden, gleicht sich der Status alter Frauen dem von Männern an; sie erhalten rituelle Befugnisse (J. La Fontaine 1960: 125).

Für einzelne Frauen gab es auch in segmentären Gesellschaften Rollen, die ihnen größeren Einfluß als anderen verschafften oder gar die Befugnis einräumten, Sanktionen zu verhängen. Priesterinnen gab es zumindest bei den Tallensi, Amba, Kiga, Prophetinnen bei den Nuer (APS 294)[6]. Bei den Amba hat die Nyakalapriesterin sogar Asyl-

---

[3] «Among the Nuer, relations between man and wife, are more equitable and give females more privileges than in any other tribe I have visited in the Southern Sudan» (1940: 178).

[4] Für die Tallensi vgl. Fortes 1949: 199. Frauen haben keinen rituellen Status (228).

[5] Zitiert nach Middleton 1960: 246.

[6] Evans-Pritchard bemerkt allerdings: «Women occasionally gain a reputation as

funktion. Ihr Wirkungsbereich umfaßte eine ganze maximal lineage. Wahrsagerfunktionen werden bei den Lugbara überhaupt nur von Frauen ausgeübt, die in der Jugend von «Gott» besessen wurden (J. Middleton 1960: 249).
Die Stellung der Frauen ist zweifelsohne, trotz aller aufgezählten Ungleichheiten, günstig im Vergleich zu vielen zentralisierten Gesellschaften. Akiga vergleicht z. B. die große materielle Verfügungsgewalt der Tivfrau mit den ihm ja aus eigener Anschauung bekannten islamischen Verhältnissen:

«The food was (and is) in the hands of the woman, and since she had done practically all the work since the time of the planting, she rightly got the credit for her hospitality, and not her husband, as would be the case, say, in Mohammedan society. It was *she* (subject, of course, to a certain amount of control by her husband) who *decided* when to invite the neighbours to the Bean Feast» (HRAF 68).

Aus eigenen bösen Erfahrungen ist wohl Akigas Klage zu verstehen: «Amongst the Tiv the women have more influence than the elders. You may do something of which the elders do not approve, but if the women approve, there is no more to be said. If, on the other hand, you do something which is praised by the elders, but meets with disapproval from the women, you are not satisfied» (46).
Als einen Grund für die fehlende politische und rituelle Integration der Frauen lernten wir ihre Abstinenz von bewaffneten Kämpfen kennen. Auf der anderen Seite verschafft ihnen diese Abstinenz eine größere physische Sicherheit. Das von Paul Bohannan und La Fontaine zusammengestellte Material ergibt eindeutig, daß Frauen in den untersuchten afrikanischen Gesellschaften zu einem erheblich geringeren Grad als Männer entweder Urheber oder Opfer von Homiziden sind, daß dafür aber die weibliche Suizidrate höher ist als die männliche. Die sexuelle Homizidbilanz zeigt eine starke «Benachteiligung» des weiblichen Geschlechts. Während bei den Tiv nur 4 % der Totschläger/Mörder Frauen sind, stellen Frauen 18 % der Opfer. Die entsprechende Verhältniszahl ist bei den Gisu 9 : 17, Luiya 5 : 24.
Wir können einen starken Unterschied feststellen zu den «zugun-

---

prophets and magicians but, as a rule, they play no leading part in public affairs» (1940a: 178).

DETERMINANTEN DER AKEPHALIE

sten» der Frauen veränderten Zahlen für Philadelphia (18:24) und Großbritannien (32:57), wo die Chancen von Frauen, jemanden zu töten, nicht soviel geringer sind als jene, selbst Opfer zu werden. Aus dem Vergleich zwischen segmentären und zentralisierten afrikanischen Gesellschaften geht hervor, daß Soga und Nyoro eine für die Frauen noch stärker auf die passive Seite verschobene Homizidbilanz, 2:45 bzw. 9:62, aufweisen als Tiv, Gisu und Luiya[7].
Paul Bohannan führt die geringere weibliche aktive Homizidrate auf den engeren sozialen Interaktionsraum der verheirateten Frauen, der kaum über den häuslichen Bereich hinausreicht, zurück (1960: 241).
Wenn wir davon ausgehen, daß die relativ zur männlichen niedrige weibliche Homizidopferrate in den behandelten segmentären Gesellschaften nicht ein Ergebnis der administrativen Einordnung in einen Staat ist, sondern durch die konstante «Pazifierung» höchstens zugunsten der Männer sich quantitativ verschoben hat, indem regelrechte Fehden und Stammeskriege weitgehend unterdrückt wurden, so stellt sich die Frage nach einer für segmentäre Gesellschaften allgemein geltenden Erklärung.
Eine plausible Erklärung wäre zunächst eine gelernte größere Aggressionshemmung gegenüber Frauen. Für die Überprüfung einer solchen Hypothese, die richtig sein kann, fehlen uns jedoch für die meisten Gesellschaften die Beobachtungen. Hingegen besteht unabhängig von der Richtigkeit einer solchen Hypothese eine strukturalistische Erklärung, die mit den komplementären Begriffen Clan und Lineage operiert. Die verheirateten und verwitweten Frauen haben in patrilinearen Gesellschaften gegenüber Männern den Vorteil, daß sie zwei verschiedenen Lineages verbunden sind. Einerseits stehen sie, wenn auch in unterschiedlichem Grade, unter dem Schutz ihrer Lineage, andererseits hat auch ihr Clan ein Interesse daran, sie gegen unberechtigte Angriffe der Lineagegenossen ihres Mannes zu schützen. Demgegenüber ist der Schutz, den die Matrilineage einem Mann gewährt, geringer.
Selbst wenn affinale Beziehungen nicht friedliche Beziehungen involvieren, vielmehr gewaltsame Konflikte stimulieren, sind davon nur die Männer betroffen. Solange die Heiratsbeziehungen aufrecht-

[7] Die Zahlen sind der Tabelle 44 von P. Bohannan (1960: 240) entnommen. Ihre Problematik besteht in der hohen Dunkelziffer von Giftmorden, eines vor allem von Frauen begangenen Delikts.

erhalten werden sollen, müssen die Frauen der gegnerischen Gruppe notwendigerweise von Angriffen auf Leib und Leben verschont werden. Diese Immunität kann ‹diplomatisch› genutzt werden zur zumindest zeitweiligen Befriedung der Gruppenbeziehungen.
Frauen genossen bei den Kiga eine anerkannte Immunität gegen Überfälle. Roscoe behauptet für die Kiga: «A woman was never attacked in a fight, but she might be captured and her husband had then to ransom her» (1924: 74). Aus Furcht vor den unsicheren Wegen schickte man Frauen als Brautwerber (76). Die Reiseimmunität von Frauen und ihr Privileg, sich auch zwischen kämpfenden Parteien zu bewegen, galt auch bei den Lugbara (J. Middleton 1696 2: 563).
Die auch mit der Heirat nicht erlöschende rechtliche Zugehörigkeit der Frau zu ihrer Lineage wirkt bei den Gisu sogar posthum: nicht der Ehemann einer Getöteten, sondern ihre Lineage ist zur Rächung verpflichtet (J. La Fontaine in P. Bohannan 1960: 97). Das gleiche wird auch von den Amba berichtet. Für alle patrilinearen segmentären Gesellschaften läßt sich Müllers Aussage über die Ekonda verallgemeinern, daß die Gruppe der «größten Geborgenheit» die Lineage ist (1959b: 113). Die Bedeutung der Herkunftslineage ist für die Frauen umso größer, je häufiger die Scheidungen und damit je instabiler die Bindungen an die Lineage des jeweiligen Ehemannes sind.
Die gleichzeitige Zugehörigkeit der verheirateten Frauen zu zwei verschiedenen UDG ist in segmentären Gesellschaften nur möglich, weil die Frauen, wie E. W. Müller es ausdrückt, «keine politische Bedeutung haben» (ibid.).

5.32 Technische Spezialisierung

Ganz im Sinne Durkheims stellen wir in segmentären Gesellschaften das fast völlige Fehlen einer intrasexuellen Arbeitsteilung fest. Als einzige spezialisierte Handwerker begegnen uns Schmiede, Holzhandwerker und Lederarbeiter, die aber ihren Lebensunterhalt durch ihr Handwerk nur ergänzen. Bei Nuer und Dinka fehlen, was gut in den Großviehzüchterkomplex paßt, auch die Schmiede. Speere und andere eiserne Gegenstände werden fertig importiert.
Mit Ausnahme der fremdstämmigen Schmiede bei den Lugbara sind

Schmiede in segmentären Gesellschaften in einer ökonomisch etwas günstigeren Position als die anderen Männer. Dies läßt sich ökonomisch dadurch erklären, daß in keiner der behandelten Gesellschaften die Schmiede auf die Vergütung ihrer handwerklichen Arbeit angewiesen sind und so nicht in die ungünstige Position der Anbieter von Produkten kommen, auf welche die Nachfrager weniger angewiesen sind als sie selbst auf die Gegenleistung.

Bei den Tallensi gab es in den 30er Jahren dieses Jahrhunderts ein Dutzend Schmiede, die alle einer Lineage angehörten (M. Fortes 1945: 10). Die askriptive Beschränkung der Schmiedetradition und die geringe Ausnützung der handwerklichen Kapazität[8] ist eine in segmentären Gesellschaften (mit Ausnahme der Kiga) allgemein feststellbare Tatsache.

Zusammenfassend läßt sich sagen, daß in segmentären Gesellschaften die schwach entwickelte handwerkliche Spezialisierung keine ökonomische Schichtung begründet.

Es fehlt auch die gruppenweise Spezialisierung im primären Sektor – es sei denn man betrachtete die Amba als Ausnahme[9]. Jedenfalls besteht keine gruppenweise Differenzierung zwischen Viehzüchtern und Feldbauern wie in den Himakönigreichen.

5.33 Ökonomische Ungleichheit

Die wohl älteste und am stärksten akzeptierte sozialökonomische Variante der Homogenitätshypothese ist die Erklärung der Entstehung politischer Herrschaft aus dem «Reichtum» und als Gegenbild dazu die Ableitung der Herrschaftslosigkeit aus der wirtschaftlichen Gleichheit. Dieses Erklärungsschema ist zwar vor allem durch die marxistische Unterbau–Überbau-Theorie in den Vordergrund der

---

[8] Vgl. für die Tiv:
«Blacksmiths ... are still numerous and active. They do not occupy any special status in Tiv society as they do in many societies of Africa; rather smithing is a specialty which is learned by many more men then practice it regularly» (L. und P. Bohannan HRAF 22: 306).
[9] Im Unterschied zu den Ekonda scheint hier die Sozialsymbiose von Gruppen zweier verschiedener Gesellschaften vorzuliegen. Für diese Interpretation spricht die Tatsache, daß die Geringschätzung der Gruppen reziprok ist, so daß die kleinwüchsige Jägergruppe nicht einseitig verachtet ist.

Argumentation gerückt worden; doch läßt es sich schon bei den Klassikern nachweisen.
Montesquieu leitet die Freiheit der Jäger und Sammler sowie der Hirten aus der fehlenden Akkumulierbarkeit materieller Güter, die durch das Geld optimal gewährleistet wird, ab:

> «Ce qui assure le plus la liberté des peuples qui ne cultivent point les terres, c'est que la monnaie leur est inconnue» (XVIII, 17: 302).

Andererseits läßt sich nach Montesquieu die fehlende Geldwirtschaft auf gering entwickelte und gleichförmig befriedigte Bedürfnisse zurückführen:

> «Chez les peuples qui n'ont point de monnaie, chacun a peu de besoins, et les satisfait aisément et également. L'égalité est donc forcée, aussi leurs chefs ne sont-ils point despotiques» (ibid.).

Die Herrschaftslosigkeit nicht sedentärer, nicht-agrarischer Gesellschaften ist also nach Montesquieu ein Resultat ökonomischer Bedingungen, nicht das unmittelbare Ergebnis politischer Entscheidungen. Wir fragen zunächst: Welche ökonomischen Unterschiede gibt es in segmentären Gesellschaften?
Eine wichtige Ursache ökonomischer Ungleichheit nennt Wagner für die Luiya: die Bevorzugung der tapfersten Krieger bei der Aufteilung eroberten Landes[10]. Es dürfte sich dabei in erster Linie um einen Anspruch der Kriegsführer handeln, der von den andern hingenommen wurde. Unterschiedlicher Landbesitz ermöglichte auch eine unterschiedliche Lebensführung. Der Lehrer Mtiva aus Südmaragoli erzählt zum Beispiel: «Wir kochen unser Gemüse gern in Milch, das können aber nur Wohlhabende sich leisten» (D. Westermann 1942: 240).
Dem Anspruch auf einen größeren Anteil an der Landbeute bei den Luiya sind die Beuteprämien vergleichbar, welche die Organisatoren von Viehraubzügen bei den Nuer erhielten.

Polygynie

Ehe ich untersuche, welche Bedeutung Unterschieden im Land- und Viehbesitz beizumessen ist, wende ich mich der mit der ökonomischen

---

10 «If several clans combined to wage war against a neighbouring tribe and if ... they succeeded in driving the enemy from the territory formerly occupied by him, the conquered lands were shared out among the most deserving warriors of all the clans that had participated in the fighting (1949: 157f.).

DETERMINANTEN DER AKEPHALIE

Differenz in enger Beziehung stehenden Polygynie zu. In einer Gesellschaft, in der es keine dauerhaften ökonomischen Güter gibt und auch der Herdenreichtum prekär ist, ist die Polygynie eine wichtige Möglichkeit, vorübergehende ökonomische Überschüsse in Brautpreisen dauerhaft anzulegen. Der Polygynist ist sexuell privilegiert, indem er weit weniger als der Monogynist durch Perioden-, Schwangerschafts- und Stilltabus frustriert wird. Er verfügt über mehr Arbeitskräfte, genießt mehr häusliche Annehmlichkeiten, kann größere Bierfeste (die Bierherstellung ist in Afrika meistens Frauensache) veranstalten. Auch wachsen seine politischen und rituellen Chancen. Die Vielzahl seiner Söhne gibt ihm Rückhalt bei Auseinandersetzungen innerhalb des kleinen territorialen Segments. Nach seinem Tode wird ihm von mehr Deszendenten geopfert; er hat sehr viel größere Chancen als ein Monogynist, Eponym eines UDG-Segments zu werden; damit sind das Fortleben seines Namens und Opfer an seinem Schrein auch nach dem Tod seiner Söhne gesichert.

Diese Möglichkeiten speisen das Prestige der Polygynisten, das selbst als zusätzliches Motiv wirkt. Vor allem wirkt es negativ, indem der Monogynist als «Versager» betrachtet wird. Eine solche Beurteilung des Monogynisten berichtet Gulliver von den Arusha-Masai (1963: 73).

Die Monographien segmentärer Gesellschaften bestätigen die allgemeinen Ausführungen Lowies über die polygynistische Motivation, daß nämlich das Streben nach Kinderreichtum im Vordergrund steht (1949: 119f.). Kinderreichtum gilt selbst unter modernen Bedingungen noch als eigentlicher Reichtum. Winter schildert, wie ein reicher Kaffeepflanzer in Bwamba allgemein wegen seiner Kinderlosigkeit bemitleidet wurde (1956: 38). Ein Schichtungsmodell für segmentäre Gesellschaften benützt darum am besten den ehelichen Status als Indikator. Der soziale Auf- und Abstieg eines Mannes läßt sich an seinem Familienstand ablesen.

Zahlen über den Familienstand der hier behandelten segmentären Gesellschaften liegen m.W. nur für die Amba vor. Von 144[11] verheirateten Männern waren 47 = 32,6 % Polygynisten. Von diesen hatten 29 zwei, 13 drei, 4 vier und 1 sieben Frauen.

Trotz hoher Polygyniequoten ist in allen segmentären Gesellschaften

---

[11] Die Zahlen sind aus einer Totalerhebung der Ehen in fünf Dörfern gewonnen (E. Winter 1956: 37, ibid.: 39).

die Zahl der Dauerzölibatäre verschwindend gering. Der Zölibat ist dann auch meist nicht ökonomisch erzwungen, sondern aus Veranlagung oder persönlichem Lebensschicksal gewählt. Darum betrachten die Lugbara einen alten unverheirateten Mann als Hexer (J. Middleton 1960: 216).
Wie läßt sich die Koexistenz von niedriger Zölibatären- und hoher Polygynistenzahl erklären?
Die wiedergegebenen hohen Polygynistenzahlen der Amba führen zu Fehlschlüssen, wenn man sie nicht auf die Scheidungsquote bezieht. 10,5 % der Kinder in den fünf von Winter im Hinblick auf den Familienstand untersuchten Dörfern stammen aus geschiedenen Ehen (E. Winter 1956: 41 n 1).
Während die jährliche Scheidungsrate im Jahre 1950 in den USA 5,2 pro 1000 Ehen und in England und Wales sogar nur 1,4 betrug, beträgt sie bei den Amba 31,5 pro tausend Ehen (39). Aus dieser gegenüber England mehr als zwanzigfach größeren Instabilität der Ambaehen kann man folgern, daß Monogynisten häufig in die Polygynistenschicht aufsteigen, wie umgekehrt auch Polygynisten wieder vom maritalen Abstieg bedroht sind. Es ist gerade im Falle dieser Gesellschaft sinnvoll, zwischen Simultanpolygamie = Polygamie im allgemeinen Sprachgebrauch und Sukzessivpolygamie (die ja auch in modernen Gesellschaften geübt wird) zu unterscheiden. Dann wird klar, daß trotz (aufgrund der Frauentausch- bzw. Brautpfandregeln) verbotener Simultanpolyandrie die Ambafrauen in hohem Maße «Sukzessivpolyander» sind[12]. Die Instabilität der Ambaehen und und damit die Reduktion der durch Polygynie bedingten Ungleichheit affinaler Chancen war unter dem reinen Frauentauschsystem noch größer, da die Auflösung einer Ehe in der Regel die der korrespondierenden Ehe nach sich zog (E. Winter 1956: 41). Die Instabilität der Ehen bedeutet zugleich eine geringe Verfestigung der entscheidenden sozialen Schichtung nach maritalem Status.
Die Daten für Nuer, Amba und Tiv widerlegen übrigens Gluckman's Hypothese «that in tribes with strongly developed father-right the family is stable and divorce is rare, while in all other tribes the family is unstable and divorce is frequent» (1959a: 252).
Die durch die Polygynie hervorgerufene Knappheit an Frauen wird durch die Differenz des Heiratsalters reguliert. Bei den Nuer hei-

---

[12] Diesen Begriff übernehme ich von E. W. Müller.

raten die Männer im Alter von zwischen 25 und 30 Jahren, die Mädchen jedoch schon mit 17, 18 Jahren (E. Evans-Pritchard 1951: 57). Die Polygynie geht in segmentären Gesellschaften also zu Lasten der jungen Männer, bevorzugt werden die älteren Männer, die auch in stärkstem Maße den Regulator des Heiratsmarkts, den Brautpreis, kontrollieren. Das bedeutet aber, daß es sich nur um eine transitorische Ungleichheit handelt, d. h. fast jeder Monogynist kann damit rechnen, in späteren Jahren durch Frauentausch bzw. -kauf oder Heirat wenigstens eine weitere Frau zu erhalten. Gegen eine intergenerationelle Verfestigung der maritalen Statushierarchie wirkt der Brautpreis, a fortiori der Frauentausch. Die maritalen Chancen der Söhne eines Mannes hängen von der Zahl ihrer Schwestern ab. Im Frauentauschsystem waren die männlichen Heiratschancen noch stärker als im Brautpreissystem von der Anzahl der Schwestern abhängig, obwohl ein Reziprozitätsaufschub auf die nächste Generation, «Heirat auf Kredit», möglich war.

Wohl um Engpässe zu vermeiden, hatten sich bei den Tiv größere Frauentauschgruppen gebildet. Das bedeutet zugleich aber auch eine Egalisierung der Heiratschancen. Auch im Brautpreissystem wirkt sich noch die intrafamiliäre sex ratio aus. Die Männer heiraten ja in erster Linie mit den Brautpreisen, die sie für ihre Schwestern erhalten haben. Die Söhne eines reichen Mannes, dem zuwenig Töchter geboren wurden, sind schlechter daran als die Söhne eines armen Mannes mit Töchterüberschuß. Es ist ein Paradox der patrilinearen Gesellschaft, daß für die maritalen Chancen eines Mannes letztlich nicht sein Vater, sondern seine Mutter entscheidend ist: Gilt Erbautonomie der Familienkerne, werden die Mädchen und damit auch die für sie erzielten Brautpreise zunächst ihren Vollbrüdern zugeordnet.

Die Benachteiligung der jungen Männer läßt sich verringern, wenn mit fremden Gruppen einseitige Heiratsbeziehungen aufgenommen werden. So heiraten die Tiv Mädchen benachbarter Stämme, weigern sich aber, ihre Töchter ethnisch Fremden zu geben. Der Binnenheiratsmarkt wird durch ein interethnisches Heiratsgefälle, intertribale Hypergamie, entlastet.

Dieser Überblick über die soziale Differenzierung nach dem Familienstand läßt den Schluß zu, daß es in segmentären Gesellschaften temporäre soziale Unterschiede gibt; diese werden aber, wenn nicht intra-, so doch intergenerationell ausgeglichen. Auf jeden Fall gab es unter traditionellen Bedingungen nicht jene krassen Unterschiede zwischen der großen Zahl von Zölibatären und Monogynisten auf der einen Seite und der Minderheit von Reichen mit zweistelligen Ehefrauen-Ziffern, die im modernen Afrika ein Produkt expandierender Geldwirtschaft sind, von der inzwischen ja auch die ehemals autonomen Gesellschaften erfaßt werden.

Viehbesitz

Die Verfasser der hier benutzten Monographien behaupten nicht, daß keinerlei ökonomische Unterschiede feststellbar sind. Sie behaupten lediglich, daß Reichtum nur vorübergehend ist und entweder durch Umverteilung oder natürlichen Ausgleich immer wieder reduziert wird. Evans-Pritchard beschreibt die auf die Dauer gleichmäßige Verteilung des Viehbesitzes bei den Nuer folgendermaßen: «Cattle are everywhere evenly distributed. Hardly anyone is entirely without them, and none is very rich. Although cattle are a form of wealth that can be accumulated, a man never possesses many more beasts than his byre will hold, because as soon as his herd is large enough he, or one of his family, marries. The herd is thereby reduced to two or three beasts and the next few years are spent in repairing its losses. Every household goes through these alternating periods of poverty and comparative wealth. Marriages and epidemics prevent accumalation of cattle and no disparaty in wealth offends the democratic sentiment of the people» (1940a: 20).
Nivellierende Wirkung hatten die Viehseuchen, von denen Ende des letzten Jahrhunderts auch die Nuer in besonders schwerem Maß betroffen wurden. Aus der Viehzucht allein ist die Entstehung einer sozioökonomischen Schichtung nicht abzuleiten. Obwohl die Akkumulation technisch leichter und auf längere Dauer als bei Agrarprodukten möglich war, verhinderten soziale, ökologische und biotische Faktoren eine dauerhafte Besitzkonzentration.
Dementsprechend kannten die Kiga einen allgemeinen Reichtum bezeichnenden Begriff nur als Fremdwort *(omokungu)* (M. Edel 1957: 108). Edel vergleicht die sozialökonomische Homogenität der Kiga mit dem Kastensystem Ruandas. Sie weist auf die unterschiedlichen Wirkungen der Viehleihe hin. Während die Viehleihe in Ruanda eine wichtige Möglichkeit war, Reichtum und Macht auf Dauer zu stellen, und außer ökonomischen Dienstleistungen auch Gefolg-

DETERMINANTEN DER AKEPHALIE

schaftsdienst einschließen konnte, durfte ein Kiga-Patron von der Viehleihe nur wenig Gewinn erwarten. Schraubte er seine Forderungen zu hoch, mußte er damit rechnen, daß der Klient jede Gegenleistung verweigerte. Auch die Ruandahäuptlinge hatten wenig Glück bei dem Versuch, einzelne Kiga in das Viehleihsystem einzubeziehen (109).

Ich möchte in der Erklärung noch weitergehen als Edel und eine naheliegende Hypothese für die unterschiedlichen Chancen der Viehleihe aufstellen: aus der Viehleihe kann erst dann eine soziale Schichtung entstehen, wenn es Stäbe oder wenigstens solidarische Gruppen der herrschenden Schicht gibt, welche die Einhaltung der Vertragsbedingungen erzwingen können. Die Entstehung einer politischen Schichtung kann dann aber nicht mehr aus der ökonomischen Schichtung abgeleitet werden.

Mit dem von Edel zitierten Ausspruch eines Kiga läßt sich die Kurzlebigkeit des Reichtums in segmentären Gesellschaften illustrieren:

«If you have more sons than daughters, so that brideprice payments deplete your herds, if herders cheat you, the results of years of effort to get an extra cow or two could hardly be noticeable. And there is nothing you have it in your power to do to get a lucky court» (108).

Zu dieser Erklärung paßt das Beispiel eines Reichen, das Edel bringt: eine Voraussetzung für seinen Reichtum war, daß seine Brüder und Vettern vor ihm starben (169). So wurde also durch eine besondere biotische Konstellation die ständige Eigentumszersplitterung ausgesetzt. Freilich hätten im traditionellen System gerade die aus den 18 Frauen gewonnenen zahlreichen Söhne, solange nicht Primogenitur galt, zu einer Auflösung des konzentrierten Viehbestandes geführt. Bei den Kiga waren zudem der Bildung großer Herden durch plündernde Pygmäengruppen und unzureichende Weiden enge Schranken gesetzt (109).

Obwohl Viehbesitz begehrt wurde, strengten sich die Kiga nicht zielstrebig an, zu Viehbesitz zu gelangen (107). Die Leistungsmotivation war gering. Die Anhäufung von Reichtum wurde nicht angestrebt. Edel erklärt dies mit der Dominanz des ‹Glück›-denkens [13].

Eine solche fatalistische Einstellung zu Arbeit und Erwerb ist das Gegenteil starker Leistungs- oder wenigstens Erwerbsmotivation.

---

[13] «The Chiga are convinced that luck plays a primary role in the accumulation of wealth» (107 f.).

Edel gibt die Einstellung der Kiga so wieder:
«To ‹have a lucky court› is to prosper. There cows thrive and bear female calves: wives bear sons, but even greater numbers of daughters, so that bride-price cattle accumulate. Under such circumstances herds may mount to considerable proportions. But without this gift of luck, of what use would effort be?» (108).
Middleton stellt einen Zusammenhang her zwischen der Subsistenzwirtschaft, d. h. einer von kleinen autarken Gruppen betriebenen Bedarfdeckungswirtschaft, die bis in die 20er Jahre dieses Jahrhunderts ohne überlokale Märkte auskam (1962: 563), und den geringen Unterschieden in der materiellen Lebensführung zwischen den autark wirtschaftenden UDG (561).
Erst die Einrichtung von Märkten bei den Lugbara selbst und der Anschluß an größere Märkte haben heutzutage die wirtschaftliche Autarkie der *Haus*wirtschaften beendigt und zu einem Schrumpfen der zusammen wirtschaftenden Gruppen geführt. Gleichzeitig zeigen sich beachtliche Besitzunterschiede [14].
Diese Beobachtung über den Zusammenhang von Differenzierungsgrad der Produktion mit jenem der sozialen Schichtung stützt die allgemeine Charakterisierung des Wirtschaftens und der Lebensführung in einfachen Gesellschaften durch Gluckman:
«All these societies have goods which are primary, and no luxuries. That is, their goods must be consumed at once, and since there are simple foods, skin clothes, mud and grass houses, and so on, the rich man cannot use wealth to raise his standard of living markedly above his fellows» (1959a: 249).
Auch die Möglichkeit der sozialen Differenzierung nach Frauen- und Viehhaltung kommt nicht jener Verfestigung momentaner Unterschiede gleich, welche die Produktion dauerhafter ökonomischer Güter ermöglicht. Auf der anderen Seite lassen sich Unterschiede in der ökonomischen Differenzierung zwischen den verschiedenen segmentären Gesellschaften feststellen. Die Bantuvölker östlich des Victoriasees scheinen besonders starke Besitzunterschiede, eine besondere Hochschätzung des Reichtums und aus ihm resultierende starke Unterschiede in der Lebensführung gekannt zu haben, wie schon der Äußerung des Lehrers Mtiva zu entnehmen war. Wagner schildert insbesondere die Abhängigkeiten, die ein Reicher schaffen und ausnutzen konnte:

[14] Weitgehend wörtlich nach J. Middleton 1962: 561.

«Da er jeden Tag Gastfreundschaft in Form von Bier bieten kann, wird sein Hof zum beliebten Versammlungsort der alten Männer aus der Nachbarschaft. Außerdem ist er in der Lage, sich seine Klangenossen dadurch gefügig zu machen, daß er ihnen ein Schaf oder eine Ziege zu Opferzwecken, ein Rind für ihren Brautpreis oder in Notzeiten einen Korb voll Getreide leiht. Wem er auf diese Weise *oft* geholfen hat, der übernimmt damit die Verpflichtung, ihm durch kleine Dienste gefällig zu sein oder, wenn er das Geliehene nicht zurückgeben kann, ihm wirkliche Hilfsdienste zu leisten: Er muß die Herden seines Wohltäters hüten, seine Felder jäten, seine Hütten ausbessern usw. Die Gefolgsmänner oder Diener, die man auf einigen reichen Höfen antrifft, sind gewöhnliche Leute, die als kinderlose Witwer oder als säumige Schuldner in diese Lage gekommen sind, d.h. ihre wirtschaftliche Selbständigkeit verloren haben» (1942: 49f.).
Für die Gusii macht Le Vine auf den überdurchschnittlichen Einfluß aufmerksam, den ein Reicher auf Verhandlungen dadurch ausübt, daß er die Parteien und den Umstand verköstigt. Er zitiert Gusii-Sprichwörter, nach denen das Eigentum des kleinen Mannes von den Reichen geschluckt wird (1962: 523). Es läßt sich allerdings fragen, ob hier nicht bereits moderne Verwaltung und Geldwirtschaft reflektiert werden. Auch Wagners Ausführungen über den Einfluß des Reichen bedürfen einer Korrektur, die sich aus den folgenden Darlegungen über Freigebigkeitsnormen ergeben wird.

Teilzwang

In allen segmentären Gesellschaften herrscht ein weitreichender Teilzwang. Er gilt vor allem zwischen Verwandten, aber auch innerhalb der Nachbarschaft, und kann besonders zwischen Gleichaltrigen stark ausgeprägt sein. Bei den Nuer wird das Solidaritätsverhältnis zwischen kollateralen Lineages mit dem Wort *buth* bezeichnet, das «Teilen» bedeutet (E. Evans-Pritchard 1950: 366). Evans-Pritchard führt auf die Pflicht, Verwandten, die weniger haben, zu helfen, zurück, daß ein Nuer auf die Dauer nicht mehr besitzt als die andern (1940a: 183). Ein Nuer, der mehrere Speere und Hacken besitzt, verliert sie über kurz oder lang (ibid.). Freilich kann nicht irgendein Verwandter Anspruch auf ein Rind erheben, das einem gerade prosperierenden Viehzüchter gehört. Die Rinder wiederum dienen in der Hauptsache rechtlichen Transaktionen im Brautpreis- oder Kompensationssystem. Der Brautpreis, der für ein Mädchen geleistet wird, bleibt nicht bei seinem Vater oder seinen Brüdern, sondern wird zu einem Teil ambilateral verteilt, wie umgekehrt die Heirat eines Nuermannes durch Beiträge sowohl von Agnaten wie Kognaten ermöglicht wird. Dem Fleischgenuß werden Rinder nur aus rituellen Anlässen zugeführt – Schlachtungen nur aus «Fleischgier» sind verpönt. Eine Ausnahme bilden nur die Fleischfeste von Jünglingen, die in einem besonderen Lager einen Ochsen schlachten dürfen. Altersgenossen bitten nicht einmal um Tabak, sondern nehmen ihn einfach (184).

Wie Wagner von den Luiya berichtet, führt das allerdings auch dazu, daß besonders begehrte Dinge versteckt gehalten werden, um dann als Gegenleistung für besondere Dienste weggegeben zu werden [15]. Dem Teilzwang unterliegen vor allem Nahrungsmittel [16]. Gerade in der Zeit vor der nächsten Ernte ist die Lineage-Solidarität für ökonomisch schlechter Gestellte existenzwichtig.

Die Abgabenorm gilt selbst noch unter modernen ökonomischen Bedingungen, wenngleich sich vor allem die Jüngeren, die als Lohnempfänger in nichttraditionellen Wirtschaftssektoren beschäftigt sind, dieser Norm zu entziehen suchen. Bei den Lugbara lehnen es die Jüngeren heutzutage ab, ihre Lohnersparnisse den Lineageälteren auszuhändigen. Sie behaupten, die Alten würden ihr Geld doch nur vertrinken. Die Alten setzten gegen die Abgabeverweigerer rituelle Sanktionen ein:

«In the cases from Araka, there were invocations of the ghosts by men against their own sons. In both of them the reasons given were that the sons behave in a way likely to harm the segment and the lineage by refusing to share their labour earnings: to share wealth among the members of one's lineage is one of the primary obligations of lineage membership» (J. Middleton 1960: 219).

---

[15] Ein Vater belehrt seinen Sohn: Wer gefällig ist, wird stets die heimlich zurückbehaltenen Dinge vorgesetzt bekommen» (G. Wagner 1939: 92).
Wagner erläutert in Fußnote 22:
«Das heißt die Leckerbissen (Fleisch, Honig, Milch usw.), die man nicht jedem beliebigen Gast vorsetzt und die deshalb vor den Augen der alltäglichen Besucher verborgen werden.»
[16] Middleton über die Lugbara: «One of the most important obligations of kinship is to share food» (1960: 243).
Goody über die Lobi: «The recognition of any kinship tie involves an obligation to provide food in need» (1956: 44).

DETERMINANTEN DER AKEPHALIE

Die bis vor kurzem nahezu hundertprozentige Beherrschung des ostafrikanischen Handels und Geldwesens durch Nichtafrikaner (Araber, Inder, Pakistani) geht u. a. auch auf den Teilzwang zurück, der den Afrikanern keine Geschäftseröffnung ermöglichte. Jeder Afrikaner, der ein Geschäft eröffnete, mußte mit den Kreditkaufwünschen seiner Verwandten rechnen. Nur wenn ein Afrikaner weit von seinen Verwandten wegzog, hatte er geschäftliche Möglichkeiten [17].

Außerafrikanische Parallelen

Die Annahme, daß sich politische Zentralisierung durch ökonomische Differenzierung erklären ließe, wird gerade durch Gesellschaften widerlegt, in denen Reichtum Voraussetzung für die Erlangung der Führerstellung ist. Über die Kapauku auf Neuguinea schreibt Pospisil: «Wealth by itself, however, does not make a Papuan a leader of his people» (1963: 49). Ein Kapaukuführer kann sich seine Gefolgschaft nur durch großzügige Kredite aufbauen und erhalten. Durch seine Freigebigkeit setzt ein Führer zwar Reichtum in Macht um; dieser Mechanismus ermöglicht aber nicht die Stabilisierung des persönlichen Einflusses, vielmehr führt der ruinöse Wettbewerb verschiedener Prominenter zu rascher Ablösung in der Führerrolle:

«New individuals emerge as influential leaders only to lose their position some years later to younger and more successful pig breeders and traders» (ibid.).

Bei den Kapauku finden wir Teilzwang wie in afrikanischen Gesellschaften. Starkes Abweichen von den Generositätsnormen kann sogar mit dem Tode «bestraft» werden:

«Hoarding wealth does not carry prestige; indeed in some regions, such as that of the Paniai Lake, selfish and greedy individuals, who have amassed huge personal properties, but who have failed to comply with the Kapauku requirement of ‹generosity› toward their less fortunate tribesmen may be, and actually frequently are, put to death» (ibid.).

Pospisil führt sogar aus jüngster Zeit (1955) einen Fall an, in dem ein geiziger Reicher getötet wurde (ibid.).

Daß auch gegen den Versuch eines reichen Mannes, seine Macht durch Verdienstfeste zu demonstrieren und zu vergrößern, sich Widerstand erheben kann – vor allem dann, wenn ein Rivale diesen Widerstand organisiert – illustriert ein Fall aus Kafiristan, einem Gebiet mit

[17] Vgl. dazu E. Leslie über die Verhältnisse in Daressalam (1963).

ausgeprägtem Verdienstfestwesen[18]. Nach dem Bericht Robertsons[19] wollte ein Mann namens Karlah Jannah im Dorf Bargromatal im Rahmen eines Verdienstfestes jeder Familie ein Rind schenken. Sein Rivale Kan Mara überredete jedoch viele dazu, dieses Geschenk abzulehnen; diese Schmach wiederum vertrieb Karlah Jannah für immer aus seinem Dorf. Dieses konkrete Beispiel verdeutlicht einen wichtigen, in ethnologischen Modellen und Darstellungen oft vernachlässigten Tatbestand: Während oft nur die Beziehungen zwischen Reichen, Prominenten und den in irgendeiner Weise ihnen Verpflichteten untersucht werden, ist für dieses Abhängigkeitsverhältnis offensichtlich auch die Rivalität von Führern wichtig. Diese Rivalität erhöht das Risiko des Machtstrebens. Wer in diesem Spiel zu hoch setzt, verliert möglicherweise nicht nur sein Prestige, sondern seine Gruppenmitgliedschaft. Prestige- und Freigebigkeitskonkurrenz kann also zu einer ständigen Reduktion des Prestige- und Besitzgefälles führen. Es ist zwar unbestreitbar, daß die Verdienstfeste, die in Kafiristan ursprünglich Passageriten waren, «den Lebenserfolg beim Übertritt in einen neuen Lebensabschnitt demonstrieren»[20] sollten, zu einer Prestigehierarchie führten. Die Festgeber strebten wohl danach, die durch ihre Freigebigkeit geschaffenen Verpflichtungen zum Aufbau politischer Herrschaft einzusetzen, doch führten solche Versuche «oft zu einem wirtschaftlichen Ruin»[21]. Auch Jettmar vermutet, daß das Verdienstfestwesen, das im Raum seiner Beobachtungen in die Megalithkultur integriert war, zur Nivellierung von Besitzunterschieden führte.
Wenngleich nicht ausgeschlossen werden kann, daß in seltenen (aber m. W. nicht beobachteten) Fällen Reichtum der entscheidende Faktor bei der Entstehung einer Zentralinstanz war, so verbieten die vorgetragenen Überlegungen doch die gedankenlose Ableitung politischer Herrschaft aus ökonomischer Differenzierung.

Reichtum und Herrschaft
Die Transformation von ökonomischer Macht in politische Herrschaft geht nicht leichter vonstatten als andere Arten endogener Herrschaftsstiftungen. Die Legitimitätsschwierigkeiten stellen sich zu-

---
[18] Vgl. allgemein Jettmar.
[19] Ich folge der Wiedergabe von Peter Snoy (1962: 44).
[20] P. Snoy 1962: 183.
[21] ibid.

mindest in gleichem, wenn nicht stärkerem Maße, wenn ein Reicher versucht, ökonomische Abhängigkeiten in politische Gefolgschaft umzumünzen.

Eine klare Lösung dieses theoretischen Problems wird z.T. heute noch verstellt durch die Verwechslung der Lösung dieses Problems mit dem Hinweis auf die Tatsache, daß in Gesellschaften mit bereits etablierter politischer Herrschaft eine Konzentration ökonomischer Güter durch die Zentralinstanzen, häufig verbunden mit einem Monopolanspruch auf bestimmte ökonomische Werte (z.B. der prinzipielle Anspruch des Zulukönigs auf alle Rinder) stattfindet und die Allokation von untergeordneten Herrschaftsrollen Besitz voraussetzt. In nicht zentralisierten Gesellschaften hingegen fehlt eine wichtige Bedingung dafür, daß Reichtum zur Akkumulation politischer Macht führt: die Eigentumsgarantie durch die Zentralinstanz. Wo das Eigentum des einzelnen nur durch Verwandtschaftsgruppen geschützt wird, ist der Eigentümer auf Sympathie angewiesen, er kann die durch Kredite geschaffenen Abhängigkeiten nur schwach ausnutzen und sieht sich ständigen Freigebigkeitsansprüchen ausgesetzt.

Die Erklärung der Akephalie aus dem geringen Produktionsniveau hält der Gegenprobe nicht stand.

Der Vergleich segmentärer Gesellschaften mit dem Königreich Ruanda zeigt, daß keine eindeutige Korrelation besteht zwischen dem ökonomischen «Unterbau» und der politischen Organisation. Eine geringe Überschüsse erzielende autochthone Bevölkerung [22] kann durch harten politischen Druck gezwungen werden, Naturalien in ausreichendem Maße an ihre Herren abzugeben.

Das politische System der Swat-Pathanen ruhte ebenfalls auf einem schwachen ökonomischen Unterbau. Die ökonomische Ausbeutung wurde durch das Bodenmonopol der herrschenden Pathanenschicht ermöglicht und durch Umverteilung wieder gemindert und verschleiert [23].

Lucy Mair zeigt, wie die Reichtumsunterschiede im traditionellen, zentralisierten Ganda-System auf Raubakkumulation zurückgingen, nämlich auf Raub sowohl von Sklaven wie von Vieh. Ökono-

---

[22] «There was not a very considerable surplus» (J. Maquet 1961: 145).
[23] «The non-land-owners are already living barely above subsistence level, and would be below it were not a part of the taxes they pay returned to them in the form of the chief's hospitality in the men's house» (F. Barth 1959: 68).

mische Akkumulation kam nicht durch ökonomischen Tausch oder Wettbewerb zustande. Die Verfechter der Theorie, daß Reichtum durch konsequentes Sparen zustandekommt, finden am Gandasystem keinen konformen Fall:

«It was not by a patient process of adding one to one, of bartering the proceeds of his own or his wife's labours, that the Ganda attained to their possession in numbers sufficient to constitute him a rich man. The way in which this ambition was achieved was always, ultimately, by conduct pleasing to his political superior and, immediately, by attaining to a position of political authority, carrying with it economic privilege» (1957: 25).

Die differentielle Verteilung ökonomischer Güter kam also nicht durch ökonomisches Handeln, sondern durch die Beteiligung an der Herrschaftsorganisation zustande [24].

5.34 Fehlende Primogenitur

Bereits bei der Erörterung der Polygynie stießen wir auf den für segmentäre Gesellschaften typischen Erbgang als nivellierenden Faktor. In segmentären Gesellschaften fehlt, in deutlichem Unterschied zu den meisten zentralisierten Gesellschaften, die normative Bevorzugung eines Sohnes, sei es nach dem Rang der Mutter (in starker Ausprägung z.B. bei den Ngunivölkern) oder nach der Geburtenfolge, etwa in Form der Primo- oder Ultimogenitur [25].
Evans-Pritchard betont die Gleichstellung und Solidarität von Brüdern, auch wenn sie verschiedenen durch Polygynie entstandenen Familienkernen angehören:

«It is a cardinal teaching that all brothers are equal and undivided, for they are all sons of the same father and, therefore, through their identification with him, equivalent in the lineage» (1951: 141).

Diese Gleichstellung gilt vor allem für die Heiratschancen:

---

[24] Die Verhältnisse bei den Ganda bestätigen also meine 1962 in Unkenntnis des Aufsatzes von Mair ausgesprochene Vermutung, daß Zentralinstanzen nicht aus differentiellem Reichtum entstehen (1962: 200, 195); vielmehr wird umgekehrt ungleiche Verteilung der Produktion durch die zentrale Organisation bestimmt.
[25] Im folgenden wird der Term Primogenitur synonym für jede institutionalisierte Bevorzugung eines Sohnes im Erbgang gebraucht.

DETERMINANTEN DER AKEPHALIE

«All the brothers must marry before any one of them takes a second wife. Even after the father is dead, opinion enforces this rule» (ibid.).

Beim Tode eines pater übernimmt zwar der älteste Sohn die Rolle des Verstorbenen, zugleich aber die Verpflichtung, seine Brüder angemessen zu versorgen. Die Sanktionen für den Bruch dieser Norm haben wir bereits kennengelernt. Die Geltung der Norm «gleichmäßige Versorgung aller Söhne eines Mannes» ist gut beobachtbar. Auch nach dem Tode eines Mannes bleibt die Herde Gemeineigentum der «joined family», zumindest solange bis alle Söhne verheiratet sind (E. Evans-Pritchard 1940a: 17).

Bei den Gisu werden sowohl die Herden wie das Land gleichmäßig unter die Söhne eines Mannes geteilt (J. La Fontaine 1959: 35).

Bei Dinka, Lugbara und Luiya ist von den Gesellschaften unseres Samples die Bevorzugung des ersten Sohnes am stärksten ausgeprägt; die beiden letzten Ethnien haben die stärkste Formalisierung gerontischer Rollen und auch sonst starke herrschaftliche Ansätze, während die Dinka die komplexe Rolle des Fischspeermeisters haben, die nach Primogeniturprinzip tradiert wird. Unter den Luiya haben die Wanga und ein Teil der Vugusu eine – wenn auch schwache – Zentralisierung erreicht, während von den Lugbara zumindest bekannt ist, daß ihre ins Mandarigebiet abgewanderten Gruppen Häuptlinge hatten, denen Klienten unterstanden. In beiden Fällen der Herrschaftsbildung wirkte allerdings die Existenz von Klientelgruppen mit.

Die Rolle des Oberhaupts der Lugbara-*suru* ging vorzugsweise auf den ältesten Sohn über (W. Schilde 1947: 401). Die Tatsache, daß die Regenmacher der nördlichen Lugbara einer «senior line of descent»[26] angehörten, bestätigt die Hypothese, daß Primogenitur vor allem bei der Übergabe im Erbgang von Ämter und Würden bevorzugt wird, bei Rollen also, die bei fortdauernder Gruppeneinheit schwer zu teilen sind (C. Sigrist 1962: 196).

Die Verwandtschaftsterminologie der Lugbara unterscheidet zwar nicht zwischen älteren und jüngeren Brüdern, aber der Träger einer rituellen Rolle redet seine Brüder in bestimmten Situationen als Söhne *(anzi)* statt wie in Alltagssituationen als Brüder *(adriezi* oder *adripi)* an (J. Middleton 1960: 219). Bei den Nyakyusa entspricht

[26] J. Middleton 1955: 35.

der ausgeprägteren Primogenitur [27] eine zwischen jüngeren und älteren gleichgeschlechtlichen Geschwistern auch in Alltagssituationen unterscheidende Terminologie:

«In ordinary everyday speech the differences between senior *(unkulu)* and junior *(unuguna)* siblings of the same sex are marked» (Wilson 1950: 131).

Im Unterschied zur Regelung bei den Nyakyusa setzte die rituelle Vorrangstellung bei den Lugbara die Gleichheitsnorm im Erbgang und im alltäglichen Wirtschaften nicht außer Kraft; der alltägliche Umgang ist ohne autoritative Restriktion im Homansschen Sinne:

«The relationship between brothers should be one of affection, protection and sharing as equals» (J. Middleton 1960: 219).

Der Unterschied zur Erbregelung nach dem Primogeniturprinzip läßt sich verdeutlichen, wenn wir den Erbgang nach dem Senioratsprinzip betrachten. Während die Vererbung beweglicher Sachen in der Regel auf die Angehörigen der Kernfamilie beschränkt bleibt und nur bei fehlender Nachkommenschaft andere Agnaten erben können, ist die Übertragung des Verfügungsrechts über Land durch die Appropriation an kontinuierliche Gruppen bestimmt. Hier geht oft formlos das Verfügungsrecht statt auf die Söhne auf den Bruder des Verstorbenen über, um erst, wenn die Generation des Verstorbenen ausgestorben ist [28], zu einem der Söhne des ersten «Eigentümers» der gestorbenen Generation zurückzukehren. Diese Erbregelung wird im allgemeinen als Seniorat bezeichnet.
Diese Art der Appropriation des Bodens mit der Verpflichtung des Verfügungsberechtigten, jedem agnatischen Mitglied einer solchen genealogisch freilich flachen UDG Land zur Nutzung zuzuweisen, bedeutet eine weitgehende Gleichheit der Produktionschancen. Die unterschiedlichen Nutzungsrechte der Kernfamilien resultieren dann nur aus der unterschiedlichen Zahl der Agnaten.
Obwohl das «überschüssige» Land eines kinderarmen Mannes in der Regel nicht an die Gruppe zurückfällt, so sichern die Normen des Bodenrechts doch jedem Agnaten die Feldnutzung und verhindern so eine soziale Schichtung in Landbesitzer und Landlose innerhalb

---

[27] The senior line of any family is likely to be the most wealthy and the most numerous» (M. Wilson 1950: 131).
[28] Bei den Tallensi wird die Seniorität zuerst nach Generationszugehörigkeit, erst innerhalb der Generation nach (nicht immer bestimmtem) kalendarischem Alter berechnet (M. Fortes 1949: 158).

DETERMINANTEN DER AKEPHALIE

der UDG. Zur Sicherung von Feldbauern-Vollstellen in den segmentären Feldbauerngesellschaften[29] gehört das Verbot, Land zu verkaufen und Lineagefremden ohne Erlaubnis des verfügungsberechtigten Geronten bisher selbstgenutztes Land pachtweise zu überlassen.

Sowohl die Erbregeln für intrafamiliäres Vermögen wie für Kollektiveigentum entsprechen dem von Radcliffe-Brown formulierten Prinzip der Geschwisteräquivalenz, nur daß im Unterschied zur terminologischen Äquivalenz (identische Bezeichnungen für Mutter und Mutterbruder, Vater und Vatersschwester) dieses Prinzip im Erbrecht auf die männlichen Mitglieder der engeren UDG beschränkt ist.

Es ist darum zumindest irreführend, wenn Fortes ‹descent› und ‹filiation› entgegensetzt. Abgesehen davon, daß es dem bisherigen wissenschaftlichen Sprachgebrauch besser entspräche, descent als Oberbegriff für ‹lineation› (= ‹descent› bei Fortes) und ‹filiation› zu verwenden (vor allem, da das Zurechnungsprinzip und in den meisten Fällen die Deszendenzregel für Lineation und Filiation gleich sind), ist die spezielle Fortessche Argumentation falsch. Fortes illustriert die Entgegensetzung von «descent» und «filiation» an Seniorat und Primogenitur:

«In systems where a sibling succeeds or inherits ‹in preference to›, i. e. by priority of right over a child, descent is the critical factor; for a sibling is closer to the source of the deceased's ‹estate› – a common ancestor than is a son or daugther. But where succession and inheritance devolve on sons or daughters ‹in preference to siblings› this is governed by the rule of *filiation*. The rule of so-called primogeniture is in fact, analytically speaking, a rule of succession by filiation» (1959: 208).

Der letzte Satz wäre dann richtig, wenn Fortes statt «filiation» «discriminatory filiation» schreiben würde. Fortes kann die Bevorzugung eines Sohnes nicht aus der Beschränkung des Erbganges auf die Deszendenten eines Kern- oder Großfamiliengründers ableiten.

Fehlende Primogenitur entspringt der Lineagementalität, «in deren Zentrum der ewige Fortbestand des Geschlechts und seine maximale Größe steht. Dieser Mentalität entspricht die Praxis, möglichst viele ‹Vollstellen› (Mackenroth 1955: 76) zu schaffen und damit möglichst

---

[29] Diese Aussagen beziehen sich also nicht auf Nuer und Dinka.

vielen die Chance zu geben, den Clan zu mehren» (C. Sigrist 1962: 196). Diese allgemeine Aussage wird durch eine mir erst später zugänglich gewordene Ausführung des Tiv-Historikers Akiga verifiziert, in der er die traditionelle Frauentauschheirat mit folgender Motivation rechtfertigt:

«For they (Tiv) would not allow the name of their child to be lost to their house for any cause except death. If a man had children he wanted all of them to remain his. So if, for instance, he had two sons and three daughters, he divided the daugthers amongst the sons, to give in exchange for wives, who should bear children in the place of his own daughters who where with their husbands, that his house might expand and go forward» (HRAF: 100).

Der Gleichheit im Erbgang ist es zuzuschreiben, daß Reichtum nicht intergenerationell akkumuliert wird. Damit ist aber auch eine intergenerationell stabile, sozialökonomische Schichtung ausgeschlossen. Fehlende Primogenitur erklärt, daß Reichtum, wie Fortes es ausdrückt, nur «temporäre Vorteile» (APS 250) verschafft. Für die Struktur der UDG in segmentären Gesellschaften folgt aus der fehlenden Primogenitur die Tendenz zur Gleichheit der Segmente. Während in segmentären Gesellschaften eine Tendenz zur Assimilation fremder oder sonstwie entgegen der Residenzregel angeschlossener Gruppen besteht, führt das Primogeniturprinzip zur immer stärkeren Staffelung der UDG-Segmente nach dem Kriterium der Nähe zum Ahnherrn und seiner direkten Linie.

5.4 Das Gleichheitsbewußtsein als Determinante der Akephalie

Die beiden besitzreduzierenden sozialen Mechanismen: Teilzwang und Gleichheit im Erbgang, können, wie hier geschehen, zunächst einmal als Determinanten der ökonomischen Homogenität analysiert werden. Da aber die ökonomische Homogenität nur geringen Erklärungswert für das Akephalieproblem hat, ist es noch wichtiger, jene nivellierenden Mechanismen als Erscheinungsformen einer Mentalität, die ich als Gleichheitsbewußtsein charakterisiert habe (1962: 196), zu interpretieren. Bei der Gleichheit im Erbgang handelt es sich um einen Mechanismus, den wir ebenfalls auf eine allgemeine

Einstellung zurückführen können, und auch der Teilzwang ist auf Solidaritätsnormen wie auf individuelle Begehrlichkeiten zurückführbar, ohne daß das entsprechende Handeln der Individuen auf die Nivellierung oder Verhinderung von Unterschieden gerichtet zu sein braucht.

Ich frage jetzt also, ob es in segmentären Gesellschaften neben diesen nivellierenden Mechanismen, die auch unabhängig von bewußt auf die Gleichheit des sozialen Status zielenden Handlungen wirken, besondere Reaktionen gegen soziale Ungleichheit gibt.

5.41 Reaktionen gegen Prominente

Gegen Prominente (wie reiche Männer und Instanzen) besteht in segmentären Gesellschaften eine ambivalente Einstellung, die ihre Funktionen auf die Repräsentation zu reduzieren tendiert. Ihre Überlegenheit soll das Prestige der eigenen Gruppe gegenüber anderen Gruppen erhöhen. Innerhalb der eigenen Gruppe aber versucht man, den Repräsentanten nicht über das Niveau aller Mitglieder der engeren Gruppe steigen zu lassen. Als Beleg für diese Aussage zitiere ich L. Bohannans Beschreibung der Einstellung der Tiv zu Titelhäuptlingen:

> «The possession of a man with a Jukun-bought title, a man who has acquired a large tree drum (ndyer), etc., gives a lineage (that which aided him in its acquisition) prestige as against another lineage; in their dealings with that other lineage they will support this man and his importance. Among themselves almost all his difficulties can be traced to the desire of his agnates not to let him get above himself, to keep him their equal. Damage done physically and mystically to crops, livestock, and close relatives of such men occurs frequently and is always ascribed to this motive» (1953: 31).

Der Feldschaden entspringt vermutlich zwei Absichten: er soll den Prominenten materiell schwächen, zugleich soll er ihn davor warnen, es zu weit zu treiben [30].

Der Argwohn und der Neid wachsen, wenn der Repräsentant eines

---

[30] Vgl. den Flurschaden, den die Mafia als Warnung gegen säumige Zahler oder solche, die gegen die omertà verstoßen, anrichtet.

Segments versucht, zugleich als Repräsentant eines koordinierten Segments anerkannt zu werden (TWR 61). Da die Vertretung der Interessen der eigenen Gruppe Kompromisse erfordert, wird der Repräsentant leicht verdächtigt, seinen Einfluß innerhalb des koordinierten Segments durch Zugeständnisse auf Kosten der eigenen Gruppe erweitern zu wollen. Dieser Verdacht wird häufig magisch projiziert. Ein Führer kann seinen Einfluß allerdings verstärken, ohne sich dieser Reaktion auszusetzen, wenn es ihm gelingt, die gemeinsamen Interessen sowohl seines engeren wie des koordinierten Segments gegen einen anderen Segmentblock durchzusetzen.

Winter schildert das Gleichheitsbewußtsein der Amba als ein bewußtes Streben nach Aufrechterhaltung der Gleichheit. Auch heute noch (1949–53) ist es für einen Amba so gut wie ausgeschlossen, einen anderen Amba als Arbeitskraft zu gewinnen; etwas leichter hat es da der Toro, der von vornherein als Angehöriger einer kulturell höher stehenden Gruppe gilt; der Europäer, der außerhalb des sozialen Wettbewerbs steht, kann mit einem geringeren Lohn, als ihn der Toro zahlt, Arbeitskräfte einstellen:

«The Amba feels that by working for the Toro, he is enriching the latter and increasing the social distance between them. Finally, for an Amba even to work for another man of his own tribe is degrading, for it places the employer upon a higher social level» (1956: 144).

Das Gleichheitsbewußtsein reagiert besonders empfindlich auf Anmaßungen Gleichstehender. Die Amba und andere segmentäre Gesellschaften bestätigen Tocquevilles These:

«Quand l'inégalité est la loi commune d'une societé, les plus fortes inégalités ne frappent point l'oeil; quand tout est à peu près de niveau, les moindres le blessent. C'est pour cela que le désir de l'égalité devient toujours plus insatiable à mesure que l'égalité est plus grande» (1951, I, 2: 144).

Eine sehr ähnliche Aussage legt Thukydides den Delegierten in der Rede vor den Lakedämoniern in den Mund:

«Es scheint, daß die Menschen gegen eine Rechtsbeschränkung empfindlicher sind als gegen eine Vergewaltigung. Jene erscheint als Überhebung eines Gleichen, diese als Zwangsmaßregel eines Stärkeren. Von den Persern haben sie weit härtere Dinge in Ruhe ertragen, aber unsere Herrschaft finden sie natürlich unerträglich» (1957, I: 77).

5.42 Abneigung gegen Befehle

In direktem Zusammenhang mit den schwachen Ansätzen zur Herrschaftsbildung in segmentären Gesellschaften steht die geringe Unterordnungsbereitschaft, die sich z.B. in der Abneigung gegen Befehle äußert.

Im Unterschied zu den akephalen Luiya kennen die Nuer nicht einmal ein unserem Wort «befehlen» äquivalentes Wort:

«There is no verb in the Nuer language meaning ‹to order› and the imperative is not used with any sense of authority behind it» (P. Howell 1954: 29).

Leistungen können nur unter Berufung auf ein, wie immer vages oder ad hoc postuliertes Verwandtschaftsverhältnis angefordert werden:

«It is an appeal to the mutual obligations inherent in kinship and is expressed in kinship terms. *Gat mar*, ‹O kinsman›, is the preface to any request which might otherwise take the form of an order» (30).

Als weiteres Beispiel für den «außerordentlichen Eigensinn der Nuer und ihre Abneigung, sich einem Überlegenen zu fügen» erwähnt Howell das Ausbleiben des Radfahrereffektes:

«When telling a foreman wood-cutter ... to order his men to cut down certain trees, the District Commissioner, allowed greater licence than others, will use the imperative, but the foreman will pass the order on in more euphemistic terms and include himself in the effort to be made» (ibid.).

Howell bestätigt also die folgenden Ausführungen von Evans-Pritchard:

«Among themselves even the suspicion of an order riles a man and he either does not carry it out or he carries it out in a casual and dilatory manner that is more insulting than a refusal. When a Nuer wants his fellows to do something he asks it as a favour to a kinsman, saying, ‹Son of my mother, do so-and-so›, or he includes himself in the command and says: ‹Let us depart›, ‹Let the people return home›, and so forth» (1940a: 182).

In der schwachen Ausprägung von Befehlsformen sind die afrikanischen segmentären Gesellschaften den Papuagesellschaften vergleichbar, von denen Thurnwald sagt: «Strikten Befehl gibt es nicht» (1957: 42). Noch schwächere Befehlsformen in extrafamiliären sozialen Beziehungen als in afrikanischen Gesellschaften finden wir allerdings bei den Eskimos. Peter Freuchen hat in seinem Roman *Der Eskimo* anschaulich geschildert, wie fremd und unverständlich den Eskimos die europäischen Befehlsgewohnheiten waren. Die in nur schwach oder gar nicht zentralisierten afrikanischen Gesellschaften fehlende Gewohnheit, formellen Befehlen von außerhäuslichen Instanzen zu gehorchen, zeigt sich noch im Kommentar der autochthonen Tradition zur Schaffung hierarchischer Verhältnisse im militärischen Bereich, der im akephalen oder schwach zentralisierten Stadium ein Tummelfeld kaum koordinierter individueller Aktionen war. Thomas Mofolo, der Verfasser einer romanhaften Biographie Shakas, des despotischen Begründers des Zulukönigtums, hebt hervor:

«Vor allem aber lehrte er (Shaka) sie gehorchen; alles hatte auf Befehl ausgeführt zu werden, keiner durfte weder zu schnell noch zu langsam sein» (1953: 121).

Im gleichen Zusammenhang – Schulung der Kampftruppe durch Shaka – schreibt Mofolo:

«Er schulte sie in Angriff und Verteidigung und lehrte sie, sich vereint zurückzuziehen und wieder vorzustürmen. Vor allem aber lehrte er sie gehorchen. Wenn sie einen Befehl erhielten, so sollten sie nicht nach dem Wie und Warum fragen, sondern einfach tun, wie sie geheißen waren» (152).

Diese Formulierung wirkt wie eine Veranschaulichung von Max Webers Definition des Gehorsams:

«Gehorsam soll bedeuten: daß das Handeln des Gehorchenden im wesentlichen so abläuft, also ob er den Inhalt des Befehls um dessen selbst willen zur Maxime seines Verhaltens gemacht habe, und zwar lediglich um des formalen Gehorsamsverhältnisses halber, ohne Rücksicht auf die eigene Ansicht über den Wert oder Unwert des Befehls als solchen» (1956: 123).

Der Nachweis, daß in segmentären Gesellschaften Gleichheitsnormen bestehen, wurde bereits mit Beispielen geführt, aus denen hervorgeht, daß Abweichungen von ihnen mit Sanktionen beantwortet werden. In erster Linie sollten die bisherigen Ausführungen veranschaulichen, daß es solche Gleichheitsnormen in verschiedenen Ausprägungen gibt. Bei diesen Feststellungen brauchen wir aber nicht stehenzubleiben. Die Berichte über segmentäre Gesellschaften ermöglichen eine Darstellung der Motivationen und der durch sie gesteuer-

ten Handlungen, von denen die Geltung der Gleichheitsnormen abhängt.
Das zentrale Motiv für Reaktionen gegen Reiche, Mächtige, Prominente ist der Neid.
Die Erkenntnis, daß sich Reichtum nur durch Verteilung in Macht umsetzen läßt und ohne Verteilung den Reichen gefährdet, hat schon Hobbes formuliert:

> «Also Riches joyned with liberality, is Power; because it procureth friends, and servants: Without liberality, not so, because in this case they defend not, but expose men to Envy, as a Prey» (1962: 43).

5.43 Neidvolle Verdächtigungen und ihre magischen Projektionen

Amba

Bei den Amba erregen schon geringfügige wirtschaftliche Unterschiede Neidgefühle. Diese Neidgefühle werden in magische Aggressionen umgesetzt. Die Hexerei ist die aggressive Antwort der schlechter Weggekommenen gegen die Begünstigten:

> «Witchcraft is the weapon of the weak and the poor and it is the rich man and the leader who have more to fear from witchcraft than the poor man and the follower» (E. Winter 1956: 147).

Hexerei gegen Reiche gilt als Sanktion für die Verletzung der verwandtschaftlichen Beistandspflichten:

> «The rich man occupies a more vulnerable position, since to attain such a status, he must deny various requests from his relatives and most do so more often than a poor man and with less legitimate reasons» (148).

Reichtum wird als Ergebnis ungerechtfertigter Bereicherungen interpretiert. Auf der anderen Seite werden Reichtum und Prominenz aus hexerischen Machenschaften erklärt. Solche Vorstellungen werden in der Wirklichkeit bestätigt durch die Versuche von Hexern, aus der Furcht Kapital zu schlagen. Allerdings ist die Bereitschaft, den Zumutungen von Hexern nachzugeben, auf kleinere Gefälligkeiten beschränkt.
Im Unterschied zu den Tiv gibt es bei den Amba auch weibliche Hexen. Hexerei ergibt sich häufig aus Konflikten der polygynen Fa-

milie, wird von den Frauen auch zur Einschüchterung von Patriarchen praktiziert (145)³¹. Wie in vielen afrikanischen Gesellschaften gipfeln auch hier die Hexereivorstellungen im zumindest behaupteten Kannibalismus. Die Amba glauben außerdem an Hexerkollegien und Fleischschulden; für diesen Komplex liegen jedoch von den Tiv ausführlichere Darstellungen vor.

Das Hexereigerede läßt sich als eine Terminologie interpretieren, in der soziale Ungleichheiten festgestellt und bewertet werden. Sogar die technische und organisatorische Überlegenheit der Europäer wurde bis in die Gegenwart magisch gedeutet:

«It is thought that most Europeans are cannibals and it is believed that many of them live almost exclusively upon a diet of African flesh» (34).

Das reichhaltigste Material über magische Projektionen und imaginäre Herrschaftsorganisationen liegt uns für die Tiv vor. Der Schlüsselbegriff für diese Komplexe heißt *tsav*.

Der tsav-Komplex der Tiv

Ältester *(vesen or)* kann nur ein Mann sein, der *tsav* besitzt (L. und P. Bohannan 1953: 84). *Tsav* bezeichnet überdurchschnittliche persönliche Fähigkeiten, die sich in besonderem handwerklichem Geschick, Wohlstand, frauenreichem Haushalt, großer Anhängerschaft manifestieren:

«For Tiv, to have tsav means to have ability in all these senses: to have talent, leadership, and affluence. Such a ‹Man of ability› has many wives and children, large farms which provide him with large harvest; game falls into his nets and fish into his traps; through his power (given by tsav) of manipulating akombo³² he can promote the health and fertility of those under his protection and through his tsav he can ward off the attacks of their enemies» (85).

tsav gilt als eine magische Substanz, die bestimmten Personen angeboren ist. Sie wächst allerdings mit zunehmendem Lebensalter und kann durch Hexerei verstärkt werden. In der Vorstellung der Tiv

---

31 Zur Eifersucht des polygynen Haushalts bei den Zande schreibt Evans-Pritchard: «A man will be careful not to anger his wives gratuitously, for if one of them is a witch he may bring misfortune on his head by a fit of bad temper» (1937: 117).
32 Magische Gesundheits- und Fruchtbarkeitssubstanz.

ist *tsav* anatomisch in der Form kleiner knollenförmiger Auswüchse am Pericordium zu erkennen.

Daß ein gewisser Wohlstand und das «Normale» überschreitender Einfluß als Folge einer magischen Substanz gedeutet werden, zeigt, wie «selbstverständlich» die soziale Gleichheit ist. Soziale Ungleichheit bedarf einer besonderen Erklärung. Das Mehr an wirtschaftlichen Gütern wird als «ungerechtfertigte Bereicherung» auf Kosten der übrigen Gruppenmitglieder interpretiert. Die gleiche Erklärung wird auf eine andere Kategorie erklärungsbedürftiger Tatsachen angewandt: Krankheit, Unfruchtbarkeit, Tod werden, wenn auch durch Vermittlung unmittelbarer Ursachen, durch magische Kräfte, insbesondere aber durch Besitzer von *tsav* verursacht. Der Tod eines Menschen wird zwar z.B. durch eine Lungenentzündung herbeigeführt: aber die «eigentliche» Ursache ist der Wille eines mit *tsav* begabten Mannes.

Dem Glauben an das Mitwachsen des *tsav* mit fortschreitendem Lebensalter entspricht der gerontokratische Akzent des Hexerglaubens. Vor allem die Alten eines UDG-Segments gelten als Besitzer von *tsav*.

Gegen hexerische Anschläge kann sich ein Mann wehren, indem er den Zusammentritt einer Versammlung *(jir)* der Alten seines UDG-Segments fordert, auf der der Verdächtige aufgefordert wird, die Hexerei einzustellen. Solche Vorwürfe kann der Beschuldigte durch Ordal *(sasswood* oder *swem)* entkräften. Sollten die Ältesten sich weigern, gegen einen einflußreichen Hexer vorzugehen, so kann sich der Angegriffene an seine Altersklasse wenden (in Gegenden, wo diese Institution besteht) und außerdem an die *ityo* seiner Mutter, seine *igba*, die einen Druck auf die Ältesten der eigenen *ityo* ausüben, den Behexten zu schützen.

Krankheit, Tod, Unglück aller Art wird nun allerdings nicht nur individuellem Erfolgsstreben und persönlicher Mißgunst zugeschrieben. Gegen diese schwarze Magie wird eine legitime weiße Magie abgehoben, die von einer Gruppe von *tsav*-begabten Ältesten durchgeführt wird. Es wird geglaubt, daß die Ältesten, um die Fortdauer der Gemeinschaft zu ermöglichen, von Zeit zu Zeit den Fruchtbarkeitsfetischen *(akombo)* Menschenopfer bringen müssen. Sowohl die Entscheidung über die Auswahl der Opfer wie die rituellen Handlungen stehen dem Kollegium der *mbatsav* zu. Der Übergang zur schwarzen Magie ist aber fließend. Eine Häufung von Todesfällen

GLEICHHEITSBEWUSSTSEIN

führt zu der panischen Vorstellung, daß *mbatsav* sich zu kannibalischer Kommensalität verbunden haben. Da jede Einladung zu einem Fleischschmaus eine Gegeneinladung erfordert, können einzelne *mbatsav* in «Fleischschulden» geraten, die dann zu einer Häufung von Todesfällen in deren unmittelbarer Verwandtschaft führen. Besonders verhängnisvoll für einen einzelnen ist es, wenn ein *or u mbatsav* seiner *ityô* Fleischschulden gegen *mbatsav* seiner *igba* hat: dann fällt die Schutzfunktion seiner *igba* aus. Dementsprechend «beweist» die Vernachlässigung und/oder Verweigerung des Schutzes für einen Kranken seitens der *igba*, daß die *mbatsav* der *ityô* Fleischschulden gegen die *igba* haben. Der illegitimen Fleischgier der *mbatsav* beider Gruppen werden dann Krankheit oder Tod eines Menschen zur Last gelegt.

Diese Vorstellungen sind zumindest hinsichtlich ihrer Geltung für die Gegenwart phantastisch. 1933 formulierte Abraham seine dahingehende Ansicht:

«It has not been possible to prove ritual killing or eating in a single case and this leads us to believe that these ideas are a memory of what was done in the past but has now been abondoned» (HRAF 73).

Während es für den Kannibalismus auch für frühere Zeiten keinen Beweis gibt (auch aus der Zusammenstellung von Vollhard (1939) ergibt sich nur, daß den Tiv schon seit langem Kannibalismus vorgeworfen wird), so ist doch einzuräumen, daß die rituelle Tötung von Sklaven bei Beerdigungen (L. und P. Bohannan 1953: 46) und Kopfjagden gegen Nachbarethnien[33] der feststellbare Kern des Kannibalismuskomplexes waren. Selbst wenn wir annehmen, daß solche rituellen Opferungen anthropophage Weiterungen hatten, so haben wir es immer noch nicht mit Endokannibalismus zu tun; um diesen, nicht um Exokannibalismus, dreht sich aber der *tsav*-Glaube.

Die fehlende Überprüfbarkeit der *tsav*-Vorstellungen setzt sich paradoxerweise fort in einem besonderen Überprüfungsverfahren, das *tsav*-Vorwürfe klären soll. Es handelt sich um die Autopsie von mutmaßlichen *tsav*-Opfern.

Hermann Baumann hat die in Afrika weitgehend mit der Verbreitung von Plastiken zusammenfallende Verbreitung und die Erschei-

---

[33] Vgl. den Dewar-Report, wiedergegeben von L. und P. Bohannan (1958, HRAF 5).

nungsformen der in vielen Bantu-Gesellschaften *likundu* genannten «Sektion der Zauberkraft» in einem 1928 erschienenen gleichnamigen Artikel beschrieben.
Paul Bohannan hat eine solche Autopsie bei den Tiv selbst miterlebt und sie in seinem Buch *Justice and judgement among the Tiv* geschildert (200 ff.).
Während in anderen Gesellschaften des *likundu*-Verbreitungsgebietes Auswüchse am Dünndarm oder an der Leber als Beweis für Hexerei angesehen werden, erkennen die Tiv *tsav* an Auswüchsen am Herzbeutel. Eine Autopsie wird von einem *jir* dann beschlossen, wenn geklärt werden soll, ob der Tote das unschuldige Opfer von *mbatsav* wurde oder ob er selbst ein *or u mbatsav* war. Die Entscheidungskriterien lassen der Urteilsbildung freilich einen großen Spielraum. Es scheint sogar, daß sie ad hoc gewählt werden. Die Auswüchse am Herzbeutel lassen nur erkennen, daß der Tote *tsav* besessen hat. Nun gehört es zum schillernden Charakter des *tsav*-Komplexes, daß ein *or tsav* nicht Hexer werden muß; er drängt sich dann nicht ins Kollegium der *mbatsav* und verzichtet damit auf die Chance, sein angeborenes *tsav* durch Genuß von Menschenfleisch zusätzlich wachsen zu lassen. East weist darum auf die Unterscheidung von *or tsav* und *or u mbatsav* hin (HRAF 237). Ob es sich nun um einen *or tsav* oder um einen *or u mbatsav* handelt, läßt sich nach den Angaben Akigas daran erkennen, ob die «Leber» am Herzbeutel ungekerbt oder gekerbt ist (HRAF 241).
Bei der von Bohannan beobachteten Autopsie wurden zwei Auswüchse am Herzen festgestellt. Der Operationsleiter begründete sein Urteil, der Verstorbene sei ein *or u mbatsav* gewesen, sein *tsav* sei böse gewesen, mit der Größe der Auswüchse und der Tatsache, daß der eine Beutel blau, der andere hingegen rot war (1957: 201).
Der große Interpretationsspielraum ermöglicht eine Anpassung des Urteils, von den Maßnahmen gegen *mbatsav* abhängen, an die Stimmung der Gruppenöffentlichkeit, die der Sektion beiwohnt.
tsav erklärt eben nicht nur unverständliche Ereignisse wie Krankheit und Tod, es dient zugleich als Idiom, in dem soziale Beziehungen, insbesondere Machtverhältnisse verbalisiert werden (P. Bohannan 1958: 3). Das veranschaulicht die folgende Erzählung Akigas:
«Als ich anfing umherzukrabbeln und aufrecht zu stehen, starb meine Schwester Tarbunde. Da beschuldigte meine Mutter den Vater, er habe durch Zauberei das Kind umgebracht und es den

Alten zu essen gegeben, damit sie ihm die Herrschaft gaben, denn um jene Zeit strebte er nach der Häuptlingswürde. Er jedoch klagte meine Mutter des gleichen Verbrechens an, sie habe ihre eigene Tochter getötet und sie mit ihren Verwandten aufgefressen» (D. Westermann 1942: 322).
Der politische Streber wird also in der eigenen Kernfamilie der Hexerei beschuldigt. Dabei vermischen sich Wahnvorstellungen mit Zweckmäßigkeitsdenken.
Aus dem Zusammenhang geht eindeutig hervor, daß kein Kannibalismus vorlag. Gleichwohl wird behauptet, das Kind sei «gegessen» worden. Andererseits paßt sich die geläufige Vorstellung, der Hexer töte seine Opfer, um seine Macht zu vergrößern, hier den «wirklichen» Verhältnissen an: die Alten werden angeblich von Akigas Vater mit Menschenfleisch bestochen, damit sie ihm die Häuptlingswürde übertragen. Tatsächlich ließen sich die Tiv-Ältesten zu jener Zeit die Zustimmung zum Kauf eines Titels, z. B. von einem Jukun-Häuptling, ihrerseits abkaufen. Die Rinder, die sie erhielten und schlachteten, konnten, in Übereinstimmung mit gängigen *tsav*-Vorstellungen, als Substitute für Menschenopfer betrachtet werden. Die Substitution schloß aber, nach *tsav*-Vorstellungen, den Tod des intendierten menschlichen Opfers nicht aus.
Noch heutzutage kann es geschehen, daß zwei Rivalen, die um die Führerschaft in einem Weiler kämpfen, glauben, in ein *tsav*-Duell verwickelt zu sein. Laura Bohannan hat einen solchen magischen Zweikampf selbst beobachten können und in ihrem Bericht *The frightened witch* (1960)[34] geschildert. Die Todesfälle in den Höfen der beiden Patriarchen wurden bei dem beliebteren Mann, Shingir, als Folge der Hexerei seines Rivalen, Anyam, gedeutet, während das Massensterben auf Anyams Hof zum Teil dessen eigener übertriebener Machtgier, die ihn in Fleischschulden gestürzt haben sollte, zugeschrieben wurde. Obwohl Shingirs Hof mit seinen 139 Insassen trotz vieler Krankheiten besser florierte, hatte er doch mehr Angst als sein Rivale. Der Tod Shingirs (wohl eine Folge des Alkoholismus und der Frambösie) wurde als Sieg des Anyam gedeutet. Man mag fragen, wie weit die Kontrahenten des magischen Duells selbst an ihre Rollen glaubten.

---

[34] Eine deutsche Übersetzung dieses Berichts findet sich in *Kulturanthropologie* (ed. W. Mühlmann und E. W. Müller) Köln 1966.

DETERMINANTEN DER AKEPHALIE

Nach Akigas Beurteilung seiner eigenen Kultur haben die Tiv sich auf magische Projektionen auf Kosten eines empirischen Weltverständnisses spezialisiert:

> «While other peoples of the world have been advancing in knowledge of how to make alle kinds of new things, progress amongst the Tiv has consisted in learning how to make more and more akombo» (HRAF 223 f.).

Akiga distanziert sich ausdrücklich vom *tsav*-Glauben und erklärt die Dominanz der magischen Orientierung mit der früh einsetzenden Belehrung der Kinder.

> «Nothing is so illusory as *tsav*. There is no reality in it whatever, nor in any of the ideas associated with it ...; yet it is of all things the one in which every Tiv places the most implicit belief. From the time when a child begins to understand what is said, he listens to people around him talking about the *mbatsav*» (240).

Akiga bekennt ausdrücklich, daß er sich erst durch den christlichen Hochgottglauben von *tsav* emanzipiert hat[35]. Andererseits geht aus seinen weiteren Äußerungen hervor, daß gerade bei den *mbatsav* der *tsav*-Glauben nicht frei von Scharlatanerie war. Er berichtet nämlich, daß es ihm als Kind gelang, durch wunderliches Verhalten als *tsav*-Mensch zu gelten und sich so einen größeren Verhaltensspielraum zu schaffen. Eine ähnliche Mischung von Scharlatanerie und ernsthaftem *tsav*-Glauben berichtet Laura Bohannan von Shingir, während der paranoische Anyam sehr viel eindeutiger als *or u mbatsav* auftrat.

Das Shingar- und Anyam-Beispiel zeigt, daß auch die *mbatsav* auf eine verbreitete Legitimierung von Herrschaft zurückgreifen; wie in herrschaftlich organisierten Gesellschaften Adlige Abgaben, Dienstleistungen und Gehorsam als Gegenleistung für den Schutz, den sie gegen ihre eigenen Standesgenossen bieten, rechtfertigen, kann ein *or u mbatsav* dadurch besonderen Einfluß ausüben, daß er einen großen Kreis von Verwandten vor den anderen *mbatsav* schützt. Neben diese partikulare Legitimierung tritt schließlich die allgemeine, daß die *mbatsav* durch ihre Fetische und die notwendigen Menschenopfer die Gemeinschaft überhaupt vor bösen Einflüssen jeglicher Art schützen. Da die *mbatsav* auch bei «gutem Willen» Menschenopfer zur

---

[35] «I, Akiga, who to-day no longer believe in *tsav* have come to this only through the mercy and power of God, the Giver of Life» (240).

Erhaltung der Fruchtbarkeit veranstalten müssen, bleibt es unklar, wann Todesfälle auf illegitime Fleischgier zurückgehen. Die Legitimität des Handelns der *mbatsav* hängt sehr stark von Stimmungen der Gruppe ab, ob also z. B. eine Serie von Krankheiten und Todesfällen noch für «normal» gehalten wird. Gegen die *mbatsav* besteht bestenfalls eine ambivalente Einstellung: «Tiv see all leaders in two lights: as their protectors and as their eventual vanquishers» (P. Bohannan 1957: 163).
Middleton bemerkt über die prekäre Autorität des Älteren bei den Lugbara:
 «There is a very slight difference only between his being regarded as an ideal elder, exercising his authority for the well-being of his lineage, and his being accused of being a witch, abusing his mystical powers for his own selfish ends» (1960: 200f.).
Eine mögliche Abwehr gegen *tsav* bestand in *swem*. *swem* bezeichnet einen irdenen Topf, der mit Asche und Blättern von marantachloa flexuosa gefüllt ist (Bohannan 1953: 8). *swem* war als Ordal ein wichtiges Prozeßmittel: ein falscher Eid auf *swem* sollte den Tod des Meineidigen herbeiführen. Der Bericht Akigas über *swem* enthält eine auffallende Ähnlichkeit zu den uns bekannten Gralsvorstellungen, *swem* «ist» nämlich auch ein Hügel, zu dem nur *mbatsav* gehen können:
 «They say that it is in a forest, and that swem itself is a huge pot, buried in the ground with only the rim showing above the surface. Round it grows the *iyandegh* plant, and in the forest are all kinds of savage creatures ... leopards, elephants, lions, snakes, and bees. These creatures drive away every one who approaches only one who is truly *tsav* can go there, and nothing will harm him» (Akiga HRAF 216).
Die Äußerung zeigt, daß in der Vorstellung der Tiv *swem* kein wirksamer Schutz gegen *tsav*-Mißbrauch war, daß auch *swem* nur in der Hand eines *or tsav*, der ihn «hielt», wirksam war. Ein schwacher Mann wurde von *swem* vernichtet. Effektiven Schutz bot nur das lebensgefährliche sasswood[36]-Ordal. Das Verbot des sasswood-Ordals durch die Briten führte zu immer größeren Anmaßungen der *mbatsav*, und diese wiederum provozierten die antigerontischen Bewegungen.

---

[36] Erythrophlenum guineense (L. Bohannan 1960: 387n 2). In der Tiv-Sprache: *kor* (Abraham HRAF 83).

5.5 Antiherrschaftliche Bewegungen

Das Gleichheitsbewußtsein reagierte gegen politische Aspirationen von Prominenten nicht nur in Abwehrreaktionen, die sich gegen einen einzelnen *or tsav* oder eine Gruppe von *mbatsav* richteten. Wenn die sozialen Ungleichheiten als zu stark, insbesondere aber das Schwergewicht der älteren Generation als zu drückend empfunden wurden, konnte es in ganzen Regionen zu kollektiven Abwehr- und Verfolgungsreaktionen kommen [37].

Eine Häufung von Unglücksfällen wie Krankheiten und Tod löste in den Teilen des Tivlandes, in denen Altersklassen bestanden (vor allem im Süden, L. und P. Bohannan 1953: 46), *Hoyo* aus, eine Verfolgung der als *mbatsav* verdächtigten älteren Männer durch die Mitglieder der jüngeren Altersklassen (P. Bohannan 1958: 9). Die *mbatsav* wurden, oft mit Todesfolge, mißhandelt und so eingeschüchtert, daß sie danach ihre Ansprüche reduzierten. Dabei kam es auch zu Eigentumsübergriffen, so daß auch die wirtschaftlichen Unterschiede wieder ausgeglichen wurden.

Solche Verfolgungsaktionen mit nivellierendem Effekt nahmen, im Gegenschlag gegen die magische Geheimherrschaft, kultischen Charakter an. Eine dieser Bewegungen war *Haakaa,* über die Akiga folgendes berichtet:

> «Those Tiv into whose districts the *Haakaa* came say that it was the worst trouble that has ever befallen them. Some, indeed, died as a result of it, for during the investigation there was none amongst the elders of the tribe who did not suffer. Some came into such distress that they took their own lives» (Akiga HRAF 1939: 283).

Der Ursprung des Nyambua-Kultes wird auf einen Angehörigen der Utar, einer etwa 2000 Mitglieder zählenden Kwa-sprachigen Fischergruppe, die den Flüssen entlang im Tivland leben, zurückgeführt (P. Bohannan 1958: 2).

Dieser Wahrsager namens Shiki zeichnete sich durch psychische und physiologische Anomalien aus, wie wir sie auch bei den Propheten der Nuer beobachten können und die darüber hinaus für Charismatiker überhaupt, von Schamanen bis zu Führern von Massenbewegungen, typisch sind.

---

[37] Paul Bohannan: «One of these so-called ‹anti-witchcraft movements› begins every few years, whenever the power system becomes too rigid» (1958: 8).

ANTIHERRSCHAFTLICHE BEWEGUNGEN

Es wird von Shiki berichtet, daß er bereits als Junge in Trance verfiel und tagelang keine Nahrung zu sich nahm. Als Erwachsener litt er an Parkinsonismus (ein Leiden, das auch bei Hitler einwandfrei festgestellt wurde [38]). Die Diffusion von Shikis Medizinen unter den Tiv wurde durch einen Tivklienten ermöglicht, der einen Schrein errichtete und seinen Kult kommerziell auswertete.
Paul Bohannan führt die Bereitschaft, sich Fremden anzuvertrauen, auf den Mißerfolg traditioneller Methoden gegen *tsav* zurück:
«Because the point is to establish a means of contracting tsav, and because none of the old methods have worked, it is the fact of newness, and ipso facto, sometimes foreignness, which is important. One is reminded forcibly to ‹movements› affecting power situations and civil rights in the United States» (1958: 11).
Bohannan bestreitet, daß die *Nyambua*-Bewegung nativistisch gewesen ist [39]. Tatsächlich ist auf sie weder Lintons noch Mühlmanns Nativismusdefinition anwendbar. Es handelt sich weder um einen «conscious, organized attempt on the part of society's members to revive or perpetuate selected aspects of its culture» (Linton) [40], noch um einen «kollektiven Aktionsablauf, der von dem Drang getragen ist, ein durch überlegene Fremdkultur erschüttertes Gruppen-Selbstgefühl wiederherzustellen durch massives Demonstrieren eines ‹eigenen Beitrages›» (W. Mühlmann 1961: 11f.). Der *Nyambua*-Kult richtete sich in erster Linie gegen die eigenen Häuptlinge, die *mbatarev*, die ja zugleich zur *mbatsav*-Kategorie gehörten. Die Kolonialverwaltung steht zwar im Bedingungszusammenhang dieses Aufstandes, doch richtete er sich nicht in erster Linie gegen sie. Die *Haakaa*-Bewegung des Jahres 1929 arbeitete sogar mit der Kolonialverwaltung zusammen [41].

Diese Bewegungen revivalisieren nicht halbvergessene archaische Elemente der eigenen Kultur gegen die kulturelle Überfremdung, sondern reagieren gegen religiöse Institutionen und Hierarchien der eigenen Kultur.

---

38 Vgl. Recktenwald 1963.
39 «Nyambua was not actually nativistic» (1958: 10).
40 Zitiert nach Mühlmann 1961: 9.
41 «Haakaa was a movement in which both elders and youngsters denounced their enemies as witches to the administrative officers, who then insisted that the accused hand over their magical equipment and pledge never to use it again» (P. Bohannan 1958: 10).

DETERMINANTEN DER AKEPHALIE

Mit nativistischen Bewegungen im Sinne Mühlmanns haben diese Bewegungen freilich viele Merkmale gemeinsam, insbesondere die antiherrschaftlichen Affekte. Paradoxerweise bieten aber gerade solche antiherrschaftlichen Bewegungen Führern, denen sie oft ihre Entstehung verdanken, besonders große Chancen, Herrschaftspositionen zu errichten. Bei den Tiv ist dies jedoch nicht eingetreten, allerdings wurden in der jüngsten Zeit solche Ansätze zur Herrschaftsbildung durch die fremde Verwaltung zerstört.

Vergleichbar mit der Hierarchie des unten zu behandelnden *Yakan-Kults* (vgl. 6.11) gab es verschiedene Stufen des Kontakts mit *Nyambua*. Wer sich der Kultgemeinschaft anschloß, d. h. Medizinen erhielt und an den Opfermählern teilnahm, mußte aller traditionellen Magie, insbesondere den Fetischen, entsagen. Statt dessen erhielt das neue Mitglied einen lederverkleideten Stab und einen Fliegenwedel. Eine der wichtigsten Maßnahmen gegen die *mbatsav* bildete die Bewachung der Gräber; um den Zerfall der Leichen zu beschleunigen und sie den Leichenfledderern zu entziehen, wurden sie am Grab ausgesetzt.

Paul Bohannan unterstreicht den iterativen Charakter der antiherrschaftlichen Bewegungen. Er zitiert Akigas Behauptung:

«These big movements *(dzege-kwagh,* literally ‹important matters›) have taken place over a period extending from the days of the ancestors unto modern times»[42].

Neben dem Nyambua-Kult erwähnt Bohannan namentlich den voreuropäischen *Budeli-Kult, Ijov* (1912), *Ivase* und *Haakaa*. 1948 mußte ein *Nyambua-Kult, Garyo,* niedergeschlagen werden, und sogar während Bohannans Aufenthalt bei den Tiv lebte vorübergehend ein Kult auf.

Der *Nyambua*-Kult erreichte seinen Höhepunkt im Jahre 1939 als eine vor allem gegen die von den Briten beauftragten Verwaltungshäuptlinge gerichtete Bewegung, die auch Praktiken katholischer Missionare übernahm. Es handelte sich in deutlicher Parallele zu vergleichbaren Bewegungen bei den Nuer, Lugbara, Kiga um einen allogenen Kult.

---

[42] HRAF 264, zitiert bei P. Bohannan 1958: 8.

5.6 Allgemeine Überlegungen zum Gleichheitsbewußtsein

In segmentären Gesellschaften werden also Reichtum, ungewöhnlicher Einfluß, Jagdglück sehr leicht als Resultate ständiger Normbrüche gedeutet. Auch dann, wenn nicht eine konkrete Norm – z. B. Hilfe für einen in Not geratenen Verwandten – verletzt wurde, erregt die bloße Tatsache der Prominenz Ärgernis, wenn der Prominente die Neidgefühle nicht geschickt, etwa durch Großzügigkeit, beschwichtigen kann. Machtstreben und Reichtum verletzen die generelle Gleichheitsnorm.

Die Deutung der Herrschaftsanmaßung als eines Normbruchs wird gestützt durch die Beobachtung, daß der Hexereiverdacht das Stigma von besonders gefährlichen Normbrechern ist. Wagner berichtet über die Luiya:

«Wer absichtlich und regelmäßig gegen die überlieferten Normen verstößt, gerät in den Verdacht der Hexerei. Gelingt es nicht, ihn durch Veranstaltung einer Opfer- oder Reinigungszeremonie (Lustration) wieder zur Vernunft zu bringen, so wird er von der Gemeinschaft geächtet oder in schweren Fällen sogar getötet» (1942: 13).

Diese gleiche Feststellung trifft La Fontaine für die Gisu. Sie fügt hinzu, daß den Hexern vor allem Inzest vorgeworfen wird (1959: 57). Das Material der beiden Ethnien bestätigt in vielen Punkten die wiedergegebenen Aussagen über *tsav* und entsprechende magische Komplexe bei den Amba. So glauben die Gisu an Hexerzusammenkünfte innerhalb des Dorfes, an heimliche Exhumationen und anschließende kannibalistische Commensalität (58).

Wie die Tiv hielten auch die Luiya jeden Tod für erklärungsbedürftig. Bei Begräbnissen mußte der *omuseni* (d.i. «comforter») seine Beredsamkeit aufbieten, um die Mißhandlung von Hexern zu verhindern. Wurde hingegen ein Hexer nachts in flagranti, d.h.: nackt und womöglich tanzend erwischt, so wurde er gepfählt, ohne daß seine Lineage etwas gegen den oder die Totschläger unternommen hätte (G. Wagner 1949: 276).

Dieser Überblick über Formen des «Gleichheitsbewußtseins» hat eine Reihe von primären Äußerungen gezeigt, welche die Aussage rechtfertigen, daß die sozialökonomische Gleichheit von einem «Gleichheitsbewußtsein» begleitet wird. Trotzdem ist es nützlich, weitere, vorläufige und später fortzuführende Präzisierungen anzubringen,

DETERMINANTEN DER AKEPHALIE

durch die insbesondere der Zusammenhang der beschriebenen Mentalität mit der Herrschaftsfrage deutlicher wird.
East, ein vorzüglicher Kenner der Tiv, charakterisiert sie als:
> «an independent people who have little respect for princes, and have never felt the need for cohesion, obedience to a central authority, or unifying code» (HRAF 13).

An der ablehnenden Reaktion gegen Herrschaftsansprüche scheiterte auch die Diffusion der *tor u gbande*-Institution. Diesen Häuptlingen machte zwar auch die koloniale Verwaltung Schwierigkeiten. Aber Laura und Paul Bohannan verweisen auf einen davon unabhängigen indigenen Faktor:
> «Another reason (als Native Authority) for the decline of the *tor u gbande* is that generally speaking his regime was not popular. This unpopularity was due to the independent nature of the Tiv on the one hand and his tendency to abuse autocratic power if it is placed in his hands on the other» (HRAF 145).

Diese Aussage verbietet eine Interpretation der Ablehnung der Herrschaft als einer verinnerlichten sozialethischen Einstellung. Die Orientierung an Gleichheitsnormen entspringt hauptsächlich nicht einer altruistischen Motivation, sondern wird durch sozialen Druck erzwungen. Das Auszeichnungsstreben wird durch Furcht vor Sanktionen begrenzt. In die gleiche Richtung weist die von Middleton wiedergegebene Aussage eines Lugbara:
> «Every man tries to become ‹big› and strong and men's hearts are bad. There are some men like the rain-makers, who have good hearts, but they are not many. Is it not good to be strong? Then one has much wealth, and wives and children, and becomes a big man» (1960: 20).

Auch aus diesem Grunde verwende ich nicht den Begriff «Egalitarismus» zur Charakterisierung segmentärer Gesellschaften.
Die Feststellung, daß das Fehlen von außerhäuslichen Herrschaftsrollen nicht auf fehlendes Herrschaftsstreben zurückgeführt werden kann, läßt sich aus der allgemeinen Aussage ableiten, daß in segmentären Gesellschaften soziale Gleichheit durch die Geltung von Gleichheitsnormen erreicht wird. Daß es sich um Gleichheitsnormen und nicht nur um eingelebte Gleichheit, Gleichheitsverhalten mangels Alternativen handelt, erkennen wir, wie die Mitglieder dieser Gesellschaften selbst, an den Reaktionen auf Übertretungen von Gleichheitsnormen. Die Aussage: Orientierung an Gleichheitsnor-

ANTIHERRSCHAFTLICHE BEWEGUNGEN

men in segmentären Gesellschaften reproduziert soziale Gleichheit, ist also nicht tautologisch. Diese Erklärung der sozialen Gleichheit, speziell der Akephalie, verträgt sich mit der generellen Aussage von Hobbes: «I put for a generall inclination of all mankind a perpetuall and restless desire of power after power, that ceaseth onely in Death» (1962: 49), wenn man sie so versteht, daß es in allen menschlichen Gesellschaften Individuen mit Machtstreben gibt. Leach hat die Geltung dieser Aussage auch für primitive Gesellschaften gegen die diese Tatsache übergehende funktionalistische «Erklärung» politischer Institutionen hervorgehoben[43].

Bisher haben wir die hier behandelten segmentären Gesellschaften nur im Stadium der Akephalie betrachtet, in jenem Stadium also, in dem diese Ethnien unter den Begriff «segmentäre Gesellschaft» subsumierbar sind. Alle diese Ethnien gerieten aber zu irgendeinem Zeitpunkt unter koloniale Fremdherrschaft, deren Verwaltungsstab sich wiederum häufig, gemäß dem Prinzip der «indirect rule» des Herrschaftsapparats bereits bestehender afrikanischer politischer Verbände zur Pazifizierung dieser «wilden Stämme» bediente. Die politischen Reaktionen gegen die Eingliederung in ein fremdes Herrschaftssystem variieren von passiver Resistenz (z. B. im Obervoltagebiet) bis zur versuchten Abwehr in der Anfangsphase der Pazifizierung oder zu großen Aufstandsbewegungen. Diese Bewegungen bestätigen die Hypothese, daß in segmentären Gesellschaften eine antiherrschaftliche Mentalität besteht, zugleich schufen sie aber – eine aus der Geschichte der proletarischen Bewegungen bekannte Paradoxie – Bedingungen, unter denen einzelne Führer dieser Bewegungen für diese Gesellschaften neuartige politische Herrschaftsverhältnisse schaffen konnten.

---

[43] «I am always dissatisfied with functional arguments concerning ‹needs› and ‹goals› such as those advanced by Malinowski and Talcott Parsons, but I consider it necessary and justifiable to assume that a conscious or unconscious wish to gain power is a very general motive in human affairs» (1954: 10).

6. Die Entstehung von Zentralinstanzen in segmentären Gesellschaften

6.1 Antiherrschaftlich-xenophobe Bewegungen in segmentären Gesellschaften

Während die Antihexerbewegungen der Tiv in erster Linie eine Reaktion auf innere soziale Differenzierungen, insbesondere auf die durch die eigenen Häuptlinge ausgeübte Herrschaft, sind, handelt es sich bei den *Yakan*- und *Nyabingi*-Kulten ebenso wie bei den prophetischen Bewegungen der Niloten um Reaktionen auf äußere Bedrohungen, auf interethnischen Druck.

Die Tiv wehrten sich gegen Usurpatoren in der eigenen Gruppe. Lugbara, Kiga, Dinka und Nuer aber schlossen sich gegen Sklavenhändler, Kolonialgruppen oder die Herrschaftsansprüche ethnisch fremder (afrikanischer oder europäischer) Zentralinstanzen zusammen.

6.11 Yakan

Der Allah-Wasser- oder *Yakan*-Kult[1] nahm seinen Ursprung zu Beginn der 80er Jahre bei den Dinka, zu denen er nach der Angabe Dribergs (413) aus Khartum gekommen sein soll. 1883[2] fügten Dinka, die heiliges Wasser getrunken hatten, den in Rumbek stationierten Truppen Emin Paschas schwere Verluste zu (800 Soldaten wurden getötet). Nach diesem Erfolg breitete sich der Wasserkult in südlicher Richtung aus. Die Dinka verkauften das Wasser an Barileute. Als Folge der Ausbreitung des heiligen Wassers kam es zu einem erfolglosen Angriff der Bira auf Emin Paschas Station in Rejaf.

Nordwestlich des Lugbaragebietes führte ein Munduhäuptling in seinem Stamm den Kult ein und errang einen großen Erfolg gegen

---

[1] Die folgenden Aussagen halten sich an den Aufsatz von J. Driberg (1931).
[2] Dieses Datum gibt Middleton (1960: 259) an.

eindringende Mahdisten³. Daraufhin übernahmen vier weitere in der Nähe der Lugbara lebende Stämme den Kult, der sie zu einem erfolgreichen Abwehrkrieg gegen das expandierende Zande-Reich zusammenschloß. Zu Beginn der 90er Jahre kaufte ein Fajelu⁴, Logworo, von dem Munduhäuptling heiliges Wasser.
Er und ein Kakwa⁵ namens Rembe brachten den Kult zu den Lugbara. Durch den Glauben an das heilige Wasser gestärkt, vernichteten die Lugbara eine 80 Mann starke Patrouille Emin Paschas, einer Strafexpedition erging es nicht besser. Die Anhänger des Kults glaubten, daß das Trinken des heiligen Wassers sie unverletzlich machte, feindliche Kugeln sollten sich einfach in Wasser auflösen.
Von den Lugbara und den Nachbarstämmen aus verbreitete sich der Kult unter den eingeborenen, in britischen und deutschen Diensten stehenden Soldaten. Es kam zu verschiedenen Meutereien, die von Angehörigen des *Yakan*-Kults ausgingen. Die Meutereien wurden zwar sämtlich niedergeschlagen, der Kult ging auch zeitweilig zurück, lebte aber immer wieder auf. Nach 1920 allerdings erlosch die *Yakan*-Bewegung bei den Lugbara (J. Middleton 1960: 260), nachdem 1919 eine große Versammlung mit Gewalt aufgelöst worden war (ibid.), während noch 1920 bei Dinka und unter deren Einfluß bei Nuer und Mandari in den 20er Jahren unseres Jahrhunderts neue heilige Quellen «entdeckt» wurden (W. Schilde 1947: 367). Allerdings lebt *Yakan* als ein Komplex religiöser und medizinischer Vorstellungen auch heute noch bei den Lugbara fort (J. Middleton 1960: 262).
Während die Bewegung nach außen eindeutig antiherrschaftlich war, gab sie ihren Stiftern die Möglichkeit, Kompetenzen auszuüben, die es im traditionellen Rollensystem nicht gab. Eine klare Tendenz zur Hierarchisierung ist erkennbar. Bei den Lugbara bildeten sich drei Grade der Mitgliedschaft aus:
1.
gewöhnliche Mitglieder,
2.
Die Verteiler des heiligen Wassers, das jene wiederum von den Angehörigen des 3. Grades erworben haben,

---

3 Zum Mahdismus allgemein: W. Mühlmann 1961: 223–229.
4 Die Fajelu sind ein barisprachiges Ethnos unmittelbar nördlich von den Lugbara.
5 Zu den Kakwa vgl. Anm. 4.

ENTSTEHUNG VON ZENTRALINSTANZEN

3.
die eigentlichen Besitzer des heiligen Wassers, die an einem besonderen Stab aus *inzu*-Holz, *Kalian* genannt, kenntlich waren. Sie allein kannten alle Gesänge und Tänze.

Die Angehörigen der zwei höheren Grade galten als *Yakan*-Häuptlinge, *opi Yakanini*.

Für den hohen Grad der Innovation zeugt die von Driberg berichtete Tatsache, daß die Einstufung innerhalb der kultischen Bewegung nicht an die sozialen Rollen in der Gesamtgesellschaft der Lugbara gebunden war.

Eine tiefergreifende Neuerung wurde durch die Sonderstellung der Stifter herbeigeführt. Im Jahre 1918 bildete sich um die temporäre Residenz von Logworo eine Agglomeration von zweihundert Hütten. Um die Ordnung in dieser temporären Gruppe aufrechtzuerhalten, mußte Logworo einen rudimentären Verwaltungsstab einsetzen. Während er selbst die Honorare einzog, verteilte ein Lahmer das Wasser. Die Lagerordnung überwachte ein mit einem Holzgewehr «bewaffneter» *sawish* (J. Driberg 1931: 416). Die Bewegung entwickelte militärische Züge. Nach dem Trinken des Wassers wurde ein Paradetanz in Form von Schüttelbewegungen aufgeführt, der kein Gegenstück in den traditionalen Tänzen hatte. Den Trinkern wurden zwar Gewehre versprochen, sie mußten sich aber zunächst damit begnügen, sich mit Holzgewehren militärisch drillen zu lassen (419).

Mit anderen sozialen Bewegungen teilt *Yakan* den teilweise erfolgreichen Versuch, durch Einschüchterung auch die Lauen und Abseitsstehenden zur Mitgliedschaft zu zwingen.

Der antiherrschaftliche Charakter zeigt sich in der Verheißung, daß alle Trinker ungestraft allen Regierungsbefehlen trotzen und insbesondere keine Steuern zahlen sollten. Wie schon erwähnt, sollte das Wasser gegen Kugeln schützen. Diese auch bei nativistischen und chiliastischen Bewegungen gegebene Verheißung treffen wir auch in den jüngsten afrikanischen Rebellionen, die, so wie die Anhänger des *Yakan*-Kultes den Namen Rembe als Schlachtruf schrien, «Mulele» oder «Olenga» als Schlacht- und Schutzruf schreien. Eine weitere Ähnlichkeit der Kongorebellion liegt in der erstaunlich hohen psychischen Wirksamkeit der protektiven Medizin, an die ja sogar die Soldaten der regulären Kongoarmee zu glauben scheinen.

Die *Yakan*-Medizin bestand in einer Mixtur aus «heiligem Wasser» und einer Narzissendroge mit stark aufputschender, die Gewalttätigkeit steigernder Wirkung; bei Überdosierung traten auch Todesfälle auf. Der Überreizung folgte eine starke Ermattungsreaktion. Diese Medizin trug mit dazu bei, dem *Yakan*-Kult den Charakter einer «Schüttel-Bewegung» zu geben, den Mühlmann bei vielen nativistischen und chiliastischen Bewegungen nachgewiesen hat.
Der «Bewegungs»charakter äußerte sich auch im «Vagieren» der Führer und Anhänger des Kults, häufig im Zustand der Besessenheit.
Neben dem militanten hat *Yakan* auch einen kosmologischen und medizinischen Aspekt, der unter anderem darauf zurückzuführen ist, daß der Kult sich zur Zeit einer Meningitisepidemie ausbreitete und seine Medizin auch dagegen wirksam sein sollte. Heute (1960) beschränkt sich der *Yakan*glaube auf die Heilung von Meningitis und Krankheiten mit ähnlichen, insbesondere Zitter- und Schüttelsymptomen. Diese Assoziation verknüpft sich mit einem der Stifter, Rembe, der bei der Wahrsage ins Zittern geriet. Das erinnert an die paralysis agitans von Shiki, der sich ja auch als Wahrsager betätigte.
Unter diesem Aspekt der Bewegung sind auch noch die anderen *Yakan*-Verheißungen zu erwähnen, zu denen sich deutliche Parallelen bei *cargo*-Kulten nachweisen lassen: Schutz vor Tod durch Krankheit und die Rückkehr der Ahnen und der toten Rinder (J. Middleton 1960: 19).
Yakan entsprach zwar der antiherrschaftlichen Orientierung der Lugbara, zugleich verstieß aber der Kult gegen zahlreiche traditionale Normen. Die erwähnten Beispiele ergänze ich mit dem Hinweis auf die unter 7.2 zu erwähnende architektonische Innovation und einen gravierenden Normbruch: bei den kultischen Zusammenkünften kam es zum Inzest. Während das Schwergewicht der traditionalen Religion auf dem Ahnenkult lag, galten Rembe und seine Anhänger als von «Gott» Besessene. Obendrein ist der «otiose Hochgott» der Lugbara keine ethische Vaterfigur, sondern ein für die Übel dieser Welt – insbesondere auch für soziale Unordnung – verantwortliches Wesen.

6.12 Nyabingi

Schon Driberg (1931: 420) weist auf die Ähnlichkeiten des *Nyabingi*-Kultes mit *Yakan* hin. Auch *Nyabingi* richtete sich gegen die Herrschaftsansprüche fremder Gruppen oder Instanzen. Diese Ähnlichkeit erscheint auch in einem Detail wie dem Auftauchen eines «heiligen Tieres».
Wie der *Yakan*-Kult seine Ausprägung nicht zuletzt dem Mahdismus verdankt, gegen dessen Ausdehnung er die nicht zentralisierten Ethnien sammelte, so kam auch der *Nyabingi*-Kult der Kiga aus eben jenem Königreich[6], gegen dessen Expansion sich die Kiga unter Führung der Nyabingipriester zur Wehr setzten. Den Kiga selbst war bewußt, daß es sich bei Nyabingi um eine übernommene Neuerung handelte[7].
Der Einfluß Ruandas zeigte sich schon in der Bezeichnung für die mächtigen Priester des Kultes als *bakama; mukama* ist nämlich der Titel des Königs von Ruanda. Schließlich war es sogar eine Kiga-Konkubine des Königs von Ruanda namens Muhumuza, die als *Nyabingi*-Priesterin ein Komplott gegen Ruanda schmiedete. In vereinter Anstrengung wurde jedoch die Bewegung von Ruanda, Großbritannien und Belgien unterdrückt, Muhumuza ins Gefängnis geworfen (Edel 1957: 156).
Die Nyabingipriester beanspruchten ein Heilsmonopol: nur durch sie konnten die Gläubigen dem Nyabingi-Geist Opfer bringen (148). Aus den jugendlichen Anhängern rekrutierten sie Leibwachen, die – bezeichnend für den «Bewegungscharakter» des Kultes – auch Tanzfunktionen hatten.
Die Priester beanspruchten Vieh und Frauen, die sie teilweise zum Unterhalt und zur Versorgung ihrer Gefolgschaft verwandten. Anstelle von Rindern oder Frauen akzeptierten sie auch Dienstleistungen. So wie der Schilluk-König jedes Mädchen ohne Brautpreis verlangen durfte, erhoben auch die Nyabingipriester entgeltlose Ansprüche auf schöne Mädchen, die darum von ihren Eltern versteckt gehalten wurden (151).
Einzelne Priester entwickelten einen herrschaftlichen Lebensstil, ins-

[6] Edel vermutet, daß der Kult vielleicht schon vor mehr als vier Generationen aus Ruanda zu den Kiga kam (1957: 154).
[7] Edel zitiert als allgemeine Ansicht: «Nyabingi has not always been in the country» (154).

besondere lehnten sie jede Art von Arbeit ab. Die jungen Leute schickten sie auf Raubzüge, ohne das Risiko selbst zu teilen.
Wie bei den Lugbara vergrößerte sich auch hier die Bewegung durch Einschüchterung der Lauen. Die Furcht vor der Nyabingi-Gottheit scheint sehr groß gewesen zu sein, denn die Priester erzwangen mit der Androhung von Krankheiten die Ablieferung von Geschenken (148). Allerdings wurde der magischen Drohung zumindest durch die Präsenz der Gefolgschaftsleute, in vielen Fällen auch durch schlichten Raub nachgeholfen.

6.13 Deng

Wie der *Yakan*-Kult geht auch der *Deng*-Kult der Nuer auf die Ausstrahlung des Mahdismus[8] zurück; auch für die Nuer kamen, nur (bedingt durch die stärkere soziale Interaktion) in stärkerem Maße, die religiösen Impulse von den Dinka. Der *Deng*-Kult ist eindeutig von Dinka-Ursprung, und einige seiner Propheten waren gefangene Dinka (was sie nicht hinderte, Kriegszüge gegen ihr Herkunftsvolk anzuführen).
Wie *Yakan* und *Nyabingi* war auch *Deng* ein Himmelsgeist. Die Nuerpropheten waren von ihm «besessen». Während der Leopardenfellpriester die Anliegen der Menschen den Geistern vorträgt und seine rituellen Aufgaben weitgehend durch Erdtabus bestimmt sind, verkündete der Prophet den Menschen den Willen seines Geistes (E. Evans-Pritchard 1956: 304).
Von den Leopardenfellpriestern unterschieden sich die Propheten schon durch ihre äußere Erscheinung und ihr Gebaren: sie trugen ungeschnittenes Haar und Bärte, lebten asketisch, zeigten zum Teil abnorme Veranlagungen und fielen durch ihre Machtgier auf (307). Das schloß aber nicht aus, daß Propheten wie z.B. Ngundeng vor ihrer Besessenheit bereits Leopardenfellpriester waren. Evans-Pritchard verneint das Auftreten von Rivalitäten zwischen Priestern und Propheten[9].
Der erste bekannte Prophet war Ngundeng. Durch ausgedehntes Fasten und lange Zurückgezogenheit und sonstiges abnormes Ver-

---

[8] Angaben über die Mahdierhebung im Sudan: Mühlmann 1961: 225 f.
[9] «I have never heard a Nuer contrast priest with prophet or suggest that there would be rivalry (305).

halten, durch Heilungen von Unfruchtbarkeit und Krankheiten und Prophezeiungen (so sagte er zum Beispiel Viehseuchen voraus) und erfolgreiche Züge gegen die Dinka wurde er ein berühmter Prophet. Seine Visionen hatte er häufig auf dem Dach seines Viehstalls. Diese Gewohnheit veranlaßte wohl die Erbauung des fast 20 Meter hohen Erdkegels (in der Literatur meist als Pyramide bezeichnet), an der sich auch sein Sohn Gwek beteiligte. Auf der Spitze dieses Monuments erlebte Gwek seine Visionen. Der Geist seines Vaters ging nach desssen Tod im Jahre 1906 unter «Übergehung» der älteren Brüder auf Gwek über.

Während die meisten *ruic Naadh* («Sprecher des Volkes») gemeinsame Sache mit den arabischen Sklavenfängern machten, verdankten die Propheten ihre Macht dem Widerstand gegen die arabischen Elemente. Der Dinka-stämmige Prophet Deng Likea besiegte und tötete den *ruic-Naadh* Nuar Mer, der die Nachbargruppen im Dienste der Sklavenjäger verfolgt hatte (P. Howell 1954: 31). Auch von ihm wird berichtet, daß er durch Fasten und Einsamkeit einen Geist «suchte». Sein Sohn, Diu, wurde vom gleichen Geist besessen (E. Evans-Pritchard 1940a: 186).

Obwohl die Propheten große Herden erwarben – ständig wurden ihnen Rinder als Gabe an ihren Geist abgegeben, bei Viehraubzügen erhielten sie von jeder der beteiligten Familien ein Rind, war ihre Macht doch ganz von der Zustimmung ihrer Gefolgschaft abhängig. Selbst der mächtige Gwek wurde nicht von allen Sektionen seines eigenen Stammes im Kampf gegen die Regierung, der ihm 1928 das Leben kostete[10], unterstützt (188).

Die Wirksamkeit der sakralen Sanktion des Fluches, über die die Propheten verfügten, hing stark von der Persönlichkeit des Propheten ab. Die Autorität des Propheten Dwal, eines Sohnes von Diu, war recht schwach. Die sakrale Sanktion wirkte jedenfalls schwächer als die Sanktionen, welche die von der Regierung eingesetzten Häuptlinge verhängten[11]. Das läßt sich am Beispiel von Buom nachweisen, der eine Zeitlang beide Rollen vereinte.

Durch seinen Versuch, die modernere Rolle auszuspielen, verscherzte er sich jede Unterstützung bei der Bevölkerung, die sich darum auch seiner Verbannung durch die Regierung nicht widersetzte (188). Auch

---

[10] 1928 wurde auch Ngundengs Pyramide von Regierungstruppen gesprengt.
[11] «A prophet's curse is feared, but armed intervention of Government forces is

hier wirkt der Mechanismus, den wir im Verhalten gegen Prominente bei den Tiv beobachteten: die Chance, daß ihren Weisungen gefolgt wird, ist viel größer, wenn sie gegen Außenstehende gerichtet sind, als wenn sie die Beziehungen zwischen Gruppenmitgliedern regeln wollen. Immerhin gelang es Gwek, die zwei Stämme Lou und Gaajok auf die Wergeldzahlung bei intertribalen Homiziden zu verpflichten.

Die erwähnte abweichende Persönlichkeitsstruktur der Propheten zeigt sich schon darin, daß sie den Geist suchten, während die «normalen» Nuer die Besessenheit mieden, welche die Propheten durch Fasten und freiwillige Isolierung provozierten. Ngundeng zog sich in dieser Absicht wochenlang in den Busch zurück, aß menschliche und tierische Exkremente und verfiel in Selbstgespräche. Als ausgesprochene (allerdings verschieden interpretierbare) Abnormität bleibt zu erwähnen, daß er auf einem Viehpflock so lange saß, bis dieser in den Anus drang (E. Evans-Pritchard 1956: 307).

Vergleiche mit dem Schamanismus liegen nahe. Insbesondere Ngundeng wurde nachgesagt, daß sein Geist ihn in die Luft heben konnte. Zum Levitationssyndrom [12] gehört auch die «Pyramide» [13], die an den von eurasischen Schamanen gewählten Ekstaseort auf der Jurte denken lassen. Eine weitere Analogie sind die Sonderbeziehungen zu einem Geist und die ekstatischen Zustände. Diese werden auch von Ngundengs Sohn Gwek berichtet. Wenngleich nach einer Feststellung Evans-Pritchards (1940a: 185) Gwek im Vergleich zu seinem Vater psychisch «normal» gewesen sein soll, war er doch körperlich mißwüchsig.

Die Parallelen zu den altjüdischen Propheten sind unübersehbar und fügen sich in die generelle Ähnlichkeit zwischen den jüdischen und nilotischen religiösen Vorstellungen, die M. Merker und W. Robertson Smith zur Formulierung der heute freilich aufgegebenen Semitentheorie veranlaßten. Ich erinnere an folgende Parallelen: Propheten als Repräsentanten himmlischer, nicht chtonischer Kräfte, die Berufung durch Fasten, Visionen, das Besteigen von Erhebungen und vor allem die Verbindung der religiösen Offenbarung mit politischer Füh-

---

a weightier sanction» (188).
[12] Zur Bedeutung der Levitation als «Motiv der chiliastischen Motilitäts-Phänomene»: W. Mühlmann 1961: 265.
[13] Bei den Nuern gab es mehrere Lehmkegel; solche Erhebungen finden sich auch bei anderen Niloten; vgl. P. Howell 1948.

rung des unterworfenen oder von Unterwerfung bedrohten Volkes. Allerdings sind zwei wichtige Unterschiede festzuhalten: Während die jüdischen Propheten Sprachrohr des *einen* Gottes waren, traten die Nuerpropheten als Männer je verschiedener Himmelsgeister auf, die allenfalls als «Kinder Gottes» galten (E. Evans-Pritchard 1956: 304). Außerdem fehlte den Nuerpropheten die schriftliche Tradition; damit war bei den Juden eine stärkere Fixierung der Prophetenrolle verbunden. Allerdings beobachten wir auch bei den Nuer, Kiga und Lugbara das Paradox, daß eine an persönliche Qualitäten und außeralltägliche Erfahrungen gebundene «Berufung» stereotypisiert, zur sozialen Rolle wird. In die gleiche Richtung weist die Beobachtung, daß in den drei Gesellschaften eine Tendenz zur Gentilisierung des Charisma bestand.

Über die Existenz eines Erzwingungsstabes im Dienste der Nuerpropheten liegen keine ausdrücklichen Angaben vor. Allerdings läßt schon die Ansammlung großer Herden durch die Propheten die Frage aufkommen, ob hier nicht zumindest die Präsenz einer engeren Gefolgschaft der Abgabefreudigkeit nachgeholfen hat.

Der Nachweis der Existenz eines Erzwingungsstabes ist aber eindeutig möglich im bereits erwähnten Fall des Propheten Deng Likea (P. Howell 1954: 31). Sein Sieg über den «Verräter» Nuar Mer, der gemeinsame Sache mit den arabischen Sklavenjägern gemacht hatte, war eine erfolgreiche Reaktion auf den Bruch traditioneller Solidaritätsnormen. Seine Gefolgschaft vollzog an Nuar Mer eine von den meisten Mitgliedern der unmittelbar bedrohten Stämme gebilligte physische Sanktion.

6.14 Allgemeine Aussagen über Zentralisierung durch äußeren Druck

Die für fünf Ethnien dargestellten sozialen Bewegungen reagierten alle auf Herrschaftsansprüche und/oder Unterwerfungsaktionen, auf eine eingetretene oder drohende Zentralisierung. Sie bestätigen die Hypothese, daß in segmentären Gesellschaften die Orientierung an Gleichheitsnormen zu Reaktionen gegen Personen oder Gruppen führt, die sie verletzen. Eine besondere Untersuchung müßte herausfinden, ob in segmentären Gesellschaften eine größere Chance für Bewegungen gegen eine sich etablierende Fremdherrschaft besteht als in traditional zentralisierten Gesellschaften. Die Untersuchung sollte sich auf die Frühphase der Kolonialisierung beschränken, da in späteren Phasen auch in zentralisierten Gesellschaften aus den «Mutterländern» importierte Ideologien virulent werden. Diese Einschränkung berücksichtigt die Tatsache, daß bei den seit 1955 andauernden Unruhen im südlichen Sudan die schon traditional zentralisierten Gesellschaften einen größeren Anteil haben als die nilotischen Hirtenstämme. Möglicherweise stimmt die Behauptung der Sudanregierung, daß diese größere Aktivität auf die christlichen Missionen zurückzuführen ist. Bei den Zande erzielten die Missionen erheblich größere Erfolge als bei den Niloten.

Auf der anderen Seite wurde zumindest eine der Tiv-Bewegungen und alle oben analysierten xenophoben Bewegungen von einzelnen Persönlichkeiten gestiftet, welche die Gleichheitsbarriere leichter überwinden konnten als andere Instanzen oder Führer. Bei den *Yakan-* und *Nyabingi*-Kulten warfen sich die Stifter und anderen Priester der Kulte zu Zentralinstanzen auf, deren Erzwingungsstab sich aus jungen Gefolgsmännern rekrutierte.

Das Problem, wie in einer akephalen Gesellschaft bei geringer Unterordnungsbereitschaft Erzwingungsstäbe aufgestellt werden können, wurde durch die Bindung an einen Charismatiker und den allgemeinen Konsensus, der auf dem überverwandtschaftlichen Kult beruhte, gelöst. Alle Charismatiker der oben behandelten Kulte kamen in einer Situation, die durch verstärkte Bedrohung durch fremde, zentralisierte Gruppen und eine starke Verschlechterung der biotischen Umweltbedingungen gekennzeichnet war, zum Zuge.

Diese Fälle bestätigen Max Webers Hypothese, daß Charismatiker hauptsächlich in Notzeiten zur Herrschaft gelangen. Weber verweist einerseits auf die besondere Qualifikation der Charismatiker, Notlagen zu meistern:

«Die ‹natürlichen› Leiter in psychischer, physischer, ökonomischer, ethischer, religiöser, politischer Not waren weder angestellte Amtspersonen noch Inhaber eines als Fachwissen erlernten und gegen Entgelt geübten ‹Berufs› im heutigen Sinn dieses Wortes, sondern Träger spezifischer, als übernatürlich (im Sinn von: nicht jedermann zugänglich) gedachter Gaben des Körpers und des Geistes» (1956: 662).

Auf der anderen Seite bezeichnet er außergewöhnliche Situationen als Voraussetzung charismatischer Herrschaftsbildung:

ENTSTEHUNG VON ZENTRALINSTANZEN

«Die Schöpfung einer charismatischen Herrschaft in dem geschilderten ‹reinen› Sinn ist stets das Kind ungewöhnlicher äußerer, speziell politischer oder ökonomischer oder innerer seelischer, namentlich religiöser Situationen oder beider zusammen und entsteht aus der einer Menschengruppe gemeinsamen, aus dem Außerordentlichen geborenen Erregung und aus der Hingabe an das Herrentum gleichviel welchen Inhalts» (669).
Die Außeralltäglichkeit der Führer dieser Bewegungen zeigt sich schon im äußeren Erscheinungsbild [14]. Der Nuerprophet unterscheidet sich nicht nur durch Haar- und Barttracht von allen anderen Nuer; seine angespannte Haltung, sein überspanntes Gehabe weicht stark ab von der ruhigen Würde des Leopardenfellpriesters [15], die diesem mit den gerontischen Instanzen anderer Gesellschaften gemein ist.
An diese außeralltäglichen Erscheinungen hängt sich der Wunderglaube: von allen drei Bewegungen werden wunderbare Heilungen berichtet. Allerdings garantiert die Wunderlichkeit allein nicht den Wunderglauben – zumindest bei den Lugbara und Nuer können wir die Erfolge empirisch nachweisen, die den Ansprüchen der Propheten zugute kamen. Das Beispiel Rembes zeigt auch den Zwang, unter dem der Charismatiker steht, sein Charisma durch sichtbare Erfolge immer neu zu beweisen. Sichtbare Erfolge gegen unterlegene wie überlegene fremde Gruppen ermöglichten den Nuer-Propheten die Übernahme neuer politischer Funktionen, wie z.B. der rechtlichen Schlichtung von Streitfällen zwischen Einheiten, zwischen denen vorher kein Wergeld gezahlt wurde. In allen oben behandelten sozialen Bewegungen verdanken deren Führer ihre Autorität der Lösung von «Außenproblemen»; sehr unterschiedlich ist allerdings der Grad, in dem sie die Beziehungen innerhalb ihrer Gefolgschaft kontrollierten.
Zu den hier aufgezeigten Gemeinsamkeiten sozialer Bewegungen in segmentären Gesellschaften lassen sich zahlreiche Parallelen in anderen Regionen und auch in anderen Gesellschaftstypen nachweisen. So finden sich z.B. einzelne Elemente des *Yakan*-Kultes in dem zur Klasse der *Cargo*-Kulte gehörenden *Tuka*-Kult auf den Fidji-Inseln. Auch hier wurde die Mitgliedschaft durch heiliges Wasser käuflich

---

[14] Vgl. die Abbildung eines Nuerpropheten bei E. Evans-Pritchard 1956 Tafel XV.
[15] Vgl. E. Evans-Pritchard 1940a Tafel XXIV.

XENOPHOBE BEWEGUNGEN

erworben. Dieses Wasser garantierte wie bei *Yakan* ewiges Leben (W. Mühlmann 1961: 169), allerdings auch noch den Geliebten des Propheten ewige Jungfernschaft (170), ein Detail, das uns aus Ostafrika nicht berichtet wird (wohl aber das sexuelle Zugriffsrecht des Propheten zumindest bei den Kiga). Es fehlt auch nicht die Parallele der dreistufigen Hierarchie und des imitativen militärischen Drills. Ich will hier diesen Entsprechungen nicht systematisch weiter nachgehen. (Den Zusammenhang zwischen einer nativistischen Bewegung in einem das Akephalie-Kriterium allerdings nicht mehr eindeutig erfüllenden Stamm der Luiya mit der Mau-Mau-Bewegung werde ich S. 226 ff. darstellen). Dagegen soll nun die angedeutete Analogie zwischen den Führern xenophober Bewegungen und den alttestamentarischen Propheten weitergeführt werden.
Als Bedingung für die Entstehung von Zentralinstanzen wurde das Auftreten von Charismatikern bei Zunahme des auf eine Gesellschaft wirkenden äußeren Drucks formuliert, wobei unter äußerem Druck interethnischer Druck und/oder biotischer Umweltdruck zu verstehen ist. Die naheliegende Frage, in welchem Abhängigkeitsverhältnis die beiden Determinanten zueinander stehen, ob das charismatische Potential als Resultante des äußeren Druckes bestimmt werden kann, von welchen Faktoren überhaupt das Auftreten von Propheten abhängt, läßt sich durch den Rückgriff auf Erklärungsversuche des Schamanismus einer Klärung zumindest näherbringen. Die Ähnlichkeit zwischen Schamanen und Propheten (zu denen hier auch die afrikanischen Bewegungsstifter gerechnet werden) sollen hier nicht im Detail referiert werden. Es genüge der Hinweis auf die bei beiden Typen vorliegende Besessenheit durch Geister (W. Mühlmann 1961: 252), die damit zusammenhängende abweichende Persönlichkeitsstruktur, der Levitationskomplex und auffällige kollektive Bewegungsphänomene.
Širokogorov führt nun die in der früheren Literatur als «arktische Hysterie» bezeichnete Besessenheit durch fremdethnische Geister in sibirischen Stämmen auf die «Pression des interethnischen Milieus» zurück. Mühlmann hat diese Hypothese generalisiert und behauptet, «daß in einem Milieu starken interethnischen Druckes Phänomene der Besessenheit von Geistern eine besonders große Rolle spielen» (1961: 252). Mit dem äußeren Druck scheint also die Häufigkeit charismatischer Phänomene zu wachsen. Trotzdem erscheint es mir voreilig, mit jeder Erhöhung des äußeren Drucks auch die Erhöhung des

charismatischen Potentials anzunehmen. Es ließen sich sicher viele Fälle finden, wo erhöhter äußerer Druck das charismatische Potential nicht erhöhte. Das ist z. B. für die akephalen Gesellschaften des Obervoltagebiets (wie Tallensi und Konkomba) aber auch für die Amba mit großer Wahrscheinlichkeit anzunehmen. Auf der anderen Seite bliebe auch zu prüfen, ob Zunahme des äußeren Drucks wenn schon nicht eine hinreichende, so doch wenigstens eine notwendige Determinante eines erhöhten charismatischen Potentials ist. Auch das ist zu bezweifeln. Aus diesen Gründen sind also beide Variable als Determinanten der Entstehung von Zentralinstanzen aufzufassen.

Der Vergleich der Führer sozialer Bewegungen in segmentären Gesellschaften mit sibirischen Schamanen führt zu einer weiteren Erläuterung der asymmetrischen Beziehung dieser beiden Variablen, wenn wir unseren Blick von den Gemeinsamkeiten zu den Unterschieden lenken.

Der erste Unterschied besteht zwischen der «institutionellen Erstarrung» des Schamanismus (W. Mühlmann 1961:212) und der innovativen Intention des Prophetismus. Dies hängt eng mit dem zweiten Unterschied zwischen der weitgehenden Beschränkung auf psychotherapeutische Funktionen und dem politischen Führungsanspruch zusammen. Auf die meisten sibirischen Schamanen trifft die Zentralisierungshypothese wohl nicht zu. Schamanen sind typischerweise Experten, keine Führer und Instanzen. Daß die Charisma-Träger sibirischer Stämme keine Zentralinstanz-Stellung erreichten, hängt möglicherweise mit ökologischen und sozialstrukturellen Tatsachen zusammen. Schwierige Kommunikationsbedingungen, Kleinheit der lokalen Einheiten und das Fehlen umfangreicher UDG verhinderten wohl das «Um-sich-scharen von Jüngern, die Gemeindebildung» (252).

Die oben formulierte allgemeine Zentralisierungshypothese müßte angeben, innerhalb welcher Zeitspanne nach Eintreten der beiden Bedingungen sich eine Zentralinstanz bildet. Eine solche Präzisierung erfordert jedoch weitere Forschungen, die mit großen Materialschwierigkeiten zu kämpfen haben, weil die Entstehungsgeschichte nativistischer Bewegungen oft im Dunkeln und Geheimen bleibt. Allerdings kann man als weitere Bedingung für die Resultante angeben, daß der von einer fremden Gesellschaft bedrohten Gesellschaft genügend Zeit für die Ausbildung der Reaktion bleiben muß.

Es ist allerdings auch möglich, daß in einer bereits exogen zentralisierten, heterokephalen Gesellschaft eine nativistische Bewegung zur Herausbildung einer endogenen Zentralinstanz führt.

6.2 Nachkoloniale Bewegungen

Die oben dargestellten xenophoben Bewegungen richteten sich gegen drohenden oder zunehmenden exogenen Herrschaftsdruck. In den letzten Jahren provozierte der Übergang von der Kolonialverwaltung zu einem (in bezug auf die durch koloniale Pazifizierung geschaffenen ethnisch heterogenen Großintegrate!) autonomen und autokephalen Herrschaftssystem partikularistische soziale Bewegungen. Für drei der hier behandelten segmentären Gesellschaften liegen entsprechende Berichte vor. Sie werden hier knapp wiedergegeben, weil sie die Virulenz des antiherrschaftlichen Potentials dokumentieren und zugleich andeuten, in welche Richtung die neueren sozialen Bewegungen von den vorhergehenden abweichen.

6.21 Tiv [16]

Mit den von Paul Bohannan geschilderten antiherrschaftlichen Bewegungen riß die Kette der Rebellionen bei den Tiv nicht ab. In Erwartung der 1959 zu gewährenden vollen inneren Selbstverwaltung für Nordnigeria brachen 1958 Unruhen aus, hinter denen die vom UMBC (United Middle Belt Congress) erhobene Forderung nach Autonomie für das Benuegebiet stand. Einen späteren Anlaß zu Zusammenstößen bildete der Census von 1960, da er für die Festlegung der Wahlkreise entscheidend war. Im Spätsommer und Herbst 1964 erreichte die Krise ihren Höhepunkt. Die Bahnlinie nach dem Norden wurde gesperrt, Straßen wurden aufgerissen; es kam zu schwereren Kämpfen zwischen der Polizei und der muslimischen Sardauna Youth Brigade einerseits und der Bevölkerung andererseits, die viele Todesopfer forderten.

[16] Die folgenden Angaben verdanke ich Herrn cand. phil. Ludger Reuke, Münster, der seine Informationen 1964 während seiner Feldstudien bei den animistischen Haussa erhielt.

ENTSTEHUNG VON ZENTRALINSTANZEN

Die Nordnigerier wiederholten zu dieser Zeit den alten Vorwurf des Kannibalismus gegen die Tiv, denen sie die Maxime zuschrieben «If you can't beat him, eat him!»
Die Anlehnung der Protestbewegung an die Action Group der Yoruba und den UMBC illustriert den Übergang von einer ethnozentrischen antiherrschaftlichen Bewegung zur politisch organisierten Bewegung, die ein Programm der Autokephalie und Autonomie verficht. Es wird nicht mehr Herrschaft schlechthin abgelehnt, sondern um die Selbstbestimmung über Form und Ausübung der Herrschaft gekämpft.

6.22 Die Rebellion in den Mondbergen [17]

Auch die Rebellion der Amba gegen den König von Toro ist durch das Ende der Kolonialherrschaft ausgelöst worden – die Rebellion brach am 31. August 1962, also kurz vor Erlangung der Unabhängigkeit Ugandas am 9. 10. 1962 aus. Anscheinend hat die Anerkennung der kulturellen und politischen Überlegenheit der Engländer vorher eine Auflehnung gegen die nur aus Toro bestehende Verwaltung verhindert. Der König von Toro, und vorher der König von Kitara, hatte zwar schon in vorkolonialer Zeit die Oberherrschaft über Bwamba beansprucht, doch wurde dieser Anspruch nie anerkannt und blieb auch ohne Realitätsgehalt. Erst eine Übereinkunft zwischen dem König von Toro und den Briten im Jahre 1900 ermöglichte die effektive Häuptlingsverwaltung von Bwamba.
Die Chance, welche die Entlassung aus der kolonialen Unselbständigkeit bot, sahen die Amba und die mit ihnen gemeinsame Sache machenden Konjo in der Durchsetzung der Autonomie, d.h. insbesondere der Beseitigung des allogenen Verwaltungsstabes. Die Vergrößerung des Integrationsumfangs, die soziale Bewegungen leisten, zeigt sich hier darin, daß Amba *und* Konjo sich am 31. August 1962 auf einem Markt in Bwamba zusammenrotteten, nachdem ihnen sowohl der König von Toro wie die Zentralregierung in Kampala das Autonomieverlangen abgeschlagen hatten.
Kaufmann meldet:

---

[17] Das Folgende stützt sich auf die zwei Berichte von Herbert Kaufmann, die am 21. 9. 1962 und am 9. 3. 1963 in der FAZ erschienen sind.

NACHKOLONIALE BEWEGUNGEN

«Als die Polizei versuchte, die Menge zu zerstreuen, regnete es Steine und Pfeile; die Polizisten eröffneten das Feuer; ein Mann wurde erschossen» (1962).
Der Widerstand mußte mit regulären Truppen gebrochen werden. Doch im Januar und Februar des nächsten Jahres begannen die Unruhen aufs neue:
«Es wurden Hütten in Brand gesetzt, Häuptlinge, Beamte und Lehrer überfallen, und Ezirone Bwambale, der im Parlament Ugandas auf den Bänken der Opposition zu sitzen pflegt, sah sich von einem Tag auf den anderen an einen weniger freundlichen Ort verbracht, nämlich in eine nur von Affen und Hyänen besuchte Bergschlucht. Er hatte zwei Lanzenstiche zwischen die Rippen erhalten ...» (1963).
Das Zitat belegt die Gewalttätigkeit der Reaktion, die, wie bei den Tiv, auch vor dem Stammgenossen nicht Halt machte.
Kaufmann behauptet, daß erst die modernen republikanischen und demokratischen Gedanken «in den Köpfen der jüngeren Generation» diesen Aufständen den Weg freimachten. Dagegen würde ich nur von einer Verstärkung der antiherrschaftlichen Einstellung durch allogene moderne Ideologien sprechen.
Diese modernen Ideologien richten sich allerdings primär gegen die Heterokephalie und -nomie und gegen undemokratische Auslesekriterien, können andererseits aber den Consensus zu demokratischen, insbesondere autokephalen Herrschaftsinstitutionen vorbereiten. Die Mißhandlung des Parlamentsmitglieds legt die Vermutung nahe, daß sich die politischen Interessen viel stärker auf die Autonomie als auf die Mitbeteiligung in der Kontrolle einer fernen Zentralregierung richten.
Diese Rebellion zeigt den gleichen Tatbestand, den wir bei den bereits behandelten sozialen Bewegungen, allerdings in stärkerer Ausprägung, gefunden haben: die Dominanz eines Führers einer solchen Bewegung. Der Anführer der Amba- und Konjo-Rebellion, ein Schullehrer, hat sich, nach Kaufmanns Bericht, sogar den Königstitel zugelegt [17a].

[17a] Nach einer Mitteilung von Mr. Frank Schreider, Washington, behaupten die Einheimischen, daß in den Kämpfen mit den Regierungstruppen Tausende getötet wurden.
Der Autonomiestreit hat die Konjo in zwei Teile gespalten. Die Flachland-Konjo haben mit der Regierung Frieden geschlossen. Die weiterhin widerspenstigen

6.23 Die Unruhen im südlichen Sudan[18]

Die seit 1955 andauernden Unruhen im südlichen Sudan sind als eine Fortsetzung der alten xenophoben Bewegungen aufzufassen, insofern sie in antiarabischen Einstellungen gründen, die durch die Überfälle der Sklavenjäger induziert wurden. Die Hauptunterschiede zu den prophetischen Bewegungen zu Ende des letzten und in den ersten drei Jahrzehnten dieses Jahrhunderts liegen
1.
in ihrem größeren regionalen und stärker organisierten Zusammenhang
2.
in der Abwehr nachkolonialer Verwaltungsansprüche einer autonomen Zentralinstanz.

Während die Propheten nicht einmal alle Nuer zu geschlossenen und koordinierten Aktionen gegen die angloägyptische Verwaltung mobilisieren konnten, umfaßt die moderne Sezessionsbewegung außer den nilotischen Stämmen auch die Zande und andere nichtnilotische Gruppen. Die Sezessionsbewegung wird von einem Dinka, William Deng, geführt.
Wie bei der Ambarebellion war auch im Südsudan die Erlangung der Unabhängigkeit das Signal für die Anmeldung von zunächst föderalistischen Autonomieforderungen, die aber in jüngster Zeit in das radikale Sezessionsprogramm umgeschlagen sind. Die Gewalttaten, denen viele Araber, insbesondere Verwaltungsbeamte, zum Opfer fielen, richteten sich überhaupt nicht gegen Europäer oder Inder.
Die Verbissenheit des Kampfes gegen die befürchtete Arabisierung zeigt sich in der hohen Zahl von etwa 300 000 Flüchtlingen, die in die Nachbarländer, in denen ja andere Teile der gleichen Ethnien leben, geflüchtet sind, unter ihnen auch Führer der Rebellion wie z.B. William Deng.

Berg-Konjo versperrten daraufhin den Flachland-Konjo den Durchgang zum Ruwenzori, wodurch die als Bergführer tätigen Flachland-Konjo arbeitslos wurden.
[18] Die Darstellung beruht auf Agenturberichten und auf Informationen von Herrn cand. phil. Ahmed Basit, Khartum/Freiburg.

6.3 Entstehung von Zentralinstanzen durch Klientelbeziehungen

6.31 Wanga

Die politischen Verhältnisse der Luiya geben uns Fragen auf, deren Lösung bisher noch nicht versucht wurde. Während die meisten Stämme der Bantu von Kavirondo akephal gewesen zu sein scheinen, sind nicht nur die Wanga, sondern – entgegen Wagners Beobachtungen – auch die Vugusu zentralisierte Gesellschaften gewesen.
Von den Wanga wird berichtet, daß sie einem Häuptling unterstehen, der dann auch – allerdings auf die Dauer ohne Erfolg – von den Briten zum Paramount Chief der Kavirondo-Bantu ernannt wurde. Wagner, dessen Feldforschung sich hauptsächlich auf die Vugusu und Logoli richtete, weist lediglich auf die Tatsache hin, ohne eine Erklärung zu versuchen. Es finden sich nirgends Angaben, daß die Wanga unter größerem äußerem Druck gestanden hätten als ihre Nachbarstämme oder mehr oder bedeutendere Charismatiker hervorgebracht hätten. Die bisher in dieser Arbeit entwickelte Theorie der Entstehung politischer Herrschaft läßt uns also hier im Stich.
Unter den wenigen Angaben Wagners über die Wanga finden sich allerdings Daten, die als Anfangsbedingungen einer Erklärung dienen können. Wagner schreibt, daß von 30 Lineages nur 12 als Nachkommen von Omuwanga gelten, während es sich bei den übrigen 18 um zugewanderte Gruppen handelt (1949: 66).
Den Ausführungen Wagners ist zu entnehmen, daß wenigstens zwei der fremden Lineages, die Djero und Sikava, in besonderen Dienstbeziehungen zu den Wangahäuptlingen standen. Einen ausführlicheren Bericht über den «König» der Wanga hat der Kolonialbeamte Kenneth R. Dundas 1913 veröffentlicht. Dundas unterscheidet (1913: 26) drei «Helot clans»:
1.
Washikava (= Sikava bei Wagner)
2.
Wachero (= Djero bei Wagner)
3.
Wakhalivu

ENTSTEHUNG VON ZENTRALINSTANZEN

Die Shikava dienen dem König als Bauleute und Straßenwarte. Mythologisch treten sie als ortskundige Führer auf. Die Chero haben rituelle Funktionen; zu diesen gehörte auch die Erdrosselung des Königs. Den Verwaltungsstab bilden die Khalivu. Ihre Ältesten sind die königlichen Ratgeber, während die jungen Männer als Boten und Büttel tätig sind; sie ziehen Strafen ein, vollstrecken Festnahmen und sind auch für das Schlachten der königlichen Opfertiere zuständig.

Nach der von Dundas mitgeteilten Überlieferung sind die Chero und Khalivu fremdstämmige Gruppen[19]. Außerdem soll der Eponym der Chero, Muchero, ein Sklave gewesen sein (59). Die Dienstgruppen stehen in vielen Situationen dem Häuptling sogar näher als die Mitglieder der Häuptlings-UDG. Während der Beschneidungsseklusion des künftigen Häuptlings teilen Männer der Khalivu, Chero und Shikava seine Hütte.

Diese besondere Zuordnung fremder, zum Teil sogar diskriminierter Gruppen zu einer Instanz löste das Erzwingungsstab-Rekrutierungsproblem. Der Verwaltungs- und insbesondere der Erzwingungsstab verschafften der Instanz erheblich größere Kompetenzen, als sie die Ältesten anderer Luiya-Stämme hatten.

Nach den Angaben von Dundas (51) zog der Häuptling der Wanga alle wichtigen Rechtsfälle an sich und überließ dem Dorfältesten nur die kleineren Fälle. Er konnte auch die Todesstrafe verhängen; allerdings lehnte der zur Zeit des Berichtes von Dundas herrschende Häuptling Mumia diese ab. Neben Prügelstrafen verhängte der Häuptling bemerkenswerterweise auch Freiheitsstrafen, die häufig mit Zwangsarbeit auf den Häuptlingsfeldern verbunden waren.

Eine weitere auffällige Neuerung gegenüber akephaler Rechtspflege war die Aufschlüsselung des Wergeldes. Bei Homizid erhielt die Opfer-Gruppe zehn Rinder, die anderen fünf Rinder gingen an den Häuptling und seinen Stab. Bei Körperverletzung mußte der Täter zwei Stierkälber an den Häuptling zahlen, während der Verletzte keinen Kompensationsanspruch hatte.

---

[19] Die Chero kamen vom Kisa-Stamm, die Khalivu vom Nivasi-Stamm.

6.32 Die Klientelhypothese

Über die anderen Luiya-Stämme liegen uns mit Ausnahme der gleich zu behandelnden Vugusu keine entsprechenden Angaben vor. Wir können aber die Existenz der Zentralinstanz nicht einfach dadurch erklären, daß wir auf diesen Unterschied (Vorhandensein von fremden Gruppen) zwischen den Wanga und den anderen Luiya-Stämmen rekurrieren. Wir brauchen vielmehr eine Hypothese, die mit diesen Anfangsbedingungen kombinierbar ist, aber unabhängig von dem gerade zu erklärenden Fall bereits formuliert und überprüft wurde. Lucy Mair hat nun eine Hypothese aufgestellt, die sie mit den Verhältnissen bei den Gusii und Mandari illustriert. Sie lautet: «This relationship of clientage may well be the germ from which the state power springs» (1962: 166). Am Beispiel der Getutu und der Mandari weist Lucy Mair nach, daß die Bildung von Erzwingungsstäben durch die Anwesenheit von Klientengruppen erleichtert wird. Diese Aussage leitet sie von der allgemeineren ab, daß solche Erzwingungsstäbe auf Personen angewiesen sind, welche die stärksten Solidaritätsbindungen zu ihrem Führer und nicht zu einer Verwandtschaftsgruppe haben (112, 166)[20].

Die Getutu bestätigen allerdings die Mair-Hypothese nur schwach. Nach Mairs Angaben, die sich nur teilweise mit denen von Philip Mayer belegen lassen, konnten einzelne Nyakundi-Älteste als «Richter» *(abagambi)* angerufen werden. Ein Gläubiger, der eine Schuld in einem entfernten Teil des Getutustammes eintreiben wollte, wandte sich an den für ihn kraft Nachbarschaft zuständigen *omogambi*. Nach Prüfung des Falles gab der *omogambi* den eigenen Sohn, dem er seinen Ältestenstab zur Legitimierung überließ, dem Gläubiger als Begleiter zum Hof des Schuldners (Mayer 1953: 14 f.). Mair fügt (112) hinzu, daß bei befürchteter Weigerung des Schuldners der Gläubiger und Sohn des *omogambi* von einer Reihe von Klienten, «gekauften Personen», begleitet wurden. Die Instanz stellte hier also einen sonst

---

[20] Meine Rezension des Buches von Lucy Mair kritisierte die zitierte schwach formulierte Hypothese. Diese Kritik (1964: 133) stieß sich an der synonymen Verwendung von «clientage» und «following», da in der Tat Klientelbeziehungen ohne Gefolgschaftsverhältnis nachweisbar sind und umgekehrt Gefolgschaft nicht an Landklientel gebunden ist. Hinzu kommt, daß bei den Getutu sich keine Zentralinstanz entwickelt hat und bei den Mandari nicht ausgeschlossen ist, daß die Häuptlingsgruppen bereits vor der Symbiose mit Klientengruppen, wenn auch schwach, zentralisiert waren.

nur gegen äußere Angriffe eingesetzten Zwangsstab einem einzelnen zur Vollstreckung eines geprüften Rechtsanspruchs zur Verfügung. Allerdings handelt es sich hier nicht um den Einsatz eines Erzwingungsstabes innerhalb einer politischen Einheit; da die eine Partei der Instanz näherstand als die andere, verlief auch diese rechtliche Regelung nach dem Muster der Rechtskonflikte zwischen solidarischen Gruppen. Immerhin war die von der Instanz abhängige Solidaritätsgruppe nicht durch Verwandtschaftsbeziehungen determiniert.

Besser wird Lucy Mairs Hypothese durch die legendenhafte Erklärung der sozialen Schichtung einer Gesellschaft bestätigt, die eine formalisiertere und kompetenzenreichere Instanz besitzt. Es handelt sich um die nilotischen Shilluk, deren Zentralinstanz, der *reth*, schon 1911 von James Frazer aufgrund der Feldforschungsnotizen C. G. Seligmanns als Beispiel eines sakralen der rituellen Tötung ausgesetzten Königs besonders ausführlich beschrieben wurde (1963: 17 ff.)[21].

Der Erzwingungsstab des *reth* soll sich aus einer Gruppe von Männern, die keinen verwandtschaftlichen Rückhalt mehr hatten, entwickelt haben. Darunter befanden sich Gefangene, Totschläger, Verarmte, aber auch von Nyikang Besessene; die Besessenheit wurde als Verpflichtung zum Königsdienst gedeutet, da der *reth* ja Nyikang verkörperte.

Als Gegenstück zur Gentilisierung des Charismas finden wir eine Gentilisierung des Dienstes; aus dieser Gefolgschaft leitet sich eine einzige Dienstleute-Lineage ab (L. Mair 1962: 115). Neben der Königslineage, *kwareth*, der zahlenmäßig stärksten Shilluk-UDG, den *čolo*-Gemeinfreien und den abgesunkenen Königsstämmigen *(ororo)* gibt es die Gruppe der *bang reth*, das sind Diener des Königs.

Ein besonders interessanter, der Klientenhypothese konformer (auch von Lucy Mair angeführter) Fall liegt bei den im südlichen Sudan lebenden Inland-Mandari vor[22]. Dieses 15 000 Köpfe starke Ethnos ist ethnogenetisch dreifach zu unterscheiden: 1. die Bora-Gruppe,

---

[21] Vgl. auch W. Hofmayr 1925. E. Evans-Pritchard vertritt dagegen die Ansicht, daß der *reth* in erster Linie Priesterfunktionen ausübte und nur geringe politische Macht besaß. Außerdem bezweifelt er den rituellen Charakter des Regizids «the ceremonial putting to death of kings probably is a fiction» (1948: 21). Vgl. dagegen die Kritik von M. Jeffreys 1949.
[22] Dazu die beiden Arbeiten von J. Buxton 1958, 1963. Zur Monographie vgl. meine Besprechung 1964.

2. die überlagerte alteingesessene Bevölkerung, 3. Gruppen, die erst nach den dominanten Bora-Gruppen ins Mandari-Gebiet eingerückt sind und in einigen Häuptlingstümern die Bora-Gruppen aus der dominanten Position verdrängt haben.
Die Bora-Lineages bilden keine gemeinsame Verwandtschaftsgruppe, sondern führen sich lediglich auf ein gemeinsames Herkunftsgebiet zurück.
Nach ihrer eigenen Tradition haben diese Gruppen das Land durch friedliche Infiltration okkupiert, die eigentlichen landbesitzenden Lineages zurückgedrängt und diese auch nach und nach der aus dem Landbesitz herrührenden Funktionen entkleidet. Typologisch stellt das politische System der Mandari einen Übergang zwischen segmentären Gesellschaften und «segmentären Staaten» (Southall) dar. Im Vergleich zu letzteren sind die Kompetenzen des Häuptlings *(mar)* gering, sein Herrschaftsgebiet ist sehr klein; diese geringe Reichweite der Befehlsgewalt entspricht dem segmentären System der dominanten Lineages, die – auch numerisch – zueinander im Gleichheitsverhältnis stehen. Die Generositätserwartungen, die an den Häuptling gestellt werden, beschränken seine wirtschaftlichen Chancen. Die in Anbetracht der kleinen Gesamtbevölkerung große Zahl kleiner landbesitzender Lineages ist auf die für die segmentäre Gesellschaft typische Tendenz zur Aufspaltung von Verwandtschaftsgruppen zurückzuführen, die ihrerseits als Indikator für antiherrschaftliche Affekte gelten kann. Den Durchführungsstab rekrutierte der Häuptling vor allem aus Klienten, das sind die landlosen Zuwanderer, denen auf dem Land der Häuptlingslineage die Niederlassung gewährt worden war.
Wie bei den Wanga gibt es auch bei den Mandari eine rituelle Identifizierung zwischen einer Instanz und (hier allerdings jeweils nur einem einzelnen) Klienten. Der aus der Klientenschicht stammende Vertraute des Häuptlings macht mit diesem gemeinsam die Amtsinitiation einschließlich Salbung und Namenswechsel durch. Während der Amtszeit des *mar* trat der Klient als dessen Stellvertreter auf, ihm war die Durchsetzung von Befehlen, insbesondere auch die Organisation des Gerichtszwanges übertragen. Die «Schattenpersönlichkeit» des Häuptlings lenkte so die negativen Affekte gegen die Zentralinstanz, die immer wieder die Gleichheitsnormen einer kaum zentralisierten Gesellschaft verletzte, auf sich.
Die Rekrutierung des Erzwingungsstabes aus einer marginalen

ENTSTEHUNG VON ZENTRALINSTANZEN

Gruppe löst nicht nur das Rekrutierungsproblem, in dem die instrumentale Unterordnung einem ohnehin Ungleichen zugemutet wird; diese Lösung immunisiert zugleich die Zentralinstanz gegen Neid- und Haßgefühle, die, zumindest teilweise, auf den Klienten verschoben werden, der sich ohnehin als Angehöriger einer marginalen Gruppe als Zielscheibe magischer Projektionen (z. B. Hexereiverdacht) anbietet.

Eine fragwürdige Interpretation der Assoziation von rekrutiertem Verwaltungsstab und Erzwingungsstab geben Middleton und Tait in ihrer Einleitung zu *Tribes without Rulers:*

> «The power of the chief is curbed by the chiefly role being split between him and his assistant, who represents the subordinate part of the population, or at least stands for the commoners as against the chief's immediate supporters. An example is that of the Mandari, where the chief is intimately associated with his ‹client›» (18).

Diese Deutung übersieht, daß die Herrschaft des Häuptlings überhaupt erst durch einen Verwaltungsstab effektiv werden kann. Das Rekrutierungsproblem wird überhaupt nicht formuliert. Von einer Herrschaftsminderung durch Kontrolle des Verwaltungsstabes kann keine Rede sein, erst die Lösung des Rekrutierungsproblems ermöglicht diese Art der Herrschaftsausübung. Middleton und Tait übersehen obendrein den Ablenkungseffekt, der, statt die Herrschaft zu schwächen, eine Erhöhung sowohl des Legitimitätsglaubens wie der Herrschaftsansprüche ermöglicht.

6.33 Vugusu – ein Vergleich von Entstehungsweisen

Ein Vergleich zwischen jenen Instanzen, die zumindest dem Wert von Zentralinstanzen zustreben oder als Zentralinstanzen zu bezeichnen sind, und den Instanzen, die gemäß der Druck- und Charismahypothese entstanden sind, führt zur Formulierung der Hypothese, daß eine durch die Rekrutierung von Klienten entstandene Zentralinstanz schwächer ist als eine charismatische Zentralinstanz. Diese Hypothese wird durch den Vergleich zweier Zentralinstanzen innerhalb der gleichen Gesellschaft bestätigt[23]. Die Vugusu, ein

[23] Das Material erhielt ich erst kurz vor Beendigung dieser Untersuchung, nach-

Bantuethnos des Kavirondogebiets, waren entgegen Wagners Darstellung (auch zur Zeit der Wagnerschen Untersuchung) keine akephale Gesellschaft. Vielmehr hatte sich hier eine fremdstämmige Zentralinstanz etablieren können. Der Vater des regierenden, auch von der britischen Verwaltung anerkannten Häuptlings Sudi war – aus dem Kongogebiet stammend – mit seinen Verwandten in das Vugusu-Territorium eingedrungen. Bereits Sudis Vater führte Kriegszüge gegen die Teso, die Sudi selbst fortsetzte. Aus gefangenen Teso rekrutierte Sudi seinen Berater- und Erzwingungsstab, den er auch durch adoptierte Mitglieder feindlicher UDG ergänzte. Die Vugusu bestätigen also die Klientelhypothese.

Auf der anderen Seite muß ich offenlassen, wieweit sie als Bestätigung für die Hypothese, daß einzelne Fremde größere Herrschaftschancen als Einheimische haben (im folgenden «Fremdenhypothese» genannt), gewertet werden können. Um das beurteilen zu können, brauche ich eingehendere, wohl kaum noch verifizierbare Informationen über den Grad der Gewalttätigkeit, mit dem sich Sudis Vater seine Sonderstellung in der Vugusu-Gruppe erzwang. Zumindest von Sudi wird von einzelnen Vugusu behauptet, er habe seine Machtstellung durch die Beseitigung von Ältesten ausgebaut. Immerhin dürfte der schließlich dennoch erreichte Consensus zur Herrschaft in partieller Entsprechung zur ersten Entstehungshypothese in beträchtlichem Maße der Führungsleistung gegen ethnisch fremde Gruppen zu verdanken sein.

Sudi besaß eine Machtstellung, wie sie die traditionalen Instanzen der Vugusu nicht kannten. Sein außergewöhnlicher Reichtum zeigte sich in seinem polygynen Status: ihm gehörten 70 legitime Frauen und etwa 80 Konkubinen, die er auf 9 Krals verteilt hatte. Für mehrere Frauen war jeweils ein «Delegierter» zuständig, dem er nicht nur die ökonomische, sondern auch die sexuelle Versorgung der Frauen übertragen hatte.

Am deutlichsten zeigt sich die Sonderstellung Sudis im Vergleich zu anderen Instanzen in der Kompetenz, Todesstrafen zu verhängen und sie durch seinen Erzwingungsstab vollstrecken zu lassen. Die Stärke und Kontinuität dieser Kompetenz bewies sich am stärksten in der Tatsache, daß Sudi, dessen offizieller Native Authority Court

---

dem die Hypothese bereits formuliert war. Die folgenden Ausführungen beruhen auf Informationen von Pater Rabanser.

keine Kapitalstrafen verhängen durfte, auch unter der Kolonialverwaltung seine eigene (heteronom illegitime) Kriminaljustiz ausübte. Noch in den 50er Jahren ließ er einen Ehebrecher, der eine seiner Frauen verführt hatte, nach einer Verhandlung, an der auch der Älteste der Täter-UDG teilnahm, hinrichten, ohne daß es zu einer Denunziation bei den Behörden kam. Gleichwohl verblaßte der Einfluß Sudis gegenüber der charismatischen Herrschaft, die Elijah Masinde, der Führer einer nativistischen Bewegung, ausübte. Diese *dini ya misambua* («Religion der Verstorbenen») genannte Bewegung richtete sich gegen die Verdrängung des Ahnenkultes durch die christliche Mission. Nach dem traditionalen Glauben der Vugusu kann ein Verstorbener nur erlöst werden, wenn ein Kind einen seiner Namen erhält. Durch die Taufen erhielten die Kinder aber nur noch christliche, keine Vorfahrennamen mehr. Elijah Masinde, ein vugusustämmiger Quäker, versuchte eine Synthese von Christentum und Ahnenkult. Die Reaktion gegen die Überfremdung blieb aber nicht auf den religiösen Bereich beschränkt.
Elijah Masinde gab der in den Jahren nach 1948 immer virulenter werdenden Bewegung ein radikales agrarisches Programm. Er predigte den Boykott gegen Arbeitskontrakte mit den weißen Farmern im Kenyahochland. Dahinter stand die Hoffnung, daß die infolge Kräftemangels brachliegenden Farmen von den afrikanischen Bauern übernommen werden könnten. Diese Verbindung nativistischer (= revivalisierender) Orientierung mit dem Landkomplex teilt *dini ya misambua* mit der Mau-Mau-Bewegung. Dieser Zusammenhang wurde durch die räumliche Nähe zu den Kikuyu, von denen die Luiya nur durch wenige nilohamitische Ethnien getrennt sind, und durch die Impulse, die Masinde, während seines Aufenthaltes bei den Kikuyu, besonders durch seine Begegnung mit Jomo Kenyatta erhielt, hergestellt.
Noch vor dem Mau-Mau-Aufstand kam es 1949 im Vugusugebiet (bei Malakisi) zu einem antikolonialen Aufstand. Nach einer Serie schwerer Zusammenstöße (auch hier fehlte die «Kugeln-zu-Wasser»-Prophetie nicht) wurde Masinde inhaftiert. Mit seiner Gefangennahme flaute die Bewegung stark ab. Allerdings flüchteten einige Anhänger Masindes zu den Suk, wo sie erneut in Konflikte mit Weißen verwickelt wurden.
Im Unterschied zur zweiten Führungsgarnitur der Mau-Mau-Bewegung arbeitete Elijah nicht mit Terror. Seine Autorität war so stark,

daß er auch von Sudi nicht kontrolliert werden konnte. Während Sudis Herrschaftsbereich sich nur auf Teile des Vugusugebiets erstreckte, gelang Elijah die Einigung des ganzen Stammes. Auch *dini ya misambua* verrät Hierarchisierungstendenzen. Elijah bediente sich einer geheimen Sakralsprache, die in unterschiedlichem Grad nur von den engsten Vertrauten beherrscht wurde.

Dem berühmten englischen Anthropologen L. S. B. Leakey, der auch über das Mau-Mau-Problem geschrieben hat, scheint die Bedeutung von *dini ya misambua* entgangen zu sein. Er geht zwar auf die Ausstrahlung der emanzipatorischen Organisationen (Kikuyu Central Association bzw. Kenya African Union) auf benachbarte Stämme ein, behauptet aber, sie sei nur von schwachem Erfolg gewesen (1955: 103).

Leakey erklärt den Fehlschlag der Agitation bei den Nachbarstämmen der Kikuyu durch folgende Hypothese:

«Those self-styled leaders of other tribes who did throw in their lot with the Kikuyu Mau Mau leaders were men of a different calibre, and who in consequence were not able to have the same effect upon their people, as Mau Mau leaders had on the Kikuyu» (106).

Entgegen der Ansicht Leakeys trifft die Anfangsbedingung nicht auf alle Stämme zu; gerade darum bestätigt das Vugusubeispiel als Gegenprobe Leakeys allgemeine Hypothese.

6.4 Die Entstehung politischer Herrschaft aus der Berufung fremder Führer

Southall entwickelt als Ergänzung zu den zwei traditionellen Theorien der Entstehung politischer Herrschaft («endogene» versus «exogene» Theorie [24], soziale Differenzierung, Arbeitsteilung versus Unterwerfung) eine dritte, nämlich der Entstehung größerer politischer Einheiten durch «Berufung» fremder Führer mit anschließender Unterwerfung unter fremde Herrschaft:

---

[24] Eine kritische Zusammenfassung der Überlagerungstheorien unter Einbeziehung moderner Untersuchungen über die vorderorientalischen Herrschaftsformen und den Steppennomadismus findet sich bei W. Mühlmann (1964) im Abschnitt *Herrschaft und Staat. Eine Untersuchung der Überlagerungstheorie*.

«under certain conditions, the interaction of diverse ethnic groups of contrasted social structure may predispose them to coalesce into a composite structure of dominance and subjection out of which state forms develop. This process cannot adequately be described as conquest» (1956: 245).

Nach den Erzählungen der Alur, die auch durch die Lendu bestätigt wurden, riefen einzelne Lineages der Lendu, einer segmentär organisierten Bantubevölkerung, Söhne von Alurhäuptlingen als Schiedsrichter in Streitfällen an. Aus dieser Schiedsrichterrolle und der daraus folgenden Unterdrückung von Fehden erwuchs allmählich die Anerkennung der Alur-Instanzen als ständiger Herrschaftsinstanzen (233 f.).

Es bleibt allerdings zu fragen, ob ein wichtiges Motiv für die freiwillige Unterwerfung unter einen bestimmten Alur-Führer nicht das Schutzbedürfnis vor anderen Immigranten-Alurgruppen war, ob mit anderen Worten die Vorbevölkerung mit Gehorsam den Schutz erkaufte, den die Bedrohungen durch Genossen der Beschützer erst erforderlich machten.

Die politische Konkurrenz zwischen den Lendu-Lineages hatte eine Kettenreaktion von «Unterstellungen» zur Folge. Die Nutzung der Ordnungsfunktion der neuen Zentralinstanz war aber nur *ein* Motiv für das Eingehen sozialer Beziehungen, an deren Ende die Unterwerfung unter fremde Herren stand.

Das «Prestige» (im Sinne von prestigium) der Alurhäuptlinge beruhte in erster Linie auf ihrer Regenmacherkunst. Southall behauptet, daß auch die Friedensmacherfunktion durch dieses Prestige erst ermöglicht wurde:

«The Alur chieftain among the Lendu was revered more for his power to stop than his power to make war, and the sanction to his ritual authority which is always uppermost in people's minds is his power to make or withhold rain rather than his power to call in overwhelming force to crush the disobedient» (246).

Wenngleich äußere Bedrohung die Motivation des Unterstellungsangebots beeinflußt haben dürfte, bleiben doch Momente der Freiwilligkeit des Herrschaftsverhältnisses erkennbar.

Für diese Interpretation spricht nicht zuletzt die ungehinderte Sezession zahlreicher herrschaftsunlustiger Lendu-Lineages. Mit Einschränkungen bestätigte also auch noch die Diffusion der Alurhäuptlingstümer die von mir (1962: 200) formulierte «Fremdenhypothese».

Freiwillige Herrschaftsverhältnisse gingen auch Ekondadörfer ein, die sich ihren *nkumu* aus den Bolia-Fürstentümern holten, in vielen Fällen sogar «kauften».

Daß Fremden das Überspringen der «Gleichheitsbarriere» leichter gelingt, zeigt auch der Erfolg von Masaipropheten bei benachbarten nilohamitischen Gruppen. Ihr vorhergehender Mißerfolg in der eigenen Gesellschaft bestätigt zugleich die neutestamentarische Klage: «Ein Prophet gilt nirgends weniger denn in seinem Vaterlande und in seinem Hause» (Matth. 13, 57).

Einen wichtigen und ausgedehnten Anwendungsbereich der Fremdenhyopthese bilden asiatische Bergstämme. Ein Teil der Pathanenexpansion kann auf ähnliche Weise wie die Alurexpansion abgelaufen sein. In den Gebieten, die bereits von Pathanen beherrscht wurden, gelang es als *sayid* auftretenden Fremden, stärkere Gefolgschaften aufzubauen, als es den einheimischen Führern möglich war. Da der durch religiöse Schenkungen zustandegekommene Landbesitz eines *sayid* nicht den periodischen Unterteilungen unterlag, waren die Gefolgschaften auch stabiler. Auch der Gründer des Swat-Staates, dem es als erstem gelang, das ganze Swat-Tal zu zentralisieren, gehörte einer *sayid*-Linie an [25].

Die von Karl Jettmar im Hindukusch gesammelten Herrschaftslegenden wie auch die nachprüfbaren Berichte zeichnen fast ausnahmslos das Bild von Gruppen, deren Führer in so hoffnungsloser Rivalität miteinander liegen, daß schließlich ein Fremder ins Land gerufen wird [26].

Wir sahen, daß mehrere xenophobe und nativistische Bewegungen in Afrika von Stammesfremden gestiftet und geführt wurden. Von den Nuer, deren prophetische Bewegungen die Fremdenhypothese in hohem Maß bestätigten, stammt auch der letzte mir bekannt gewordene konforme, ethnographische Fall [27]. 1949 wurde als Institution des Local Government im Nuer-Gebiet das *Zeraf Island District Council* einberufen. Es bestand aus 23 gewählten Mitgliedern und einem von der Verwaltung ernannten Gebildeten, der zu einem nicht unter die Zuständigkeit dieses Gremiums fallenden Nuer-Stamm gehörte. Diesem Fremden gelang es, die ordentlichen Mit-

---

[25] Die Ausführungen über die Pathanen beruhen auf den Arbeiten von F. Barth 1959 a und b.
[26] Mündliche Information von Prof. Jettmar.
[27] Das Folgende nach den Angaben von G. Lienhardt 1964: 6.

glieder hinter sich zu bringen. Dabei kam ihm sicher seine «höhere» Bildung zustatten; zugleich verschaffte ihm die Opposition gegen den District Commissioner eine ähnliche Position wie den Propheten. Die Gegenprobe für die Fremdenhypothese lieferte das Ausscheiden dieses Mannes. Von da an konnte sich der Rat kaum noch zu einhelligen Beschlüssen durchringen; die partikularen Interessen der kleineren Segmente bestimmten die Verhandlungen. Die überragende Rolle des Fremden beruhte auf zweierlei: er war selbst nicht an partikulare Interessen gebunden, mußte keine Entscheidungen «hinter sich bringen». Zugleich waren seine Vorschläge nicht dem Verdacht ausgesetzt, daß sie Sonderinteressen seiner Gruppe dienen sollten. Die Fremdenhypothese ist eng zu verstehen: Sonderchancen hat (mitunter!) *der einzelne* Fremde, allenfalls noch eine kleinere Gruppe von Fremden. Größere Fremdengruppen treffen auf den territorialen Souveränitätsanspruch der angestammten Gruppe und werden als Bedrohung empfunden, welche Abwehrreaktionen auslöst. Können diese überwunden werden, so kommt es zur Überlagerung, zur Fremdherrschaft.

6.5 Die Bedeutung von Innovationen und Gefolgschaften für Entstehung und Perpetuierung von Herrschaftsformen: dargestellt am Beispiel der nilotischen Anuak – zugleich eine Bemerkung zum Herrschaftsvertrag

Die folgenden Überlegungen halten sich an ein Beispiel, das die Konkurrenz mehrerer Herrschaftsformen in einem kleinen Ethnos (35 000–40 000 Mitglieder) zeigt und sich zugleich zur Prüfung funktionalistischer Modelle, welche die Existenz von Instanzen, speziell Zentralinstanzen, durch ihre «Notwendigkeit» für die Gesamtgesellschaft zu erklären beanspruchen, eignet [28].

---

[28] Die folgenden Ausführungen stützen sich auf die Monographie von E. Evans-Pritchard (1940c) und auf seine in einem Aufsatz (1947) erschienene kritische Ergänzung zu dieser Monographie; die Ausführungen von Lucy Mair (1962), welche auch die von mir nicht gelesenen Aufsätze von Godfroy Lienhardt «Anuak village headmen» (erschienen in *Africa* 1957 und 1958) berücksichtigen, sowie auf Lienhardts Aufsatz *On the concept of objectivity in social anthropology* (1964).

INNOVATION UND GEFOLGSCHAFT

Bei den Anuak sind zwei verschiedene politische Systeme zu unterscheiden: ein Dorfschulzen- und ein östlich und südöstlich davon gelegenes Adligengebiet.
In den autonomen Dörfern des ersten Gebiets haben die Schulzen Privilegien und Kompetenzen, die sie klar von den gemeinen Mitgliedern unterscheiden. Der Herrschaftsanspruch dieser Instanzen zeigt sich äußerlich am deutlichsten in der ihnen gebührenden Demutsgebärde: Dorfbewohner entledigen sich der Fußbekleidung, wenn sie den Hof des Schulzen betreten. In seinem Blickfeld müssen sie eine gebückte Haltung einnehmen. Insignien des Schulzen sind Trommeln und Perlenschnüre [29]. Ein Ansatz zu ἱερὸς γάμος ist die Sonderstellung der ersten Frau des Schulzen, die dem Dorf gehört und auch nach Abzug des Schulzen aus dem Dorf im Dorf verbleibt. Es wird also ein Unterschied von Amt und Person gemacht (E. Evans-Pritchard 1947: 95). Der Hofplatz des Schulzen diente als Tanz- wie als Versammlungsplatz, wo auch Rechtsstreitigkeiten ausgetragen wurden. Allerdings scheint der Schulze keine reguläre Gerichtsbarkeit ausgeübt zu haben, in diesem Sinne korrigiert Evans-Pritchard seine früheren Ausführungen in seinem zweiten Anuak-Aufsatz (1947: 94f.). Im «Schulzenbereich» fehlte eine überlokale Instanz. Es wurde kein Wergeld gezahlt; obwohl die lokale Instanz sehr viel stärker formalisiert war als bei den Nuer, war das rechtliche Niveau der Anuak niedriger. Die Demutsgebärden gegenüber der Instanz schlossen allerdings eine kritische Einstellung gegen sie nicht aus. Die Ausübung der Funktionen war an die Zustimmung des Dorfes, insbesondere der vom *kwai luak* geführten Jungmannschaft gebunden. Unzufriedenheit mit seiner Amtsführung löste *agem*, die Vertreibung des Schulzen aus dem Dorf aus (E. Evans-Pritchard 1940c: 43). Weigerte sich ein Schulze, das Dorf zu verlassen, kam es zum Kampf zwischen den ihm verbliebenen Gefolgsleuten und seinen Gegnern. Der Sieg der aufsässigen Gefolgschaft entschied sich durch die Eroberung der Trommeln. Ein Schulze verlor seine Gefolgschaft, wenn er den Freigebigkeitserwartungen nicht mehr nachkommen wollte oder konnte, wenn er die Dienste seiner Anhänger nicht mehr durch Fleischfeste belohnte. Der Teilzwang führte hier zwar nicht zu einer Rückbildung von Instanzen, wohl aber zu einer häufigen Rotation der Rolle.

---

[29] Vgl. die Insignien des Königs *(mugabe)* bei den Ankole (APS 150 ff.).

ENTSTEHUNG VON ZENTRALINSTANZEN

Die Inhaber der königlichen Embleme, von den Anuak *nyiye* (sing. *nyinya*) genannt, in der Literatur als Adlige bezeichnet, unterscheiden sich seit dem Übergang zur Institution des Titelkaufs von Schulzen hauptsächlich durch den größeren Bereich, in dem ihre Würde anerkannt wird[30]. Die Äquivalenz beider Rollen zeigt sich auch darin, daß Adlige die Dorfschulzen verdrängten, die Anerkennung eines Adligen in einem Dorf bedeutete meist die Ausschaltung der traditionellen Instanz. Ähnlich wie die *kuaaro*-Würde ist auch die Titelwürde an den Besitz von Insignien (fünf Perlenhalsketten, vier Speere, zwei Stühle, eine Trommel) gebunden. Auch der Zugang zur Titelwürde wird durch die eigentümliche Kombination von gentilizischer Beschränkung – nur Söhne von Titelinhabern können die Würde erwerben – und Auslese der Kandidaten bestimmt, die zur Erlangung (früher auch zur Bewahrung) der Würde auf die Unterstützung durch eine Gefolgschaft angewiesen sind. Dem zur Zeit von Evans-Pritchards Aufenthalt bestehenden Titelkaufstadium gingen drei andere Stadien voran[31].

Im ersten Stadium wurden die Insignien vom Vater auf einen seiner Söhne übertragen; die Amtsdauer von Instanzen war lang, die Frequenz des Titelwechsels gering. In der zweiten Phase wurde das Shillukmodell praktiziert: die Kämpfe um die Insignien und den Adelstitel wurden durch Regizid oder den Tod des Prätendenten entschieden. Die Amtsdauer verringerte sich. In den beiden ersten Stadien kann man von einer Königswürde sprechen, da nur jeweils ein Angehöriger der adligen UDG (d.i. Nachkommenschaft des Kulturheros Ukiro) die Würde besaß. In der dritten Phase steigerte sich die Frequenz, indem das Risiko der Kandidatur geringer wurde. Bei den Kämpfen wurden nur noch Gefolgsleute getötet, doch wurde das Leben des bisherigen «Königs» verschont, so daß es auf den gleichen Territorien mehrere ehemalige und einen aktuellen Insignienbesitzer gab. Schließlich verfeinerten sich die Kämpfe der gegnerischen Gefolgschaften zu bloßen Demonstrationen kriegerischer Tüchtigkeit. Erschien die Gefolgschaft des Prätendenten stark genug, wurden diesem die Insignien übergeben. Am Ende dieser Entwicklung steht der Titelkampf. Auch hier bleibt der Prätendent, der nach wie vor Sohn eines (ehemaligen) Titelträgers sein muß, von der

---

[30] Evans-Pritchard betont die Ähnlichkeit von *kuaari* und *nyiye* (1940c: 89).
[31] Das Folgende nach E. Evans-Pritchard 1940c: 102.

INNOVATION UND GEFOLGSCHAFT

Gefolgschaft abhängig. Sie bringt einen erheblichen Teil des Preises auf, der für die Übergabe der Insignien zu entrichten ist. Dazu findet sich eine bereits erwähnte Parallele bei den Namoo-Gruppen der Tallensi, wo bei jeder Vakanz die Titelwürde mit Rindern von einem Mamprusi-Unterhäuptling gekauft werden muß; der Consensus der später zu repräsentierenden Gruppe ist unentbehrlich, weil derjenige unter den Kandidaten zur Kandidatur die Würde erhält, der als erster den Preis bei seinen Verwandten einsammeln kann.

Die dargestellte Entwicklung von einer auf ein winziges Territorium beschränkten monarchischen Institution zur Ausbildung einer auf viele Dörfer verteilten Adligenschicht wurde zu Ende des 19. Jahrhunderts durch den Beginn der «Gewehrperiode» rückläufig. Anuakadlige erhielten von äthiopischen Instanzen Gewehre gegen Entrichtung von Tributen. Durch diese technische Innovation gelang es einigen Adligen, mehrere Rivalen zu verdrängen und so größere Herrschaftsbereiche, als früher ein Adliger kontrollieren konnte, zu schaffen. Zugleich konnten sie durch Verschenken von Gewehren in bisher adelsfeindlichen Dörfern Anerkennung finden. Schließlich gelang es einem Adligen, in seinem Gau größere Kompetenzen durchzusetzen und die Anfänge einer Erbmonarchie zu begründen, indem er seinem Sohn die Nachfolge sicherte. Diese Entwicklung wurde allerdings durch Verwaltungseingriffe in den 1920er Jahren abgebrochen. Die technische Innovation ermöglichte die Verstärkung der Kompetenzen und die räumliche Vergrößerung des Anerkennungsbereichs einer Instanz, die man in diesem Fall sicher als Zentralinstanz klassifizieren kann.

Diesen Verstärkungs- und Expansionseffekt technischer Innovationen, vor allem wenn sie militärisch anwendbar sind, beobachten wir in sehr viel eindrucksvollerer Weise in der Entstehung des Zulu-Staates, wo Shaka durch Übernahme europäischer Techniken und die Entwicklung einer neuen militärischen Taktik aus einem traditionellen Stammeshäuptlingtum eine großräumige Despotie entwickelte. Das Ausmaß der Herrschaftssteigerung ist allerdings nicht nur auf die neuen Techniken, sondern mindestens ebenso auf die charismatischen Qualitäten Shakas zurückzuführen.

Die Kämpfe um die königliche Würde wurden bei den Anuak zwischen Agnaten ausgetragen. Als extremer Fall wird sogar die Tötung eines Königs durch seinen Sohn berichtet (E. Evans-Pritchard 1940c: 87). Im Vergleich zu segmentären Gesellschaften ergibt sich daraus

ENTSTEHUNG VON ZENTRALINSTANZEN

das weitgehende Fehlen unilinear orientierter verwandtschaftlicher Solidarität. Die Prätendenten beanspruchten in erster Linie die Unterstützung der Mutterbruder-Gruppe, deren Mitglieder ohnehin für die Kandidatur nicht in Frage kamen (G. Lienhard 1964). Allerdings rechtfertigt diese «bilaterale Verschiebung» nicht den Erklärungsversuch Lienhards (ibid.), der die stärkere Formalisierung politischer Rollen aus jener ableiten will. Wie sich in einem späteren Abschnitt (7.3) zeigen wird, ist die Relation, jedenfalls in der Anfangsphase, umgekehrt.

Die Herkunftslegende der Königsinstitution legitimiert die Privilegien der Titelinhaber durch ihre richterlichen Funktionen. Der wie Aiwel Longar[32], der Kulturheros der Dinka, aus dem Fluß aufgetauchte Stammvater der Königs-UDG, Ukiro, wurde nach der Legende mit Gewalt in ein Dorf gebracht, nachdem er einen Streit zweier Knaben um einen Fisch geschlichtet hatte (E. Evans-Pritchard 1940c: 76). Die Legende schildert ihn auch als Nomotheten. So bestimmte Ukiro die Sanktion für Viehdiebstahl, das Verbot des Ehebruchs wird auf ihn zurückgeführt. Es ist aber sehr fraglich, ob die Titelträger wirklich höheres rechtliches Niveau geschaffen und garantiert haben. Für Streitfälle innerhalb der eigenen Gefolgschaft, insbesondere des Hofpersonals (in dem der Senior-Koch eine besondere Rolle spielte, da ein Titelträger aus rituellen Gründen keine von Frauen zubereitete Speisen zu sich nehmen durfte), werden sie wohl starke richterliche Kompetenzen beansprucht haben. Nichts spricht aber dafür, daß in *nyiye*-Dörfern das rechtliche Niveau höher war als in *kuaari*-Dörfern.

Allerdings griff ein Adliger auch in überlokale Streitigkeiten ein, indem er auf die Bitte eines Klägers seine Gefolgsleute zu einem Plünderungszug gegen Normübertreter ausschickte. Evans-Pritchard behauptet sogar, daß der Adlige die bei einer solchen Repressalie gewonnene Beute für sich behielt. (1940c: 125). Adlige nutzten jede Gelegenheit tatsächlicher oder behaupteter Respektlosigkeiten zur Plünderung von Gemeinenhöfen.

Evans-Pritchard gibt als Beweis für schwach ausgebildete prozessuale Tradition das Unverständnis der Anuak für prozessuale Regeln in den von den Verwaltungsbehörden eingeführten Gerichten an (124). Der Rechtfertigungslegende scheint also (vorsichtig formu-

---

[32] G. Lienhardt 1961.

liert) in vielen Fällen die soziale Wirklichkeit nicht entsprochen zu haben.
Solchen Rechtfertigungslegenden vergleichbar sind funktionalistische «Erklärungen» politischer Institutionen durch ihre behauptete Notwendigkeit für die Gesellschaft. Dazu gehört auch die Behauptung, eine komplizierte politische Organisation, die Zentralisierung politischer Macht, ergebe sich als Folge einer allgemeinen sozialen Differenzierung. So hält z. B. Eisenstadt die Hypothese für bewiesen:
«This material bears out the hypothesis that the greater the differentiation and/or the inability of various subgroups of a society to regulate their interrelations, the greater would be the development of special political organizations, other conditions being equal (sic!)» (1959: 214).
Diese Aussage unterschlägt, daß die differenziertere soziale Ordnung in vielen Gesellschaften gerade in der Differenzierung politischer Rollen besteht oder aus dieser hervorgegangen ist.
Wenn man eine größere soziale Differenzierung der Anuak gegenüber den Nuer (im vorprophetischen Stadium) behaupten will, so besteht sie ausschließlich in der Dorfschulzenrolle und in der stärkeren Ausprägung des Gefolgschaftswesens, vor allem in der Ritualisierung der Rolle des Gefolgsherrn. Die politischen Einheiten der Nuer waren erheblich größer als jene der Anuak. Die militärische Überlegenheit der Nuer konnten die Anuak erst durch den Gewehrimport ausgleichen.
Wie Evans-Pritchard gegen Schluß seiner Anuak-Monographie zeigt, bestand die im Vergleich zur vorköniglichen Zeit größere politische Einheit der Anuak primär in der Anerkennung der königlichen Embleme, um die sich immer wieder neue Kandidaten bewarben. Hier wird besonders deutlich, daß die Entstehung einer politischen Institution keinen politischen oder sonstigen «Erfordernissen» entsprechen muß. Gegen eine zweckgerichtete Interpretation hebt Evans-Pritchard den Selbstwertcharakter des Königtums der Anuak hervor:
«The kingship is not an office with ritual duties but is itself a ritual object» (1940c: 138).
Bei einem Vergleich der Schulzen- und der Adligenregion kann als Mehrleistung der *nyiye*-Institution die Erhöhung der sozialen Interaktion zwischen autarken, allerdings durch Heiratsbeziehungen verbundenen Dörfern, die Vergrößerung der politischen Einheiten, auch

die rasche Verbreitung der Gewehre, die schließlich auch die Selbstbehauptung gegen die Nuer ermöglichte, festgestellt werden. Dagegen ist diese Institution, gemessen an einem harmonistischen, auf Konfliktvermeidung ausgerichteten Modell «dysfunktional» gewesen. Sie schuf neue Konfliktsituationen und vergrößerte insgesamt die Fälle von Gewaltanwendung. Ihre wichtigste Leistung liegt in der Steigerung des politischen Bewußtseins, im Überwiegen politischer Solidarität im Sinne der Schmittschen Freund–Feind-Orientierung über verwandtschaftliche Orientierung. Für die politisch aktiven Mitglieder tritt die Gefolgschaft vor die Verwandtschaft.
Zwischen Führer und Gefolgschaft als Gesamtgruppe besteht bei den Anuak ein symmetrisches Reziprozitätsverhältnis, das auf beiden Seiten auf individuellen Interessen beruht. Evans-Pritchard charakterisiert die Interessenlage der Gefolgsleute:

«These youths follow the noble in their own interests. The association gives them prestige, in his name they can perform occasional acts of violence, and they enrich themselves at his expense. ... a noble newly installed in a village has to distribute most of his wealth as presents *(nymnyo)* to his supporters, especially *dimni* beads and cattle. If the people do not want to do a thing they will just not do it, whatever the noble may feel about the matter, and he only wields what authority the people endow him with» (1947: 78).

Auch wenn man gegen die von Evans-Pritchard gebrauchte Metapher «Among the Anuak the tail wags the dog» (79) Bedenken hat, ist die Gleichgewichtigkeit der Gefolgschaft auf der einen und des adligen Führers auf der anderen Seite nicht zu übersehen. Selbst der einzelne Gefolgsmann hat sich die Handlungsfreiheit gegenüber den Adligen bewahrt. Er kann seine Gefolgschaft aufkünden. Dieser Vertragscharakter der Gefolgschaft gibt den klassischen Theorien über den «Herrschaftsvertrag» eine empirische Basis. Die große Bedeutung der Gefolgschaften für die Entstehung und den Ausbau charismatischer Herrschaft hat die Analyse xenophober und nativistischer Bewegungen gezeigt. Auch für die germanische Verfassungsgeschichte ist die Gefolgschaft als Bedingung der Herrschaftsintensivierung und -expansion nachgewiesen [33] und in ihrer kunstvollen Ausgestaltung im Lehensfeudalismus dargestellt worden [34].

[33] Vgl. W. Schlesinger 1956.
[34] Vgl. H. Mitteis 1954 und O. Brunner 1959.

INNOVATION UND GEFOLGSCHAFT

In den Hima-Königreichen bestand für die Angehörigen der Oberkaste keine Dienstpflicht. Erst durch einen Vertrag, der merkwürdigerweise die Übergabe von Vieh an den König einschloß, traten jene in den Königsdienst. Die Entscheidungsfunktion der Gefolgschaft erscheint besonders eindrucksvoll in den Thronfolgekämpfen, die zwischen den Anhängern der rivalisierenden Königssöhne ausgetragen wurden[35].

Die Theorien über den Herrschaftsvertrag sind also keine unangemessene Übertragung eines privatrechtlichen Modells auf die Entstehung politischer Herrschaft oder gar eine bloße Fiktion. Sie erklären eine große Zahl – allerdings nicht alle Fälle! – von Fällen der Herrschaftsentstehung oder -fortbildung. Wie das erwähnte Beispiel der Lendu zeigt, ist auch die Unterstellung einer akephalen Gesellschaft unter eine fremdstämmige Zentralinstanz eine Form gefolgschaftsmäßiger Herrschaftsentstehung. Der freiwilligen Zustimmung zur neuen Herrschaftsform steht die Ablehnung einiger zum gleichen Ethnos gehörender Gruppen gegenüber, die in der Sezession eindeutig zum Ausdruck kam. Dem in der klassischen Vertragstheorie – im Entstehungszusammenhang auf die germanische Verfassungstradition zurückführbar – formulierten Widerstandsrecht gegen den Herrscher entspricht im ethnologischen Material der Widerstand gegen Herrschaft überhaupt, der sich – wie später zu zeigen sein wird – auch gegen einmal durchgesetzte Herrschaft hält.

---

[35] Vgl. Oberg 1940 in APS.

7. Zentralisierung und sozialer Wandel

Die bisherige Untersuchung konzentrierte sich auf die Bedingungen der Entstehung politischer Herrschaft. Zentralisierung wurde als Folge besonderer Bedingungen dargestellt. Zum Abschluß, nachdem die Zentralisierung als ein dynamischer Vorgang in segmentären Gesellschaften dargestellt wurde, möchte ich die Frage wenigstens streifen, wie Zentralisierung die Dynamik (implizit also auch: Stabilität) bisher segmentärer Gesellschaften beeinflußt. Aus den vorhergehenden Teilen dieser Untersuchung ist der Schluß zu ziehen, daß eine Dichotomie von erstarrter sozialer Ordnung und dynamischer sozialer Ordnung die Relation von segmentären und zentralisierten Gesellschaften nicht deckt. Die Ausführungen über segmentäre Dynamik haben die große Flexibilität segmentärer Systeme dargestellt. Freilich ist in der Terminologie von Evon Vogt eine solche Dynamik eher dem repitiven Wandel als dem Richtungswandel[1] zuzurechnen.

In der vorhandenen Spezialliteratur über segmentäre Gesellschaften findet sich keine systematische Untersuchung der Frage, welche Beziehungen zwischen sozialer Dynamik und der Komplexität der politischen Organisation bestehen. Die beiden kontroversen Behauptungen, die ich zitiere, zeigen, wie ohne eingehende Untersuchung, insbesondere ohne klare, differenzierte Begriffe nur willkürliche Urteile zustandekommen.

Middleton behauptet:

«Lineage systems, due mainly to lack of centralized and persistent political authority, tend to be in a condition of continual change and instability» (1960: 25),

Richards hingegen:

«Changes probably take place more rapidly in chiefly societies than in acephalous ones» (1960: 187).

---

[1] Darunter ist ein Wandel zu verstehen, der immer in der gleichen Richtung verläuft und nicht zum Ausgangspunkt der Entwicklung zurückführt.

Die Divergenz dieser zwei Behauptungen ließe sich zumindest verringern, wenn die Vogtsche Unterscheidung angewandt würde. Es bleibt aber auch dann die Frage, wie sich Zentralinstanz und Akephalie (bei gleichem Bevölkerungssubstrat) auf Richtungswandel auswirken.
Winter vertritt in bezug auf die Amba eine zu Middleton konträre Ansicht (wenn man unterstellt, daß Middleton auch den Richtungswandel unter «change» subsumiert). Winter behauptet, daß nur die moderne Verwaltung die Ablösung des traditionalen Frauentauschsystems durch das Brautpreissystem herbeiführen konnte:

«In the past an alteration of this type would have been very difficult to bring about even if most people had favoured it due to the lack of social machinery for effecting such changes» (TWR 161).

Bei den Tiv hat sich jedoch dieser Wandel vor dem Eingreifen der fremden Verwaltung vollzogen. Aus den Angaben Akigas geht allerdings auch hervor, daß sehr starke Widerstände gegen das Brautpreisverfahren bestanden. Dies wird auch durch das Verbot des Frauentausches durch die Verwaltung – sowohl bei den Tiv wie bei den Amba – bestätigt.
Ein anderes Beispiel von Normwandel in segmentären Gesellschaften berichtet Wagner von den Luiya. Im Nyole-Stamm verursachte der Fluch eines Mannes die Abschaffung der Beschneidung, die erst nach Ablauf von sechs Altersklassenperioden wieder durchgeführt wurde (APS 204).
Eher dem Brauch- als dem Normwandel zuzurechnen ist die von Akiga (HRAF) beklagte Änderung der Tätowierungsmethoden und -muster, durch welche die älteren, noch nach dem alten Brauch tätowierten Männer im sexuellen Wettbewerb benachteiligt wurden.

7.1 Traditionalismus segmentärer Gesellschaften

Obwohl sich also in segmentären Gesellschaften einzelne Innovationen nachweisen lassen und diese Gesellschaften durch zyklische Dynamik der Gruppenstrukturen gekennzeichnet sind, zeigen sie doch ein hohes Maß an Traditionalismus. Dieser Traditionalismus äußert sich auch in der hohen Intensität des Ahnenglaubens, durch die das

traditionalistische Verhalten motiviert wird. Sitte und Brauch werden, auch wenn ihre Setzung nicht legendär überliefert ist, durch den Ahnenglauben geschützt.
Der starke Traditionalismus der Luiya äußerte sich in Formeln über die zeitlose Geltung, Althergebrachtheit von Geboten und Verboten:
> «This is the rule since long ago which all our grandfathers followed», «It has been ordered *(okulaga)* by our grandfathers *(avadada)*», «Our forefathers never did like that» (APS 202 n 1).

Wenngleich bei den Luiya (mit Ausnahme der Vugusu) die meisten sozialen Normen für den ganzen Stamm galten, der Stamm einen «einheitlichen Normbereich» bildete, gab es unterschiedliche Bräuche innerhalb eines Stammes wie Speisetabus und Meidungsregeln. Diese wurden auf Verbote von Vorfahren zurückgeführt (APS 203). Wagner bringt folgendes Beispiel:
> «Thus among the Vugusu a certain clan refrains from wearing finger-rings of coiled iron wire. In explanation of this rule, it is said that some generations ago a member of that clan suffered from a sore and swollen finger caused by his ring, which gradually became worse until he died without having been able to remove the ring from his finger. Before his death, he is supposed to have said that it was a bad thing for the people of his clan to wear iron finger-rings, and that all who should do so in future should die as he was going to die» (APS 203).

Von den Lugbara berichtet Middleton, daß sie soziale Normen als «die Worte unserer Ahnen» verstehen (1960: 27). Als Absender zahlreicher physischer Sanktionen wie Krankheit und Tod gelten die Ahnen selbst; daneben aber wirken die empirisch nachweisbaren rituellen Sanktionen des *ba wara*, des den Ahnenschrein der minimal lineage verwaltenden Ältesten. Auch die Lugbara hielten ihre Gesellschaft für unveränderlich. Die Veränderungen, die durch die Integration in das zentralisierte System und den Anschluß an größere Märkte bewirkt werden, bedauern sie selbst heutzutage als Abweichung[2].

---

[2] Hier ist allerdings zu fragen, ob Middleton nur Ansichten älterer Männer wiedergibt. Überhaupt ist schwer entscheibar, wieweit das traditionalistische Profil einfacher Gesellschaften auf Verzerrungen zurückgeht, die sich bei kurzen, meist nur einmalig durchgeführten Feldforschungen leicht einstellen. Die Einsicht in diese Fehlerquelle hat ja auch dazu geführt, einfache Gesellschaften entweder von einem Forscherteam ständig beobachten zu lassen, oder, wie es Firth und Fortes

ARCHITEKTONISCHE NORMEN

Der Gegensatz von traditionaler Orientierung und der durch die Zentralisierung herbeigeführten Innovationen, wobei die wichtigste Innovation freilich der Zentralisierungsvorgang selbst darstellt, zeigt sich in der Verletzung konkreter Normen, die sich zumindest zum Teil aus der allgemeinen Gleichheitsnorm ableiten lassen. Eine ganze Reihe von Normbrüchen begegnete uns schon in der Analyse xenophober und nativistischer Bewegungen. Hier sollen nur noch zwei Formen der Verletzung traditioneller Normen erwähnt werden:
1.
architekonische Normen,
2.
Verwandtschaftsnormen.

7.2 Wandel architektonischer Normen

Um die Bedeutung der ersten Innovationsformen abschätzen zu können, muß man sich vergegenwärtigen, daß es in segmentären Gesellschaften wie in anderen Typen einfacher Gesellschaften einen einheitlichen Haustyp gibt. Fortes schreibt über die Tallensihöfe:
«All Tale homesteads have the same architectural pattern, just as all Tale domestic families have the same basic structure» (1949: 48).
Diese Aussage läßt allerdings offen, ob die ins Auge springende Einheitlichkeit nur auf einem Brauch beruht oder ob sie normativ ist (die technisch bedingte Einheitlichkeit der Bauweise wird hier ausgeklammert). Fortes hat die zur Entscheidung dieser Frage notwendigen Angaben auf dem 7. Internationalen Anthropologenkongreß in seinem Referat über *Tallensi Clans and Totemism* gegeben. Da-

getan haben, den Wandel einer bereits beschriebenen Gesellschaft durch periodische Beobachtungen zu verfolgen. Das Referat Grotanellis auf dem VII. Internationalen Anthropologenkongreß in Moskau vertrat die These, daß das Traditionalismuskonzept nur den Mangel an Informationen verdeckt. Am Beispiel eines kontinuierlichen Feldforschungsprojekts an der Goldküste konnte er zeigen, wie sich die religiösen Orientierungen in einem Stamm innerhalb weniger Jahre (unter anderem in Abhängigket von der Entwicklung des gesundheitlichen Niveaus der Bevölkerung) mehrmals änderten, wobei sich iterative Prozesse abzeichneten.

nach durften Höhe und Größe der Häuser nicht vom Üblichen abweichen. Allerdings ermöglichte der Totemismus einige architektonische Variationen: die Farbe der Häuser wie auch besondere Dacharten (z.B. Strohdach) werden durch die Totemzugehörigkeit bestimmt. Während jedoch Höhe und Größe von Gebäuden verbindlich begrenzt sind, «braucht» man sich nicht an die totemistische Farbenordnung zu halten. Fortes versucht sogar, den Totemismus durch ein in gleichheitsorientierten Gesellschaften stark eingeschränktes Differenzierungs-«bedürfnis» zu erklären. Damit sei auch erklärt, warum es Totemismus nur in homogenen Gesellschaften gebe. Die letztere Tatsachenbehauptung wird allerdings durch den Totemismus in ostafrikanischen Königs-UDG widerlegt. M.E. gehört die erwähnte Fortes-Hypothese zu jenen funktionalistischen, d.h. hier mit «Bedürfnissen» operierenden Sätzen, die zumindest durch die Gegenprobe falsifiziert werden.

Aus anderen segmentären Gesellschaften sind mir keine Angaben über architektonische Normen bekannt. Hingegen finden sich zahlreiche Angaben über architektonische Neuerungen, die eine Instanz von außen mitgebracht oder veranlaßt hat, aus denen man auf eine vorher bestehende Einheitlichkeit der Bauweise schließen kann. So erwähnt zum Beispiel der Tiv-Historiker Akiga, daß ein besonderer Haustyp, *dwer* genannt, erst mit den Titelhäuptlingen kam (HRAF 46 f.). Während die traditionellen Lugbarahütten klein und rund sind, ließen die Gründer des *Yakan*-Kultes große viereckige Häuser als Tempel *(jo yakan)* errichten (J. Driberg 1931: 418). Der eindruckvollste Kontrast zwischen traditioneller Bauweise und einer herrschaftlichen Architektur wird in den etwa 20 Meter hohen Lehmkegeln der Nuerpropheten sichtbar. Die aufgezählten Fälle von Normwandel bedeuten nicht das Verschwinden der alten Norm, Normwandel führt hier zu einer hierarchieorientierten Normdifferenzierung. Für die Zentralinstanz wird eine Sondernorm geschaffen, jedoch gilt die alte Norm für die gemeinen Mitglieder weiter. Dies zeigt sich z.B. bei den Ekonda[3]. Bei den Ekonda gilt es heute noch als eine Herausforderung, wenn ein Mann mit seinem Haus zu hoch hinaus will. Auch die Anlage eines Gehöfts folgt einer starren Regel. Davon weicht das Gehöft eines *nkumu* ab vor allem durch die

---

[3] Die folgenden Ausführungen beruhen teils auf Publikationen von E.W. Müller, teils auf dessen mündlichen Mitteilungen.

Firststellung des heiligen Hauses (das aus dem Versammlungshaus *(ebanga)* und dem Schlafhaus (ilongo) besteht) zum Hofplatz, während das *ebanga* eines Patriarchen mit der Breitseite zum Hof steht. Daß es sich bei architektonischen Normen nicht um periphere Erwartungen handelt, sondern um hochemotionale Verhaltenskomplexe, zeigt die Wichtigkeit des Gehöftbaues für die Investitur des *nkumu*. So schließt die gültige Investitur eines neuen *nkumu* die Mitarbeit aller Leute des Dorfes (Oto und Twa) am Bau des neuen Gehöfts, insbesondere des *ebanga*, ein. Die Tatsache, daß die alten vorherrschaftlichen Baunormen für die Gemeinden gültig bleiben, bestätigt meine frühere Aussage (1962: 198), daß das Gleichheitsbewußtsein zur Verstärkung bestehender Hierarchien beitragen kann.
Die zweite hier zu behandelnde Form des durch eine Zentralinstanz induzierten Normwandels, die Veränderung von Verwandtschaftsnormen, beschränkt sich nicht auf die Normdifferenzierung, sondern führt zur Veränderung auch der für die Grundschicht verbindlichen Normen, insbesondere zu einer auffälligen Veränderung der Heiratsnormen und schließlich zu einer Reduktion der politischen Funktionen bestimmter Verwandtschaftsgruppen.

7.3 Wandel von Verwandtschaftsnormen

Zur Differenzierung einer verwandtschaftlichen Norm zu rechnen ist die Sonderregelung der Residenz für Kinder von Zentralinstanzen. In der patrilinearen, virilokalen Anuakgesellschaft werden Schulzen- und Adelssöhne im Dorf ihres Mutterbruders aufgezogen (E. Evans-Pritchard 1947: 75). Umgekehrt tendieren die Angehörigen der Herrscher- oder Schulzenfamilien bei den matrilinearen Bemba, Yao und Cewa zur virilokalen Residenz, während die Gemeinen der uxorilokalen Residenzregel folgen (A. Richards 1950). Im Unterschied zu den Gemeinen versuchen alle Väter der Königs-UDG, über ihre eigenen Kinder eine größere Autorität als der Mutterbruder auszuüben. Allerdings kann die Erhöhung des Herrschaftsgefälles auch die Heiratsnormen aller Schichten einer Gesellschaft verändern. Das ist besonders wahrscheinlich, wenn bei ethnischer Überlagerung Verwandtschaftssysteme von Ober- und Grundschicht differieren. Ein bekannter Fall ist die Verdrängung der Matrilinearität als dominanten Zuordnungsprinzips durch die dem Rigveda entsprechende Patrilinearität in weiten Teilen Indiens [4].

Eine Interdependenzrelation von politischer Differenzierung und Veränderung der Heiratsordnung liegt bei den burmesischen Kachin vor. Während dem homogenen *gumlao*-Stadium die präferentielle matrilineare Kreuzcousinenheirat entspricht, eine zyklische Heiratsordnung besteht, entspricht der Häuptlingshierarchie des *gumsa*-Stadiums das hierarchische *mayu-dama*-System, in dem die höher stehende Gruppe die Frauengeber-Gruppe ist.

Ein besonders schwerer Verstoß gegen die traditionelle Heiratsordnung ist die partielle Verletzung des Exogamiegebots durch Angehörige der Herrscherschicht. Ein Anfang davon ist bei den Anuak zu beobachten: Für Adlige ist der Kreis der nichtheiratbaren Partner kleiner als für Gemeine (E. Evans-Pritchard 1940: 113). Einen Extremwert erreicht diese Verletzung traditioneller Exogamiegebote im herrscherlichen kleinfamiliären Inzest insbesondere in Form der (Halb-) Geschwisterehe. Thurnwald (1932 II: 162) führt als Beispiele für dynastischen Inzest die alten Ägypter, Perser, Inka, Hawai und die Marschallinseln an, weist allerdings auch darauf hin, daß er auch als «Stammessitte» und auch bei kleinen isoliert lebenden Gruppen vorkommt. In Afrika sind vor allem die zentralafrikanischen Königreiche mit der «heiligen Ehe» von König und Halbschwester zu nennen (Ankole bildet hier eine Ausnahme – R. Thurnwald 1935 IV: 161).

Die eklatante Abweichung vom allgemeinen Inzesttabu soll die Sonderstellung des Herrschers demonstrieren. Diese Behauptung wird bestätigt durch die Tatsache, daß sich die königliche Dynastie der Bolia auf eine inzestuöse Verbindung der Gründerin dieser Dynastie zurückführt (E. Sulzmann 1959).

Der Frevel legitimiert in diesem Fall die herrscherlichen Privilegien, während auf der anderen Seite der gleiche Frevel eine genau entgegengesetzte Soziallage, die Parialage, z.B. bei den auf der arabischen Halbinsel lebenden Sleb [5], rechtfertigt.

---

[4] Vgl. Hutton 1963: 150, 151, 153, 154. Allerdings widerspricht das von Hutton (154) angebotene Beweisstück der in Südindien präferentiellen Kreuzcousinenheirat als Überbleibsel eines matrilinearen Systems der Homans-Schneiderschen Theorie (1955).

[5] Nach W. Mühlmann 1961: 237, der wiederum auf J. Henninger 1939, *Paria-Stämme in Arabien*, fußt.

VERWANDTSCHAFTSNORMEN

Die Untersuchung der Zentralisierungsvorgänge hat die Bedeutung der Gefolgschaften für die Entstehung und Perpetuierung von Zentralinstanzen hervortreten lassen. Von hier aus erschließt sich eine wichtige Veränderung traditioneller Verwandtschaftssysteme durch Zentralisierung, die schon von Sir Henry Maine in der Entgegensetzung von Verwandtschafts- und Territorialitätsprinzip formuliert wurde. Auch Thurnwald hat den Funktionsverlust und die Desintegration von Verwandtschaftsgruppen durch Zentralisierung erkannt: «Wenn auch die Klans manchmal bei aristokratischer Schichtung und Königtum eine gewisse politische Selbständigkeit bewahren, so bedeutet doch im allgemeinen die Schaffung eines weiteren Friedensverbandes, wie er durch diese Faktoren bedingt ist, eine Zersetzung des Klans... Vor allem hört der Klan dann gewöhnlich auf, kleinste Wirtschaftseinheit zu sein» (1935 IV: 69). Thurnwald verficht die These, «daß politische Autorität der selbständigen Existenz von Klans oder Sippen feindlich ist» (18). Schon in statu nascendi endogener Zentralisierung bedeutet die Herauslösung einer Gefolgschaft aus der solidarischen UDG eine Vernachlässigung der traditionellen Solidaritätspflichten, sowohl im wirtschaftlichen wie im rechtlichen Bereich, seitens der Gefolgsmänner, die sich ihrerseits sowohl für den Rechtsschutz wie für die ökonomische Versorgung, insbesondere was die Beschaffung des Brautpreises angeht, auf ihren Gefolgschaftsführer verlassen. Gerade dieser, in einzelnen Fällen durch die «Wirtschaftsfremdheit» von charismatischen Führern (M. Weber) verstärkte Ausfall der Gefolgschaftsleute aus den alltäglichen Wirtschaftsprozessen erzeugt bei Perpetuierung der Gefolgschaft und deren stabsmäßiger Spezialisierung die Notwendigkeit, von der nicht zum Herrschaftsstab gehörenden Bevölkerung die Mittel für die Hofhaltung und die Versorgung der Gefolgschaft einzutreiben. Damit wird aber nach der politischen Autonomie auch die wirtschaftliche Autarkie der UDG verringert. Die Autarkie verringert sich noch mehr, wenn in die Abgaben bereits Umverteilungen eingeplant sind, so daß auch kleinere UDG-Segmente sich in Notlagen an die Zentralinstanz wenden. Die Abhängigkeit von ihr wird umso größer, je höher die Abgaben geschraubt werden. Die Tendenz zu exzessiven Abgabensätzen findet sich vor allem bei exogener Herrschaftsbildung. Im Swat-Tal behalten die Pakhtun-Grundbesitzer $3/4$ bis $4/5$ der Getreideernte für sich (F. Barth 1959a: 12), so daß der arbeitenden Bevölkerung trotz hoher

SOZIALER WANDEL

Bodenproduktivität gerade das biologische Existenzminimum verbleibt. Diese prekäre Ernährungslage zwingt die Männer, sich der Gefolgschaft eines Pakhtun anzuschließen, um in seinem Männerhaus in den Genuß zusätzlicher Verpflegung zu gelangen (68). Maquet hat in seiner Analyse der sozialen Ungleichheit in Ruanda (1961) nachgewiesen, daß Gesellschaften mit gleich niedriger Produktivität verschiedene politische Systeme haben können. In Ruanda wie auch in den anderen Königreichen des ostafrikanischen Seengebietes ermöglichte ein mit scharfen Sanktionen arbeitendes Abgabesystem die arbeitsfreie Lebensführung der Oberkaste. Wie gering der Consensus der Unterbevölkerung zu dieser Ausbeutung war, daß er also jahrhundertelang durch Zwang kompensiert werden mußte, zeigte sich bei dem großen Aufstand nach der Erreichung der Unabhängigkeit, der Tausenden von Tussi das Leben kostete.

Die Zentralisierung kann bis zur völligen Aufhebung der wirtschaftlichen Autarkie der UDG gehen – so etwa, wenn dem Zulu-König prinzipiell alle Rinder gehörten. Diese Hinweise mögen genügen, um die These zu illustrieren, daß der Zentralisierungsvorgang selbst Ketten von Innovationen auslöste und daß zumindest die Übergangsphase von der akephalen zur zentralisierten Gesellschaft und die erste Verfestigungsphase mit der Spezialisierung der verschiedenen Herrschaftsstäbe sehr viel mehr Innovationen hervorbringt als die akephale Gesellschaft.

7.4 Normsetzungskompetenz der Zentralinstanz

Neben nicht unmittelbar beabsichtigten Konsequenzen der Zentralisierung gibt es schließlich noch von der Zentralinstanz bewußt durchgesetzte Innovationen (zusätzlich zu den von der Zentralinstanz durchgesetzten Herrschaftsnormen). Eine Anwendung der Normsetzungsfunktion durch die Zentralinstanz ist die verbindliche Einführung einer neuen Religion. Ein schönes naturvolkliches Beispiel ist die Christianisierung der Ngwato[6]. Deren König Kgama III. (1873–1923) begünstigte die Christianisierung schon dadurch, daß er seine Rolle bei den heidnischen Stammeszeremonien nicht spielte und

---

[6] Vgl. den Beitrag Schaperas zu APS, besonders 69 ff.

NORMSETZUNG

diese so zum Aussterben verurteilte (APS 70). Auch abgesehen von der Christianisierung setzte er eine ganze Reihe neuer Normen, so daß die Ngwato zwischen «traditional Native Law» und «Kgama's law» unterschieden. Er schaffte die Zahlung von Brautpreisen und die Polygynie ab, verbot Herstellung, Verkauf und Genuß des Kaffernbiers und anderer Alkoholika; er überwachte den Verkauf von Getreide und Vieh an europäische Händler, verbot den Frachtverkehr an Sonntagen, schränkte die Großwildjagd ein und veränderte das Erbrecht, indem er auch Töchtern das Vieherbrecht zusprach [7].
Die Normsetzungskompetenz der Zentralinstanz ist selbst eine Innovation, die, wie das Beispiel Kgama zeigt, zur unerschöpflichen Quelle zahlreicher, beabsichtigter wie unvorhergesehener Innovationen werden kann. Der Fall Kgama bestätigt auch für einfache Gesellschaften die aus der europäischen und asiatischen Religionsgeschichte geläufige Tatsache, daß Zentralinstanzen exogene Innovationen dadurch beschleunigen und erleichtern können, daß die Zahl der Glieder der Diffusionskette enorm verringert wird: eine Innovation braucht nicht eine Gesellschaft nach der anderen zu durchdringen, fast gleichzeitig können die Zentralinstanzen vieler Gesellschaften erreicht werden. In jeder einzelnen Gesellschaft wiederum kann die Zentralinstanz die Innovation durch Anwendung positiver und negativer Sanktionen gegenüber den Untertanen begünstigen. Auf der anderen Seite kann die Normsetzungskompetenz, vor allem, wenn sie die Setzung genereller Normen monopolisiert, zu einem Innovationshemmnis werden.
Die Spätphasen «orientalischer Despotien» [8], ohne deren Herrschaftsapparat und Bürokratie allerdings die Großbauten der «hydraulischen Gesellschaften» unter den damaligen technischen Bedingungen nicht möglich gewesen wären, widerlegen Dahrendorfs Hypothese:
«Je stärker die Herrschaftsfunktionen in den Institutionen einer Gesellschaft verkürzt werden, umso langsamer wandelt sich diese Gesellschaft, und umgekehrt» (1964: 97) [9].

---

[7] Diese Aufzählung findet sich bei Schapera (APS 69 n 1).
[8] Ich verwende diesen von Karl Marx stammenden Begriff wie Carl Wittfogel (1963).
[9] Zu Dahrendorfs Aufsatz vgl. meine Erwiderung (1964). Dort finden sich weitere hier übergangene Beispiele für Richtungswandel in segmentären Gesellschaften.

Insbesondere dann, wenn die Unveränderbarkeit der sozialen Ordnung zum Programm der Zentralinstanz gehört, sperrt sie den sozialen Wandel. Eine solche Tendenz ist vor allem dann zu erwarten, wenn der soziale Wandel von der Zentralinstanz als Bedrohung der Herrschaftsordnung perzipiert wird. Damit stoßen wir wieder auf das Charakteristikum von Zentralinstanzen, das uns bei der Betrachtung der Anfänge der Herrschaftsbildung auffiel: sie sind zuerst einmal an der Setzung und Sicherung von Herrschaftsnormen interessiert. Neben den in allen einfachen Gesellschaften öffentlich verfolgten Verbrechen wie Inzest und Hexerei verfolgen sie in erster Linie das crimen laesae maiestatis – wie sich am obenerwähnten Anuak-Beispiel zeigt (L. Mair 1962: 160).
Dahrendorf zieht aus Winters Amba-Essay den Schluß:
«Wenn Winter Recht hat, können einfache Gesellschaften des segmentären Typs sich überhaupt nur durch die Errichtung zentraler Herrschaftsinstanzen radikal wandeln ... Radikaler Wandel verlangt die Setzung neuer Normen. Die Setzung neuer Normen verlangt ihrerseits die Existenz zentraler Herrschaftsinstanzen ... Das heißt aber umgekehrt, daß dort, wo wir solche zentralen Herrschaftsinstanzen nicht finden, radikaler Wandel ausgeschlossen ist» (1964: 92).
Ganz abgesehen von der Widerlegung durch die hier und in meiner Erwiderung angeführten Beispiele von Richtungswandel in segmentären Gesellschaften, übergeht diese Aussage die Tatsache, daß das dynamische Potential segmentärer Gesellschaften eine Form von Richtungswandel, eben die Entstehung von Zentralinstanzen, ermöglicht hat. Die Konsequenz der Dahrendorfschen Hypothese wäre (in Übereinstimmung mit Winter), daß Richtungswandel in segmentären Gesellschaften nur durch exogene Zentralisierung möglich ist. Diese Theorie eignet sich zur Rechtfertigung der in den neuen Staaten von Anfang an vorherrschenden Tendenz, marginale Ethnien unabhängig von praktischen Notwendigkeiten, «aus Prinzip», als sei damit der «Fortschritt» von Randzonen garantiert, verwaltungsmäßig zu erfassen – manchmal weniger glimpflich, als es die Kolonialmächte taten. Auf die verhängnisvollen Konsequenzen dieser «Administrationsneurose» habe ich bereits (6.2) hingewiesen.

8. Universalität und Variabilität des Gleichheitsbewußtseins

Nach diesen Überlegungen zum Verhältnis von Herrschaftssystem und sozialem Wandel stellt sich die Frage: Welchen Wandel erfährt das Gleichheitsbewußtsein, dessen Nivellierungswirkung wir in segmentären Gesellschaften beobachtet haben, durch die Zentralisierung einer bisher akephalen Gesellschaft? Oder verschwindet es überhaupt? Eine theoretische Überlegung zeigt, daß es Gleichheitsnormen (und damit Gleichheitsbewußtsein) auch in zentralisierten Gesellschaften, darüber hinaus in allen menschlichen Gesellschaften überhaupt gibt. Die Hypothese von der Universalität von Gleichheitsnormen läßt sich aus der gesicherten Hypothese: «In allen menschlichen Gesellschaften gibt es soziale Normen» ableiten. Soziale Normen enthalten implizite Gleichheitsnormen: im Falle genereller Normen wird von allen Individuen ein gleiches Verhalten in einer bestimmten Situation erwartet. Im Falle einer speziellen Norm wird von Angehörigen bestimmter sozialer Kategorien ein solches Verhalten erwartet. Sanktionen gegen einen Normbruch richten sich nicht nur gegen die Nichterfüllung einer Verhaltenserwartung, sondern auch gegen die Abweichung vom allgemeinen Verhalten. Normbenefiziar und unbeteiligte Dritte reagieren nicht nur deswegen gegen den Normbrecher, weil sie ein Interesse an der Befolgung der konkreten Norm (und z.B. auch an den für sie nützlichen Konsequenzen) haben, sondern auch weil sie das Ausscheren, den Sonderanspruch, die Abweichung von einer für alle gültigen Verhaltenslinie nicht hinnehmen wollen[1]. Normbrüche werden von einigen Normbrechern nicht nur um der unmittelbaren Gratifikation willen begangen, sondern auch, manchmal sogar in erster Linie, um durch die Abweichung einen Überlegenheitsanspruch anzumelden. Hier ist an die (5.6) erwähnte Legitimation der Herrschaft durch schwere Normbrüche zu erinnern.

[1] Damit soll die Bedeutung vieler anderer Motive für das Sanktionsverhalten, wie z.B. das Interesse an der Voraussehbarkeit fremden Verhaltens, nicht bestritten werden.

GLEICHHEITSBEWUSSTSEIN

Ein besonderes politisches System wie Akephalie kann nicht allein durch einen universellen Faktor erklärt werden. Andererseits ist dieses Gleichheitsbewußtsein ein notwendiger Faktor von Akephalie und einzelnen Institutionen zentralisierter Systeme. Hypothesen, welche die Akephalie und solche Institutionen ohne die Variable Gleichheitsbewußtsein zu erklären versuchen, sind entweder falsch oder leer.

Es ließe sich eine lange Liste inhaltlicher Variationen des Gleichheitsbewußtseins in verschiedenen Gesellschaften aufstellen. Lassen wir es mit einem Vergleich bewenden: es liegt eine große Spanne zwischen dem kleinlichen Futterneid gegen den zu tüchtigen Krieger und Jäger bei den in knappem Nahrungsspielraum lebenden Bergdama (Vedder 1923: 87) und dem agonalen Gleichheitsbewußtsein der Adligen auf Tahiti[2].

Die Wirksamkeit des Gleichheitsbewußtseins unter verschiedenen Bedingungen wird im folgenden als Modifikations-, Sublimations- und Projektionseffekt des Gleichheitsbewußtseins dargestellt.

8.1 Widerstand und Herrschaftsbegrenzung (Modifikationseffekt)

Als eine der Ausprägungen des Gleichheitsbewußtseins wurde der Widerstand gegen das Machtstreben von einzelnen dargestellt. Die Annahme, daß auch nach erfolgreicher Zentralisierung das Gleichheitsbewußtsein nicht verschwindet, läßt sich durch den Nachweis eines antiherrschaftlichen Affekts oder des tatsächlichen Widerstandes gegen die Zentralinstanz bestätigen. Max Gluckman hat in seinem Aufsatz über *Rituals of rebellion in South-East Africa* zahlreiche Beispiele für den ritualisierten antiherrschaftlichen Affekt wiedergegeben, unter denen die bitteren Spottlieder, die auf den Zulu-König gesungen wurden, besonders hervorgehoben seien.

Ein Teil des höfischen Zeremoniells und der Herrschaftslegenden scheint der Beschwichtigung des antiherrschaftlichen Affekts beziehungsweise der Rechtfertigung des Herrschers zu dienen.

Die allgemeine Aussage, daß das Gleichheitsbewußtsein die «über-

---

[2] Diesen Vergleich verdanke ich einem Hinweis von Herrn Prof. Mühlmann.

prägnanten»[3] Züge der Zentralinstanz hervorgebracht hat[4], bestätigt sich in der Abwehrfunktion der Herrschaftszeichen. In seiner Abhandlung über afrikanische Hoheitszeichen bemerkt Schilde: «Furcht vor Gift, Verzauberung, dem bösen Blick veranlaßt durch ganz Afrika die Verwendung von Insignien mit zweifellosem Amulettcharakter ...: Tierhörner, Hörnerfrisuren, phallischer Schmuck ... Die Wedel dienen mehr eingebildeten Gefahren als Fliegen» (1929: 130).
Die magische Verdächtigung von Prominenten hält sich auch noch im Stadium der Institutionalisierung und selbt traditionell gewordener Herrschaftsrollen. Bei den Ekonda ist das Erlangen der *nkumu*-Rolle mit dem Tod von Angehörigen verbunden (E. W. Müller 1962: 1). Die Tiv hielten rituelle Tötungen, die von den Ältesten genehmigt werden mußten, für notwendig zur Erlangung der importierten Häuptlingswürde (L. und P. Bohannan 1953: 36).
Darüber hinaus scheint der Glaube an die Notwendigkeit, die Herrschaft durch magische Praktiken zu stützen, auch praktische Konsequenzen gehabt zu haben. Schilde, der sich auf Roscoe beruft, behauptet: «die königlichen Fetische in Unjoro werden bei Neumond mit dem Blut eines Menschenopfers gestärkt» (1929: 131). Wir haben hier eine deutliche Parallele zur «Stärkung» der *akombo*-Fetische bei den Tiv, mit dem Unterschied, daß in Bunyoro die Tatsache der Menschenopfer feststeht.
Magische Duelle zwischen Machtrivalen, wie sie von den Tiv und Ekonda ausdrücklich berichtet werden, spielen sich auch noch in zentralisierten Gesellschaften, vor allem bei Nachfolgekämpfen ab. Bei den Thronkämpfen in den lakustrinen Königreichen hing nach indigener Vorstellung der Sieg auch von magischen Kampfmitteln ab. Damit hängt auch die dominante Rolle von Königsmutter und Königsschwester zusammen[5]. Neid und Mißgunst können tatsächlich physiologisch wirksam sein. So berichtet E. W. Müller von einem *nkumu* der Südekonda, der so unbeliebt war, daß er in keiner seiner Residenzen anerkannt wurde und schließlich kurze Zeit nach seiner

---

[3] Zum Begriff der Überprägnanz: W. Mühlmann 1956 c.
[4] C. Sigrist 1962: 200.
[5] Über die Intervention von Mutter und Schwestern der Kandidaten bei den Thronkämpfen im Himareich Ankole schreibt Oberg: «Each son was aided by his mother and sisters, who practised magic against his enemies and protected him from the spirits of his slain enemies» (APS 158).

mißglückten Weihe «am Fehlen der Zustimmung zu seiner Würde» starb (1955: 91).
Alle Aussagen, die die negative Bewertung der Macht, ihre Rechtfertigungsbedürftigkeit, für eine Besonderheit der europäischen Geschichte oder der unter europäischen Einfluß geratenen Gebiete ansehen, scheitern an den hier aufgeführten Tatsachen. So kann ich auch Mühlmann nicht zustimmen, wenn er eine «Umstülpung des Werterlebnisses der Macht» in der Neuzeit (1952: 101) behauptet. Der Satz «Zur Verschleierung neigt die Macht erst dann, wenn sie mit dem Odium des Bösen behaftet ist und folglich mit ‹schlechtem Gewissen› geübt wird» (ibid.) übersieht, daß sich dieses Odium in irgendeinem Grade immer an die Macht hängt. Aussagen solcher Art können nur graduell formuliert werden; denn es gibt freilich Gesellschaften mit unterschiedlich entwickeltem «schlechtem Gewissen» der Mächtigen und Herrschenden.
Die hier entwickelte Theorie wendet sich ebenso gegen die Konstruktion, als stelle sich das Problem der Herrschaftsbeschränkung erst in Spätphasen herrschaftlich organisierter Gesellschaften, nachdem das erste Problem, nämlich die herrschaftliche Organisation zustande zu bringen, gelöst wurde. Solche evolutionistischen Konstruktionen reifizieren begrifflich sinnvolle Unterscheidungen zu historischen Stadien. Die Konfliktrituale wie das Mitspracherecht von UDG bei der Regelung der Nachfolge (z. B. Ashanti) und der Anspruch auf Mitwirkung an Entscheidungen, Beteiligung am materiellen Erfolg der Herrschaft, wie ihn adlige Gefolgschaften erheben, beweisen, daß gerade in den Frühphasen der Zentralisierung Beschränkungen der Herrschaftsausübung eingebaut sind.
In den Zusammenhang dieser Überlegungen über Fortdauer des Widerspiels zwischen antiherrschaftlichen Einstellungen und Herrschaftsansprüchen auch in zentralisierten Systemen gehören auch Theodor Geigers Ausführungen über die allmähliche Verrechtlichung eines anfänglich durch Gewaltsamkeit ausgezeichneten Machtverhältnisses. Geigers Ausgangspunkt ist der Widerstand, den bei ethnischer Überlagerung die unterworfene Bevölkerung gegen als unerträglich empfundene Ansprüche der Oberschicht entwickelt. Auch die Unterworfenen haben eine gewisse Macht.

> «Sie sind imstande, die Machtausübung und Machtausnutzung der Eroberer in einigem Grad zu steuern. In allen Machtverhältnissen gibt es ‹Grenzen dafür, in was man sich findet›. Die Alternative

ist Aufruhr, möglicherweise ohne Rücksicht auf die Folgen und mit sicherer Niederlage vor Augen» (1947: 290).

Für Geiger entspringt die Begrenzung der Herrschaft nicht einer völlig freiwilligen weisen Selbstbeschränkung der Machthaber, sondern der Auseinandersetzung zwischen Herrschaftsanspruch und antiherrschaftlichem Widerstand:

«Der Rechtszustand im Verhältnis zwischen Eroberern und Unterworfenen ist einfach Einspielung des Herrschaftshandelns entlang der Widerstandsschwelle. Der Rechtszustand also spiegelt die Gleichgewichtslage des *Machtverhältnisses*, des Verhältnisses zwischen der Herrschaftsmacht der Herrschenden und der Widerstandsmacht der Beherrschten» (ibid.).

Eine ähnliche Kraftprobe zwischen Herrschaftsanspruch und Selbständigkeitswillen sieht Geiger auch in zumindest einer Variante der endogenen Herrschaftsbildung, wenn nämlich

«gewisse Personen oder Gruppen sich dank einer gewissen Kombination von Umständen durch Coup die Herrschaft anmaßen, sich zu Trägern einer Zentralgewalt aufwerfen konnten. Es liegt dann wie im Fall der Eroberung von außen eine Kraftprobe vor, die jedoch hier intern vor sich geht. Auf die gewaltsame Usurpation folgt eine Übergangsperiode schieren Machtverhältnisses, und endlich finden Machtausübung und Machtausnutzung ihre Gleichgewichtslage, in der sie sich nach Regeln einspielen» (ibid.).

Von dieser Art der endogenen Herrschaftsbildung unterscheidet Geiger einen in «gleitender Entwicklung» verlaufenden Vorgang:

«Gewisse die Gesamtheit bevormundende Dispositionen seitens gewisser Personen oder Gruppen ‹werden zur Regel›. Es gelingt so den disponierenden Personen oder Gruppen durch Gewohnheitsbildung, sich in der Stellung einer Zentralgewalt einzunisten und ihre Herrschaftsstellung allmählich auszubauen. Dennoch muß auch hier am Primat der Macht festgehalten werden. Damit es nämlich zu einer gewohnheitlichen Legitimierung von Herrschaftsdispositionen gewisser Personen oder Gruppen innerhalb eines Integrats kommen könne, müssen diese nachmaligen Herrschaftsträger die Gewohnheit gestartet haben. Irgendwann hat ein erster, auf keinerlei Vorbild oder Regel gestützter Dispositionsakt herrschaftlicher Art stattgefunden und konnte sich dann unter Duldung seitens der «Bevormundeten» durch Wiederholung zur Regelmäßigkeit befestigen» (290 f.).

Der erste Vorgang spielt sich z. B. ab zwischen einer prophetisch geleiteten Bewegung auf der einen Seite und der abseits stehenden «Restbevölkerung». Der zweite Fall ist gegeben bei der allmählichen Durchsetzung der sozialen Kontrolle innerhalb einer Wandergefolgschaft, wo es dem Gefolgschaftsführer gelingt, seine Leitungsbefugnisse in Situationen, in denen «äußere» Probleme gelöst werden müssen, durch die Befugnis zu Befehlen, welche die Beziehungen zwischen Mitgliedern der Gefolgschaft selbst regeln, zu erweitern.

8.2 Rückbildung (Reduktionseffekt)

Diese Auseinandersetzungen zwischen der Unterworfenen- und der Herrscher-Gruppe können zur Rückbildung des Herrschaftsgefälles führen. Die Rückbildung kann soweit gehen, daß eine bereits bestehende Zentralinstanz wieder verschwindet.
Den Begriff der «Rückbildung» hat Richard Thurnwald in die politische Ethnologie eingeführt. In einer seiner Typologien «herrschaftsloser Gemeinden» bezeichnet er einen Typ, der gekennzeichnet ist durch eine «Rückbildung von der Überschichtung oder von anderweitiger ethnischer Heterogenität durch rassische Mischung und kulturelle Angleichung zu relativer Homogenität, häufig mit dem Rest autoritären Häuptlingstums oder der Privilegierung einzelner Sippen...» (1935 IV: 240).
Diese Erläuterung des Begriffs Rückbildung läßt sich innerhalb unseres Samples mit Sicherheit auf die Tallensi anwenden.
Leider hat Meyer Fortes diesen Gesichtspunkt Thurnwalds in seinen Schriften über die Tallensi nicht berücksichtigt. Das Fehlen dieses Gesichtspunkts hängt (ganz unabhängig von der Frage, wieweit Fortes Thurnwalds *Menschliche Gesellschaft* gekannt hat) sicher mit dem der funktionalistischen Schule eigentümlichen prinzipiellen Verzicht auf historische Rekonstruktionen zusammen. Dabei finden sich in Rattrays Übersicht über die ghanesischen Nordterritorien genügend Beweise zur Stützung seiner Hypothese, daß in den Randzonen der Reiterkriegerinvasionen die zahlenmäßige Schwäche der Invasoren diese zur Assimilierung an die autochthone Kultur und zur Reduktion ihrer Herrschaftsansprüche, die nur wenige Prestigeunterschiede übrig ließ, zwang (1932: 549). Rattray führt insbeson-

dere die weitgehende oder völlige Aufgabe des Islams, insbesondere der durch die Angewiesenheit auf das Konnubium erzwungene Verzicht auf die Beschneidung an. Diese letztere Rückbildung belegt er mit der Aussage eines Namoo-Häuptlings:

> «We have now become Talense, we no longer circumcise, because the local people would not marry us» (343).

Eine andere Aussage präzisiert den von Peter von Werder als «genossenschaftliche Haltung» bezeichneten antiherrschaftlichen Widerstand:

> «All the people, except Winkongo and Sia rose against us, saying we were too proud» (341).

Daß im Obervoltagebiet eine antiherrschaftliche Einstellung der von Baumann (1940) altsudanisch genannten Bevölkerungsschicht die Rückbildung eines Zentralisierungsmusters beim Versuch seiner Realisierung in einer Randzone der Überlagerung, d. h. vor allem bei einem für die Invasoren ungünstigen numerischen Verhältnis, bewirkt hat, zeigt deutlich die Reaktion der Konkomba gegen die Dagomba. Sie mußten zwar vor dem feindlichen Druck einen Teil ihres Territoriums aufgeben, doch blieb ihnen jede Assoziation mit der fremden Gruppe und ihrer Zentralinstanz, auch das Titelhäuptlingtum, erspart.

Das Gleichheitsbewußtsein reagierte in dieser Region auch gegen die von der britischen Verwaltung eingesetzten Häuptlinge. In einer unverdächtigen Quelle, im District Record Book von Zuarugu heißt es:

> «The people look with suspicion on any who prospers and becomes the owner of property, or on any of their so-called ‹Chiefs›, who backed by us, ‹put on airs›, and try to assume control over the people. The Chiefs have no prestige, no historical names to quote as their predecessors» (R. Rattray 1932: 349).

Meyer Fortes berichtet, daß der reich gewordene *golibdaana* von Bunkiuk wie ein Mamprusihäuptling auftreten wollte. Vor der Kolonialzeit hätte er einen solchen Versuch kaum gewagt. Doch scheiterte er auch zu jenem Zeitpunkt sowohl an der Ablehnung der gewöhnlichen Mitglieder wie am Boykott der etablierten Häuptlinge (1945: 26).

Thurnwald erklärt die Rückbildung «durch rassische Mischung». In diesem Sinne wohl ist auch der von Peter von Werder (1939) auf die Mandingo angewandte Begriff «Rehomogenisierung (Verschmelzung) mit den Unterworfenen»⁶ zu verstehen. Mit diesem Begriff ist die ja auch in *Werden, Wandel und Gestaltung von Staat und Kultur* mehrfach auftauchende Vorstellung, daß politische Systeme durch rassische Begabungen determiniert würden, verbunden. Die biologische Vermischung von Eroberern und Unterworfenen führt dann zu einem Abbau des ursprünglichen Herrschaftssystems durch die Nivellierung der herrschaftlichen, organisatorischen Fähigkeiten, die Thurnwald als ein Privileg der Hirtenvölker betrachtet. Läßt man die Spekulation beiseite, so bleibt das Argument, daß durch das Internubium – die «rassische Mischung» wird dann als sozialer Prozeß gesehen – eine allgemeine kulturelle Angleichung der dominanten Gruppe an die Grundbevölkerung eingeleitet wurde. Zweifelsohne wird eine solche Angleichung durch das Internubium begünstigt, eine starre Abgrenzung von Herrschern und Unterworfenen durch eine entlang der Herrschaftslinie errichtete endogame Schranke begünstigt. Das Beispiel Bugundas zeigt aber, daß auch bei Internubium zwischen dominanter und Grundbevölkerung und der daraus folgenden Verwischung ethnischer Unterschiede ausgeprägte Herrschaftsorganisationen bestehen bleiben können⁷.

Als Ergänzung dieser Ausführungen über die Rückbildung füge ich zwei asiatische Fälle an, für die ich in dem von mir herangezogenen afrikanischen Material erst nach Abschluß des Manuskripts eine Entsprechung fand⁸.

Die repetitiven Rückbildungen bei den nordburmesischen Kachin zeigen uns erneut, welche Schwierigkeiten Prominente, die sich als Zentralinstanzen in einer akephalen Gesellschaft durchsetzen wollen, auch dann zu überwinden haben, wenn der Anschluß an ein fremdes Herrschaftssystem möglich ist und die Herrschaftsmuster und die technischen Informationen bereitgestellt oder aufgedrängt werden.

Bei den Kachin finden sich zwei politische Systeme: das akephale homogene Gumlao-System mit präferentieller matrilateraler Kreuzcousinenheirat und das durch starke Autorität von Gauhäuptlingen

---

⁶ Eine methodologische Kritik dieses Aufsatzes gibt W. Milke 1941.
⁷ Maquet deutet an, daß bereits die Verhinderung eines Kastensystems als Erfolg des egalitär motivierten Widerstandes der Grundbevölkerung zu bewerten ist (1961: 172).
⁸ Nach Leslie sind die bei Daressalam lebenden Zaramo aus dem Häuptlingswieder in das akephale Stadium zurückgekehrt.

und starke ökonomische Differenzierung ausgezeichnete Gumsa-System mit Hypogamie. Leach hat in seiner Studie *Political Systems of Highland Burma* den Nachweis versucht, daß aus dem Gumlao-System sich das Gumsa-System entwickelte. Andererseits begünstigte der Versuch von Gumsa-Häuptlingen, die *saohpa*-Rolle des aus der Ebene vorstoßenden zentralisierten, durch Kastenordnung bestimmten Shan-Systems zu übernehmen, die Gumlao-Revolte (223). Da das Shan-System nicht auf agnatischer Solidarität beruhte, sondern – wie bei den Swat-Pathanen – ständig zu Faktionsbildungen, in denen sich engverwandte Agnaten gegenüberstanden, führte, verloren die aufstiegsmobilen Gumsa-Häuptlinge die Unterstützung ihrer Verwandten, die im Shan-System von der Statuseinbuße bedroht waren. Solche Versuche einzelner Häuptlinge, sich und das eigene Einflußgebiet an das fremde zentralisierte System anzuschließen, führten mitunter freilich auch zum Erfolg. Das von Leach vorgelegte Material reicht nicht aus, um die Bedingungen zu formulieren, unter denen entweder Rückbildung oder Fortbildung des politischen Systems eines Territoriums erfolgte. Den ersten Fall kann man in der Terminologie von E. Vogt (1960) als zyklischen Wandel (repetitive change), den zweiten als Richtungswandel (directional change) bezeichnen[9]. Eine wichtige Form der Rückbildung ist der Rückgang einer monarchischen zur akephalen Organisation. In Chilas, einer Hindukusch-«Republik», fand Major Biddulph (1880: 16) die Überlieferung, daß «früher» ein Hindu-*raja* namens Chachai von Chilas aus über Shinhari herrschte, daß das Herrschaftsgebiet aber nach dem Tod des kinderlosen *raja* in die einzelnen Shinrepubliken zerfiel.
Beide Beispiele sollten uns also davor warnen, aus der Akephalie einer einfachen Gesellschaft zu schließen, daß es in diesen Gesellschaften nie ein Zentralinstanz-Stadium gegeben hat. Das Rückbildungskonzept überhaupt widerspricht dem traditionellen Evolutionismus. Schon unter einfachen technologischen Bedingungen und bei vergleichsweise kleinen Populationen dürfen wir keine einbahnige, gleichgerichtete historische Entwicklung von Herrschaftssystemen in allen einfachen Gesellschaften annehmen; vielmehr müssen wir unter multiplen Entwicklungssträngen und rückläufigen Prozessen die für eine quantitative Analyse wichtigsten isolieren.

---

[9] Vogts Aufsatz führt Ansätze von R. Firth (1954) fort.

8.3 Legitimitätsglauben (Sublimationseffekt)

Obwohl sich die Darstellung in erster Linie auf die Wirksamkeit des Gleichheitsbewußtseins in den Frühphasen der Zentralisierung konzentriert, soll doch mit Nachdruck das Weiterwirken antiherrschaftlicher Einstellungen und gesamtgesellschaftlicher Gleichheitsnormen auch in den hochentwickelten zentralisierten Systemen behauptet werden.

Als Beweis führe ich die für traditionale Gesellschaften typischen Bauernrevolten an; auch ein Teil der Adelsrevolten stützt diese These. Max Webers Aussage über die «traditionalistische Revolution»:

> «Dieser Widerstand richtet sich, wenn er entsteht, gegen die *Person* des Herrn (oder: Dieners), der die traditionalen Schranken der Gewalt mißachtete, nicht aber: gegen das System als solches (‹traditionalistische Revolution›)» (1956: 131),

gilt zwar für eine bestimmte, nämlich nicht antiherrschaftliche, Form der Revolte; sie charakterisiert aber keineswegs die Revolten in traditionalen Gesellschaften überhaupt. Als die aufrührerischen «Haufen» deutscher Bauern im 16. Jahrhundert nicht nur das «alte Recht», sondern das «göttliche Recht» forderten, stellten sie sich nicht mehr gegen einzelne Obrigkeiten, sondern gegen das ganze Herrschaftssystem überhaupt[10].

Die hier entwickelte Theorie des antiherrschaftlichen Affekts widerlegt zwar auf der einen Seite eine spezielle Aussage der Weberschen Herrschaftstheorie, andererseits verstärkt sie das Kernstück dieser Theorie, nämlich die Analyse des Legitimitätsglaubens. Soweit ich sehe, hat Max Weber keine Erklärung für die Existenz des Legitimitätsglaubens versucht. Die vorliegende Untersuchung ermöglicht eine Erklärung der Existenz von Legitimitätsvorstellungen überhaupt als Rechtfertigung gegen die antiherrschaftlichen Einstellungen (während Max Weber versuchte, verschiedene Legitimitätsvorstellungen bestimmten auch durch andere Merkmale unterschiedenen Herrschaftstypen zuzuordnen, und die Existenz eines bestimmten Legitimitätsglaubens aus der Ablehnung einer alternativen Herrschaftsform ableitete). Legitimitätsvorstellungen rechtfertigen nicht

---

[10] Vgl. das Buch von G. Franz, das die älteren, einseitig die Forderungen nach dem «alten Recht» hervorhebenden Darstellungen widerlegt.

nur die Sonderstellung bestimmter Individuen, sondern, und dies vor allem, Herrschaft schlechthin.
Die Immunisierung der Zentralinstanz und der Herrenschicht gegen die Virulenz des Gleichheitsbewußtseins kann außer durch Legitimitätsvorstellungen durch zwei andere Mechanismen erreicht werden: durch eine ständische Einschränkung des Geltungsbereichs von Gleichheitsnormen und durch die Verschiebung der durch die Verletzung dieser Normen erregten Affekte auf marginale Gruppen.

8.4 Pariagruppen (Projektionseffekt)

Ein wichtiger durch die Zentralisierung bedingter Wandel der Gleichheitsnormen besteht in der Einengung des Geltungsbereichs auf bestimmte soziale Schichten. Mechanismen, die im akephalen Stadium die Entstehung von Zentralinstanzen gehemmt haben, hemmen nun die Aufstiegsmobilen der eigenen Schicht. Zentralisierte Gesellschaften tendieren zur Ausprägung einer hierarchischen, mindestens dreischichtigen Sozialstruktur: Herrscherschicht, Gemeinenschicht, Unterschicht. Diese soziale Schichtung kann Kastencharakter erhalten, d. h. die Schichten werden endogame Gruppen.
Die endogame Tendenz in vorindustriellen Gesellschaften wird durch die Abschließung der Herrscherschicht gegen die Gemeinfreien im Interesse einer Beschränkung wirtschaftlicher und politischer Chancen induziert. Auch die Herausbildung von Schichten, die unter den Gemeinfreien stehen – Sklaven, Pariagruppen z. B. –, läßt sich auf die Zentralisierung zurückführen. Zentralinstanzen ziehen oft fremde Gruppen an sich, z. B. Königshandwerker, Künstler und Händler. Wie der Abschnitt über die Entstehung von Zentralinstanzen gezeigt hat, benutzen Zentralinstanzen die Mitglieder marginaler Gruppen als Erzwingungsstab, insbesondere für die niederen, aber wichtigen Aufgaben wie zwangsweise Vorführung vor Gericht und Vollzug physischer Sanktionen.
Der Überblick von Eike Haberland über *König und Paria in Afrika* (1964), ebenso wie die regionalen Monographien von Jensen, Haberland und Straube über die Altvölker Äthiopiens geben zahlreiche Beispiele für diese Sonderbeziehung. Die oben dargestellte Assoziation der Gauhäuptlinge bei den Mandari mit einzelnen Klienten

zeigt in nuce die Verschiebung von antiherrschaftlichen Affekten auf ein Mitglied des Erzwingungsstabes. Die antiherrschaftlichen Affekte erfahren eine Deformation, indem sie nicht gegen die hauptsächlichen Initiatoren und Nutznießer der Herrschaftsorganisation gerichtet werden, sondern gegen die niederen Befehlsempfänger – nicht der Richter, sondern der Scharfrichter wird verachtet – und gegen die Mitglieder anderer im Herrschaftsdienst stehender Gruppen, vor allem, wenn sie ethnisch nicht zur Grundschicht gehören. Aufgrund des hier verwandten Materials kann man vermuten, daß zwischen Zentralisierung und der Existenz marginaler Gruppen in einer Gesellschaft eine Interdependenzrelation [11] besteht. D. h. also: eine Zunahme des Zentralisierungsgrades einer Gesellschaft erhöht die Chance, daß sich marginale Gruppen bilden oder sich die soziale Lage bereits bestehender marginaler Gruppen in Richtung auf die Parialage verändert. Diese Aussage gilt sicher für die Gesellschaften mit niedrigem technischen Niveau. Für entwickelte Gesellschaften in hochkulturellen Regionen gelten nur noch kompliziertere Hypothesen [12]. Vor allem bedarf es aber eingehender Untersuchungen, welche die Behauptung zu prüfen haben, daß in einfachen Gesellschaften durch die Verschiebung der antiherrschaftlichen Affekte, die von der Zentralinstanz durch die Verletzung der Gleichheitsnormen induziert wurden, auf marginale, insbesondere Paria-Gruppen der Legitimitätsglaube, die Freiwilligkeit der Unterwerfung erhöht wird.

Ethnologische Untersuchungen über das Verhältnis von Zentralinstanzen und marginalen Gruppen untersuchen unter verhältnismäßig einfachen Bedingungen Vorgänge, die zur Infamierung und Verfolgung von Pariagruppen in Hochkulturen wie z. B. der Juden geführt haben. Die Anwendbarkeit der an Elementarmodellen gewonnenen Hypothesen auf das Antisemitismusproblem beweist erneut die Aktualität scheinbar esoterischer Theoreme.

All diesen Immunisierungsmechanismen zum Trotz haben sich die antiherrschaftlichen Gleichheitsnormen gehalten und sind, nachdem die europäischen Feudalgesellschaften Jahrhunderte lang die antiherrschaftlichen Bewegungen unterdrückt hatten, durch die modernen egalitären Bewegungen zu gesamtgesellschaftlich gültigen und die Legitimitätsvorstellungen prägenden Idealen geworden.

[11] Zum Begriff der Interdependenzrelation vgl. H. Zetterberg 1962: 83.
[12] Ich erinnere nur an die emanzipatorischen Maßnahmen des aufgeklärten Absolutismus, denen es gelang, fast alle unehrlichen Berufe zu verbürgerlichen.

Es bleibt die Aufgabe weiterer, ethnosoziologisch informierter Untersuchungen, die historische Kontinuität archaischer Gleichheitsvorstellungen und ihre Umformung im modernen Egalitarismus darzustellen.

Alphabetisches Literaturverzeichnis

Abkürzungen:

APS = African political systems ed. Fortes and Evans-Pritchard. London 1940
TWR = Tribes without rulers ed. Middleton and Tait. London 1958
ASKM = African systems of kinship and marriage ed. Radcliffe-Brown and Forde. London 1950
ESA = Ethnographic survey of Africa ed. Forde. London
HRAF = Human relations area files (Mikrofilm-Edition) New Haven

Zeitschriften:

A = Africa
AA = American anthropologist
ASR = American sociological review
JRAI = Journal of the royal anthropological institute
KZS = Kölner Zeitschrift für Soziologie und Sozialpsychologie
SNR = Sudan notes and records
ZfE = Zeitschrift für Ethnologie

Abraham R. 1933 HRAF – Tiv: The people. Lagos
Adorno T. et al. 1950: The authoritarian personality. New York
Akiga 1939 HRAF – Tiv: Akigas Story: The Tiv tribe as seen by one of its members. London
Baldus H. 1939: Herrschaftsbildung und Schichtung bei Naturvölkern Südamerikas. In: Archiv für Anthropologie 25
Banton M. 1953: The social groupings of some West African Workers in Britain. In: Man 53
Barnes J. 1954: Politics in a changing society. London
– 1955: Seven types of segmentation. In: The Rodes-Livingstone journal 17
– 1962: African models in the New Guinea highlands. In: Man 62
Barth F. 1959 a: Political leadership among Swat Pathans. London

– 1959 b: Segmentary opposition and the theory of games; a study of Pathan organization. In: JRAI 89
Baumann H. 1928: Likundu. Die Sektion der Zauberkraft. In: ZfE 60
–, *Westermann*, *Thurnwald* 1940: Völkerkunde von Afrika. Essen
Bengtson H. 1960: Griechische Geschichte (Handbuch der Altertumswissenschaft III. 4). München
Bennett J. 1946: The interpretation of Pueblo culture: a question of values. In: Southwestern journal of anthropology 2
Bernardi B. 1952: The age-system of the Nilo-Hamitic peoples: A critical evaluation. In: A 22
Bernatzik H. (ed.) 1947: Afrika. Handbuch der angewandten Völkerkunde. 2 Bde. Innsbruck
Bohannan L. 1952: A genealogical charter. In: A 22
– 1958: Political aspects of Tiv social organization. In: TWR
– 1960: The frightened witch. In: Casagrande (ed.): In the company of man. New York
Bohannan P. HRAF – Tiv: Tiv farm and settlement. London 1954
– 1957: Justice and judgment among the Tiv. London
– 1958: Extra-processual events in Tiv political institutions. In: AA 60
– (ed.) 1960: African homicide and suicide. Princeton
–, *Dalton G.* (ed.) 1962: Markets in Africa. Chicago
Bohannan L. and P. 1953: The Tiv of Central Nigeria. ESA
– HRAF – Tiv: Three source notebooks in Tiv ethnography. ungedr. Manuskript 1958
Bolte K. und *Kappe D.* 1965: Struktur und Entwicklung der Bevölkerung. Opladen
Bosl K. 1957: Staat, Gesellschaft, Wirtschaft im deutschen Mittelalter. In: Gebhardt B.: Handbuch der deutschen Geschichte. ed. Grundmann H. Stuttgart
Brown P. 1951: Patterns of authority in West Africa. In: A 21
Brunner O. 1959: Land und Herrschaft. Grundfragen der territorialen Verfassungsgeschichte Österreichs im Mittelalter. Wien–Wiesbaden
Buxton J. 1958: The Mandari of the southern Sudan. In: TWR
– 1963: Chiefs and strangers. A study of political assimilation among the Mandari. Oxford
Colson E. 1948: Modern political organization of the plateau Tonga. In: African studies 7
– 1953: Social control and vengeance in plateau Tonga society. In: A 23
– 1956: Besprechung von Fortes 1949: The web of kinship among the Tallensi. In: African studies 9
Crazzolara J. 1953: Zur Gesellschaft und Religion der Nuer. Wien–Mödling
Dahrendorf R. 1961 a: Über den Ursprung der Ungleichheit unter den Menschen. Tübingen
– 1691 b: Gesellschaft und Freiheit. München
– 1964: Amba und Amerikaner: Bemerkungen zur These der Universalität von Herrschaft. In: Europäisches Archiv für Soziologie 5
Dannenbauer H. 1956: Adel, Burg und Herrschaft bei den Germanen. In: Kämpf
Davis K. 1949: Human society. New York
– and *Moore W.:* Some principles of stratification. In: Davis 1949

LITERATURVERZEICHNIS

Dittmer K. 1959: Afrika, Allgemeines. In: Völkerkunde (ed.) Tischner
- 1960: Die sakralen Häuptlinge der Gurunsi im Obervolta-Gebiet und die feudalen Fürstentümer im Sudan. In: Tribus 9
- 1961: Die sakralen Häuptlinge der Gurunsi im Obervolta-Gebiet. Mitteilungen aus dem Museum für Völkerkunde in Hamburg 27

Downes R. HRAF – Tiv: The Tiv tribe. Kaduna 1933

Driberg J. 1931: Yakan. In: JRAI 61

Dundas K. 1913: The Wawanga and other tribes of the Elgon District, British East Africa. In: JRAI 43

Durkheim E. 1902: De la division du travail social. Paris
- 1956: Les règles de la méthode sociologique. Paris

East R. (ed.) HRAF – Tiv: Akiga's story: The Tiv tribe seen by one of its members. 1939
(Die Kommentare Easts werden zitiert als East HRAF)

Eberhard W. 1949: Der Prozeß der Staatenbildung bei mittelasiatischen Nomadenvölkern. In: Forschungen und Fortschritte 25

Edel M. Mandelbaum 1957: The Chiga of Western Uganda. New York/Toronto

Eisenstadt S. 1956: From generation to generation – age groups and social structure. Glencoe
- 1959: Primitive political systems: A preliminary comparative analysis. In: AA 61
- 1961: Anthropological studies of complex societies. In: Current anthropology 2

Elias T. 1956: The nature of African customary law. Manchester

Engels F. 1962: Der Ursprung der Familie, des Privateigentums und des Staats. In: Karl Marx, F. Engels: Werke Bd. 21. Berlin

Evans-Pritchard E. HRAF – Nuer: The Nuer, tribe and clan. In: SNR 1933
- 1937: Witchcraft, oracles and magic among the Azande. Oxford
- 1938: Some aspects of marriage and the family among the Nuer. In: Zeitschrift für vergleichende Rechtswissenschaft 52
- 1940: The Nuer of the Southern Sudan. In: APS
- 1940a: The Nuer. A Description of the modes of livelihood and political institutions of a Nilotic people. Oxford
- 1940b: The political system of the Anuak of the Anglo-Egyptian Sudan. London
- 1940c: The political structure of the Nandi-speaking peoples of Kenya. In: A 13
- 1947: Further observations on the political system of the Anuak. In: SNR 62
- 1948: The divine kingship of the Shilluk of the Nilotic Sudan. Cambridge
- 1950: Nilotic studies. In JRAI 80
- 1951: Kinship and marriage among the Nuer. Oxford
- 1953: The character of the Nuer. In: Primitive heritage (ed.) Mead M. and Calas N. New York
- 1956: Nuer Religion. Oxford

Evans-Pritchard et al. 1959: The institutions of primitive society. Oxford

Evans-Pritchard E. and *Fortes M.* 1940: Introduction zu APS

Fallers L. 1960: Besprechung von TWR. In: A 30
- 1963: Political sociology and the anthropological study of African politics. In: Europäisches Archiv für Soziologie 4

LITERATURVERZEICHNIS

Firth R. 1951: Besprechung von Fortes M. 1949: The web of kinship among the Tallensi. In: A 21
- 1955: Some principles of social organization. In: JRAI 85
- 1954: Social organization and social change. In: JRAI 84
- 1957: An note on descent groups in Polynesia. In: Man 57
- (ed.) 1957: Man and culture. An evaluation of the work of Bronislaw Malinowski. London

Forde D. 1939: Government in Umor: A study of social change and problems of indirect rule in a Nigeria village community. In: A 12
- 1950a: Ward organization among the Yakö. In: A 20
- 1950b: Double descent among the Yakö. In: ASKM
- (ed.) 1954: African worlds. Studies in the cosmological ideas and social values of African peoples. London

Fortes M. 1936: Ritual festivities and social cohesion in the Hinterland of the Gold Coast. In: AA 38
- HRAF – Tallensi: Social and psychological aspects of education in Taleland. 1938
- 1945: The dynamics of clanship among the Tallensi. London
- 1949: The web of kinship among the Tallensi. London
- 1953: The structure of unilineal descent groups. In: AA 55
- 1959: Descent, filiation and affinity. A rejoinder to Dr. Leach. In: Man 59
- (ed.) 1963: Social structure. Studies presented to A. R. Radcliffe-Brown. New York
- Time and social structure: An Ashanti case. In: 1963

Fortes M. and *Evans-Pritchard E.* 1940: Introduction zu APS

Franz G. 1965: Der deutsche Bauernkrieg. Darmstadt

Frazer J. 1963: The golden bough. A study in magic and religion. Part III: The dying god. London

Fried M. 1957: The classification of corporate unilineal descent groups. In: JRAI 87
- 1959: Readings in anthropology. Bd. II: Readings in cultural anthropology. New York

Froelich J. 1954: La tribu Konkomba du Nord Togo. Dakar

Geiger T. 1947: Vorstudien zu einer Soziologie des Rechts. Kopenhagen

Genzmer F. 1950: Die germanische Sippe als Rechtsgebilde. In: Zs der Savigny-Stift. f. Rechtsgesch. Germ. A. 67

Gierke O. v. 1868: Das deutsche Genossenschaftsrecht Bd. I: Rechtsgeschichte der deutschen Genossenschaft. Berlin

Gluckman M. 1940: The kingdom of the Zulu of South Africa. In: APS
- 1947: An advance in African sociology. In: African studies 6
- 1959a: The origins of social organization. In: Fried 1959 Readings ...
- 1959b: Custom and conflict in Africa. Oxford
- 1959c: Political institutions. In: Evans-Pritchard: The institutions ...
- 1963: Order and rebellion in tribal Africa. London
- Rituals of rebellion in South-East Africa. In: 1963

Goll W. 1955: Clans und Königtum in Zwischenseengebiet Ostafrikas. phil. Diss. (ungedr. Ms.). Mainz

Goody J. 1956: The social organization of the Lo Wiili. London

LITERATURVERZEICHNIS

- 1957: Fields of social control among the Lo Dagaba. In: JRAI 87
- 1961: The classification of double descent systems. In: Current anthropology 2

Gulliver P. 1952: The Karamajong cluster. In A 22
- 1963: Social control in an African society. London

Gulliver P. and *P.* 1953: The central Nilo-Hamites. E.S.A. London

Gurvitch G. 1953: Sociology of law. London

Haberland E. 1963: Galla Süd-Äthiopiens. Stuttgart
- 1964: König und Paria in Afrika. In: ZfE 89

Harris R. 1962: The political significance of double unilineal descent. In: JRAI 92

Hempel C. 1952: Problems of concept and theory formation in the social sciences. In: Science, language and human rigths. ed. American Philosophical Association Eastern Division, 1, Philadelphia
- 1959: The logic of functional analysis. In: Symposium on sociological theory ed. Llewellyn Gross. Evanston

Herskovits M. 1958: The ahistorical approach to Afroamerican studies. A critique. In: AA 60

Hirschberg W. 1954: Die Völker Afrikas. In: Bd. I von: Die neue große Völkerkunde. ed. Bernatzik H. Frankfurt

Hobbes T. 1962: Leviathan. London

Hocart A. 1937: Kinship systems. In: Anthropos 32

Hoebel E. 1954: The law of primitive man. A study in comparative legal dynamics. Cambridge

Hofmayr W. 1925: Die Schilluk. Geschichte, Religion und Leben eines Nilotenstammes. Nach P. Banholzers F. S. C. und eigenen Aufzeichnungen dargestellt. Wien-Mödling

Homans G. 1962: Sentiments and activities. Essays in social science. New York

Homans G. and *Schneider D.* 1955: Marriage, authority, and final causes. Glencoe. Zitiert nach Homans 1962

Homans G. and *Riecken H.* 1954: Psychological aspects of social structure. In: Lindzey G. (ed.): Handbook of social psychology, 2 Bde. Reading

Howell P. 1948: Pyramids in the upper Nile region. In: Man 48
- 1951: Notes on the Ngohr Dinka of Western Kordofan. In SNR 32
- 1952 a: Observations on the Shilluk of the upper Nile. The laws of homicide and the legal functions of the Reth. In: A 22
- 1952 b: The death and burial of Reth Wad Fadiet. In: SNR 33
- 1954: A manual of Nuer law. London

Howell P. and *Lewis B.* 1947: Nuer ghouls: a form of witchcraft. In: SNR 28

Howell P. and *Udal J.* 1953: The election and installation of Reth Kur Wad Fafiti of the Shilluk. In: SNR 34

Huffman R. HRAF – Nuer: Nuer customs and folklore. London 1931

Huntingford G. 1931: Free hunters, Serf-tribes and submerged classes in East Africa. In: Man 31
- 1953: The northern Nilo-Hamites. ESA London
- 1953: The southern Nilo-Hamites. ESA London

Hutton J. 1963: Caste in India. Bombay

Jeffreys M. 1949: Besprechung von Evans-Pritchard 1948: The divine kingship of the Shilluk. In: African studies 8

Jensen A. (ed.) 1959: Altvölker Süd-Äthiopiens. Stuttgart

LITERATURVERZEICHNIS

Jettmar K. 1957: Heidnische Religionsreste im Hindukusch und Karakorum. In: Wissenschaft und Weltbild
- 1960a: Megalithensystem und Jagdritual bei den Dardvölkern. In: Tribus 9
- 1960b: Soziale und wirtschaftliche Dynamik bei asiatischen Gebirgsbauern (NW-Pakistan). In: Sociologus N. F. 10

Kämpf H. (ed.) 1956: Herrschaft und Staat im Mittelalter. Darmstadt
Kaufmann H. 1962: Aufstand in Toro. In: FAZ 21. 9. 1962
- 1963: Kämpfe in den Mondbergen. In: FAZ 9. 3. 1963

Krige J. 1959: Besprechung von Bohannan P. 1957: Justice and judgment among the Tiv. In: African Studies 18
Kempski J. v. 1964: Zur Logik der Ordnungsbegriffe, besonders in den Sozialwissenschaften. In: Albert H. (ed.): Theorie und Realität. Tübingen
Kirchhoff P. 1955: The principles of clanship in human society. In: Fried 1959
Köhler O. 1950: Die Ausbreitung der Niloten. Beiträge zur Gesellungs- und Völkerwissenschaft. Festschrift Thurnwald. Berlin
König R. (ed.) 1962: Handbuch der Empirischen Sozialforschung Bd. I. Stuttgart
Koppers W. 1963: L'origine de l'etat. Un essai de méthodologie. in: Actes du VIe congrès des sciences anthropologiques et ethnologiques Paris 1960. Paris
Labouret H. 1934: Les Manding et leur langue. Paris
La Fontaine J. 1959: The Gisu of Uganda. ESA
Langness L. 1964: Highlands New Guinea Social structure: A recapitulation. In: Actes du VIIe congrès des sciences anthropologiques et ethnologiques Moskau (hektographiertes Ms.)
Leach E. 1954: Political systems of Highland Burma. A study af Kachin social structure. London
- 1963: Rethinking anthropology. London

Leakey L. 1955: Defeating Mau Mau. London
Lepsius M. 1961: Ungleichheit zwischen Menschen und soziale Schichtung. In: König R. und Glass D. 1961
Leslie J. A. K. 1963: A survey of Dar es Salaam. London
Le Vine R.: Wealth and Power in Gusiiland. In: Bohannan and Dalton 1962
Lewis B. 1951: Nuer spokesmen. In: SNR 32
Lewis B. and Howell P. 1947: Nuer ghouls: a form of witchcraft. In: SNR 28
Lewis I. 1959: The classification of African political systems: a review article (Tribes without rulers). In: Human problems of British Central Africa 25
- 1961: A pastoral democracy. A study of pastoralism and politics among the Northern Somali of the Horn of Africa. London

Lienhardt G. 1951: Some notions of witchcraft among the Dinka. In: A 21
- The Shilluk of the upper Nile. In: Forde 1954
- 1958: The Western Dinka: In: TWR
- 1961: Divinity and experience. The religion of the Dinka. Oxford
- 1964: On the concept of objectivity in social anthropology. In: JRAI 94

Locke J. 1952: The second treatise of government. (ed.) Peardon. New York
Löffler L. 1962: Familien- und Verwandtschaftsstrukturen. In: ZfE 87
Löffler R. 1963: Soziale Stratifikation im südlichen Hindukusch und Karakorum. Phil. Diss. (ungedr. Ms.). Mainz
Lowie R. 1927: The origin of the state. New York

LITERATURVERZEICHNIS

- 1948: Some aspects of political organization among American aborigines. In: JRAI 78
- 1949: Social organization. New York

Lynn C. HRAF – Tallensi: Agriculture in North Mamprusi in: Gold Coast Department of agriculture bulletin 34. Accra 1937

Mac Iver R. 1948: The web of government. New York

Mackenroth G. 1953: Bevölkerungslehre. Theorie, Soziologie und Statistik der Bevölkerung. Berlin, Göttingen, Heidelberg
- 1955: Bevölkerungslehre in: Soziologie ed. Gehlen und Schelsky. Düsseldorf, Köln

Maine H. 1861: Ancient law. London

Mair L. 1957: Studies in applied anthropolgy. London
- 1962: Primitive Government. Harmondsworth
- 1963: Some current terms in social anthropology. In: British Journal of Sociology 14

Malinowski B. 1944: A scientific theory of culture and other essays. Chapel Hill
- 1959: Crime and costum in savage society. London

Maquet J. 1961: The premise of inequality in Ruanda. London

Marno E. 1874: Reisen im Gebiete des blauen und weißen Nil. Wien

Marwick M. 1950: Another modern anti-witchcraft movement in East Central Africa. In: A 20
- 1952: The social context of Cewa witch beliefs. In: A 22

Mayer P. 1949: The lineage principle in Gusii society. London
- 1956: Gusii bridewealth law and custom. London

Mc Clelland D. 1961: The achieving society. New York

Meinhof C. 1938: Die Entstehung der Bantusprache. In: ZfE 70

Merker M. 1904: Die Masai. Ethnographische Monographie eines ostafrikanischen Semitenvolkes. Berlin

Merton R. (ed.) 1960: Sociology today. New York

Middleton J. 1955: Notes on the political organization of the Madi of Uganda. In: African studies 14
- 1958: The political system of the Lugbara of the Nile-Congo divide. In: TWR
- 1960: Lugbara religion. Ritual and authority among an East African people. London
- 1962: Trade and markets among the Lugbara of Uganda. In: Bohannan and Dalton 1962

Middleton J. and Tait D. 1958: Introduction zu TWR

Milke W. 1941: Staatstypus und Verwandtschaftsterminologie. In: ZfE 73

Mitteis H. 1955: Der Staat des hohen Mittelalters. Weimar

Mofolo T. 1953: Shaka der Zulu. Zürich

Montesquieu C. 1956: De l'esprit des lois. ed. Truc G. 2 Bde. Paris

Mühlmann W. 1938: Staatsbildung und Amphiktyonie. Stuttgart
- 1940: Krieg und Frieden. Ein Leitfaden der politischen Ethnologie. Heidelberg
- 1952: Aspekte einer Soziologie der Macht. In: Archiv für Rechts- und Sozialphilosophie 40
- 1956a: Ethnologie als soziologische Theorie der interethnischen Systeme. In: KZS 8
- 1956b: Umrisse und Probleme einer Kulturanthropologie. In: Homo 8

- 1956c: Vorkapitalistische Klassengesellschaften. Beiträge zur ethnographischen Kasuistik. In: ZfE 81
- 1957: Besprechung von Geiger 1947: Vorstudien zu einer Soziologie des Rechts. In: ARSP 43
- 1961: Chiliasmus und Nativismus. Berlin
- 1962: Homo Creator. Abhandlungen zur Soziologie, Anthropologie und Ethnologie. Wiesbaden
- 1964: Rassen, Ethnien, Kulturen. Neuwied, Berlin
- 1965: Max Weber und der Begriff der Paria-Gemeinschaften. In: Max Weber und die Soziologie heute. Verhandlungen des fünfzehnten deutschen Soziologentages. Tübingen

Müller E. W. 1955: Das Fürstentum bei den Südwest-Móngo (Belgisch-Kongo). Mainz phil. Diss. ungedr. Ms.
- 1956: Soziologische Terminologie und soziale Organisation der Ekonda. In: ZfE 81
- 1957a: Le rôle social du «Nkumu» chez les Ekonda. In: Problèmes d'Afrique Centrale. Bruxelles
- 1957b: Eine Zentralafrikanische Herrschaftsinstitution in idealtypologischer Betrachtung. In: Archiv für Rechts- und Sozialphilosophie 43
- 1959c: Versuch einer Typologie der Familienformen. In: KZS 11
- 1959b: Die Anwendung der Murdock'schen Terminologie auf Feldergebnisse (Ekonda, Belg.-Kongo). In: Mitteilungen der Anthropologischen Gesellschaft in Wien
- 1959c: Typologischer Vergleich von drei afrikanischen Herrschaftsformen. Vortrag vor der Fachschaft Ethnosoziologie der DGS in Berlin. ungedr. Ms.
- 1959d: Traditionale und charismatische Elemente in indigenen Herrschaftsformen. In: Verhandlungen des 14. Deutschen Soziologentages 20.–24. 5. 1959. Stuttgart
- 1959e: Besprechung von Elias: The nature of African customary law. In: Archiv für Rechts- und Sozialphilosophie 45
- 1960: Familienstrukturen. Eine Antwort an C. A. Schmitz. Vortrag vor der Fachschaft Ethnosoziologie der DGS. Mainz. ungedr. Ms.
- 1961: Moderne Wandlungen im afrikanischen Bodenrecht. In: Zeitschrift für vergleichende Rechtswissenschaft 63
- 1962: Rechtsethnologie. Problematik des Gebrauchs juristischer Kategorien bei der Aufnahme und bei der Kodifizierung von Eingeborenenrecht. In: Deutsche Landesreferate zum VI. Internationalen Kongreß für Rechtsvergleichung in Hamburg. Sonderveröffentlichung von Rabels Zeitschrift für ausländisches und internationales Privatrecht.

Murdock G. 1949: Social structure. New York
- 1955: Changing emphases in social structure. In: Southwestern journal of anthropology 11
- 1957: World ethnographic sample. In: AA 59
- 1959: Africa. Its peoples and their culture history. New York

Nachtigall H. 1958: Das sakrale Königtum bei Naturvölkern und die Entstehung früher Hochkulturen. In: ZfE 83

Nadel S. 1954: Caste and government in primitive society. In: Journal of the anthropological society of Bombay

LITERATURVERZEICHNIS

– 1957: The theory of social structure. London
Nagel E. 1952: Symposium: Problems of concept and theory formation in the social sciences. In: Science, language, and human rights ed. American Philosophical Association Eastern Division 1. Philadelphia
– 1961: The structure of science. Problems in the logic of scientific explanation. London
Neumann G. 1932: Die genossenschaftliche Gesellschaftsform der nordamerikanischen Indianer. In: ZfE 64
Nicolas F. 1952: La question de l'ethnique ‹Gourounsi› en Haute-Volta. In: A 22
Nippold W. 1956: Über die Anfänge des Staatslebens bei den Naturvölkern. In: ZfE 81
Oberg K. 1940: The kingdom of Ankole in Uganda. In: APS
Oosterwal G. 1963: Die Papua. Stuttgart
Parsons T. 1960: Malinowski and the theory of social systems. In: Firth 1960
Peters E. 1960: The proliferation of segments in the lineage of the Bedouin in Cyrenaica. In: JRAI 90
Pitt-Rivers J. 1960: The egalitarian society. In: Actes du VIe congrè international des sciences anthropologiques et ethnologiques Paris
Popitz H. 1961: Soziale Normen. In: Europäisches Archiv für Soziologie 2
Popper K. 1935: Logik der Forschung. Zur Erkenntnistheorie der modernen Naturwissenschaft. Wien
Pospisil L. 1958: Kapauku Papuans and their law. New Haven
– 1963: The Kapauku Papuans of West New Guinea. New York
Radcliffe-Brown A. 1940: Preface zu APS
– 1949: Functionalism: A protest. In: AA 51
– 1950a: Introduction zu ASKM
– 1950b: Sanction, social. In Encyclopaedia of the social sciences. New York
– 1952: Structure and function in primitive society. London
– 1957: Primitive Law. In: Encyclopaedia of the social sciences. New York
Rattray R. 1932: The tribes of the Ashanti Hinterland. 2 Bde. Oxford
Redfield R. 1947: The folk society. In: Fried M. 1959
Recktenwald J. 1963: Woran hat Adolf Hitler gelitten? München
Richards A. 1940: The political system of the Bemba tribe – North-Eastern Rhodesia. In: APS
– 1950: Some types of family structure among the Central Bantu. In: ASKM
– 1960a: East African chiefs. London
– 1960b: Social mechanisms for the transfer of political rights in some African tribes. In: JRAI 90
Roscoe J. 1924: The Bagesu and other tribes of the Uganda protectorate. Cambridge
Rousseau J. 1956: Du contrat social ou principes du droit politique. Discours sur l'origine de l'inégalité parmi les hommes. Paris
Sahlins M. 1958: Social stratification in Polynesia. Seattle
– 1961: The segmentary lineage: An organization of predatory expansion. In: AA 63
Schapera J. 1940: The political organization of the Ngwato of Bechuanaland protectorate. In: APS
– 1956: Government and politics in tribal societies. London

LITERATURVERZEICHNIS

Schilde W. 1929: Die afrikanischen Hoheitszeichen. In: ZfE 61
- 1947: Die Niloten und ihre Nachbarn. In: Bernatzik 1947
Schlesier E. 1958: Zur Terminologie der postnuptialen Residenz. In: ZfE 83
Schlesinger W.: Herrschaft und Gefolgschaft in der germanisch-deutschen Verfassungsgeschichte. In: Kämpf 1956
Schlosser K. 1962: Propheten in Afrika. Eine Untersuchung der religiösen und sozialpsychologischen Hintergründe des Auftretens der Propheten und ihrer Bewegungen. Braunschweig
Schmitt C. 1932: Der Begriff des Politischen. Berlin
Schmitz C. 1959a: Erweiterte Familie, Großfamilie und Klan. Eine Antwort an E. W. Müller. In: KZS 11
- 1959b: Linie und Sippe. In: Verhandlungen des 14. deutschen Soziologentages. Stuttgart
Schneider D. und *Homans G.* 1955: Marriage, authority and final causes. A study of unilateral crosscousin-marriage. Glencoe
Schumpeter J. 1953: Die sozialen Klassen im ethnisch homogenen Milieu. In: Aufsätze zur Soziologie. Tübingen
Sigrist C. 1962: Über das Fehlen und die Entstehung von Zentralinstanzen in segmentären Gesellschaften. In: ZfE 87
- 1964a: Besprechung von Mair: Primitive government. In ZfE 89
- 1964b Besprechung von J. Buxton: Chiefs and strangers: In Tribus 13
- 1964c: Die Amba und die These der Universalität von Herrschaft. Eine Erwiderung auf einen Aufsatz von R. Dahrendorf. In: Europäisches Archiv für Soziologie 5
- 1965: Max Weber und der heutige Stand der Pariaforschung. In: Max Weber und die Soziologie heute. Tübingen
Simmel G. 1958: Soziologie. Berlin
Smith M. G. 1956: On segmentary lineage systems. In: JRAI 86
Snoy P. 1962: Die Kafiren. Formen der Wirtschaft und geistigen Kultur. Phil. Diss. Frankfurt
Southall A. 1956: Alur society. Cambridge
- 1959: Besprechung von Edel 1957: The Chiga ... In: African studies 18
- 1960: Besprechung von La Fontaine 1959: The Gisu of Uganda. In: African studies 19
Spencer H. 1870: A system of synthetic philosophy. Bd. I: First principles. London
Stegmüller W. 1958: Wissenschaftstheorie. In: Fischer-Lexikon: Philosophie. ed. Diemer und Frenzel. Frankfurt
Straube H. 1963: Westkuschitische Völker Süd-Äthiopiens. Stuttgart
Sulzmann E. 1959: Bokopoherrschaft der Bolia. In: Archiv für Rechts- und Sozialphilosophie 45
Tait D. 1958: The territorial pattern and lineage system of Konkomba. In: TWR
- 1961: The Konkomba of Northern Ghana. London
Tait and *Middleton* 1958: Introduction zu TWR
Taylor B. 1962: The Western Lacustrine Bantu. ESA
Thukydides 1957: Der peloponnesische Krieg. Bremen
Thurnwald H. 1950: Richard Thurnwald – Lebensweg und Werk. In: Thurnwald R.: Beiträge 1950

LITERATURVERZEICHNIS

Thurnwald R. 1924: Auszeichnung. In: Real-Lexikon der Vorgeschichte Bd. I. Berlin
- Die menschliche Gesellschaft in ihren ethnosoziologischen Grundlagen. 5 Bde. Berlin:
  - 1934: Band V: Werden, Wandel und Gestaltung des Rechtes
  - 1935: Band IV: Werden, Wandel und Gestaltung von Staat und Kultur
  - 1950: Beiträge zur Gesellungs- und Völkerwissenschaft. Prof. Dr. Richard Thurnwald zu seinem achtzigsten Geburtstag gewidmet. Berlin
  - 1951: Des Menschgengeistes Erwachen, Wachsen und Irren. Berlin
  - 1957: Grundfragen menschlicher Gesellung. Berlin

Tocqueville A. de 1951: De la démocratie en Amérique ed. Mayer J. 2 Bde. Paris

Topitsch E. 1958: Vom Ursprung und Ende der Metaphysik. Wien

Tumin M. 1953: Some principles of stratification: A critical analysis. In: ASR 18

Vedder H. 1923: Die Bergdama. 2 Bde. Berlin

Velzen H., Thoden van and *Wetering W.* 1960: Residence, power groups and intra-societal aggression. In: International archives of ethnography 49. Leiden

Vogt J. 1955: Römische Geschichte. Erste Hälfte: Die römische Republik. Freiburg

Vogt E. 1960: On the concepts of structure and process in cultural anthropology. In: AA 62

Volhard E. 1939: Kannibalismus. Stuttgart

Wagner G. 1939a: Die traditionelle und die moderne Familie bei den Bantu-Kavirondo. In: Archiv für Anthropologie N. F. 25
- 1939b: Reifeweihe bei den Bantustämmen Kavirondos und ihre heutige Bedeutung. In: Archiv für Anthropologie N. F. 25
- 1940: The political organization of the Bantu of Kavirondo. In: APS
- 1947: Kenia. In: Bernatzik 1947 Bd. II
- 1949: The Bantu of North Kavirondo. Bd. I. London
- 1951: The Bantu of North Kavirondo, Bd. II. London

Weber M. 1956: Wirtschaft und Gesellschaft. 2 Bde. Tübingen

Werder P. v. 1938a: Sozialgefüge in Westafrika. Eine ethnosoziologische Untersuchung über Frühformen der sozialen und staatlichen Organisation im Westsudan. In: Zeitschrift für vergleichende Rechtswissenschaft 52
- 1938b: Sozialgefüge in Westafrika. Eine ethnosoziologische Untersuchung über Hochformen der sozialen und staatlichen Organisation im Westsudan. Beilageheft zur Zeitschrift für vergleichende Rechtswissenschaft 52
- 1939: Staatstypus und Verwandtschaftssystem. In: A 12

Westermann D. (ed.) 1942: Afrikaner erzählen ihr Leben. Essen
- 1952: Geschichte Afrikas. Staatenbildungen südlich der Sahara. Köln

Wilson M. 1950: Nyakyusa kinship. In: ASKM
- 1951: Witch beliefs and social structure. In: American journal of sociology 56

Winter E. 1955: Bwamba economy. The development of a primitive subsistence economy in Uganda. Kampala
- 1956: Bwamba: A structural-functional analysis of a patrilineal society. Cambridge
- The aboriginal political structure of Bwamba. In: TWR

Wittfogel K. 1963: Oriental despotism. New Haven, London

Wolfe A. 1959: The dynamics of the Ngombe segmentary system. In: Continuity and change in African cultures. Ed. Bascon and Herskovits. Chicago

Erklärung einiger ethnologischer Begriffe

Im folgenden werden Fachausdrücke, die Nichtethnologen vielleicht nicht geläufig sind und die in der ersten Auflage als bekannt vorausgesetzt wurden, erläutert. Bei Begriffen, die bei ihrer ersten Erwähnung nicht erklärt werden, wird auf die Stelle im Text verwiesen, wo dies geschieht.

Seite		
16	akephale Gesellschaften	s. S. 27
16	segmentär	s. S. 21 ff.
16	Gentilverfassung	gesellschaftliche Ordnung wird durch Geschlechtsverbände bestimmt
18	endogene Entstehung von Herrschaften	Entstehung von H. durch innergesellschaftl. Entwicklungen
	exogene Entstehung von Herrschaften	Entstehung von H. durch Einwirkung von außen
22	lineare Serie	(nach Durkheim) eine Reihe von Verwandtschaftsgruppen, die nicht in eine genealogische Hierarchie integriert sind
22	Synoikismos	(griech.) Gründung einer politischen Einheit durch Zusammensiedlung vorher unverbundener Gruppen
32	segmentäre Dynamik	s. S. 45
32	komplementäre Opposition	s. S. 47
32	Kontraposition	s. S. 47
35	Primogenitur	Erbfolge: der Erstgeborene übernimmt die Vaterposition
36	diskontinuierliche Abstammungsgruppe (UDG = Unilineare Deszendenz-Gruppe)	endet mit dem Tod ihres Begründers (Beispiel: Großfamilie)
	kontinuierliche Abstammungsgruppe	eine sich von Generation zu Generation erweiternde UDG, die auf der gedachten Einheit der Nachkommen eines Ahnen beruht (Beispiel lineage)

BEGRIFFSERKLÄRUNGEN

Seite		
36	disjunktiv	wechselseitig sich ausschließend
37	affinale Beziehungen	durch Heirat begründete B.
39	dyadische Segmentation	Tendenz sozialer Einheiten, sich in jeweils zwei Segmente zu untergliedern
40	schismogenetischer Faktor	F. der Aufspaltung sozialer Einheiten
41	Ethnogenese	Entstehung eines Ethnos (Stamm, Volk) durch Verschmelzung kleinerer Gruppen
41	Ethnogonie	legendärer Bericht über eine bestimmte Ethnogenese
42	Patrilinearität	Abstammungsrechnung in männlicher Linie
	patrilineare Gesellschaft	Ges., in der Patrilinearität die dominante Abstammungsrechnung ist
43	Polygynie	Vielweiberei
43	intertribales Konnubialgefälle	ein Stamm erhält mehr Ehepartner von einem anderen, als er abgibt
43	Eponym	Ahne, nach dem eine Abstammungsgruppe benannt wird
44	heterokephale Verwaltung	von einer fremdstämmigen Zentralinstanz kontrollierte Verw.
58	homologe Gruppengliederung	Untergliederung nach einem durchgehenden Prinzip auf mehreren Stufen (Schachtelmodell)
68	agnatische Verwandtschaft	begründet durch Abstammung in männlicher Linie von einem gemeinsamen Vorfahren, «geschlossene Sippe»
	(kognatische Verwandtschaft)	begründet durch dazu komplementäre Verwandtschaft, z. B. vermittelt über die Mutter, «offene Sippe»
70	interethnische Hypergamie	einer niedriger stehenden Ethnie wird das Konnubium eingeräumt
72	Amphiktyonie	(griech.) s. S. 61 unten. Verband von Stämmen zum Schutz eines Heiligtums, z. B. Delphi, und zu gemeinsamen Feiern
77	autochthon	bodenständig, eingeboren
78	leviratische Rechte	Rechte der Brüder eines Verstorbenen auf seine Witwe
80	matrilaterale Verwandte	V. mütterlicherseits
85	patrilaterale Verwandte	V. väterlicherseits
82	moiety-Charakter ...	Organisation sozialer Einheiten in Hälften
84	matrilaterales grafting	in einer patrilinearen Gesellschaft wird die genealogische Integration einer fremdstämmigen Gruppe in eine UDG systemwidrig

277

BEGRIFFSERKLÄRUNGEN

Seite

89	Transhumanz	jahreszeitlicher Wechsel der Weidegründe
90	lakustrine Königsreiche	Königreiche des ostafrikanischen Seengebiets
92	patronale Otogruppen	(Ba-)Oto heißen bei den Ekonda die dominanten bäuerlichen Gruppen, welche die (Ba-)Twa patronisieren
119	Exogamie	Verbot der Heirat innerhalb einer Gruppe
	(Endogamie)	Vorschrift, nur innerhalb einer Gruppe (Kaste) zu heiraten
132	anzestral	auf Ahnen bezogen
168	askriptive Beschränkung	B. des Zugangs zu gesellschaftlichen Positionen auf Grund von Merkmalen, die bei der Geburt festliegen (Geschlecht, Abstammung etc.)
171	Simultanpolyandrie	Vielmännerei i. e. S.
171	Sukzessivpolyandrie	liegt vor, wenn eine Frau nacheinander Verbindungen mit mehreren Männern eingeht
176	kollaterale lineages	genealogisch gleichrangige lineages im Rahmen einer größeren UDG
181	Ultimogenitur	Erbfolge: der Letztgeborene übernimmt die Vaterposition
193	anthropophag	kannibalistisch
199	allogen	fremdstämmig
204	xenophob	fremdenfeindlich (aus Furcht)
211	Levitationssyndrom	beim Schamanismus: imaginäres Schweben oder Fliegen
217	heterokephale Gesellschaft	G., die von einer fremden Zentralinstanz beherrscht wird
217	autokephales Herrschaftssystem	H. mit autochthoner Zentralinstanz
222	Beschneidungsseklusion	Abschirmung der Beschnittenen

Note: The first entry reads "über eine Frau hergestellt (Nachfahrin des Eponym)"